W0415088

Michael Mross

Schnell reich

Michael Mross

Schnell reich

Die ewigen Gesetze der Börse

THOMAS MÜLLER BÖRSENVERLAG seit 1987

BÖRSENVERLAG

Die Deutsche Bibliothek – CIP-Einheitsaufnahme

Mross, Michael:
Schnell reich : die ewigen Gesetze der Börse / Michael Mross. -
1. Aufl. - Rosenheim : TM-Börsenverl., 2001

ISBN 3-930851-58-X

© 2001 by
TM BÖRSENVERLAG AG
Salinstraße 1, 83022 Rosenheim
Telefon: 0 80 31/20 33 -0
Telefax: 0 80 31/20 33 30
Internet: www.boersenverlag.de

1. Auflage Oktober 2001

Umschlaggestaltung: Andreas Hubert, München
Lektorat: Wolf-Peter Stielicke, Petra Putz
Printed in Austria

ISBN 3-930851-58-X

Das Werk einschließlich aller seiner Teile ist urheberrechtlich geschützt. Jede Verwertung außerhalb der engen Grenzen des Urheberrechtsgesetzes ist ohne Zustimmung des Verlages unzulässig und strafbar. Dies gilt insbesondere für Vervielfältigungen, Übersetzungen, Mikroverfilmungen und die Einspeicherung und Verarbeitung in elektronischen Systemen.

Inhalt

Im Jahr 2030 oder 2090

Die Geschichten an den Finanzmärkten ändern sich – doch die Börse bleibt gleich. Wenn Sie dieses Buch im Jahre 2030 oder gar erst 2090 in Händen halten, werden Sie feststellen, dass Sie ein noch immer aktuelles Werk lesen. Börse ist die Geschichte der Übertreibung und der Untertreibung. Es ist die Geschichte des Traums vom schnellen Geld und des Abstiegs in den totalen Ruin. Börse wiederholt sich. Manchmal innerhalb kurzer Zeitabstände, manchmal dauert es etwas länger. Börsianer scheinen nie zu lernen. Sie fallen immer wieder auf die gleichen Verlockungen herein. Ob Tulpenzwiebeln, Milchmädchenhausse oder Wachstumsmärkte – die Anlässe mögen unterschiedlich sein, die Auswirkungen bleiben gleich. Wie Sie die gröbsten Fehler vermeiden und an der Börse bequem reich werden, das erfahren Sie in den nachfolgenden Kapiteln.

Ab und zu werden Sie feststellen, dass man über die Börse schmunzeln und sogar lachen kann. Auch beißender Spott fehlt nicht. Börsianer sind manchmal sehr sarkastisch und neigen zu merkwürdigem Humor. Ich hoffe, Sie werden lachen. Die ernsthafte Botschaft, zwischen den Zeilen erkennbar, wird ihre Wirkung dennoch nicht verfehlen.

Vieles von dem, was Sie jetzt lesen werden, dürfte Ihnen wahrscheinlich gewagt erscheinen, manches unglaubwürdig. Aber ich verspreche Ihnen, dass es zutiefst meinen Erfahrungen entspricht und dass vieles von dem, was heute noch „Common Sense“ darstellt, schon in wenigen Jahren über Bord geworfen wird. Manches dagegen ist gar nicht neu – aber es muss trotzdem immer wieder erwähnt werden, weil es zu schnell erneut in Vergessenheit gerät.

Die Geschichten, die Sie in diesem Buch finden, werden sich auch in Zukunft wiederholen. Es sind dann nicht der Neue Markt oder die NASDAQ, die nach oben schießen, um später wieder in sich zusammenzufallen. Es wird irgendeine andere Übertreibung sein, der wieder eine ganze Generation zum Opfer fällt. Dasjenige aber, was gleich bleibt, ist der Mechanismus, der die Massen antreibt. Wer diese Zusammenhänge erkennt, kann einem Fehlverhalten und somit Verlust nicht nur vorbeugen, sondern er kann sie sogar für die eigene Vermögensbildung nutzen. Es ist die Lektion, die nur wenige kapieren, die an der Börse Geld verdienen wollen: Es funktioniert nur in kleinen Schritten. Aber diese kleinen Schritte führen mit der Zeit zu erheblichem Reichtum. Es ist die Fähigkeit, nicht jede Mode gedankenlos mitzumachen und trotzdem bei den großen Trends dabei zu sein.

Ich bin ganz sicher, dass die Übertreibungen, welche die Jahrtausendwende bestimmten, schon in einigen Jahren wieder auf dem Plan stehen werden. Übertreibungen gab es seit jeher, und die Massen haben immer ähnlich darauf reagiert. Doch diese Mehrheit wird niemals reich an der Börse, sondern arm. Nur wer die Zusammenhänge versteht, kann vermeiden, eines Tages zu dieser „Schafherde" zu gehören. Es hat den Anschein, als ob die Menschen einfach nichts dazulernen wollen. Insbesondere Börsianer und solche, die es werden möchten, fallen immer wieder auf die gleichen Dummheiten herein.

Dieses Buch zeigt anhand von Beispielen, wie Sie die wichtigsten Stolpersteine an den Kapitalmärkten umgehen und ganz bequem ein Vermögen machen. Sie brauchen dazu keine akademischen Vorkenntnisse. Sie werden feststellen: Im Grunde ist es alles ganz einfach – man muss nur bereit sein, aus den Fehlern der Vergangenheit zu lernen. Diese Eigenschaft scheint ausgerechnet bei Börsianern nicht gerade weit verbreitet zu sein. Im Gegenteil. Jene, die an der Börse tätig sind, verfügen offenbar über ein ausgesprochenes Kurzzeitgedächtnis. Das aber kann hier viel Geld kosten.

Egal, ob Sie neu an der Börse sind oder schon erste Erfahrungen an den Kapitalmärkten gesammelt haben – dieses Buch wird Ihnen die

Augen öffnen. Der Fortgeschrittene wird feststellen, dass viele Fehler und Erfahrungen, die ich schildere, auch von alten Börsianern immer noch begangen werden. Jene, die neu sind an den Finanzmärkten, wird dieses Buch vor vielen Fehlern bewahren können und sie eine Menge Geld sparen lassen. Fehler, die ich und andere begangen haben. Profitieren Sie von den geldwerten Erfahrungen, die den erfolgreichen Börsianer ausmachen!

Vieles von dem, was in diesem Buch gegeißelt wird, und von dem Sie vielleicht sagen werden, dass es etwas konservativ klingt, werden Sie im Nachhinein akzeptieren. Leider werde ich Sie nicht vor allen Fehlern bewahren können. Auch wenn deren Konsequenzen in diesem Buch geschildert werden, so muss ich doch immer wieder feststellen, dass man Menschen oft nicht davon abhalten kann, bestimmte Dinge am eigenen Leibe zu erfahren. Jedenfalls können Sie hinterher nicht sagen, Sie hätten es nicht gewusst.

Eines ist mir noch ein besonderes Anliegen: Vergessen Sie nie, was wirklich wichtig ist im Leben. Versuchen Sie nie, allein dem Geld nachzurennen! Es gibt im Leben reichlich Wichtigeres. Hat dieses Buch eine Botschaft, dann die, dass Sie an der Börse von ganz allein reich werden können, wenn Sie bestimmte einfache Grundregeln beachten. Grundregel Nummer eins: Geld ist nicht alles. Wenn es von alleine kommt, ist das wunderbar. Wenn Sie sich aber deshalb versklaven, nutzt auch viel Geld überhaupt nichts. Sie dürfen Ihr Leben nicht unter dem Banner des Geldes führen. Geld macht nicht glücklich. Aber es kann, richtig eingesetzt, zu einer gewissen Unabhängigkeit führen – und das ist viel wert.

Und noch ein wichtiger Rat: Wenn Sie wohlhabend sind oder es eines Tages werden, vergessen Sie nie zu teilen. Geld entfaltet seine wunderbare Wirkung nicht, indem Sie es horten, sondern indem Sie es jenen zur Verfügung stellen, die nicht die Kraft haben, in dieser komplexen Welt zu bestehen. Vergessen Sie nie, dass es Bedürftige gibt. Teilen und helfen gehören zum Menschsein. Wenn Sie das begreifen, werden Sie auch mit viel Geld glücklich sein. Ansonsten nutzt der ganze Reichtum nichts.

Droge Börse

Ich sitze unter Palmen auf einer kleinen Insel im Indischen Ozean und schreibe dieses Buch, das Sie gerade in den Händen halten. Diese Insel – ein idealer Ort zum Nachdenken. Oft ist es besser, etwas auf Distanz zu den Dingen zu gehen. So kann ich mich nicht nur besser konzentrieren, sondern aus der Entfernung sehe ich die Dinge auch schärfer.

Ich möchte Ihnen die Erfahrungen meines nun fast 20-jährigen „Börsenlebens" schildern, und ich bin sicher, dass Sie davon profitieren werden. Diese Insel, auf der ich nun freiwillig gefangen bin, ist der optimale Ort, um mit Ihnen auf Erinnerungsreise zu gehen. Es ist zugleich eine Entdeckungsreise: das Abenteuer Finanzmarkt. Die Geschichten, Dramen, Anekdoten, Leiden und Freuden rund um die Börse werden auch für Sie eine Bereicherung sein. Die wichtigste Investition ist die Investition in Erfahrung. Wenn Sie dieses Buch lesen, werden Ihnen sicherlich einige Fehler an den Finanzmärkten erspart bleiben – die Sie sonst Tausende oder gar Millionen Euro gekostet hätten. Andererseits werden Sie feststellen, dass Sie trotz vieler Warnungen einige der gleichen Fehler begehen werden. Es ist, als ob man dem kleinen Kind das Spiel mit dem Feuer verböte. Im unbeobachteten Moment wird es sich trotzdem die Finger verbrennen.

Börse ist eine Droge. Börse macht süchtig. Und manchmal auch trunken – dann sind die Anleger kaum noch Herr ihrer Sinne. Eines ist dabei tröstlich: Trotz aller Übertreibungen, trotz allem Überschwang, trotz aller irrationalen Ausschläge nach oben und unten – die Börse und die Kurse finden über kurz oder lang immer wieder zurück auf den Boden der Tatsachen.

Börse ist spannend wie das Leben, und wer behauptet, die Finanzmärkte seien nur ein abstraktes Zahlenmeer, der hat sie nicht begriffen. Es gibt keinen Ort, an dem Emotionen stärker das Zepter schwingen, keinen Ort, an dem mehr Wahnsinnige zusammenkommen, keinen Ort, an dem Gerüchte mehr als Fakten den Takt angeben. Das ist die Börse. Aber wenn der neue Anleger erst einmal gelernt hat, mit dieser neuen

Materie umzugehen, dann kann er sogar Geld damit verdienen, und ich verspreche Ihnen: Es ist einfacher, als mancher denkt.

Auch ich bin natürlich „börsenabhängig“. Und deshalb entferne ich mich oft ganz bewusst von meinem Objekt der Begierde. Dies ist der Grund, warum ich auf einer Insel Zuflucht gesucht habe. Hier gibt es kein Fernsehen, kein Radio, kein Internet und kein Telefon. Es flackern keine Kurse, dafür schimmert das Meer türkisfarben, und die Sonne verwandelt die Umgebung in ein prächtiges Spiel aus Licht und Schatten.

Morgens gehe ich tauchen und erfreue mich an der bizarren Vielfalt der Natur unter Wasser. Es ist ein wunderbares Gefühl, unter Wasser die Schwerelosigkeit zu erleben und die Artenvielfalt im Korallenriff kennen zu lernen. Lautlos im Ozean zu schweben – ich kenne keinen besseren Ort der Meditation. Ein Tauchgang in all seiner Stille ist das krasse Gegenteil des Börsensaals an der Wall Street in New York. Gerade an Orten der Ruhe finde ich viele interessante Investmentstrategien. Abseits des Sogs der Massen, der Zeitungen, des Fernsehens und der Computer kann ich über meine Fehler und meine Investmentpläne am besten nachdenken. Denn eines ist an der Börse besonders wichtig: Man sollte nie das machen, was alle machen. Besoffen mit der Menge zu laufen, kann immer nur für kurze Zeit gut gehen. Denn: Die Masse irrt meistens. Nicht nur an der Börse. Das gründet in der Psychologie der Massen. Deren wichtigste Eigenschaft: Hirn ausschalten und das Investmentfähnchen in den Wind hängen.

Natürlich kann man für einige Zeit einen Trend mitspielen. Das macht sogar Spaß. Dennoch, Wachsamkeit ist angesagt. Der Wind dreht schneller, als es manch einem lieb ist, und nur wenige ringen der Börse Geld ab. Dafür gibt es verschiedene Ursachen, die ich in diesem Buch noch näher erläutern werde.

Übrigens, so ein Inselleben kann ich Ihnen nur empfehlen. Ein Sonnenuntergang am Äquator ist etwas Wunderbares – und auf jeden Fall besser als ein spannender Film oder etwa eine Nachrichtensendung. Ich höre eine Stunde vor dem „Touchdown“ ein klassisches Musikstück und schaue auf das Meer hinaus. Da sich die Wellen einige hundert Meter weiter am Außenriff brechen, ist es an meinem Beobachtungsort fast totenstill. Es gehört zum Tagesritual, den Sonnenuntergang zu genießen. Es ist auch der Zeitpunkt des Innehaltens und der Frage, was im Leben wirklich wichtig ist.

Der Sonnenuntergang bedeutet, dass ein Tag vorbei ist. Ein Tag von den zählbaren Tagen eines Lebens. Wir alle sind nur eine begrenzte Zeit auf diesem Planeten, dessen sind sich seine Bewohner offenbar aber kaum bewusst. Wir verschwenden unsere Zeit mit unnützen Dingen und reflektieren viel zu selten darüber, was wirklich von Bedeutung ist. Für die meisten Menschen erscheint Geld ziemlich wichtig. Dies ist aber leider ein krasses Fehlurteil. Geld, wenn man schon scharf darauf ist, sollte von alleine kommen. Es ist ja schließlich genug davon da. Und wenn Sie es intelligent anstellen, werden auch Sie bald keine Geldsorgen mehr haben. Auf keinen Fall sollten Sie dem Geld nachjagen. Dieser Gefahr ist man an der Börse allerdings stark ausgesetzt. Geld ist profan. Ich kenne etwas, das viel wertvoller ist und vor allem jeden Tag knapper wird. IHR LEBEN! Jeder Tag, der vergeht, ist ein Tag weniger in Ihrem Leben. Deshalb ist von enormer Bedeutung, dass Sie den richtigen Mix finden. Nicht zu viel arbeiten, sich nicht abrackern, keine dummen Abhängigkeiten schaffen und nicht zu viel, oder besser: keine Zeit fürs Geld verdienen opfern. Und das funktioniert an der Börse sehr gut. Dies mag zwar etwas widersprüchlich klingen – aber es klingt nur so und ist kein Widerspruch.

Ich kann Ihnen sagen, dass ich während meiner Urlaube (ein schreckliches Wort, eigentlich sollte doch das ganze Leben „Urlaub" sein und die Arbeitszeit auf ein paar Wochen reduziert werden) in schönen Gegenden der Welt mehr Geld verdiene, als beim sklavischen Verfolgen der Kurse zu Hause. Es gibt kaum etwas Schöneres, als wenn eine Investmentidee nach Wochen oder Monaten aufgeht und sich in barer Münze auszahlt. Was kümmert mich das Geschrei an der Börse oder in den Gazetten? Das Auf und Ab der Kurse ist zwar spannend, aber auf Dauer auch nervenraubend.

Natürlich war mir das nicht von Anfang an klar. Auch ich bin durch etliche Höllen gegangen, bis ich feststellen musste: Es ist doch alles viel einfacher, als manch einer glaubt.

Auf dem Weg zur Million

Wenn Sie vor 100 Jahren 100 Dollar an der Börse angelegt hätten, könnten Sie heute stolzer Besitzer von 1,3 Millionen Dollar sein. Das hat nichts mit Zauberei zu tun, sondern mit einer durchschnittlichen Rendite von 10 % pro Jahr. Mit Zins und Zinseszinseffekten kommt nach einiger Zeit ganz schön Schub in Ihr Investment. Rechnen Sie einfach mal nach. Das bedeutet jedoch nicht, dass man sein Geld nun in Anleihen stecken sollte. Ganz im Gegenteil. Nur an der Börse werden aus 100 Dollar in 100 Jahren über eine Million Dollar. Zwar können Börsen auch schrecklich fallen und magere Jahre erleben, aber andererseits glänzt der Aktienmarkt im Laufe der Zeit auch wieder mit Phasen überdurchschnittlichen Aufschwungs.

Wahrscheinlich haben Sie keine Lust, 100 Jahre auf die erste Million zu warten. Das brauchen Sie auch nicht. Wie es anders funktioniert, erläutere ich Ihnen im Verlauf dieses Buches. Es soll auf spannende Art und Weise Ihr Wissen über Zusammenhänge vertiefen. Eines verspreche ich Ihnen jetzt schon: Sie müssen kein Börsenexperte sein, um mit der Börse reich zu werden. Und oft ist es besser, wenn Sie eine gewisse Distanz zu den Dingen haben. Lassen Sie sich nicht von der Fieberkurve eines Index oder einer Aktie anstecken. Das führt nur zu Unsicherheit und falschen Entscheidungen.

Die Bilanz der hundert unruhigen Börsenjahre kann nur sein: Eigentlich war alle Aufregung umsonst. Die Sorgen um fallende Kurse und Crashs waren überflüssige Dramen. Jeder, der an der Börse tätig ist, weiß, dass Aktienmärkte auch fallen, manchmal sogar stark. Ich verstehe deshalb die Aufregung nicht, die bei Niedergängen unausbleiblich ist wie das Amen in der Kirche. Eigentlich könnte sich der Investor doch freuen: Billig Aktien zu kaufen ist besser, als die gleiche Ware bei Höchstkursen einzubuchen. An der Börse scheint aber eher das Gegenteil der Fall zu sein. Schwacher Trost: So war es schon immer, seitdem es Aktienhandelsplätze gibt. Die Leute freuen sich, wenn sie viel Geld für ihre Aktien bezahlen. Je teurer die Papiere werden, desto mehr Käufer finden sich, ja, sie überbieten sich gegenseitig, zahlen fast jeden Preis. Es ist immer das Gleiche. Und am Ende, wenn es die Preisspirale zerreißt, stehen alle mit kummerumflortem Blick da und werden depressiv. Besonders die schlauen Kommentare in den Wochenmagazinen, die so gerne die Welt erklären, erheitern mich dann immer. Schuld sind natürlich nicht die Anleger, die um jeden Preis Aktien gekauft haben. Schuld ist „die Börse" – und der Prügelknabe ist gefunden. Nur übersehen diese besserwisserischen Blättchen geflissentlich, dass die Börse aus der Masse derjenigen besteht, die an ihr handeln. Die Handelnden haben also die Verantwortung. Sie waren so dumm und sind auf den fahrenden Zug aufgesprungen. Sie haben alles gekauft, was es gab, ohne zu fragen, ob es Zweck hat und Sinn macht. Sie sind blind jedem Tippgeber hinterhergelaufen. Nicht von der Vernunft, sondern von der Gier getrieben. Wer eine Aktie kauft, trägt auch die Verantwortung dafür. Die wird aber gerne abgegeben, wenn es schief geht.

Geheimnis der Börse

Seitdem es Börsianer gibt, besteht das Streben, innerhalb kürzester Zeit möglichst viel Geld zu machen. Die Bücherregale in den Buchhandlungen bersten unter Literaturmassen, die dem Börsianer den vermeintlichen Weg zum Reichtum weisen. Ich selbst erlebte bisher Tausende von Menschen, die ihre Zeit damit verbrachten, den geheimen Indikator für schnelles Geld ausfindig zu machen. Man kann zwar nicht von einer Wissenschaft sprechen – dennoch, auch an den Universitäten stehen in den entsprechenden Fakultäten „Börsenprognose“ und „Kursforschung“ ganz oben an. So manche Doktorarbeit widmet sich dem Thema – bisher vergeblich.

Was den meisten Menschen dabei vorschwebt, ist eine Art Indikator, eine Art Hinweissystem, das den kurz- und mittelfristigen Börsentrend voraussagt. Der Glaube an einen solchen Indikator ist weit verbreitet, und immer wieder treten Zeitgenossen auf den Plan, die voller Stolz einer verblüfften Öffentlichkeit verkünden, dass sie den Stein der Weisen gefunden hätten. Es ist schon erstaunlich, welche Energien Jahr für Jahr für die Kursprognose aufgewendet werden! Große Bankhäuser unterhalten riesige Abteilungen, die sich einzig diesem Thema widmen. Bisher vergeblich. Müssen denn immer Millionen Arbeitsstunden müßig verrinnen, bis diese Forschenden endlich begreifen, dass es sinnlos ist?

Es gibt keinen Indikator, der anzeigt, wo die Börse in sechs Monaten, einem Jahr oder drei Jahren steht. Das ist die ganze Wahrheit. Absurd und deshalb auch schon witzig ist es, wenn promovierte Experten renommierter Bankhäuser exakte Kursziele von Aktien angeben. Ich kenne keinen einzigen Fall, in dem sich ein Papier an so eine Prognose gehalten hätte. Um so erstaunlicher, dass uns ein Heer von Analysten tagtäglich mit diesem Prognosequatsch belästigt und viele Anleger diese Aussagen auch noch ernst nehmen. Über die Ursachen philosophiere ich in den nächsten Kapiteln noch ausführlicher. Genauso wenig verfügt irgendein Mensch über die Fähigkeit, den Stand eines Börsenindex oder einer Währung vorherzusagen. Doch die Anleger hören so etwas immer wieder gern. Das mag der Grund dafür sein, dass die Schar der Analysten nicht kleiner, sondern größer wird. Auch wenn die Prognosegüte damit nicht zu-, sondern eher abnimmt. Mit diesen Analysen, welche die Börse voraussagen, verhält es sich ebenso wie mit den Horoskopen. Jeder liest sie gern, aber die Aussagekraft ist eher vage. Horoskope haben noch den Vorteil, dass man an sie glauben kann. Analysen hingegen werden irgendwann widerlegt, nämlich dann, wenn die Börse genau das Gegenteil macht oder ein prophezeites Börsenziel nicht erreicht wird.

Trotzdem stürzt sich die Masse der Anleger immer wieder neu auf die Analysen, und an der Börse bieten sie Stoff für oftmals heiße Diskussionen. Was die meisten Menschen nicht begreifen: An der Börse sind alle gleich. Niemand weiß, wohin die Reise geht. Auch wenn noch so klug darüber geschrieben wird. Ein logischer Gedanke führt die Existenz der Börsenprognostiker ganz einfach ad absurdum: Wenn sie wirklich Recht hätten mit dem, was sie sagen, wären sie wohl nicht so blöde, es öffentlich kundzutun. Sie würden selbst investieren und reich werden. Also kann die logische Schlussfolgerung nur sein: Weil sie es öffentlich kundtun, kann es nicht stimmen. Niemand wird ein Erfolgsgeheimnis verraten, das nicht mehr funktioniert, wenn es zum Allgemeingut wird. Denn Tatsache ist, an der Börse muss es auch Verlierer geben, sonst gäbe es keine Gewinner. Einer zahlt die Gewinne des anderen. Das ist die ganze Weisheit an den Finanzmärkten. Wer Chancen hat zu gewinnen, wer zahlt und warum, das werde ich im Verlaufe dieses Buches erörtern. Eines möchte ich Ihnen jedoch schon jetzt auf den Weg mitgeben: Derjenige, der keine Geduld hat und mit den Wölfen heult, ist immer der Verlierer an den Börsen. Wer eine kluge Investmententscheidung trifft, hat so schnell keinen Handlungsbedarf. Leider aber sind die meisten Entscheidungen unklug, irrational und häufig auf Sand gebaut. Kleine Zuckungen an der Börse führen dann oft zu großen Fehlern, das heißt, zu Verlusten. Diese Verluste der einen sind die Gewinne der anderen. Einer der wichtigsten Ratschläge lautet also, sich nicht beirren lassen, einen langen Atem haben, Durststrecken durchstehen. Auch wenn die Märkte zittern – Sie müssen ruhig bleiben. Es gibt wahrlich lange Perioden, in denen es an den Finanzmärkten und besonders an den Aktienbörsen nach unten geht.

Dow Jones 40 Punkte

Damals, zu Beginn des 20. Jahrhunderts, war der Dow Jones bei etwa 40 Punkten. Und Sie werden es nicht glauben, auch damals gab es eine Anzahl von Kritikern, die behauptete, die Börse übertreibe maßlos, ein schlimmes Ende sei unausweichlich. Nun, wir alle kennen das „Ende“ – im Laufe von 100 Jahren stieg der Dow Jones, das wichtigste Börsenbarometer in den USA und des größten Aktienplatzes der Welt, auf über 10000 Punkte. Dazwischen liegt eine lange Leidensgeschichte: Kriege, Inflation, Notstand, Wirtschaftskrisen. Aus heutiger Sicht ist dennoch die einzige Lehre, die jeder daraus ziehen kann: Optimismus und Zuversicht haben sich im letzten Jahrhundert immer ausgezahlt – warum soll dies im vor uns liegenden Jahrhundert anders sein? Nur weil die Zahl der Zögerer, Zauderer, Pessimisten größer geworden ist? Tatsache ist: Aktienkurse können sich jederzeit halbieren oder noch tiefer fallen. Doch der Triumph der Schwarzseher ist immer nur von kurzer Dauer. Auch wenn die Krise, in der sich die Welt und die Kapitalmärkte befinden, noch so groß sein mag. Die Kunst besteht darin, die Zuversicht nicht zu verlieren. Es mag zwar äußerst naiv klingen, dass Börsen auf lange Sicht immer steigen – aber es ist nun einmal so. Trotzdem gerät diese Tatsache immer schnell in Vergessenheit, und in der nächsten Krise regieren wieder die Weltuntergangspropheten. Von dieser Spezies sollte man sich aber keineswegs in die Irre führen lassen.

Als der Dow Jones im Jahre 1900 bei 40 Punkten stand, hätte sicherlich kein noch so guter Experte prognostiziert, dass wir im Laufe eines Jahrhunderts auf 10000 Punkte kommen. Dieses Beispiel zeigt in aller Deutlichkeit, dass das Problem der Analyse in der Kürze des prognostizierten Zeitraums liegt. Jede Kursprognose, die sich auf wenige Jahre erstreckt, muss zwangsläufig scheitern. Dies hält die Schar der Experten jedoch nicht davon ab, jeden Tag neue, seltsame Ziele in den Raum zu stellen. Einer mag zwar zufällig mal Recht haben, doch die meisten Fachleute liegen mit ihren Prognosen daneben. Die Ursachen liegen in der Tatsache, dass sich Börsen chaotisch verhalten, und Chaos ist bekanntermaßen nur schwer in den Griff zu bekommen.

Eines kann ich jedoch aus Erfahrung sagen, und es ist auch eine alte Börsenweisheit, die jedoch kaum jemand befolgt: Die Börse macht immer das Gegenteil von dem, was die meisten glauben. Dennoch haben die vielen Analysten eine Existenzberechtigung: Man kann an ihren Prognosen die allgemeine Stimmung ablesen. Wenn alle Experten in eine Richtung laufen, dann folgt ihnen oft das Heer der Anleger – ohne selbst nachzudenken. Ich habe es immer wieder beobachtet, und jeder kann es nachvollziehen: Wenn zu viele Experten bullish werden und steigende Kurse prognostizieren, dann ist Gefahr im Verzug. Das gilt für Einzelaktien genauso wie für den Gesamtmarkt. Die Börse steigt bei Pessimismus und fällt bei Euphorie.

Als ich 1993 zur *Telebörse* kam, war der deutsche Aktienindex (DAX) bei etwa 1600 Punkten. Aus heutiger Sicht unvorstellbar tief. Im Laufe des Sommers stieg der Markt dann immer höher und erreichte bald die magische Marke von 2000 Punkten. Sie glauben gar nicht, was damals los war. Jedem, der sich mit Börse beschäftigte, war klar, dass dies so nicht weitergehen könne. Ich war damals selbst sehr skeptisch, angesteckt von zahllosen Kommentaren der Experten und Analysten, die unisono der Meinung waren, dass der Markt zwangläufig korrigieren müsse. Ich sprach damals von einem „kurzen Ausflug“ über die Marke von 2000 – aber es sei doch ziemlich sicher, dass wir uns diese Marke demnächst wieder von unten anschauen müssten. Übertreibung pur, lautete das Urteil – wen auch immer man fragte. Große Bankhäuser ließen die Analystenabteilungen rotieren und wurden nicht müde, den Aktienmarkt immer wieder mit pessimistischen Prognosen zu überschütten. Allgemeine Ansicht war, der Markt müsse mindestens 20 % fallen, manche prognostizierten sogar ein Kursziel von 1300 Punkten. Gleichermaßen pessimistische Voraussagen hallten auch aus New York herüber. Auch dort hatte der Aktienmarkt große Sprünge gemacht. Der Dow Jones ging in Richtung 3000 – für Börsianer Anfang der 90er-Jahre eine unvorstellbare Größenordnung. Mit einem Wort: Der Aktienmarkt stieg unaufhaltsam, und in dem Maße, wie die Kurse nach oben gingen, stieg die Anzahl von Analysen, Kommentaren, Meinungen, die alle der Überzeugung waren, es handele sich um eine grässliche Übertreibung – eine Abstrafung sei nur eine Frage von kurzer Zeit. Einige Experten sagten sogar einen Crash voraus. In der Tat, auch ich war davon überzeugt, angesteckt vom Virus des Pessimismus, das Spiel am Aktienmarkt sei bald vorbei. Wie es weiterging, wissen Sie. Unter Schwankungen ging es all die Jahre bis zum Ende des Jahrtausends weiter nach oben.

Ich denke, diese Geschichte veranschaulicht sehr gut, wie ein Aktienmarkt das Gegenteil von dem macht, was die meisten Börsianer annehmen. Damals hatten wir Pessimismus in Reinkultur. Weltuntergangspropheten erfreuten sich großer Anhängerschaft. Es gab praktisch niemanden, der zu prognostizieren wagte, der DAX spaziere in Richtung 5000 Punkte. So einer wäre damals für verrückt erklärt worden. Schon eine Prognose von 3000 DAX-Punkten wäre als barer Unsinn und Scharlatanerie abgetan worden. Zeitungen und Börsenmagazine (damals gab es nur eine Hand voll davon, „auf der Straße“ interessierte sich schließlich niemand für die Finanzmärkte) fanden ihre einzige Beschäftigung in der Frage, wann der Markt nach unten korrigiere. Dass er es tue, war für die meisten Zeitgenossen klar. Es ging lediglich um die Frage „Wann“? In einem solchen Umfeld kann ein Markt nur steigen. Eine Erkenntnis, die mir allerdings auch erst spät einleuchtete.

Im Jahre 1994, im Sommer, kaufte ich einen Call auf den Standard & Poor‘s 500. Damals stand dieser Index bei 450 Punkten. Die meisten Experten hatten schon das Todesurteil über die amerikanische Börse gefällt, die bis dahin nach Meinung vieler Fachleute einzigartig in der Geschichte nach oben übertrieben hätte. Ich getraute mich zunächst gar nicht, meinen Freunden und Kollegen dieses Investment mitzuteilen, denn ich befürchtete, sie würden mich für verrückt erklären. Später dann ging ich einmal in die Handelsräume der großen Banken, die damals noch an der Börse untergebracht waren. Dort erzählte ich einigen entfernteren Bekannten, dass ich nun einen Call auf die amerikanische Börse gekauft hätte und auf weiteren Aufschwung setzen würde.

Sofort bildete sich eine Menschentraube um mich, und ich kam mir fast vor wie ein Aussätziger. Von einigen wurde ich belächelt, von anderen als naiv und der Börse unkundig bezeichnet. Kopfschütteln und Verständnislosigkeit, wo ich hinblickte. Doch insgeheim wusste ich so, dass ich richtig lag. Die nachfolgende Entwicklung sollte mir Recht geben. Dennoch – etwas unsicher fühlte ich mich schon in meiner Haut. Es ist eben einfacher, mit der Herde zu rennen als gegen sie. Aber letzteres muss derjenige tun, der an den Aktienmärkten Erfolg haben will.

Nur zwei Faktoren waren für meinen Börsenerfolg wichtig: Zum einen lag ein wunderbarer Trend vor. Die Börse bewegte sich unter kleinen Schwankungen nach oben. Das konnte jeder sehen, dazu bedurfte es keines Charttechnikers. Und zum anderen war die Stimmung pessimistisch. Das ist alles. Wenn diese beiden Punkte erfüllt sind, gehts nach oben. Umgekehrt gilt diese Regel natürlich auch. Wenn die Fachwelt beginnt, steigende Kurse vorherzusehen und die Warner verstummen, wird es Zeit, über einen Ausstieg nachzudenken.

Wie aber kann man Börsenstimmungen erkennen? Ist die Mehrheit der Marktteilnehmer bearish oder bullish? Dies festzustellen, ist oft einfacher als allgemein angenommen. Zunächst einmal sind die Wirtschaftspresse und die Wirtschaftsmedien ein wichtiger Indikator. Manchmal ist es aber gar nicht so einfach, eine klare Richtung auszumachen. Nun, man muss ja auch nicht dauernd investiert sein. Andererseits kann man die Stimmung aber auch im engen Freundeskreis gut ausloten. Wenn von fünf Börsianern vier eher optimistisch sind, würde ich schon davon sprechen, dass der Markt eher in eine euphorische Phase läuft. Wenn das aber noch begleitet wird von eher positiven Kommentaren durch die Fachwelt, mit immer neuen, höheren Kurszielen, ist Gefahr im Verzug. Sollte dann noch der Eindruck entstehen, dass vor allem viele neue Börsianer im Markt sind, steht der Absturz unmittelbar bevor. So geschehen an den Hightech-Börsen rund um den Globus und am Neuen Markt. Wenn die Börse den Stammtisch erreicht hat, ist sie in großer Gefahr.

Das Auf und Ab des Neuen Marktes in Deutschland symbolisiert wie kein anderes Ereignis das Entstehen und Vergehen von Trends. Die Gründung des Neuen Marktes 1997 wurde von sehr skeptischen Kommentaren begleitet. Am Anfang gab es nur eine Aktie – von MobilCom. Mit der Zeit gesellten sich noch einige wenige andere Unternehmen hinzu. Viele Börsianer sprachen von einem Experiment, das bald sein Ende fände. Doch im Gegenteil: Immer mehr junge Unternehmen fanden ihren Weg an den Neuen Markt, und allen Unkenrufen zum Trotz stieg dieser auch weiter. Niemand, kein einziger Experte konnte sich 1998 vorstellen, dass irgendwann einmal die Kursmarke von 3000 erreicht werden sollte – geschweige denn die Höchststände, die sich Anfang des Jahres 2000 einstellten, als der Neue Markt auf 8000 Punkte kletterte.

Doch der Neue Markt stieg unaufhaltsam, neidvoll beobachtet übrigens von den Profis der „alten" Börsensegmente. Der DAX und die anderen Indizes konnten bei den Steigerungsraten des Neuen Marktes in keiner Weise mithalten. Diese vornehme „Zurückhaltung" sollte sich aber im Laufe der kommenden Jahre noch auszahlen.

Der Trend bei den Wachstumsaktien wurde noch verstärkt durch neue Techniken wie das Internet, was die Fantasie der Börsianer zusätzlich anheizte. Die Skepsis der Profis ließ gegen Mitte des Jahres 1999 langsam nach. Ein erstes bedenkliches Zeichen also. Statt Warnungen hagelte es nun plötzlich Kaufempfehlungen. Der Neue Markt schien erwachsen geworden zu sein. Der Aufstieg ging weiter. Tägliche zweistellige Kurssprünge bei Aktien waren keine Seltenheit. Selbst kleine positive Meldungen, früher unbeachtet, führten oft zu einem Kursfeuerwerk. Eine solche Rallye wirkt selbstverständlich wie ein Magnet. Immer mehr Menschen wagten den ersten Schritt an die Börse. Sie orderten nicht Bayer oder Thyssen – das war viel zu langweilig. Sie setzten ihr Erspartes voll auf den Neuen Markt und kauften alles, was sich nach oben bewegte. Immer seltener wurde gefragt, was ein Unternehmen eigentlich herstellt, womit es sein Geld verdient. Die Marktkapitalisierung spielte keine Rolle. Heiße Luft in Tüten wurde für teures

Geld an den Kapitalmärkten gehandelt. Und Geld schien zur Jahrtausendwende bei vielen Anlegern offenbar keine Rolle zu spielen. Hauptsache, es ging nach oben. Angefeuert wurden die immer neuen Kursexplosionen auch durch die Fachwelt, die für einzelne Aktien, aber auch für den gesamten Neuen Markt immer fabelhaftere Kursziele nannte. Einziger Warner auf weiter Flur: der US-amerikanische Notenbankchef Alan Greenspan. Mehrmals sprach Greenspan von einer Blase am Aktienmarkt, die schrecklich enden würde. Sein Wort vom „irrationalen Überschwang" schrieb Börsengeschichte. Noch wollte niemand auf den weisen Alten hören. Auch Zinserhöhungen in den USA erzielten zunächst keine Wirkung. Ich hatte den Eindruck, dass die Börsianer in den ersten Monaten des Jahres 2000 wie besoffen waren. Mit immer neuen Geldern und zum Schluss mit Krediten wurde die Lunte gelegt, die bereits brannte. Dass sich die meisten Anleger auf einem Pulverfass befanden, hatten sie nicht bemerkt. Kritische Fragen, wann Unternehmen XY, das an der Börse Milliarden kostet, erste Gewinne einfahren will, wurden nicht gestellt. Einhellige Meinung: Man muss es nur aussitzen, irgendwann steigt alles wieder. Das mag zwar für große Bluechips gelten, aber nicht für irgendwelche Junkbuden, die unerfahrene Anleger vollkommen überteuert an der Börse kauften.

Und nicht nur das – mir begegneten wildfremde Menschen auf der Straße, die plötzlich Optionsscheine kauften, obwohl sie noch nie eine Aktie besessen hatten. Unerfahrene Freunde, die zum ersten Mal etwas mit Aktien zu tun hatten, wähnten sich als stolze Besitzer eines Depots, dessen Inhalt jedem erfahrenen Börsianer die Haare hätte zu Berge stehen lassen. Doch kritische Anmerkungen gingen im Rausch der Euphorie unter. Zahllose Börsenblätter überschütteten die jubelnde Menge mit immer neuen dubiosen Tipps. Viele Aktien verzehnfachten sich im Laufe nur eines Jahres. Verdopplungen innerhalb kürzester Zeitabstände waren an der Tagesordnung. Der Neue Markt und auch die NASDAQ schossen fast senkrecht nach oben. Die Fieberkurve der Hightech-Märkte zeigte exponenziell in den Himmel. Schon der bloße Anblick der Börsenindizes verursachte Schwindel. Manch einem war klar, dass es schon aus naturgesetzlichen Gründen so nicht weitergehen konnte. Doch auf die Menge wurde weiter eingepeitscht. Selbst die Bildzeitung schaltete sich ein und entdeckte das Thema „Börse". Mord und Totschlag wurden immer mehr von Aktientipps verdrängt. Und am 22. März des Jahres 2000 prangte auf der ersten Seite des Boulevardblattes in dicken Lettern: „Deutschland im Geldrausch!" Und „Bild" attestierte: „Deutsche reden nur noch über Aktien, Frauen spekulieren mit dem Haushaltsgeld, im Büro und am Fließband nur noch eine Frage: ‚Kann auch ich reich werden?'" Geldgier in Deutschland. Einen besseren Indikator kann es nicht geben.

Als ich die Bildzeitung in den Händen hielt, war ich fast sprachlos. Denn das war das allerletzte Signal zum Ausstieg. Der Bildzeitungsindikator ist für mich der wichtigste, den es überhaupt gibt. Auf einmal war mir klar, dass wir uns mitten in der vielbeschworenen, oft zitierten „Milchmädchenhausse" befanden, der unmittelbar ein Crash folgt. Als der Neue Markt seinen Höhepunkt erreichte, gab das Massenblatt auf diese „indirekte" Weise das Ausstiegssignal. Und es war tatsächlich der Höhepunkt. Alle waren investiert, die letzten schlachteten noch ihr Sparschwein und sprangen auf den Zug auf. An den Stammtischen verdrängte das Börsengeschehen schon längst die Themen Fußball, Autos und Frauen. Jeder war sein eigener Guru, der mit irgendwelchen Geheimtipps seine Umwelt belästigte. Dass man aber eine Hausse nicht mit Intelligenz verwechseln darf, bekamen manche Neueinsteiger auf eindrucksvolle Weise zu spüren. Denn im März 2000 machte der Neue Markt seine Kehrtwende und ging von diesem Zeitpunkt an nur noch nach unten.

Ich kaufe sonst kaum die Bildzeitung, aber an jenem Tag im März erstand ich gleich drei Exemplare am Kiosk. Am Abend diskutierte ich das Geschehen mit einigen Börsenfreunden. Sie zeigten sehr nachdenkliche Mienen und sahen ein, dass die Party nun vorbei war. Es war zwar unklar, wann, aber das Ende schien unmittelbar bevorzustehen. Jeder hatte genügend Zeit auszusteigen. Nur – die wenigsten nahmen ihre Gewinne mit. Denn jetzt setzte ein Mechanismus ein, der an der Börse sehr verbreitet ist: Statt den Realitäten ins Auge zu sehen, setzte die Hoffnung ein. Und Hoffnung an der Börse ist wie eine Droge. Sie versüßt die bittere Realität und verhindert rationales Handeln. Wer in Bluechips investiert war, brauchte sich keine Sorgen zu machen. Wer allerdings in hochspekulativen Werten sein Glück suchte, schon. Doch die Droge „Hoffnung" wurde von zahlreichen Analysten immer wieder neu und in immer stärkeren Dosen verabreicht. Je tiefer der Neue Markt fiel, desto stärkerer Rationen dieser Droge bedurfte es, desto hoffnungsvoller die Prognosen der Analysten. Doch die Realität hätte den sofortigen Ausstieg erforderlich gemacht. Die Tatsache, dass die meisten der so genannten Wachstumswerte einfach maßlos überteuert waren, fiel in der allgemeinen Euphorie kaum jemandem auf. Es ist aber äußerst schwierig, gerade für unerfahrene Börsianer, diese Realität zu erkennen. Denn sie wird auch von der Fachwelt kaum wahrgenommen. Dass ein Großteil der Aktien des Neuen Marktes und der NASDAQ immens überbewertet war, wollten die meisten Experten nicht wahrhaben. Zu den meisten Aktien gab es mehrheitlich Kaufempfehlungen. Eins der wichtigsten Alarmzeichen also. Verkaufsempfehlungen habe ich nicht gesehen.

1998 war die Sache noch genau umgekehrt. Zu diesem Zeitpunkt haben die Analysten die Hightech- und Internet-Aktien wie Gift behandelt und öffentlich Warnungen ausgesprochen. Das war der Zeitpunkt, von dem ab diese Aktiengruppe ihren Siegeszug antrat. AMAZON, CMGI, YAHOO, um nur einige zu nennen, standen nicht auf der Empfehlungsliste namhafter Bankanalysten. Sie waren eher den „verrückten" Anlegern vorbehalten. Das änderte sich aber im Laufe des Jahres 1999 gewaltig. Bis zum Absturz im März 2000 gelangten Schritt für Schritt praktisch alle Werte der so genannten „New Economy" auf die Kaufzettel, versehen mit einem „Strong buy". Zeichen genug also, dass sich nicht nur die „verrückten" Anleger, sondern auch die großen Investmenthäuser mit dieser Aktiengattung vollgesaugt hatten. Auch das ist ein nicht zu verachtendes Warnsignal.

Als die Hightechs dann ihren Rückzug antraten, haben diese Experten ihre Meinung zu ihren Empfehlungen natürlich nicht verändert. Die

Kaufempfehlungen blieben, die Aktien fielen. Noch im April, aber auch im Mai, Juni und Juli konnten sich kein Experte und niemand sonst, den ich kannte, vorstellen, dass die Hightech-Märkte einen solch qualvollen, nicht enden wollenden Niedergang vor sich hatten. Wer zu jenem Zeitpunkt prognostiziert hätte, dass der Neue Markt innerhalb weniger Monate um 80 % fallen würde, wäre milde belächelt worden. Wer gesagt hätte, dass ein Großteil der Luftblasen am Neuen Markt, gemessen an seinen Höchstständen, 90 % und mehr in den Keller gehen wird, der wäre für verrückt erklärt worden. Es gab schlicht und ergreifend keine Experten, außer denen, die schon immer bearish waren, die einen solchen Verfall für möglich gehalten hätten. Erkennen Sie nun die Parallelen zum Anstieg der Aktienmärkte, wie ich sie ab dem Jahr 1993 geschildert habe?

Indikatoren

„Das Geheimnis für ein erfolgreiches Börsengeschäft liegt darin zu erkennen, was der Durchschnittsanleger glaubt, was der Durchschnittsanleger tun wird“ – sagte einst der britische Nationalökonom John Maynard Keynes, und er hat Recht. Leider kann man aber nicht alle Anleger fragen, was sie zum Zeitpunkt X tun. Selbst wenn man sie fragen könnte – die meisten wüssten wohl kaum, wie sie in den nächsten Tagen entscheiden werden. Kann man dieses Problem lösen? Gibt es vielleicht ein System oder eine Analyse, die vorhersagt, was Anleger tun werden? Eine äußerst schwierige Angelegenheit. Auf den Punkt gebracht, haben wir es an der Börse mit folgendem Phänomen zu tun: Entweder läuft die Herde in die eine oder in die andere Richtung. Leider weiß man aber nie, wann die Herde die Richtung ändert. Das reflektiert eben auch die Entwicklung der Börse. Der Aktienmarkt kennt nur Übertreibungen und Untertreibungen. Die Aufgabe des wachen Beobachters ist es nun, den Status quo zu erkennen.

Einer der einfachsten Indikatoren und gleichzeitig einer der „unwissenschaftlichsten“: dem Volk aufs Maul schauen. Kurz vor dem spektakulären Börsencrash im Herbst 1929 hatte der berühmte US-Milliardär John D. Rockefeller folgendes Erlebnis: Ein Schuhputzer soll ihm von seinen Spekulationsgewinnen erzählt haben. Noch bevor das Schuhwerk blank war, stürzte Rockefeller ins Büro und verkaufte seine Aktien. So kam er beim damals größten Börsencrash aller Zeiten ungeschoren davon.

Um es vorwegzunehmen: Kein noch so pseudowissenschaftlicher Indikator kann mit Gewissheit sagen, in welcher Börsenphase wir gerade stecken. Es ist das berühmte „Gefühl“, das mehr Aussagekraft hat als jeder Indikator. Auch wenn ich mir mit dieser Aussage wahrscheinlich viel Ärger einhandle, es ist nun mal meine Überzeugung. Warum funktionieren Indikatoren nicht? Indikatoren können über längere Phasen nicht funktionieren, weil die Börse chaotisch ist. Es mag ja vorkommen, dass Indikator X oder Y für eine gewisse Zeit hervorragende Dienste leistet bei der Prognose der Börsenentwicklung. Aber früher oder später versagt dieses Werkzeug. Nun kommen raffinierte Zeitgenossen auf die Idee, nicht nur einen, sondern gleich mehrere Indikatoren nach dem Motto zu benutzen: Viele Indikatoren zusammen liefern ein besseres Ergebnis. Doch auch gebündelte Indikatoren versagen mit der Zeit genauso wie nur einer.

Untersuchen wir die Sache einmal näher: Wie viele Indikatoren gibt es für die Börse? Was beeinflusst die Kurse? Was bewegt die Anleger bei ihren Kaufentscheidungen? Auf Anhieb fallen Ihnen und mir einige Wegweiser ein: Zinsen, Inflation, Barguthaben, Wirtschaftsentwicklung. Das sind so genannte realwirtschaftliche Indikatoren. Darüber hinaus gibt es noch spezielle Börsenindikatoren: 200-Tage-Linie, 38-Tage-Linie, X-Tage-Linie, Relative Stärke, Bollinger-Band, Unterstützungslinien, Widerstandslinien. Es soll ja sogar Börsianer geben, die ihre Kaufentscheidungen nach den Sternen richten. Pluto im Saturn, Aszendenten, Mondphasen. Und andere, die ihre Kaufentscheidungen auspendeln oder aus dem Kaffeesatz lesen.

Wer nun partout nach einem eigenen Indikator sucht, dem empfehle ich immer, einen möglichst einfachen zu benutzen. *Keep it simple!* Je einfacher der Indikator, desto größer die Wahrscheinlichkeit, dass er auch über längere Zeiträume hinweg funktioniert. Je komplizierter ein Indikatorensystem, desto kürzer die Periode mit Prognosekraft. Wenn also Indikator, dann einen simplen, am besten einen, den es schon seit Jahrhunderten gibt. Und das sind die gleitenden Durchschnitte. Dem Indikatorgläubigen empfehle ich die 38-Tage-Linie und die 200-Tage-Linie zur Beobachtung. Es funktioniert zwar nicht immer, aber dies kann ein erstes Indiz dafür sein, was mit einem Markt oder einer Aktie aktuell passiert. Gleitende Durchschnitte zeigen aufgrund ihres längeren Betrachtungszeitraumes den inneren Trend einer Aktie und eines Index. Tendenziell sieht es so aus, dass eine Aktie, welche die 38-Tage-Linie von unten nach oben durchschneidet, weiter nach oben will. Das gleiche gilt für Branchen oder Indizes. Allerdings führt dieser Indikator den Börsianer auch oft genug an der Nase herum. Probieren Sie es einfach selbst einmal aus. Bei einigen Papieren funktioniert es, bei anderen nicht. Jedenfalls scheint es ein erstes positives Signal zu sein, wenn die 38-Tage-Linie von unten nach oben durchbrochen wird. Umgekehrt, also von oben nach unten, signalisiert diese Formation Gefahr. Die Wahrscheinlichkeit weiter sinkender Kurse ist dann hoch.

Noch weit aussagekräftiger scheint die 200-Tage-Linie zu sein. Ein Durchbrechen dieser Linie von unten nach oben signalisiert oft einen kräftigen, nachhaltigen Aufwärtstrend. Obacht geben muss man allerdings, wenn sich der Index oder die Aktie zu weit von der 200-Tage-Linie entfernt. Das deutet auf Eskapaden und Übertreibung hin. Der Markt oder die Aktie muss immer in einem mittleren, respektablen Abstand zur 200-Tage-Linie pendeln. Wird hier eine gewisse Norm überschritten, entfernt sich das Papier zu weit von dieser Linie, dann besteht die akute Gefahr eines herben Rückschlags. Wann nun genau was passiert, das ist leider arithmetisch nicht zu ermitteln. Es ist das berühmte „Bauchgefühl“, gepaart mit Erfahrung, das hier eine wichtige Entscheidungsrolle übernimmt. Der Abstand des Index oder der

Aktie von der 200-Tage-Linie ist wie ein Hund an der langen Leine, der mit seinem Herrchen spazieren geht – ein Bild, welches auch André Kostolany oft gebrauchte. Allerdings im Zusammenhang von Konjunkturentwicklung und Börse. Wird die Leine zu lang, zieht das Herrchen den Hund zurück. Genauso ist es mit der 200-Tage-Linie. Entfernt sich der Index zu weit von der Linie, dann wird er oft plötzlich und ruckartig von unsichtbaren magnetischen Kräften zurückgezogen. Umgekehrt gilt natürlich das Gleiche: Wenn sich der Index unterhalb der 200-Tage-Linie befindet und zu weit „ausbüxt", wird er plötzlich nach oben gezogen. Nur: Den Zeitpunkt, wann das geschieht, kann niemand exakt berechnen. An der Stelle der Hinweis: Probieren Sie es mit Hilfe eines einfachen Chartprogramms aus. Oder schauen Sie sich die Fachmagazine an. Der Trick mit diesen Linien funktioniert verblüffend oft.

Die Wirtschaftszeitung, die ich täglich lese, zeigt immer den Verlauf des Deutschen Aktienindex und die 200-Tage-Linie auf. Im Laufe der Jahre habe ich dafür die „Daumentheorie" entwickelt. Immer wenn der DAX etwa in halber Daumenbreite (entspricht etwa einem Zentimeter) über die 200-Tage-Linie emporwackelt, ist alles im grünen Bereich. Wenn er aber in den Bereich von zwei Daumenbreiten ausbricht, wird es gefährlich. Und umgekehrt entsprechend. Wenn der Index in den Bereich von zwei Daumenbreiten unter die 200-Tage-Linie fällt, ist die Hoffnung berechtigt, dass es kurzfristig zu einer positiven Reaktion kommt. Diese Daumentheorie funktioniert natürlich nur bei entsprechendem Maßstab des Charts.

Dramatische Aussagekraft entwickelt eine Formation, wenn die 38-Tage-Linie die 200-Tage-Linie durchschneidet. Von unten nach oben ist dies oft ein bullishes Signal. Wer bis dahin noch nicht im Markt ist, sollte es sich spätestens zu diesem Zeitpunkt überlegen, einzusteigen. Eine solche Formation unterstreicht den nachhaltigen Aufwärtstrend. Fällt die 38-Tage-Linie jedoch unter die 200-Tage-Linie, ist die Rallye leider vorbei. Und oft für Wochen und Monate oder gar Jahre. Geht die 38-Tage-Line unter die 200-Tage-Linie, dann ist dies leider oft genug ein Signal für den Beginn eines langen Bären-Marktes. Dann hat die Baisse begonnen.

Dies sind die einzigen Indikatoren, die ich beachte. Und sie funktionieren oft, aber nicht immer. Das Schöne an ihnen ist, dass sie so einfach sind. Wiederum ein Beweis, wie man auch mit einfachen Mitteln zum Ziel kommt. Der sophistische, hartgesottene Börsianer wird jetzt vielleicht milde lächeln. Viele Fachleute sind ungeheuer stolz auf ihre persönlichen Indikatoren. Oft verbergen sich dahinter unendlich lange Zauberformeln, welche eine exaktere Prognose garantieren sollen. Das ist alles Humbug. Meine Erfahrungen sind und bleiben: je einfacher, desto besser. Je komplizierter das Prognosemodell, desto kürzer der Prognosehorizont, desto zufälliger das Ergebnis. Warum das so ist, darauf kommen wir später noch zu sprechen. Mein Rat also an Sie, liebe Leser: Verschwenden Sie keine Zeit mit der Lektüre komplizierter Bücher über Börsenprognosen. Eine kleine Portion Optimismus ist hundertmal besser als der beste Börsenindikator. Das gilt besonders in schlechten Börsenphasen. Oft genug habe ich erlebt, dass eine Wende zum Positiven schneller kommt als erwartet. Leider aber gibt es manchmal auch böse Überraschungen. Davor schützen kein Indikator und kein Prognosesystem.

Niemand wird alle Indikatoren, alle Beweggründe, die zu einer Kaufentscheidung an der Börse führen, erfassen und bewerten können. Die so genannten Experten greifen immer nur willkürlich einige davon heraus, fassen sie zu einem Bündel zusammen, überprüfen sie auf ihre Prognosefähigkeit in der Vergangenheit und leiten daraus den Schluss ab, dass die Voraussagequalität in Zukunft ebenfalls Bestand hat. Ein Trugschluss.

Es gibt unendlich viele Indikatoren. Wie will man diese in den Griff bekommen? Kein noch so schneller Computer wird weder heute noch in Zukunft diese Signale verarbeiten und bewerten können. Niemandem auf diesem Planeten wird es jemals gelingen, die Zahl der Beweggründe für einen Aktienkauf oder Verkauf zu quantifizieren, geschweige denn, sie im Einzelnen zu benennen. Gelänge es dennoch, so wäre das Resultat frappierend: Würde man die Aussagekraft der Millionen und Milliarden Indikatoren auf „Rauf“ oder „Runter“, also auf „Kauf“ oder „Verkauf“ untersuchen, wäre das Ergebnis, dass 50 % aller Signale auf „Kauf“ stünden und 50 % auf „Verkauf“. Ein betrübliches Ergebnis. Auch wenn es noch niemand nachgerechnet hat, kann ich indirekt beweisen, dass ich Recht habe: Tagtäglich werden weltweit Milliarden von Aktien gehandelt. Handeln bedeutet: Kaufen und Verkaufen. Einer kauft eine Aktie, ein anderer verkauft sie. Folge: Es müssen immer genau so viele Verkaufgründe existieren wie Kaufgründe, denn sonst käme ja gar kein Handel zustande. Das Traurige bei der Angelegenheit: Einer irrt sich immer. Fazit: Ohne Irrtum keine Börse. Die Kunst besteht darin, sich möglichst selten zu irren. Leider gibt es keinen objektiven Indikator, der den Anleger vor Irrtum und somit Verlust schützen kann. Aber es gibt die Erfahrung. Und aus Erfahrung kann man bekanntlich klug werden – an der Börse kann man mit Erfahrung auch reich werden.

Leider ist die „Indikatorgläubigkeit“ bei Börsianern sehr beliebt und fest verwurzelt. Sie hat fast religiösen Charakter. Doch das schützt vor Verlusten nicht. Ich habe unglaublich viele Profis kennen gelernt, die Stein und Bein auf ihr „System“ schworen. Manch einer verstieg sich sogar zu der Behauptung, er habe die Lizenz zum Geld drucken gefunden. Doch solcherlei Überschätzung regelt der Markt von allein: Alle, die so etwas je behaupteten und danach handelten, sind mittlerweile pleite. Hauptproblem dieser „Systemspieler“: Sie versuchen, kürzere Marktschwankungen auszunutzen. Doch in der kurzen Zeitspanne liegt die Tücke, der Fluch. Je kürzer die Spekulationsperiode, desto mehr kann schief gehen. Eine Kursvoraussage für die nächste Sekunde, selbst nur die Tendenzvorhersage „Rauf“ oder „Runter“, ist zum Scheitern verurteilt. Eine solche Prognose ist genauso wenig möglich wie die Vorhersage, auf welche Seite eine Münze fällt, nachdem sie in die Luft geworfen wurde. Das ist auch das Dilemma, in dem sich viele der so genannten Hedgefonds befinden. Sie spekulieren für kurze Zeit mit hohem Hebel und immer auf Kredit. Das mag durchaus für eine gewisse Periode gut gehen. Aber irgendwann erwischt es sie alle. Es ist durchaus möglich, wenn man eine Münze in die Luft wirft, fünfmal hintereinander das Ergebnis zu prognostizieren. Aber irgendwann reißt die „Glücksserie“ ab. Im Spielcasino ist das Geld dann weg, an der Börse ebenso.

Systeme, das kurzfristige Auf und Ab der Kurskurve zu bestimmen, kommen und gehen. Andere dagegen halten sich auch hartnäckig über längere Zeit. Zum Beispiel die Charttechnik. Da zeichnen Charttechniker (ein herrlicher Begriff) emsig Trendkanäle, da wird nach Untertassen und Wimpeln geforscht, da werden Dreiecke gemalt, Widerstandslinien bestimmt, Unterstützungslinien gesucht. Am Ende gleicht die Fieberkurve der Börse, die ja an sich schon chaotisch genug ist, einem verrückten Schnittmuster. Doch die Aussagekraft tendiert gegen null.

Ein Trend ist ein Trend. Dazu braucht man kein Lineal. Das ist meine Meinung zum Thema. Wenn der Kurs müßig nach oben wackelt, unter Schwankungen, dann haben wir es mit einem Aufwärtstrend zu tun. Es ist überflüssig, zu einem Lineal zu greifen und einen Trendkanal einzuzeichnen. Wie oft schon habe ich von Charttechnikern gehört, wenn der DAX unter den „Kanal“ fiele, dass dann Gefahr im Verzug sei, ein „Trendbruch“ drohe. Und wie oft ist die Kurve schon „unters Lineal“ gefallen und hat sich dann doch wieder nach oben gerappelt. Wie oft schon habe ich das charttechnische Urteil gehört, dass der Aktienmarkt „Schwierigkeiten“ habe, eine Widerstandslinie zu durchbrechen und wie häufig ist sie dann doch durchbrochen worden, weil die Börsianer in einem Anfall von Euphorie die Kurse senkrecht in den Himmel trieben. Wie oft schon haben wir gebangt, dass eine wichtige Unterstützungslinie halten möge – die dann doch nicht hielt, weil der DAX urplötzlich wie ein Stein zu Boden ging. Macht ja nichts – meint der Charttechniker, dann suchen wir eben Hoffnung und Trost in der nächsten Unterstützungslinie, die ein paar Etagen darunter ausgelotet wird. Doch welche Unterstützungslinie kann die Angst panischer Börsianer aufhalten, die um jeden Preis der Welt in einer Stunde aus dem Markt heraus wollen? Das Wesen der Unterstützungslinie ist, dass sie nicht hält, wenn man sie braucht. Charttechnik ist immer eine Vergangenheitsbetrachtung. Hinterher das Lineal herauszuholen und die Linien zu zeichnen, ist eine einfache Sache. Aber mit spitzem Bleistift die Zukunft der Börse zu malen, ist bisher noch niemandem gelungen. Wie auch? Derjenige hätte ja sofort alles Geld der Welt gewonnen. Der Schöpfer, der uns das Chaos gegeben hat, dürfte über solch eifrige Versuche, die Zukunft zu prognostizieren, nur milde lächeln. In der Tat lebt das Leben von der Unberechenbarkeit. Und die Börse auch.

Börse und Chaos

Jeden Tag werden die Karten nicht nur neu gemischt, sondern es kommen noch neue hinzu. Karten, die man bis dahin noch gar nicht kannte.

Die Börse ist chaotisch im klassischen Sinne. Doch was bedeutet „Chaos“? Es gibt unterschiedliche Stufen davon. Für alle gilt, dass selbst geringe Anfangserscheinungen zu unberechenbaren Zuständen entlang der Zeitachse führen. Sie kennen vielleicht das berühmte Beispiel vom Flügelschlag eines Schmetterlings, der einen Wirbelsturm verursacht. Die Kausalkette für dieses Ereignis mag verwirrend lang sein – aber der Flügelschlag war der Anfang. Das bedeutet: Je mehr Zeit vergeht, desto unmöglicher wird es, den Zustand zu errechnen oder zu prognostizieren, den ein Anfangsereignis ausgelöst hat.

So ist es beispielsweise unmöglich, den Verlauf des Qualms einer brennenden Zigarette zu berechnen. Zuerst steigt er senkrecht nach oben, ab einer bestimmten Höhe verwirbelt der blaue Dunst aber zu Kringeln. Kein Rechner dieser Welt vermag diesen Verlauf zu bestimmen. Das Einzige, was wir wissen: Der Qualm steigt unter Normalbedingungen nach oben. Insofern ist das Chaos in unserem Fall beschränkt. Der Qualm steigt nach oben, nicht nach unten, die Grundrichtung ist klar, der konkrete Verlauf „chaotisch“. Der Chaosforscher spricht von „determiniertem“ Chaos oder laienhaft ausgesprochen, vom „halben“ Chaos, nicht vom totalen Chaos. Mit diesem „halben“ Chaos haben wir es auch an der Börse zu tun.

Für das Wetter gilt das Gleiche: Es gibt vier Jahreszeiten: Frühling, Sommer, Herbst und Winter. Wir wissen, dass es von Februar bis August tendenziell wärmer wird. Aber niemand ist im Januar in der Lage, die Mittagstemperatur vom 6. Juni in Berlin hervorzubestimmen. Vieles ist möglich. Es kann 30 Grad warm sein, es kann aber auch ausnahmsweise kalt sein wie im Winter. Das Einzige, was sicher ist: Es wird nicht kälter als -5 Grad sein und nicht wärmer als +45 Grad. So chaotisch ist die Angelegenheit also doch nicht, immerhin ist eine gewisse Prognosesicherheit gegeben, weil wir einen Temperaturbereich definieren können, in dem mit an Sicherheit grenzender Wahrscheinlichkeit die tatsächliche Temperatur zu dieser speziellen Zeit liegt.

Doch die Gefahr des totalen Chaos ist jederzeit gegeben. Wir leben nämlich nur in einer Phase des determinierten Chaos oder, wie manche Chaosforscher sagen, am Rande des Chaos. Das vollkommene Chaos, wie es in großen Teilen des Universums herrscht, bleibt uns offenbar noch für ein paar Milliarden Jahre erspart. Eine Garantie dafür gibt es gleichwohl nicht. Allein unser Sonnensystem weist bereits chaotische Schwankungen auf, die jederzeit eskalieren können. Und anders sieht die Sache natürlich aus, wenn ein riesiger Meteorit auf die Erde prallt. Dann wirds erst mal düster und kalt. Dann hat das Ausmaß des Chaos auf jeden Fall erheblich zugenommen.

Wir Menschen sind leider (?) so geschaffen, dass wir nicht wissen können, was morgen ist. Unsere einzige Chance liegt im Blick auf die Vergangenheit, um dort nach erfolgreichen Lösungsmustern Ausschau zu halten. Diese Muster müssen aber nicht die Erfolg versprechendsten Rezepte für die Zukunft sein. Das bedeutet: Das Leben muss immer wieder neu optimiert werden. Jeden Tag erfordert eine neue, unvorhergesehene Problemlage eine aktive Veränderung der Situation, ein Überdenken althergebrachter Optimierungskonzepte. Das Leben ist eben nur ein Optimierungsprozess. „Nur" war natürlich ironisch gemeint – dieser Optimierungsprozess ist in jeder Hinsicht eine vorrangige Lebensaufgabe. Leben bedeutet optimieren. Optimierung bestimmt all unser bewusstes und unbewusstes Handeln. Letztlich soll jeder Handlung ein Vorteil folgen. Oder anders: Zumindest sollte eine Handlung die Erreichung eines Ziels bezwecken, verbunden mit möglichst geringem Energie- und Zeitaufwand.

Bei Tieren ist es etwas einfacher: Hier wird deutlich, was „Erfolg“ bedeutet, er besteht im Selbsterhaltungstrieb, in der Suche von Nahrung und in der Aufzucht von Nachkommen. Bei Menschen ist es im Prinzip ähnlich, auch wenn menschliches Handeln komplexer erscheint und neben Nahrung, Selbsterhaltung und Fortpflanzung noch einige andere Komponenten anscheinend das Leben bestimmen.

Alle Lebewesen haben darüber hinaus noch eine Gemeinsamkeit: Sie müssen adaptive Musterfinder sein. Das bedeutet: Wir müssen uns an unsere Umgebung anpassen, das Beste aus den Umständen machen. Wir erhalten mit unseren Genen, die sorgfältig über die Jahrmilliarden selektiert wurden, und mit unserer Erziehung ein gewisses Grundverhaltensmuster – aber den Rest müssen wir mit unserem Hirn allein erledigen. Nur derjenige, der sich ständig und immer wieder neu den Herausforderungen stellt und gute Lösungen findet, entwickelt sich zum Erfolgreichen. Was heißt Erfolg? Die Optimierungsaufgabe könnte unterschiedlich gestellt sein, aber eigentlich gibt es nur eine: lange, gesund und glücklich zu leben. Leider scheitern daran viele Menschen. An der Börse lautet die Optimierungsaufgabe, viel Geld anzuhäufen. Doch auch hier verlieren die meisten Anleger Geld.

Börse ist chaotisch – wie das Leben. Wir wissen, dass es im Sommer warm wird, doch wir können den Zeitpunkt nicht exakt bestimmen. Wir wissen, dass wir im Sommer mit einer gewissen Durchschnittstemperatur rechnen können, und dennoch kann es zwischendurch bitterkalt werden. Dieses Beispiel erklärt auch die vielen chaotischen Zuckungen an der Börse und gleichzeitig die Tatsache, dass jedes Prognosesystem versagen muss – genauso, wie es unmöglich ist, eine Temperaturvorhersage für eine bestimmte Stunde im nächsten Jahr zu treffen.

Immer wieder sind selbst Fachleute davon überrascht, dass die Börse nicht auf Fundamentaldaten reagiert, wie es die Logik gebietet. Beispiel: Trotz guter Unternehmensergebnisse fällt der Kurs. Oder trotz niedriger Zinsen sinkt der DAX. Börse hat eben nichts mit Logik zu tun. Börse spiegelt die emotionale Erwartungshaltung jedes einzelnen Anlegers wider. Und diese ist nicht quantifizierbar. Reaktionen von Menschen sind nämlich das Chaotischste und Unberechenbarste, was es in diesem Universum gibt. Stimmung, Stimmungslage entsteht im Kopf. Stimmungslage ist das Ergebnis eines komplizierten Zusammenspiels unserer 100 Milliarden Neuronen im Hirn. Außerdem spielt die Chemiefabrik in unserem Körper eine wichtige Rolle. Und nicht zu vergessen die Einflüsse aus der Umwelt. Die Summe dieser Einflussfaktoren, die fast unendlich groß ist, führt am Ende zu der Entscheidung „Ja" oder „Nein". Und so kommt es eben zu der Feststellung, ein Glas sei entweder halb leer oder halb voll. So werden Erwartungen entweder positiv verstärkt oder depressiv verschleiert. Das alles überschattet natürlich eine Entscheidung und spitzt sich zu in „Kaufen" oder „Verkaufen".

Mittlerweile gehen viele Experten davon aus, dass die Psychologie für die Finanzmärkte viel wichtiger sei als Fundamentaldaten. Doch die Stimmungslage der Marktteilnehmer auszuloten, erweist sich als ein schier unlösbares Unterfangen. Es ist zwar viel über „Behavioral Finance" (Börsenpsychologie) geschrieben worden – allerdings hat es die Börsenprognose auch nicht weitergebracht. Stimmungen bei Menschen und noch schlimmer, bei Ansammlungen von Menschen, können rasch in die eine oder andere Richtung umschlagen. Alles ist möglich. Es gibt Phasen mit lang anhaltender positiver Stimmungslage, welche die Kurse nach oben treibt, bevor sie jäh umschlägt. Umgekehrt kann ein Börsenindex aus einem tiefen Tal der Tränen plötzlich senkrecht nach oben ausbrechen. Und es gibt Lagen unentschiedener Stimmung – dann wakkelt die Fieberkurve seitwärts vor sich hin. Die exakte, wissenschaftliche Qualifizierung der „Marktstimmung" ist jedenfalls noch niemandem gelungen, weil es unmöglich ist vorherzusagen, was mein Nachbar morgen machen wird. Vielleicht verkauft er nur, weil er schlecht schlief oder Krach mit seiner Frau hatte.

Dennoch gibt es Phasen guter Stimmungslagen, die über längere Zeit stabil sind. Das sind die Trends. Solche Trends zu erkennen, ist nicht nur eine Sache der Erfahrung, sondern eine Kunst. Leider kann man nie vorhersagen, wann ein Trend abreißt. Aber mit dem Trend zu gehen, ist eine schöne Sache, und man kann an der Börse damit viel Geld verdienen. Und eines sollte der kluge Börsianer auch nicht vergessen: Genauso wie es auf unserem Globus Jahreszeiten gibt, genauso wie sich die Lebewesen trotz vielerlei Unbill und Problemen immer weiterentwickelt haben, zeigt die Börsentendenz über Jahrzehnte immer nach oben. Das ist das Einzige, was ziemlich sicher ist. Doch die Ungeduld ist nach wie vor weit verbreitet. Die meisten Marktteilnehmer möchten die Tendenz der nächsten Woche wissen oder die Prognose für den nächsten Monat. Auch wenn es nicht funktioniert – es wird viel Geld damit verdient. Es gibt unzählige Computerprogramme, die sich dieser Aufgabe widmen. Ein Milliardenmarkt. Die Hersteller und Anbieter solcher Prognosewerkzeuge machen ein großes Geschäft. Niemand stellt sich allerdings die entscheidende Frage: Wenn es ein Prognoseprogramm tatsächlich schafft, den Aktienmarkt einigermaßen genau vorherzusagen, wäre der Hersteller doch wohl nicht so töricht, es zu verkaufen. Dann würde er doch damit lieber selbst an der Börse sehr viel Geld verdienen – und wäre in Kürze reich.

Neuronale Netze

Im Jahre 2030 dürfte künstliche Computerintelligenz das menschliche Gehirn übertreffen. Optimistische Prognosen gehen sogar davon aus, dass schon im Jahr 2020 die Rechenleistung unseres Gehirns in jedem PC steckt. Dann heißt es nicht mehr „Intel inside“, sondern „Brain inside“.

Das zweite Kapitel der Evolution hat schon lange begonnen. Zunächst entwickelte sich auf unserem Planeten Leben. Die Erscheinungsformen wurden immer komplexer. Es entstand der Mensch. Der Mensch schuf die Technik. Diese Technik wird sich in absehbarer Zeit verselbstständigen. Nämlich dann, wenn Computer mittels adaptiver Musterfindung und superschneller Rechenleistung die Fähigkeiten des menschlichen Gehirns übertreffen. In nicht allzu ferner Zeit werden nicht mehr Menschen um die besten Strategien an der Börse kämpfen, sondern Computer. Schon jetzt existieren vielversprechende Ansätze, Börsenprognosen mittels künstlicher Intelligenz durchzuführen.

Der erste „intelligente" Computer stammt übrigens aus Großbritannien und wurde im Jahre 1940 gebaut. Wie so oft in der Geschichte der Erfindungen war es das Militär, das die Entwicklung vorantrieb. Die Briten wollten die militärischen Geheimcodes der Nationalsozialisten knacken. Aus Telefonschalteinrichtungen konstruierten führende Mathematiker und Techniker unter Leitung von Alan Turing den ersten Computer der Welt. Diese Maschine konnte nicht nur rechnen, sondern quasi auch selbstständig lernen – natürlich nur äußerst rudimentär. Der riesige Kasten wurde nach seinem Erfinder „Turing Machine" genannt und entschlüsselte erfolgreich die militärischen Geheimnisse Hitler-Deutschlands. Die Maschine lieferte eine perfekte Übersetzung fast aller wichtigen verschlüsselten Funksprüche. Mit elektrischen Schaltern und Röhren traten also die ersten „Computer" ihren Siegeszug an. Seitdem haben wir es auf diesem Gebiet mit einem rasanten Fortschritt zu tun.

Die Entwicklung der Rechenleistung verdoppelte sich seither ungefähr alle zwölf Monate. Ein großer Durchbruch gelang 1997, als das Schachprogramm „Deep Blue" den amtierenden Schachweltmeister Gary Kasparow besiegte.

Etwa Anfang der Neunziger wurden erste Versuche bekannt, Börsenprognosen mit Hilfe Neuronaler Netze durchzuführen. Neuronale Netze sind praktisch „künstliche Hirne" – allerdings sehr einfach konstruiert und per Softwareprogramm simuliert. Sie können selbstständig Zusammenhänge erkennen und treffen anschließend eine Aussage – zum Beispiel eine Prognose.

Ungefähr zu jener Zeit begann ich mit Experimenten, Börsenvorhersagen mit Hilfe Neuronaler Netze durchzuführen. Eine wahrhaft spannende Angelegenheit! Viele Leute stellen sich ein Neuronales Netz wie einen Trichter vor, in den oben die Zahlen (Börsenkurse) eingegeben werden und aus dem unten das Ergebnis (Prognose) herauspurzelt. So einfach ist es natürlich nicht. Das Experiment mit Neuronalen Netzen ist aufregend, aber auch langwierig und schlafraubend. Es war ungeheuer faszinierend, wie man mit ein paar Neuronen in so einer „Blackbox" zu einem Ergebnis kommt. Ich hatte verschiedene Programme zur Simulation Neuronaler Netze aus den USA und aus Asien besorgt, den Computer mit genetischen Algorithmen „aufmunitioniert", Dutzende von Büchern gelesen – und schon konnte es losgehen.

Das größte Problem: Wie präsentiert man dem Netz die Daten? Das ist eine Wissenschaft für sich. Ganz abgesehen davon, dass es keine Anhaltspunkte dafür gibt, wie die Neuronen „auszusehen" haben und nach welchem System sie sich verbinden sollen. Tag und Nacht glühten meine Computer. Die Ergebnisse waren am Anfang wenig ermutigend. Denn Neuronale Netze sind genauso faul wie ihr großes Vorbild, die menschliche Großhirnrinde. Eine einmal gefundene Lösung wird so schnell nicht „fallen gelassen" zugunsten einer Optimierung, die sich irgendwo da draußen im „Lösungsraum" befindet. Im Zusammenhang mit künstlicher Intelligenz spricht man vom Lösungsraum. Das ist der imaginäre Raum, in dem sich die Lösung befindet. Sie existiert. Aber sie muss eben noch gefunden werden. Das findet in einem „Lösungsgebirge" statt, in dem es auch Hügel und Täler gibt. Ist einmal ein mittlerer Berg erklommen, erweist es sich als schwierig, den nächsthöheren zu finden und zu besteigen – ein ganz normaler Vorgang, den wir auch im täglichen Leben überall beobachten können. Veränderung ist immer schwierig.

Das Neuronale Netz erkennt sehr schnell den Zusammenhang: „Wenns steigt, dann steigts weiter", was statistisch auch ohne weiteres nachprüfbar ist. Schließen wir zum Tageshöchstkurs, liegt die Wahrscheinlichkeit bei über 50 %, dass der Kurs am nächsten Tag höher ist. Aber das allein ist natürlich noch keine vernünftige Prognose. Als Börsianer möchte man ja zum Beispiel wissen, wie es in der nächsten Woche weitergeht oder im nächsten Jahr. Das Experiment mit den Zahlenkolonnen und verschiedenen Korrelationsparametern war endlos. Und es wird wahrscheinlich nie enden. Fakt ist, dass man mit Neuronalen Netzen durchaus interessante Ergebnisse erzielen kann. Fakt ist aber auch, dass jede Prognose, je weiter sie in die Zukunft gerichtet ist, eine geringere Trefferquote hat. Je weiter man in die Zukunft blicken will, desto schwieriger wird es – um nicht zu sagen: unmöglich. Das hat seine Ursache im determinierten Chaos, einem System, dem wir alle ausgeliefert sind und das ich im vorigen Kapitel schon ausführlicher beschrieben habe. Einfach ausgedrückt: Je mehr man es mit der Zukunft zu tun hat, desto mehr Möglichkeiten gibt es und desto schwieriger wird es, die richtige zu treffen.

Neuronale Netze werden in Zukunft unser Leben immer mehr bestimmen. Weltweit wird in vielen Forschungslabors fieberhaft an neuen Programmen und entsprechender Hardware gearbeitet. Doch bis die Leistung des menschlichen Hirns nachvollzogen werden kann, dauert es noch eine gewisse Zeit – wir werden es erleben. Spätestens im Jahr 2030 wird es nach Schätzungen so weit sein. Gar nicht auszumalen, was künstliche „Hirne“, die intelligenter sind als die „menschlichen Vorbilder“, alles aushecken werden.

Noch steckt die Entwicklung in den Kinderschuhen. Aber treibende Kräfte sind auch hier die Börsianer. Wer das beste Prognosesystem hat, könnte zumindest bei kurzfristigen Spekulationen häufiger auf der Gewinnerseite stehen. Doch nicht nur für die Kursprognose taugt die künstliche Intelligenz. Auch für die Auswahl von Aktien ist sie gut geeignet. Das Leben ist ja, wie wir alle wissen, „nur“ ein Optimierungsproblem. Jeder muss an jedem Tag das beste aus dem machen, was ihm gegeben ist. Die Auswahl von renditeträchtigen Aktien ist ebenfalls nur ein Optimierungsproblem, welches gut von künstlicher Intelligenz bewältigt werden kann.

Unter den meisten Schädeln verbergen sich immerhin 100 Milliarden Neuronen, die ihrerseits wieder durchschnittlich 1000 Verbindungen mit Nachbarzellen eingehen. Das sind immerhin 100 Billionen Verbindungen, die zu parallelen Rechenleistungen befähigt sind. Diese enorme Parallelverarbeitung schafft derzeit noch kein Computer der Welt. Allerdings hat unser Hirn auch einen Nachteil: Die Neuronen „ticken" nur mit einer Rechengeschwindigkeit von 200 Operationen pro Sekunde. Für die Hauptaufgaben ist unser Hirn jedoch bestens gerüstet: die adaptive Musterfindung, die Mustererkennung. Letztlich wird damit die Aufgabe gelöst, jemanden „wiederzuerkennen" oder ein Muster zu finden, anhand dessen wir eine eigene Börsenprognose treffen. Einfaches Beispiel: Wenn die Zinsen fallen, steigen die Aktienkurse. Oder bestimmte Muster zum Herausfiltern von aussichtsreichen Aktien (Wachstumsrate, KGV usw.). Ein Widerspruch bleibt aber: Wenn die Computer in der Zukunft so arbeiten wie menschliche Gehirne, werden sie auch die gleichen Fehler machen. Das ist ein kleiner Trost, denn nur durch die Fehler des einen gewinnt an der Börse der andere. Und eine Welt ohne Fehler ist undenkbar.

Bleiben wir noch bei den Rechenleistungen unseres Hirns. Nach dem derzeitigen Forschungsstand verfügen unsere Neuronen über 100 Billionen Verbindungen mit einer Rechengeschwindigkeit von 200 Hertz. Das ergibt summa summarum 20 Millionen Milliarden Operationen pro Sekunde. Der Computer, auf dem ich im Frühjahr 2001 dieses Buch schreibe, „tickt" mit einer Rechengeschwindigkeit von einer Milliarde Operationen pro Sekunde. Der erste Rechner, den ich besaß (Mitte der achtziger Jahre), schaffte nur eine Million Rechenoperationen pro Sekunde – damals eine Sensation und verdammt teuer. Innerhalb von 15 Jahren hat sich die Rechenleistung eines Computers mehr als vertausendfacht.

Die exponenzielle Steigerung der Rechenleistung in der Vergangenheit lässt den Schluss zu, dass dies auch in Zukunft so weitergeht – bei etwa gleichen Preisen. Das heißt, dass Mitte der zwanziger Jahre dieses neuen Jahrtausends auf jedem billigen PC die Rechenleistung unseres Hirns zur Verfügung steht. Ich bin gespannt, ob es so sein wird.

Außer Rechengeschwindigkeit zählt auch noch die Gedächtnisleistung. Der „Speicherchip" in unseren Köpfen hat eine Kapazität von einer Million Milliarden Bits. Die größte Festplatte, die ich bisher kenne, hat ungefähr 100 Milliarden Bits Speicherkapazität. Doch auch auf diesem Gebiet macht der Fortschritt Riesensprünge. Noch vor einem Jahrzehnt galt eine Festplatte mit einem Gigabyte als undenkbar. Heute sind 50 Gigabyte Speicherkapazität eine Selbstverständlichkeit. Innerhalb dieses Jahrzehnts werden es 5000 Gigabyte Speicherkapazität oder noch mehr sein – und das zu erschwinglichen Preisen.

Neben den herkömmlichen „altmodischen“ Computern aus Hardware mit Silizium gibt es auch schon bahnbrechende neue Computererfindungen. Molekularcomputer nutzen das DNS-Molekül zur Datenverarbeitung. Es handelt sich sozusagen um einen Mikrocomputer der Natur, welcher in der Lage ist, kombinatorische Probleme zu lösen und ein Optimum im Lösungsraum zu finden. Andere Forschungsrichtungen beschäftigen sich damit, Computer direkt aus einem Kristall wachsen zu lassen. Und der allerneueste Ansatz stammt aus dem Bereich der Quantenphysik: der Quantencomputer. Die Zukunft bleibt also spannend.

Gleichgültig, wann unser Gehirn nun in einen PC passt, schon in absehbarer Zeit werden nicht mehr Menschen Investment-Entscheidungen treffen, sondern der Kollege Computer wird dies leisten. Doch auch dann werden die Unterschiede groß sein. Nicht jede „Erfolgsmusterfindung“ wird am Ende auch mit einem Gewinn gekrönt sein. Nur die besten kommen durch. Und der Wettlauf hat schon begonnen. So wie der erste Schachcomputer 1997 den Schachweltmeister besiegt hat, wird bereits in naher Zukunft ein Computer den besten Börsenspekulanten schlagen. Wir werden es erleben.

Ich frage mich nur, welche Aufgabe der Mensch in den nächsten Jahrzehnten noch haben wird, wenn ihn der Computer ständig bevormundet. Wahrscheinlich ist die künstliche Intelligenz dann dazu da, optimale Lösungen für die Dummheiten zu finden, die der Mensch angerichtet hat.

Die Entwicklung der Börsen wird dann wohl nicht mehr nachvollziehbar sein, weil die Entscheidungshoheit beim Computer liegt. Das wird eine „Schöne Neue Welt“, aber bis dahin ist ja noch ein bisschen Zeit, und solange dürfen „wir“ noch den Kaufauftrag erteilen.

Als „Instanz“ hat sich die Prognose mittels Neuronaler Netze aber auch bei mir schon bewährt. Bevor ich eine Investmententscheidung treffe, frage ich immer auch die „Neuronen“. Sie können mir zwar nicht sagen, wo Aktie A oder Index B in zwei Jahren steht. Dennoch analysieren sie hervorragend den Trend und bewahren den Investor vor einem zu schnellen Einstieg in fallende Märkte.

Freunde aus Berlin haben auf diesem Gebiet hervorragende Ergebnisse erzielt, besonders bei der Berechnung der Entwicklung von Zinsen und Rentenmärkten. Auch bei der Auswahl von Einzelaktien hat die kleine Berliner Firma beachtliche Resultate erzielt. Erstaunlich, wenn man bedenkt, dass weltweit die großen Elektronikfirmen mit milliardenfacher Rechenleistung ebenfalls an diesem Problem herumdoktern. Insbesondere Siemens will auf diesem Gebiet groß werden. Aber: Selbst der beste Computer liefert schlechte Ergebnisse, wenn das Neuronale Netz schlecht konstruiert ist. Kleine Tricks und intelligente (Menschenhirn-) Kniffe bringen mit einfacher Hard- und Software nach meinen Erkenntnissen bessere Ergebnisse als die millionenteure Rechenleistung mit Unmengen von Eingabedaten.

Die Computerprogramme, von denen man immer wieder hört, dass sie in den USA Kauf- oder Verkaufslawinen auslösen, haben übrigens nichts mit dieser künstlichen Intelligenz zu tun. Sie basieren großenteils auf charttechnischen Faktoren oder einer Zusammenstellung von anderen herkömmlichen Indikatoren. Es wird aber meiner Ansicht nach nicht mehr lange dauern, bis zum ersten Mal ein völlig künstlich-intelligentes Börsenprogramm Unbill über die Börsen bringt. Deshalb kann es für den ambitionierten Börsianer nur von Vorteil sein, wenn er sich jetzt schon mit der Technik vertraut macht. Das Lineal, die Charttechnik und konventionelle Prognosemethoden werden jedenfalls bald genauso verstaubt sein wie das gute alte Grammophon, der Sextant oder das Röhrenradio.

Ich kann Sie also nur ermuntern, es auch einmal mit Neuronalen

Netzen zu probieren. Auch die philosophische Komponente ist beim Spiel mit der künstlichen Intelligenz hochinteressant. Es gibt mittlerweile viel Literatur auf diesem Gebiet. Auch Softwareprogramme zur Simulation Neuronaler Netze existieren in guter Auswahl. Übrigens kann man mit Neuronalen Netzen nicht nur Kurse prognostizieren und Aktien auswählen, sondern auch börsenfremde Probleme optimieren. Wie ich eben schon sagte: Das Leben ist „nur" ein Optimierungsproblem. Neuronale Netze und künstliche Intelligenz werden uns in Zukunft immer mehr dabei behilflich sein. Alle Probleme der Welt damit in den Griff zu bekommen, wird allerdings immer ein Traum bleiben. Die Crux liegt darin, dass es unendlich viele Probleme gibt und jeden Tag neue hinzukommen, so dass selbst der schnellste Computer der Welt auch in 1000 Jahren noch genügend zu tun haben wird.

Börsentrends

Als langfristiger Investor muss man sich um Trends eigentlich nicht kümmern. Es kann dennoch nicht schaden auszuloten, wo die Börse gerade steht. Auf diese Weise kann man entscheiden, wie viel vom geplanten Investitionskapital angelegt werden soll. Manchmal ist es besser, ein bisschen zu warten – auf jeden Fall ist es ratsam, die Investitionssumme aufzuteilen und über einen längeren Zeitraum in den Markt zu gehen.

Ist es der Anfang oder das Ende einer Bullenphase, der Anfang oder das Ende eines Bärenmarktes, oder befinden wir uns gerade in einem trendlosen Niemandsland? Bei der Identifizierung der Börsenlage helfen Indikatoren nicht weiter, sondern nur Erfahrung. Einige davon habe ich Ihnen schon im vorigen Kapitel geschildert.

Der Beginn eines Aufwärtstrends zeichnet sich immer dadurch aus, dass die Kurse offenbar ohne erkennbaren äußeren Anlass nach oben wollen. Meist sind dafür niedrige Zinsen der Anlass oder irgendwelche technischen Neuerungen, von denen sich Unternehmen in Zukunft üppige Gewinne versprechen. Solche Trends hatten wir zum Beispiel bei Telekommunikationswerten, bei den Internet- und Hightech-Aktien. Die Anfangsphase solcher Aufwärtsbewegungen ist immer von skeptischen Kommentaren aus der Fachwelt begleitet. Steigen die Aktien trotzdem weiter, ist dies ein sehr positives Zeichen. Bedenken Sie: Derjenige, der negativ über einzelne Aktien oder Branchen berichtet, hat entsprechende Wertpapiere noch nicht – er ist damit ein potenzieller Käufer in der Zukunft.

Steigende Kurse sind grundsätzlich ein sich selbst verstärkendes Phänomen. Steigende Kurse locken immer auch Trittbrettfahrer an, die weiter Geld in den Markt pumpen. Lassen Sie sich in solchen Phasen nicht von Experten verwirren! Treffen Sie Ihre eigene Entscheidung! Hat das Unternehmen tatsächlich eine Zukunft, könnte die Branche irgendwann „in Mode" kommen? Interessant ist auch, wie eine Aktie oder Branche auf Nachrichten reagiert. In einer Bullenphase können dem Aufwärtstrend weder negative Nachrichten noch sonstige pessimistische Kommentare etwas anhaben. Es geht unter normalen Schwankungen weiter nach oben.

Wichtigstes Zeichen beim Beginn eines Aufwärtstrends: Die Aktien marktschwerer Unternehmen setzen sich in Bewegung, gehen unter Schwankungen nach oben. Das trifft für den Gesamtmarkt ebenso zu wie für bullishe Trends in einzelnen Marktsegmenten („Wachstumstitel") oder Branchen.

Wie aber sieht es aus, wenn sich die Börse auf Talfahrt begibt? In fallenden Märkten ist es äußerst schwierig, den Tiefstpunkt zu definieren. Natürlich ist es besser, unterhalb der Höchstkurse zu kaufen. Deshalb bitte nicht ärgern, wenn es nach dem Einstieg weiter nach unten geht. Schwacher Trost: Man hat wenigstens nicht „oben" zugelangt. Wer bei fallendem Markt Bereitschaft zur Investition aufbringt, beweist Mut. Und die Zukunft wird es in der Regel mit höherer Rendite belohnen. Der nimmermüde „Volksmund" der Börse sagt zwar „Greife nie in ein fallendes Messer" – diese Aussage ist aber sinnlos und dumm, wenn es sich um Bluechips handelt. Es ist besser, in ein fallendes Messer zu greifen, als den Höchstkurs markiert zu haben und mit der Masse zu gehen. Leider kann ein Aktienmarkt oder ein einzelnes Papier ziemlich tief fallen – darüber darf es keine Illusionen geben. Deshalb ist es wichtig, in fallende Märkte nur mit homöopathischen Dosen zu investieren, damit noch genügend Kapital nach weiterer Verbilligung vorhanden ist. Es gehört auch ein gewisses Fingerspitzengefühl dazu festzustellen, wann bei einer Aktie die Luft raus ist. Ich habe beobachtet, dass ein Unternehmen, welches zum ersten Mal eine schlechte Meldung bringt, auf jeden Fall mit Vorsicht zu genießen ist. Mehr dazu im Kapitel „Das Karma des Marktes".

„Aller guten Dinge sind drei" – analog dazu müsste es heißen: „Aller schlechten Dinge sind (auch) drei" – eine schlechte Nachricht kommt selten allein, weitere werden folgen. Wenn ich einen Rat geben kann, dann lautet er: „Greife nie bei der ersten schlechten Nachricht zu!" In der Regel folgen weitere schlechte Nachrichten, die eine Aktie mindestens noch einmal 50 % sinken lassen können. So habe ich es jedenfalls oft genug erlebt. Wenn man aber einen langen Investment-Atem hat, kann man auch bei der ersten schlechten Nachricht in ein Papier investieren, allerdings mit einer möglichst kleinen Summe. Was für eine Einzelaktie gilt, hat natürlich auch für den Gesamtmarkt Gültigkeit.

Für steigende Märkte gilt genau die umgekehrte Regel. Bei einer guten Nachricht aus einem Unternehmen investiert man einen größeren Betrag. Und bei den nächsten zu erwartenden (in der Regel positiven Meldungen) schiebt man nur kleinere Beträge nach. Wie aber bahnt sich ein Bullenmarkt an? Wie identifiziert man frühzeitig eine Phase steigender Kurse? Das möchte ich in den folgenden Kapiteln erörtern. Sie werden dabei auch höchst moderne Analysemethoden kennen lernen, die bislang kaum bekannt sind.

J. Paul Getty, Milliardär aus den USA, meinte übrigens, dass sorgfältige, geduldige und intelligente Investoren die großen Gewinne einstreichen. Man solle kaufen, wenn die Aktienpreise tief seien und die Papiere nicht mehr aus der Hand geben. Viele Investoren würden jegliches

Risiko scheuen und sich dadurch zu spät engagieren. Warren Buffett, der weltbekannte Spekulant aus den USA, der in den letzten Jahrzehnten Milliarden an der Börse gemacht hat, kümmert sich nur darum, ob er ein Unternehmen zu einem Preis kaufen kann, der ihn „glücklich“ macht. Er empfindet sich nicht als Teil eines Bullenmarktes, sondern als Teilhaber an erstklassigen Unternehmen. Ob der Markt nach oben oder unten geht, darüber denkt er nicht nach. Er kauft in der Überzeugung, dass die Börse jetzt auch für mehrere Jahre schließen könnte. Wer also zu einem Preis gekauft hat, der ihn „glücklich“ macht, braucht auch so schnell nicht wieder zu verkaufen. Das ist die Kunst, auf die es an der Börse ankommt.

Und weil wir gerade bei Börsenweisheiten sind, möchte ich Ihnen noch ein paar mit auf den Weg geben: „Untersuchungen des Dow Jones und der Preisbewegungen von Silber, Sojabohnen und Weizen haben ergeben, dass der Kauf bei Vollmond und Verkauf bei Neumond ein einfacher und erfolgreicher Marktindikator ist.“ Immer wieder bewährt hat sich auch folgende Erkenntnis: „Zeiten der Mini-Mode sind gute Börsenzeiten; wenn die Frauen jedoch mehrheitlich lange Röcke tragen, geht es mit der Börse abwärts.“

Sie sehen also, einem gewissen Aberglauben frönt auch der Börsianer. Letztlich ist es gleichgültig, wann man einsteigt. Ein gewisses „Fine Tuning“ kann die Wertentwicklung zwar aufbessern, aber je länger der Zeithorizont für ein Investment ist, desto unwichtiger wird der Zeitpunkt des Einstiegs. Trotzdem ist es natürlich immer wieder spannend, Ebbe und Flut an den Finanzmärkten vorwegzunehmen.

Erst die Großen, dann die Kleinen

Die großen, marktschweren Unternehmen machen den Anfang, mit der Zeit ziehen dann die Kleineren nach. Es sieht geradezu danach aus, als ob die Kleinen im Aufwärtssog der Großen nach oben gezogen werden.

Um es vorwegzunehmen: Der Trend dauert in der Regel so lange, bis es erste Warnungen gibt, dass die Marktkapitalisierung kleiner Unternehmen astronomisch und durch nichts zu rechtfertigen sei. Diese Entwicklung konnte man übrigens sehr gut am Neuen Markt beobachten, wo während der Rallye von 1997 bis März 2000 fast jede kleine Klitsche mit der Zeit millionenschwer wurde. Wenn Drei-Mann-Betriebe mit zweifelhaftem Geschäftsgebaren von einer wild gewordenen Masse geldgieriger Anleger nach oben gejubelt werden, dann besteht höchste Gefahr. Und so kam es, wie es kommen musste.

Umgekehrt läuft es übrigens genauso: Ein Abwärtstrend beginnt in der Regel, wenn die Zweifel bei kleinen Unternehmen immer größer werden und diese die ersten Kursverluste hinnehmen müssen. Der Teufelskreis nach unten setzt sich erst allmählich und dann immer schneller fort. Höchste Zeit also auszusteigen – auch bei Qualitätstiteln! Denn während es im Aufwärtstrend heißt: Erst die Großen, dann die Kleinen, so bedeutet dies im Umkehrschluss bei einem Abwärtstrend: erst die Kleinen, dann die Großen. Auch diese Tendenz konnte beim Niedergang der Hightechs in den Jahren 2000/2001 gut beobachtet werden. Zum Schluss wurden auch die großen Titel geschlachtet, die heiligen Kühe. Die Intels, Ciscos, Nortels verloren ebenfalls bis zu 80 %, gemessen an ihren Höchstständen. Erst wenn dieser Prozess abgeschlossen ist, zeichnet sich eine Bereinigung des Marktes ab.

Aber bleiben wir erst einmal beim Beginn eines Aufwärtstrends, dem Zeitpunkt also, wenn sich die großen Titel gemächlich und zunächst unscheinbar nach oben in Bewegung setzen.

Das ist die Zeit, in der eine bullishe Phase am Aktienmarkt mit großer Wahrscheinlichkeit noch länger andauert. Lassen Sie sich in solchen Phasen auf keinen Fall von Analystenratings und Expertenaussagen beeindrucken, die negativ sind. Doch hellhörig müssen Sie werden, wenn die ersten Experten zur Gegenseite überlaufen. Aus Warnhinweisen werden plötzlich Kaufempfehlungen. Aus Zurückhaltung wird offenes Engagement für eine Aktie mit hohen Kurszielen und euphorischen Zukunftsaussichten. Das ist die Phase, in der ein Bullentrend sich langsam seinem Ende nähert. Wenn Banken und Experten positiv werden, heißt dies nichts anderes, als dass sich diese nun mit der betreffenden Aktie/Branche vollgesaugt haben. Die Kaufempfehlungen sind nichts anderes als der Versuch, noch andere mit ins Boot zu locken. Doch wenn der Markt eine Zeit lang gut gelaufen ist, wird es immer schwieriger. Irgendwann ist jede Geldquelle versiegt und auch der letzte Geldtopf ausgeschöpft. Irgendwann sind auch die Vorstadt und die Börsenneulinge mit dabei, und alle warten nun gemeinsam darauf, dass es weiter aufwärts geht. Das ist die Phase, in der es im Trend nach oben zu ersten Stockungen kommen kann. Verdoppelungen, Verdreifachungen innerhalb kurzer Frist sind jetzt keine Seltenheit. Die Fieberkurve des Aktienmarktes weist fast senkrecht nach oben. Der Verlauf der Kursentwicklung zeigt exponenzielle Züge. Das heißt: Am Anfang geht es kaum merklich nach oben, dann stetig, schließlich stark beschleunigt und zum Schluss fast senkrecht. Diese letzte Phase hat es in sich. Sie ist zwar absolut instabil, trotzdem kann der Markt in dieser Situation noch einmal 100 Prozent machen oder mehr. Auch wenn man womöglich etwas verpasst hat, ist es auf jeden Fall das letzte Signal, sich zu verabschieden. Die Börse gleicht einem Tollhaus, alle Welt spricht über Aktien, und jeder will schnell reich werden. Diese letzte Phase eines Aufschwungs ist auch geprägt von intensiver öffentlicher Anteilnahme durch die Medien. In diesen Zeiten beschäftigen sich auch billige Gazetten mit Börsenthemen, die sonst nur mit „bunten“ Geschichtchen ihre Leser erfreuen. Überall lesen Sie Erfolgsstories, überall werden Millionäre präsentiert, die durch Aktien reich geworden sind. In Cafés und Kneipen ist die Börse das bewegende Thema. Wenn Sie derlei Beobachtungen machen, dann wissen Sie, dass an den Märkten das letzte Stündchen geschlagen hat. Meist werden in solchen Phasen auch die Zinsen angehoben, weil die Notenbanken dem Treiben an den Börsen nicht länger tatenlos zusehen wollen. Alan Greenspan hatte im Jahr 2000 das Zinsniveau heraufgesetzt – ohne dass es zunächst Auswirkungen auf den Kursverlauf hatte. Zinserhöhungen sind aber in den meisten Fällen Gift für die Börsen, auch wenn dieses Gift am Anfang nur schleichend wirkt.

Überlassen Sie doch die letzten Prozente denjenigen, die nun noch unbedingt in den Markt hineinwollen, und seien Sie froh, dass Sie Ihr Investment zu hohen Kursen losgeworden sind. Geben, wenn die anderen nehmen, lautet das Motto. Hat die Stimmung erst einmal gedreht, ist es weitaus schwieriger, seine Aktien wieder loszuwerden.

Das Ende eines Trends kann mathematisch nicht berechnet werden. Es gibt keine Indikatoren, die eindeutig voraussagen, wann die Party vorbei ist. Die Party kann bis Mitternacht gehen oder bis fünf Uhr morgens – irgendwann aber hat sie immer ein Ende. Zusammenfassend hier noch mal die untrüglichen Merkmale, die den Abgesang einläuten:

1. Überdurchschnittliches Ansteigen der Kurse
2. positive Kommentare der Experten
3. zahlreiche Aktienempfehlungen mit hohen Kurszielen
4. Keine Reaktion auf negative Zahlen aus Unternehmen
5. Börse als Massenthema
6. Viele Neulinge
7. Bildzeitungsindikator
8. Zinserhöhungen
9. Erste Korrekturen bei kleineren Werten

Falls Sie zu früh ausgestiegen sind, ärgern Sie sich bitte nicht. Den „richtigen“ Zeitpunkt erwischt niemand. Und denken Sie daran: Es ist besser, Sie wünschten sich „im Markt“ zu sein als „aus dem Markt“. Als im Laufe des Jahres 2000 viele Aktien des Neuen Marktes über 90 % verloren (gemessen an den Höchstständen), gab es eine überwiegende Anzahl von Börsianern, die sich wünschten, nicht im Markt zu sein. Da half es auch nichts, dass die Expertenwelt ungebrochen optimistisch war. Wie absurd die Situation dann aber wurde, zeigen Beispiele von Analystenempfehlungen namhafter Häuser. Es liegt nämlich in der Natur der Sache, dass selbst bei nachgebenden Kursen die Analysten zunächst einmal das Ruder nicht herumwerfen. Nehmen wir als Beispiel EM.TV, Intershop oder MobilCom. Als Intershop von 80 Euro auf 30 gefallen war, hielten einige Experten hartnäckig an ihren hohen Prognosen fest. Das gleiche gilt für EM.TV, die von über 100 Euro auf zunächst 50 Euro absackten. Für EM.TV konnte man im Herbst des Jahres 2000, als die Aktie schon weit unter 50 Euro lag, immer noch Kaufempfehlungen lesen, die mit Kurszielen von über 100 Euro geschmückt wurden. Als MobilCom bei 200 stand, lautete das Kursziel bei manchen Experten 400 Euro. Auch bei Intershop sprachen sich namhafte Bankhäuser für einen Kauf mit Kursziel 70 Euro aus, als sich die Aktie längst halbiert hatte. Viele Anleger, besonders die Neulinge, stützten sich auf diese Prognose, klammerten sich an sie wie an einen letzten Strohhalm. Vergeblich. Die Börse macht eben nicht, was die Analysten sagen. Der Aktienmarkt geht immer seine eigenen Wege. Die vielen Kaufempfehlungen verpufften. Sie bezeugten nur eindrucksvoll, wie bullish viele Bankhäuser noch waren, wie sehr auch viele andere Anleger sehnsüchtig darauf warteten, dass es wieder nach oben gehen würde. Doch die Hoffnung war trügerisch – wie so oft an der Börse. Und so lange die Kommentare positiv sind, kommt es auch zu keiner neuen Bewegung nach oben. Die Börse muss sich nach einer übertriebenen Bullenphase immer erst „auskotzen" – wie nach einer durchzechten Nacht. Und das kann lange dauern. Erst wenn der letzte Bulle vom Parkett gefegt wurde, kann es wieder aufwärts gehen. Erst wenn die meisten Anleger das Handtuch geworfen haben, ist die Börse reif für eine Erholung.

In diesen Zeiten kann man sich gut die Meisterleistung manch eines Analysten vergegenwärtigen. Beispiel EM.TV: An ihrer Kaufempfehlung mit übertriebenen Kurszielen hielt etwa ein Dutzend Analysten der renommiertesten Banken fest. Bis ganz zum Schluss, als EM.TV bis auf 5 Euro fiel. Ein dramatischer Sturz von über 100 Euro auf 5 Euro in weniger als einem Jahr! Erst als EM.TV fast pleite zu gehen drohte, drehten die Experten. Als die Aktie unter 5 Euro fiel, gab es plötzlich Verkaufsempfehlungen – Sie haben richtig gelesen. Getreu dem Börsenwort „Was kümmert mich mein Geschwätz von gestern?" wurden aus Kaufempfehlungen urplötzlich Verkaufsempfehlungen. Davon war nicht nur EM.TV betroffen, sondern das galt für fast alle „Aushängeschilder" des Neuen Marktes. Wirklich ein jämmerliches Bild, wie die Analysten mit den Wölfen heulten und heulen. Wenn die Kurse steigen, blasen sie zum Kauf, und auf der Spitze formulieren sie noch einmal übertriebene Kursziele. Wenn es dann nach unten geht, sehen sie monatelang dem Kurssturz taten- oder analyselos zu. Und wenn eine Aktie ihren Tiefstpunkt erreicht hat, gibt es Verkaufsempfehlungen – für den aufmerksamen, antizyklischen Investor ist das aber ein klassisches Kaufsignal! Vorsicht ist gleichwohl geboten, denn manchem Wackelkandidaten besonders am Neuen Markt droht das völlige Aus.

Nun brauchen Sie nicht zu denken, dieses Phänomen sei nur auf Deutschland beschränkt. Auch in den USA haben die Experten versagt, und zwar massenweise. Auf alle wichtigen Hightech- und Internetwerte gab es Kaufempfehlungen auch während des sagenhaften Niedergangs dieses Marktsegments gegen Ende des Jahres 2000. Erst als viele Aktien knapp über null standen, nur noch wenige Cent wert waren, schlug die Expertenmeinung um, wurde zum Verkauf geraten. Priceline.com (ein Internet-Preisvergleicher) stand beispielsweise im März 2000 bei 100 $, geschmückt von zahlreichen „Buys“ und „Strong buys“ namhafter US-Brokerhäuser. Die Aktie fiel bis Dezember des Jahres 2000 auf unter einen Dollar, erreichte ihr Tief in der Gegend von 80 Cent. Was für ein Kurssturz: von 100 $ auf ein paar lausige Cent! Erst als die Aktie bei einem Dollar angelangt war, änderten die Analysten ihre Ratings: Verkaufen! Das Beispiel Priceline.com ist kein Einzelfall. Starke Leistung, kann ich dazu nur sagen und frage mich, warum die Analysten so lange studiert haben und so hoch bezahlt werden.

Auch wenn sie versagten – an der Börse wird ihnen dennoch immer wieder neu Gehör geschenkt. Warum eigentlich? Es liegt daran, dass die Anleger immer gern Kommentare zu Aktien hören – besonders positive. Doch der Wert dieser Aussagen tendiert oft gegen null. Ein US-Börsenexperte brachte das Problem der Analysten einmal auf den Punkt: „Analysten können den Anlegern alles über das Schiff, die Besatzung und den Preis erzählen – man erfährt jedoch nicht, ob das Schiff auf Grund zu laufen droht.“ Zur Jahrtausendwende hatten die Analysten

Hochkonjunktur. Das „Börsen-Schiff“ war allerdings schon auf verhängnisvollem Kurs – nur merkte es niemand.

Analyse der Analysten – Bilanz des Schreckens

Die Herren stammen aus Häusern mit Rang und Namen. Doch die Urteile sind nicht einmal das Papier wert, auf dem sie gedruckt sind. In Amerika horcht die Börsennation aber immer wieder auf, wenn diese Hosenträger-Menschen, stets adrett und seriös gekleidet, ihren Richterspruch ablassen: „Strong buy, buy, hold, sell, strong sell.“ Dafür kassieren sie utopische Gehälter: Bis zu 1,5 Millionen Dollar im Jahr bekamen „gute“ Analysten in den USA. Millionen von Anlegern orientierten ihre Anlageentscheidung an den Aussagen dieser Börsenexperten – und verloren Milliarden.

Dass die Analysten zur Jahrtausendwende einen verdammt schlechten Job gemacht haben, hat sie wahrscheinlich selber überrascht. Nun hätte ich gedacht, dass sie vielleicht etwas dazugelernt hätten. Das scheint aber nicht der Fall zu sein. Im Gegenteil: Nichts war und nichts ist schlimmer, als gemäß den Expertenratschlägen zu handeln. Ein „Worst-Case-Szenario“ bahnt sich immer dann an, wenn die Börsenakademiker mehrheitlich der Meinung sind, eine Aktie steige. Anfang 2001 war die Majorität dieser Herren der Börse immer noch extrem bullish bei Hightechs und Internet-Werten eingestellt. Konsequenz: Obwohl schon im Abwärtstrend, erlebten diese Hoffnungsträger der New Economy einen historisch bisher einmaligen Ausverkauf, der noch schlimmer werden sollte als das, was 1929 passierte.

Drehen wir die Uhr einfach zurück.

Beispiel Yahoo: Im Oktober 2000 gaben 26 Börsenexperten der namhaftesten Institute in den USA eine Kaufempfehlung für Yahoo. 13 klebten dem Internetwert sogar das Prädikat „Strong buy“ auf. Nun weiß ich nicht so genau, worin der Unterschied zwischen „Strong buy“

und „Moderate buy“ oder einfach nur „Buy“ (starker Kauf, relativ guter Kauf, Kauf) besteht. Das ist genauso wie ein bisschen schwanger oder schwanger. Aber egal. 26 Aktienexperten meinten im Oktober, Anleger sollten Yahoo unbedingt kaufen. Und zwar bei 80 $.

Den dramatischen Kursverfall von Yahoo konnten die Experten mit ihren gut gemeinten Empfehlungen dennoch nicht aufhalten. Das Papier trudelte wochenlang abwärts und landete im Frühjahr 2001 bei sage und schreibe 12 $. Macht einen Verlust von 68 $ in nur wenigen Monaten. Ist das eine analytische Meisterleistung?

Beispiel Nortel: Im Oktober 2000 meinten gar 31 Experten (das allein hätte schon zum Nachdenken Anlass geben müssen), Nortel sei ein klarer Kauf bei 60 $. Im März 2001 fällt die Aktie auf unter 12 $ wegen mehrfacher Bekanntgabe schlechter Zahlen. Nortel büßt innerhalb von nur knapp sechs Monaten vier fünftel seines Wertes ein.

Die Liste könnte fast endlos fortgeführt werden. Überall da, wo die Mehrheit der Experten zum Kauf blies, halbierten sich die Aktien, manche verloren sogar bis zu 80 % ihres Börsenpreises, gemessen am Empfehlungszeitpunkt.

Vorsicht ist also immer angebracht, wenn die Mehrheit dieser „Aktien-Experten“ zum Kauf rät. Fazit: Aktien können nur dann steigen, wenn die Mehrheit der Analysten den Daumen nach unten dreht. Der Analyst – ein Kontraindikator?

Im Jahr 2000 gab es an der NASDAQ Hunderte von Aktien, die, gemessen an ihren Hochs, über 90 %, teilweise sogar über 99 % verloren. Sicherlich ein einmaliger Vorgang in der Börsengeschichte. Eine Baisse, die Geschichte schrieb, die neben der verheerenden Tulpenspekulation in Holland und dem Crash von 1929 in die Annalen eingegangen ist. Begleitet wurde die Euphorie in der Haussephase auch hier von zahllosen Kaufempfehlungen durch Analysten. Fast ausnahmslos alle Aktien wurden auf Höchstständen zum Kauf empfohlen. Als die Baisse dann unaufhaltsam wurde und viele Aktien zu Pennystocks mutierten, änderte die Expertenschar ihre Meinung und trommelte zum Verkauf, riet zum Ausstieg. Seitdem kursiert in meinem Freundeskreis folgender Witz: „Fällt eine Aktie auf null – Kommentar des Analysten: Verkaufen!“

Ich denke, dass diese Beispiele Ihnen in aller Deutlichkeit zeigen, wie wenig man sich auf Expertenrat verlassen kann. Man ist eher verlassen, wenn man diese Ratschläge beherzigt und als Investmentgrundlage heranzieht. Und es zeigt sich auch, dass es im Zweifel immer besser ist, seine eigene Meinung zu den Dingen zu haben. Bedenken Sie auch, dass die Analystenabteilungen der großen Geldhäuser meist auch Marketinginstrumente sind. Wenn sich die betreffenden Institute erst einmal mit den entsprechenden Aktien vollgesaugt haben, müssen schließlich noch andere Käufer gefunden werden, die den Kurs nach oben treiben. Dieses Vorgehen wird zwar von vielen Häusern verneint, aber die Realität sieht dennoch oft so aus. Manchmal sickert an der Börse sogar durch, dass eine frische Aktienkaufempfehlung nur dazu dient, den Markt anzuheizen und eigene Bestände zu verkaufen. An der Börse wird eben mit allen Mitteln gearbeitet, und da es sich oft um internationale Geschäfte handelt, kann kein Gesetzgeber der Welt ein solches Vorgehen unterbinden. Ich habe es jedenfalls schon sehr oft erlebt, dass selbst namhafte Analysten von großen, renommierten Bankhäusern in der TV-Sendung *Telebörse* in einem Interview mit mir eine Aktie großartig zum Kauf herausstellten und anschließend die Talfahrt des betreffenden Wertes einsetzte.

Dennoch hat die große Schar der Analysten eine wichtige Funktion: Sie hat eine hohe Aussagekraft über die Verfassung des Marktes. Viele positive Kommentare bedeuten immer: Der Aktienmarkt ist eher bullish, es besteht die Gefahr eines Abschwungs. Das gilt nicht nur für den gesamten Markt, sondern natürlich auch für einzelne Aktien. Als im Sommer 1999 die Fusion zwischen Daimler und Chrysler bekannt gegeben wurde, überstürzten sich die Experten in der Nennung immer neuer, höherer Kursziele. Damals stand Daimler bei 100 Euro, und die Mehrzahl der Analysten prognostizierte 200 Euro innerhalb eines Jahres. Was passierte? DaimlerChrysler sackte in kleinen Schritten unaufhörlich ab und erreichte Ende 2000 einen traurigen Stand von unter 45 Euro. Die Schwierigkeiten bei Chrysler waren riesengroß, der Automarkt wies eine Konjunkturdelle auf. Begründungen gab es genug – doch hätte dieses Szenario nicht vorher in die Analyse mit hineingehört? Als DaimlerChrysler unter 50 Euro fiel, hagelte es schließlich Verkaufsempfehlungen – für den aufmerksamen Investor wiederum ein Einstiegssignal. Natürlich kann es mit der Aktie noch ein bisschen weiter runtergehen, doch die Erfahrungen der letzten Jahre haben gezeigt: Wenn die Mehrheit der Analysten einen Titel auf „Verkaufen" stellt, ist das Gröbste offensichtlich überwunden und der Aufschwung nicht mehr fern.

Bei allem Fachwissen, das man Analysten wohl zubilligen kann, fehlt vielen von ihnen jedoch die wichtigste Eigenschaft – die Vision. An der Börse geht es eben nicht darum, mathematisch kalkulierbare Ereignisse zusammenzurechnen, sondern darum, ein Gefühl für das große Ganze zu entwickeln. Daneben ist auch die Fähigkeit abschätzen zu können, inwiefern sich der Aktienmarkt oder eine Branche in einer Übertreibungsphase befindet, von allergrößter Bedeutung. Doch über diese Eigenschaft verfügen nur wenige der Bankexperten. Die meisten heulen mit den Wölfen und blasen zum Verkauf, wenn die Aktien auf einen Tiefpunkt gefallen sind. Weitsicht und Zuversicht sind bei manchen Analysten offenbar keine verbreiteten Tugenden.

Visionen

„Wir leben zwar alle unter dem gleichen Himmel, haben aber nicht den gleichen Horizont", sagte einst Altbundeskanzler Konrad Adenauer. Der Satz war sicher nicht im Hinblick auf das Börsengeschehen formuliert, passt aber hervorragend auch zu diesem Bereich. Das Universum der Anleger reicht von der nächsten Sekunde bis zur nächsten Generation. Letztlich hat jeder an der Börse eine Berechtigung, wenn ich auch glaube, dass jene mit dem kurzen Horizont eher den Kürzeren ziehen.

Es ist unerlässlich, an der Börse in die Ferne zu sehen. Nur dort liegen die Gewinne. Es gibt zwar Phasen, in denen die Kapitalmärkte stillstehen, sich über Jahre kaum bewegen, auch der Rückwärtsgang ist manchmal möglich, aber wen kümmert das, wenn man einen Investitionshorizont von mindestens zehn Jahren hat? Immer wieder treten Pessimisten auf den Plan, welche die Welt untergehen sehen. Das sollte die Perspektive nicht stören. Probleme gab es auf diesem Globus schon immer, und immer wurden sie auch gelöst. Mag sein, dass manche Krise etwas länger dauert, aber am Ende steht immer eine Lösung – und das ist positiv für die Börse.

Eine Vision an der Börse ist immer eine positive. So war und ist es, seit es Kapitalmärkte gibt. Auch wenn manche Leute etwas anderes behaupten – für den Börsianer ist es von entscheidender Wichtigkeit, an das Positive in der Welt zu glauben, an eine Veränderung zum Guten. Der Börsianer darf nicht nur bis zum Tellerrand schauen, sondern muss in der Lage sein, Visionen darüber hinaus zu entwerfen. Dafür gibt es keine Formeln, keine mathematische Gleichung. Es ist die Lebenserfahrung, welche für die Vision verantwortlich zeichnet. Sich nicht im Optimismus beirren zu lassen, ist die beste Voraussetzung, die ein Börsianer mitbringen kann. Wer keinen Optimismus hat, sollte nicht einen Tag an der Börse spekulieren.

Nun werden einige schlaue Zeitgenossen einwenden, man könne schließlich auch an fallenden Kursen verdienen. Das geht natürlich – aber nur für kurze Zeit. Den Ausstiegspunkt bei einer Baissespekulation zu ermitteln, ist eine äußerst schwierige Angelegenheit. Die meisten gehen dabei pleite. Gewinne zwischendurch sind natürlich nicht ausgeschlossen. Aber ich kenne niemanden, der langfristig mit pessimistischer Einstellung zur Börse reich geworden wäre. Umgekehrt ist es dagegen viel einfacher, Geld zu machen. Eine Börse kann theoretisch nur bis auf null fallen, aber unbegrenzt steigen. Dies ist der Grund, warum der Optimist schon von vornherein bessere Karten hat. Auf jede Baisse folgt zwangsläufig auch wieder eine Hausse. Und die Hausse übertrifft in solchen Perioden die Höchststände der Vergangenheit. Dies haben die Jahrhunderte, seitdem es Börsen gibt, gezeigt, und so wird es immer sein.

Wenn wir also wieder einmal im Tal der Tränen sind, lassen Sie sich nicht den Mut nehmen. Eine positive Börsenphase kommt manchmal schneller, als man denkt. Dazu bedarf es noch nicht einmal eines fundamentalen Grundes. Selbst wenn die Konjunktur am Boden liegt und die Volkswirtschaftler über die Rezession klagen, kann es mit der Börse schon wieder aufwärts gehen. Und wenn die Finanzmärkte steigen, folgt auch die Wirtschaft. Die Börse ist der wichtigste Konjunkturindikator, den wir haben. Fallen *kann* sie, steigen *muss* sie – eine alte Weisheit erfahrener Börsianer! Also schauen wir doch in die Zukunft, was können wir von der Börse erwarten? Zuvor aber ein kurzer Rückblick in die vergangenen Jahrzehnte.

Mahnmal der späten Achtziger – Der Crash

Es war Freitag, der 19. Oktober 1987. Eigentlich ein ganz normaler Tag. Da die Medien noch nicht bis in den letzten Winkel des Privatlebens per Handy, WAP und Internet vorgedrungen waren, verbrachte ich einen gemütlichen Abend mit Börsianern in einem Restaurant. Nirgendwo gab es Fernseher mit Laufbändern oder Menschen mit zigarettenschachtelgroßen Kursübermittlungskästen, den Pagern. Es war eine Zeit, in der man von der Börse wirklich nichts mitkriegte, wenn man nicht gerade vor dem Reuters-Terminal (Kurs- und Nachrichtenticker) einer Bank saß. Insofern konnte nichts den Abend stören. Gute alte Zeit ...!

Heftig diskutierten wir über die weitere Entwicklung an den Finanzmärkten, wobei sich durchaus ein bullisher, also positiver Grundton entwickelte. Ich hatte keine Aktien, irgendwie gefiel mir die Lage an den Weltmärkten nicht, aber meine Freunde waren vollgesaugt, insbesondere mit amerikanischen Aktien. Noch wenige Tage zuvor rief mich meine Bank an und fragte, ob ich denn nicht endlich einsteigen wolle.

Ich verneinte, ich wollte noch abwarten. Fundamentale Gründe hatte ich eigentlich nicht, aber vielleicht einen Schutzengel, der über mein Vermögen wachte.

In der Diskussionsrunde beim Abendessen sprachen wir über das DM-Dollar-Verhältnis. Die USA drohten Europa mit einem niedrigeren Dollar und litten unter einem Rekordhandelsdefizit. Andererseits aber erhöhte die Notenbank die Zinsen, und die Frage war, wie daraus ein niedrigerer Dollar resultieren könne. Bei Champagner und Rotwein stritten wir über die Konsequenzen, während in New York die Börse krachte. In heutiger Zeit undenkbar, nichts davon mitzukriegen. Aber damals war es eben der Segen der „Nicht-Handy-Zeit", und überhaupt funktionierte Kommunikation keineswegs so reibungslos wie heute. Ob die heutige Zeit deshalb besser ist, wage ich zu bezweifeln. Es ist nicht unbedingt immer von Vorteil, wenn Dinge, die nicht zu ändern sind, sofort mitgeteilt werden.

Im Fernsehen, das damals so etwas wie Börsen-TV praktisch nicht kannte, spielte das Geschehen an der Wall Street überhaupt keine Rolle. Es wurden keine Sendungen unterbrochen. Die Nachrichten in den öffentlich-rechtlichen Anstalten kannten das Thema „Börse" nicht, und private Programmanbieter gab es keine. Das einzige, was existierte, war Videotext bzw. Teletext. Damals eine Neuheit, für die sich aber niemand interessierte.

Als ich spät abends nach Hause kam, rief ich, wie gewohnt, den Teletext ab, um mich über die Schlussstände in New York zu informieren. Als die Seite nach einigem Warten endlich auftauchte, überflog ich die Kurse. Was ich da sah, kam mir irgendwie rätselhaft vor. Mein erster Gedanke: wieder ein Fehler bei den Zahlen. Da hat einer gepennt, oder er war besoffen. Computer (oder so etwas Ähnliches) waren ja damals kaum im Einsatz, so dass davon ausgegangen werden musste, dass die Zahlen im Teletext von Hand eingegeben wurden. Etwas frustriert, aber keineswegs beunruhigt, ging ich zu Bett und hatte eine ruhige Nacht.

Erst am nächsten Tag rief mich ein Freund an, der am Rande eines Nervenzusammenbruchs war und vom „Crash" sprach. Ich brauchte erst ein paar Minuten, um überhaupt zu begreifen, was eigentlich passiert war. Plötzlich wurde mir klar, dass die Kurse, die ich nachts im Teletext gesehen hatte, keine Fehleingaben waren, sondern der Realität entsprachen. Diese war allerdings krass: Der Dow Jones verlor an jenem Abend 500 Punkte oder 23 %. Das war der stärkste Rückgang in der Geschichte des Kursbarometers.

Wer nun immer noch glaubte, dass dieses Ereignis am folgenden Tag, einem Samstag, irgendwie in den Medien Beachtung fand, der sah sich getäuscht. Der Crash blieb nur einer Handvoll Börsianern vorbehalten. Der Rest der Welt schien ihn nicht wahrhaben zu wollen. Es gab kein Internet und überhaupt kein „Börsenbewusstsein". Den normalen Menschen auf der Straße schien die Angelegenheit nicht im Geringsten zu kümmern.

So traf ich dann an jenem Samstagmorgen meine Börsenfreunde, und die waren total verzweifelt. Eine Verzweiflung aber, die vom Rest der Welt nicht geteilt zu werden schien. Viele waren voll investiert und sahen sich dem totalen Ruin ausgesetzt. Für die meisten war klar: Jetzt bricht alles zusammen. Parallelen zu 1929 wurden gezogen, alte Bücher zitiert. Die Botschaft war eindeutig: Kommt ein Crash, dauert es sehr, sehr lange, bis sich die Börse wieder erholt. Im Fall von 1929 hat es Jahre gedauert. Entschluss also all jener, die Aktien hatten: verkaufen! Und das taten die meisten am Montag an der deutschen Börse dann auch. Nicht nur die Börse in Frankfurt, sondern alle Börsen rund um den Globus gerieten in furchtbare Panik. Alle wollten um jeden Preis verkaufen – jedoch gab es nur Käufer auf erheblich niedrigerem Niveau. „Raus um jeden Preis", lautete die Devise. Noch Tage später wurden diverse Weltuntergangsszenarien entworfen. Vom Zusammenbruch des Weltwirtschaftssystems war die Rede. Alle sahen schwarz.

Dieser schwarze Freitag oder der darauffolgende Montag war die beste Einstiegszeit, die wir in den letzten zwei Jahrzehnten hatten. Doch niemand der damals Betroffenen war nur im Entferntesten dazu in der Lage, kühlen Kopf zu bewahren. Angst und Panik diktierten das Handeln – bekanntlich sehr schlechte Ratgeber. Aber die Börsianer ließen sich, wie immer, von der Massenhysterie anstecken. Wer von diesen verwirrten Verkäufern hätte damals schon geahnt, dass wir der besten aller Börsenwelten entgegengingen? Wer von ihnen hätte geahnt, dass selbst jene, die einen Tag vor dem Crash gekauft hatten – also im damals ungünstigsten Augenblick –, dass selbst diese „Pechvögel" ihr eingesetztes Kapital bis zum Ende des Jahrhunderts zum Teil verzehnfacht hätten?

Einen kühlen Kopf in hektischen Börsenphasen ist das Beste, was man haben kann. Erst einmal mindestens 24 Stunden nachdenken, bevor man handelt. Das kann nie schaden an der Börse. Sich auf keinen Fall anstecken lassen von dem, was die anderen machen, zeichnet den erfolgreichen Akteur an den Finanzmärkten aus. Doch davon gibt es bekanntlich nur wenige. Meist lautet das Motto an schwarzen Börsentagen: erst verkaufen, dann denken. Und das bezahlt man teuer.

Wer damals etwas vernünftiger gewesen wäre, hätte erst einmal nachgedacht. Er wäre zu dem Schluss gekommen, dass die Welt nicht untergeht. Vielleicht hätte er festgestellt, dass wir eine klassische Paniksituation erlebten, die einfach bloß irrationalen Charakter hatte. Auch wenn er gar nichts gedacht hätte und einfach regungslos geblieben wäre, hätte solches Vorgehen immer noch größere Vorteile gezeitigt als blinder Aktionismus. Doch den meisten Börsianern fehlt oft eine Gabe: in die Zukunft zu blicken. Wer in die Zukunft blickt, wird feststellen: Jetzt gibt es Probleme, aber die meisten Probleme auf dieser Welt sind bisher gelöst worden, also werden wir uns auch aus dem derzeitigen Schlamassel befreien. Optimismus braucht der Börsianer. Optimismus selbst dann, wenn die Lösung nicht unbedingt sichtbar ist. Das mag zwar aus Sicht mancher Zeitgenossen naiv erscheinen, aber diese Naivität ist besser als ein Verkauf zum falschen Zeitpunkt.

Nicht auf den nächsten Tag oder die nächste Woche schauen! Die nächsten Jahre sind maßgebend, das nächste Jahrzehnt! Aber welcher Börsianer hat schon die Fähigkeit, solche Voraussicht walten zu lassen?

Im Jahre 1989 gab es im Herbst einen weiteren Crash. Der hatte zwar nicht die Ausmaße des Kurssturzes von 1987, hat aber dennoch wieder alle Börsianer fast zu Tode erschreckt. Das Muster war das Gleiche wie 1987. Wieder brach die Wall Street an einem Freitag ein. Wieder folgte darauf ein Kursdesaster in Europa und insbesondere in Deutschland. Dieses Mal war ich in Aktien voll investiert. Es war wirklich kein schöner Tag! Ich verlor für damalige Verhältnisse ein Vermögen. Die Banken riefen an und forderten mich auf zu verkaufen. Ich hatte damals auch noch viele Optionsscheine (wovon ich heute nur abraten kann!). Diese Optionsscheine halbierten sich, drittelten sich sogar. Die meisten Aktien verloren 20–30 %. Doch diesmal ließ ich mich nicht beirren. Mit dem Mut der Verzweiflung und mit der letzten Portion Optimismus, die ich aus meinem Hirn quetschen konnte, gegen die ganze Welt und gegen den Rat der Banker und nicht zuletzt gegen den meiner Freunde, kaufte ich. Ich kaufte nicht nur Aktien, sondern eben gerade auch Optionsscheine auf deutsche Bluechips.

Und siehe da: Am Abend schon drehte die Wall Street und schloss sogar im Plus. Am nächsten Tag gab es an der deutschen Börse eine Rallye, wie sie bis dahin noch nie da gewesen war. Die hochspekulativen Titel, die Optionsscheine, verdoppelten sich. Leerverkäufer und Pessimisten, die zuvor noch auf sinkende Kurse gesetzt hatten, bemühten sich, ihre Positionen zurückzukaufen, was den Aktien noch einmal einen kräftigen Schub verlieh. Es war einfach zu schön, um wahr zu sein. Für mich – für die anderen war es die Hölle auf Erden. Sie hatten tags zuvor mit Verlust verkauft und waren darüber hinaus noch *short* gegangen, hatten Leerverkäufe getätigt. Auf diese Weise hatten sie an zwei Tagen ihren Verlust glatt verdoppelt.

Beide Crashs von 1987 und 1989 zeigen: Es geht oft schneller nach oben, als manch einer denkt. Und: Die Börsianer verfügen über ein bemerkenswertes Kurzzeitgedächtnis. Anstatt aus den Vorgängen von 1987 Mut zu schöpfen, weil sich damals die Börse – wenn auch erst nach etwas längerer Zeit – wieder erholte, ließen sie dennoch allen Mut fallen. Pessimismus ist, besonders unter den Profibörsianern, sehr verbreitet. Sie sind oft die Ersten, die um jeden Preis verkaufen und jene mit den zittrigen Händen. An ihrer Handlungsweise sollte sich der kluge

Investor keineswegs orientieren – auch wenn Zeitungen und andere Medien voll mit Hiobsbotschaften sind.

Gewiss – in schlimmen Börsenzeiten bedarf es fast übermenschlicher Kraft, sich gegen den Trend zu stemmen. Es kann durchaus auch Tage geben, an denen die Aktienmärkte noch weiter ins Minus rutschen. Aber auf lange Sicht gesehen war ein Crash immer eine einzigartige Einstiegschance, welche die Rendite bei lang laufenden Anlagehorizonten beträchtlich erhöhte. Und selbst wenn man einen Tag vor dem Crash eingestiegen ist – nach einigen Jahren ist alles vergessen, und die meisten Werte sind wieder in der Gewinnzone.

Das sollte sich jeder kluge Investor immer wieder vergegenwärtigen, wenn es an der Börse brenzlig wird. Unbeirrt nach vorn schauen und optimistisch sein, das sind die Eigenschaften, die sich auszahlen. In einigen Jahren, wenn die Rauchschwaden eines Crashs verzogen sind, sieht die Sache wieder positiv aus. Doch dem überwiegenden Teil der Börsianer scheint es nicht zu gelingen, genau diese Weitsicht zu entwickeln.

Denkmal der späten Neunziger – Die Hausse

Der Anfang der neunziger Jahre begann mit einem Paukenschlag. Der Fall der Mauer und die Auflösung des Eisernen Vorhangs zwischen Ost und West verursachten besonders in Deutschland eine Euphorie und bescherten dem Land eine Sonderkonjunktur. Während ringsherum in Europa die Wirtschaft brachlag, brannte in Deutschland ein konjunkturelles Feuerwerk ab. Der Nachholbedarf Ostdeutschlands war enorm. Steuerliche Begünstigungen ließen den Aufbau Ost rasch voranschreiten. Einziger Wermutstropfen: die Reaktion der Bundesbank. Sie schraubte den Zins in schwindelnde Höhen, so dass den Börsianern bald jede Lust auf Aktien verging. Das Verhalten der Bundesbank war natürlich vollkommen übertrieben – im Nachhinein betrachtet. Doch damals herrschte eine realistische Angst, dass in Deutschland wegen Schulden und hoher Nachfrage im Osten eine kräftige Inflation entstehen könnte. Besonderer Dorn war das Umtauschverhältnis zwischen DDR-Mark und DM. Klar, dass in den Augen eines kühl rechnenden Bundesbankers weiche DDR-Mark in harte Valuta umgewandelt wurde, ohne dass es dafür einen realwirtschaftlichen Zusammenhang gab. Es war im Prinzip das Drucken von Geld. Und dies roch ziemlich stark nach Inflation. Konsequenz: Rücktritt eines Bundesbankpräsidenten und eine rigorose Zinspolitik. Mehr zu dem Thema in den nächsten Kapiteln.

Die hohen Zinsen haben an der deutschen Börse den „Einheitsrausch" zunächst kaum getrübt. Der DAX schraubte sich erstmals in seiner Geschichte nahe an die Marke von 2000 Punkten heran. Doch schon bald ersetzten Trübsal und Pessimismus die rosarote Brille. Irak überfiel Kuwait, und die Welt stand am Rande eines großen Krieges. Die Ölquellen drohten zu versiegen. Der Preis für das „schwarze Gold" sprang vorübergehend in die Nähe der 40-$-Marke pro Barrel. Zunächst schaute die internationale Staatengemeinschaft tatenlos zu. Doch schließlich griff Amerika in den Krieg ein. Russland war eine unsichere Komponente. Der DAX, der sich gerade hoffnungsvoll in Richtung 2000 bewegte, rutschte wieder ab bis auf 1500 Punkte. Die Bären gewannen die Überhand. Vom Diktum „Kaufen, wenn die Kanonen donnern!" wollte niemand mehr etwas wissen. Woche um Woche sank der DAX. Im Dezember 1990 erreichte er den tiefsten Stand der neunziger Jahre bei gut 1300 Punkten.

Und wer sich im Ausland umblickte, konnte auch nicht gerade Mut gewinnen. Italien versank in Schulden und Inflation. Ähnlich erging es allen Südschienenländern. Frankreich sprach öffentlich von Devisenkontrollen, weil der Franc immer schwächer wurde. In Großbritannien schien auch schon bald das Licht auszugehen. Als ich seinerzeit London besuchte, hatte ich den Eindruck, England stünde unmittelbar vor dem Abgrund. Hohe Arbeitslosigkeit, die meisten Gewerbe-Immobilien in der City erschienen unvermietbar. Die Wirtschaft – am Boden, und das britische Pfund sank unaufhaltsam in Richtung zwei Mark. Damals war ein Besuch in Großbritannien wirklich ein Aufenthalt im Schnäppchenland. Deutlich billiger die Waren, die Hotels, das Leben.

Dennoch quälte sich der Deutsche Aktienindex nach oben und erreichte unter den staunenden wie ungläubigen Augen der Fachwelt die Marke von 2000. Das war 1993. Doch der starke Außenwert der D-Mark machte natürlich auch der deutschen Börse zu schaffen. Die meisten exportorientierten Unternehmen hatten die allergrößten Schwierigkeiten. Die Lage spitzte sich zu, als für einen Dollar nur noch 1,35 DM zu zahlen waren. Kaum zu glauben, aber wahr. Der schwache Dollar gab unserer Exportwirtschaft den Rest. Autos, Flugzeuge, Chemieprodukte und noch viel mehr – das alles war auf den dollarorientierten Weltmärkten nicht mehr abzusetzen, nicht mehr konkurrenzfähig. Die Gewinne der Unternehmen schmolzen, und Mitte der Neunziger war Mollstimmung an der deutschen Börse angesagt. Hart arbeiteten die Exportunternehmen daran, auch unter diesen widrigen Währungsbedingungen Gewinne zu erwirtschaften. Den wenigsten gelang es. 1994 erreichte der Dollar seinen Tiefststand, knapp über 1,30 DM. Amerikanische Touristen wurden kaum noch gesichtet zwischen Flensburg und Allgäu. Sie konnten sich Deutschland nicht mehr leisten. Dagegen war ein Besuch in den USA damals ein Aufenthalt im Schlaraffenland, weil alle Waren spürbar billiger geworden waren.

Kein Wunder, dass bei solchen Währungsverhältnissen die deutsche Wirtschaft stöhnte, und die deutsche Börse stöhnte gleich mit. Nur mit Müh und Not holperte der DAX um die Marke von 2000 herum, was von den meisten Marktteilnehmern als maßlose Übertreibung angesehen wurde. Die Fachwelt war sich damals einig, dass er wieder in Richtung 1000 fallen würde. Es war eine sehr pessimistische Zeit, auf die ich auch in den nächsten Kapiteln noch zu sprechen komme.

Der Pessimismus an der Börse wurde noch beflügelt von sehr unsicheren Zuständen in Russland. Alle paar Monate drohte entweder ein Umsturz oder ein vermeintlicher Rückfall in den Kommunismus. Es war eine schwierige Zeit für den deutschen Aktienmarkt – wobei die einheimischen Anleger das Bild schwärzer malten, als es war.

Die Ausländer trauten es den Deutschen durchaus zu, dass sie mit der Bürde der Einheit erfolgreich zurechtkämen – auch wenn es hierzulande von Bedenkenträgern nur so wimmelte. Mitte der Neunziger war es hauptsächlich ausländisches Kapital, das die deutsche Börse stützte. Ich hatte den Eindruck, dass Deutschland wieder einmal die Nation der Miesmacher war, welche die einmaligen und hoffnungsvollen Herausforderungen der Einheit kaputt redete. Und trotzdem setzte sich die Börse Schritt für Schritt in Bewegung.

Ich erinnere mich noch, wie wir im Verlauf des Jahres 1996 die Marke von 3000 im DAX ansteuerten. Die Zeiten waren immer noch absolut bearish. Der Pessimismus überwog eindeutig. Ich kannte niemanden, der zur damaligen Zeit etwa das Kursziel 4000 auch nur gewagt hätte zu prognostizieren. Die überwiegende Zahl der Experten, eigentlich fast alle, ging davon aus, dass der Markt wieder fallen würde. Die Zahl der Pessimisten hatte, seitdem die Marke von 2000 erfolgreich und nachhaltig überwunden worden war, eher zu- als abgenommen. Die Stimme der Warner wurde lauter, aber der Markt stieg weiter.

Genauso ungläubig waren die Blicke auf die Wall Street gerichtet. Die Leitbörse setzte im Herbst 1996 neue Rekorde. Der Dow Jones kletterte das erste Mal über die magische Marke von 6000. Das alles geschah unter den ungläubigen Blicken der Fachwelt. Die wenigen Börsenmagazine, die es damals gab, sprachen kontinuierlich von drohenden Crashgefahren. Das hinderte den Dow Jones jedoch nicht, sein erreichtes Niveau erfolgreich zu verteidigen.

Gegen Ende 1996 ging die Deutsche Telekom an die Börse. Der DAX bewegte sich in Richtung 4000 – damals eine absolute Sensation. Im Sommer 1997 war die Marke von 4000 Punkten „geknackt“. Aber auch ein erster Stimmungswechsel war zu beobachten. Die Bären schienen langsam auszusterben. Die Fraktion der Warner verstummte langsam. Man hatte sich an das höhere Kursniveau gewöhnt. Im Laufe der Jahre entspannte sich auch die Situation an der Währungsfront, hatte sich langsam entschärft, der Dollar gewann wieder an Stärke. Deutsche Unternehmen, die Jahre zuvor noch das Überleben bei einem Dollarpreis von 1,30 DM probten, konnten bei steigender US-Währung wieder aufatmen. Die Gewinne sprudelten lebhafter als jemals zuvor.

Gegen Ende 1997 kämpfte der DAX mit der Marke von 4000. Mit der Deutschen Telekom interessierte sich plötzlich auch „der Mann auf der Straße" für Aktien. Die deutsche Börse stieg weiter. In diesem Jahr wurde der Neue Markt aus der Taufe gehoben. Das Interesse für die Börse wuchs. Zwischendurch konnte man schon wieder warnende Stimmen aus den USA hören. Alan Greenspan verunsicherte die Aktienmärkte, indem er von hemmungsloser Übertreibung sprach. Die Märkte sackten bis zu 10 % an einem Tag ab, erholten sich aber schnell wieder. Unterdessen gingen die wenigen Aktien am Neuen Markt auf Höhenflug. Mitte 1998 erreichte der DAX die damals unvorstellbare Marke von 6000 Punkten. Es war eine wirklich euphorische Zeit. Die steigenden Aktienmärkte wurden begleitet von Zinssenkungen der internationalen Notenbanken. Auch die Bundesbank nahm die Zinsen zurück, was dem Markt zusätzliche Liquidität bescherte. Die Börsenwelt boomte international. Der Dow Jones und vor allem die *Emerging Markets* erlebten ein Hoch nach dem anderen. Der Ferne Osten „glühte": Thailand, Korea, Indonesien – ein Rekord jagte den nächsten. Dann 1998 die Fernostkrise: Die Länder konnten ihre Schulden nicht mehr bezahlen. Abwertungen, Schuldenkrise, Kursstürze, politische Unruhen. Davon wurde auch der Deutsche Aktienindex in Mitleidenschaft gezogen. Qualvolle Monate. Der DAX stürzte von seinem hohen Ross in der Gegend von 6000 in großen Schritten ab. Der Dow Jones schmierte nach seinem Gipfelsturm bei 9000 Punkten ab und sank unter 8000 Punkte.

1998 war ein Jahr der Kurseinbrüche. An einem Tag gab es sogar einen „Sekundencrash". Binnen weniger Stunden crashte der Index 1000 Punkte in die Tiefe bis knapp unter 4000. Die Pessimisten sahen das Ende der Welt gekommen. Panik ergriff die Börsianer. Viele Bluechips verloren bis zu 30 Prozent. Doch am Nachmittag dann, wie durch ein Wunder, erholte sich die Börsenlage wieder. Der DAX stieg binnen Sekunden um Hunderte von Punkten. So etwas hatte die Börsenwelt noch nie gesehen. Die Notenbanken signalisierten weiterhin Entspannung. Die deutschen Zinsen bewegten sich in Richtung Rekordtief. Die Bundesbank senkte die Leitzinsen weiter. Das führte Mitte bis Ende 1999 wieder an den Rekordstand von unfassbaren 7000 Punkten heran. Der Dow Jones übersprang schon im Frühjahr die Rekordmarke von 10000 Punkten. Ein bisschen schwindlig konnte einem angesichts dieser beiden Rallyes schon werden! Das Ende des Jahres 1999 wurde begleitet von ersten internationalen Zinserhöhungstendenzen und von der Angst vor der Jahrtausendwende. Trotzdem stiegen insbesondere die Hightech-Werte. Der Neue Markt explodierte in Richtung 8000, die NASDAQ kämpfte mit der Marke von 4000 Punkten.

Nicht ohne Sorge blickte man ins neue Jahrtausend. Ein Computerproblem wurde hochstilisiert. Viele Experten gingen davon aus, dass die meisten Computer aufgrund alter Programme das Jahr 2000 nicht richtig erkennen würden. Die Pessimisten entwickelten Horrorszenarien: Stromausfall, falsch laufende Uhren, sogar die Mixer in der Küche sollten betroffen sein. Mit einem Wort: Ab der ersten Sekunde des neuen Jahrtausends drohte ein allgemeiner Weltuntergang. Den Börsen schien dies nichts auszumachen. Als man voller Sorge Silvester von einer Zeitzone zur nächsten beäugte und feststellte, dass nirgendwo Teile der Welt zusammenbrachen, schien der Startschuss für eine Millennium-Rallye gefallen zu sein. Zwar gab der DAX in den ersten Tagen des neuen Jahrtausends noch einmal ein paar hundert Punkte nach – aber dann gings steil bergauf. Nicht nur in Deutschland und Europa, sondern auf der ganzen Welt. Der Dow Jones machte sich auf in Richtung 11000, der DAX erreichte im März die Marke von 8000, und der Neue Markt stieg gar auf 9000. Danach gings bergab. Über die Gründe werde ich in diesem Buch noch genug philosophieren. Tatsache bleibt aber, dass die neunziger Jahre des alten Jahrhunderts sensationelle Hausse-Geschichte schrieben. Diese einzigartige Rallye wird auch die Nachwelt noch bewegen. Eines ist jedoch sonnenklar: Es wird nicht die letzte Rallye an der Börse gewesen sein, mittlerweile sind kräftige Gewitterwolken aufgezogen. Doch Blitz und Donner sollten dem klugen Börsianer nie den Blick auf die Zukunft versperren.

Crash 2000

An der Börse wird nicht die Gegenwart, sondern die Zukunft gehandelt. Das Problem ist dabei, dass die Zukunft so schlecht prognostizierbar ist. Das hält Börsianer jedoch nicht davon ab, horrende Summen in dem Glauben zu investieren, dass das Investment schon in kurzer Zeit einen Gewinn abwirft. Herrlich, wenn der Fahrstuhl nach oben geht. Schrecklich, wenn das Seil reißt.

Wie kam es dazu, dass Internetaktien zum Ende des alten Jahrtausends eine so gewaltige Rallye absolvierten? Und dann so jäh abstürzten?

Am Anfang steht die Garage. Zum Beispiel die von Bill Gates. Da wird getüftelt und experimentiert. Heraus kommt ein Softwareprogramm, das am Ende jeder braucht. So wie bei Bill Gates und seinem Unternehmen Microsoft ging es in Silicon Valley in vielen „Buden" zu. Junge Erfinder ersannen nützliche Werkzeuge, die besonders dem Internet von Nutzen waren. Das alles steckte noch in den Kinderschuhen, und niemand gab einen Pfifferling dafür. Ich erinnere mich, dass renommierte US-Brokerhäuser sich weigerten, Amazon zu analysieren, weil sie das Unternehmen für nicht seriös hielten. Als nun auch die Vorstadt endlich bemerkte, dass das Internet an Bedeutung gewann, wuchs auch das Interesse an jenen kleinen „Buden", die mit ihren Erfindungen das Netz der Netze bereicherten: Suchmaschinen, Netzwerkspezialisten, Kundenprogramme, Kommunikationssoftware.

Die Internetaktien gingen ihren eigenen Weg. Besonders beeindruckend, dass die Vorstände nicht mit Schlips und Kragen, sondern in ausgelatschten Turnschuhen und Sweatshirts an die Öffentlichkeit gingen. Das, was zunächst eher pubertär erschien, wurde schon bald zum Markenzeichen der „New Economy". Erst erkannten nur einige Freaks, einige Spezialisten, welchen Wert diese „Buden" hatten. Sie kauften die Unternehmen für ein paar Cent. Doch dann kamen zunehmend auch die seriösen Bankhäuser auf den Trichter. Sie schauten sich die Internetunternehmen näher an, und siehe da, sie stellten fest, dass die meisten von ihnen eine hervorragende Zukunft hätten. So wurde aus anfänglicher Ignoranz die eine oder andere Kaufempfehlung.

So richtig angeheizt präsentierte sich die Situation aber erst, als fast alle Banken gegen Ende 1999 zahlreiche Kaufempfehlungen für Internetaktien herausgaben. Dies ging einher mit einer bisher noch nie da gewesenen Euphorie für Internetunternehmen. Offensichtlich in völliger Unkenntnis dieser neuen Technologie investierten die Menschen massenhaft in diesen Bereich. Geld spielte plötzlich keine Rolle mehr. In allen Fachzeitschriften, sogar in den billigsten Gazetten, wurde das schöne Märchen vom Business im Internet in schillerndsten Farben auch dem Unkundigen schmackhaft gemacht. Allerorten entstanden neue Internetbuden. Sie alle wurden vollgestopft mit Geld. Gewinne – davon war nicht die Rede. Vertröstungen auf übermorgen – damit gaben sich die Anleger zufrieden. Gigantisches Schulden machen in diesem Bereich war modern. „Expansion“ lautete das Schlagwort. Gewinne oder das Kurs-Gewinn-Verhältnis gerieten aus der Mode. Dass die meisten Internetunternehmen vollkommen überschuldet waren und darüber hinaus erst in einigen Jahren – und das keineswegs garantiert – in den schwarzen Bereich kommen würden, interessierte niemanden. Im Nachhinein ist es unbegreiflich, wie eine solche Situation so lange Bestand haben konnte. Kritiker bekamen bald den Begriff „New Economy“ zu hören. Ein Modewort. Es sollte jene beruhigen, die dann doch nachfragten, wie denn so ein Internetunternehmen überleben wolle. „New Economy“: was für ein sinnloser Begriff – Anfang des neuen Jahrtausends allerdings oft gebraucht. Die „New Economy“ müsse Schulden machen, damit sie expandieren könne. Je mehr Schulden, desto besser. Was für ein Wahnsinn! Doch die zweifelhafte Logik lautete: je mehr Schulden, desto größer die Expansion und desto höher der vermeintliche Marktanteil an diesem neuen Schlaraffenland Internet. Die Venture-Kapitalgeber überschlugen sich förmlich, um neuen Internetunternehmen die Millionen hinterherzuwerfen. An der Börse wurde jedes neue Unternehmen stürmisch begrüßt und sofort mit dicken Kursaufschlägen gefeiert. Die Euphorie kannte einfach keine Grenzen. Die Vorstände der

„New-Economy“-Unternehmen vergnügten sich auf Luxusyachten in Monaco und anderswo. Diese neue Generation der „Turnschuh-Millionäre“ hatte ein wahrhaft schönes Leben: Der Chef von EM.TV leistete sich sogar einen persönlichen Drei-Sterne-Koch. Die Vorstände lockten Kapitalgeber und Aktionäre mit immer neuen, noch tolleren Aussichten in der Zukunft. Und baten nebenher durch Kapitalerhöhungen und Ausgabe neuer Aktien weiter zur Kasse. Jeder hat sich damals darum gerissen, sein Geld zur Verfügung zu stellen. Die Begeisterung kannte keine Grenzen und die Wachstumsbörsen diesseits und jenseits des Atlantiks feierten neue Rekordstände. Wie Motten das Licht zog der Neue Markt auch den kleinen Mann von der Straße an. Nie mehr arbeiten – dank der Börse. Viele wähnten sich schon reich. Am reichsten aber waren die Vorstände der Aktiengesellschaften, die meist große Stücke ihres eigenen Aktienkuchens besaßen. Die Börse machte auf diese Weise Multimillionäre, man denke nicht nur an die Chefs von MobilCom, EM.TV oder Intershop, sondern auch an jene von Oracle, Cisco oder Sun.

Es war eine Zeit, in der sich auch die Medien mit immer neuen, immer besseren Zukunftsaussichten in Sachen Internet zu Wort meldeten. Zahlreiche Experten verkündeten eine neue Welt, eine neue Wirtschaft. Immer waghalsigere, noch höhere Kursziele ließen die Börse kochen. Die Anleger wurden immer unkritischer – viele Neubörsianer glänzten sogar durch völlige Ahnungslosigkeit. Hätte man Anfang 2000 auf einen 10-Mark-Schein ein „.com“ gemalt, dann hätten wild gewordene Börsianer dafür 1 000 Euro gezahlt.

In diesen Jahren, 1998 bis Anfang 2000, entstanden Tausende neue Unternehmen, die irgend etwas mit dem Internet zu tun hatten. Die Geldgeber waren großzügig. Sie erhofften sich von einem schnellen Börsengang das große Geld. Und eine Zeit lang ging das ja auch wirklich gut.

Ich erinnere mich noch an den Zeitpunkt, als Red Hat (ein Linux-Unternehmen) an die Börse kam. Der Ausgabepreis lag bei ein paar Dollar. Selbst auf dieser Basis war das Unternehmen schon einen dreistelligen Millionen-Dollar-Betrag wert. Doch als Red Hat das Licht der

Börse erblickte, rissen sich die Investoren um die Aktie und trieben sie von 10 $ auf 180 $. Unvorstellbar, was damals los war. Millionen Investoren rund um den Globus wollten am ersten Tag das Papier um jeden Preis und überboten sich. In den einschlägigen Zeitungen war als „Tipp" zu lesen, dass man auf jeden Fall mit dabei sein solle und unlimitiert kaufen möge. So geschehen nicht nur bei Red Hat, sondern auch bei fast allen anderen Neuemissionen. Sie schienen eine Lizenz zum Geld drukken zu sein. In Deutschland gab es großes Gezerre um die neuen Aktien. Banken wurden der ungerechten Verteilung bezichtigt. Ein Aufschrei ging durch die Nation, als Infineon unters Börsenvolk gebracht wurde. Manch einer dachte, „Infineon" sei ein Medikament, andere konnten noch nicht einmal den Namen richtig aussprechen. Nicht alle Börsenneulinge waren darüber informiert, dass es sich um einen ehemaligen Chipproduzenten von Siemens handelte. Aber egal – man wollte mit dabei sein. Alle waren von der Idee besessen, dass man damit „irgendwie" viel Geld machen könnte. Da nur wenige ein paar Aktien bekamen, wollte man damals schon die Gerichte einschalten. Dass Infineon nur wenige Jahre vorher schon fast pleite und Siemens heilfroh war, sich von diesem Unternehmenszweig zu trennen, wurde in der Euphorie großzügig übersehen.

Die Leute gaben den letzten Groschen für die „New Economy". Durch die Vielzahl der neuen Unternehmen boomte der entsprechende Markt in dieser speziellen Nische. Die Nachfrage nach Internetprodukten, Software, Kommunikationswerkzeugen, Netzwerklösungen stieg gewaltig an. So konnten die jungen Firmen immer neue, noch höhere Auftragseingänge melden – meist mehr, als die ohnehin schon optimistischen Experten prognostizierten. Flackerte dann eine solche Meldung über die Bildschirme, sprang die entsprechende Aktie gleich um 10 % nach oben. Manchmal waren die Kursausschläge sogar noch stärker. Ich erinnere mich an einen Tag, an dem MB Software (Neuer Markt) um 50 % aufgrund einer Empfehlung gestiegen ist. In der TV-Sendung *Telebörse* mahnte ich zur Besonnenheit und meinte, dass sicherlich der Zeitpunkt käme, an dem man die Aktie auch billiger kaufen könnte. Das

Resultat: wüste Beschimpfungen und Briefe von Anlegern, die mich des Pessimismus und der Ahnungslosigkeit bezichtigten. Es war schon eine wilde Zeit damals, und ich hatte natürlich keine Lust, den Spielverderber zu mimen. Aber mir war schon klar, dass eine solche Situation eher zum Nachdenken mahnt als zu Euphorie.

Die Unternehmen investierten also in einem noch nie dagewesenen Ausmaß und schusterten sich so auch gegenseitig immer neue Aufträge zu. Cisco, wo ja bekanntlich mit jedem „Klick" im Internet verdient wird, meldete gewaltige Umsatzsteigerungen. Ähnlich Positives war von den anderen Big Playern zu hören, wie zum Beispiel von Oracle oder Sun. So schaukelte sich die Situation von Woche zu Woche höher, und jeder, der nicht an der Börse engagiert war, musste den Eindruck gewinnen, er mache irgendetwas falsch.

Das Einzige, was in jener Zeit nicht hinterfragt wurde: Wie sollten sich diese Mega-Investitionen eigentlich jemals amortisieren? Wie wollten die Unternehmen Produkte verkaufen und damit Geld verdienen? Wie sieht es aus mit der Marge, wo doch gerade das Internet eine fast lückenlose Transparenz schafft und damit den Konkurrenzdruck von Tag zu Tag erhöht? Diese Frage stellte zunächst niemand – bis plötzlich das große US-amerikanische Anlegerblatt „Barrons" genau diesen Punkt zur Titelstory machte. In einer brillanten Analyse stellte das Magazin fest: Die meisten Internet-Companies werden nicht überleben, weil das Geschäftsmodell nicht funktioniert. Das Einzige, was diese Unternehmen am Leben hielt, sei der ständige Zufluss an Kapital, das unkundige Investoren den Gesellschaften zur Verfügung stellten. Die Analyse gipfelte in einer Todesliste, in der prognostiziert wurde, wann bestimmte Unternehmen pleite gehen würden. Der Artikel führte zu einer ersten Korrektur an der NASDAQ und am Neuen Markt. Doch noch wollte fast niemand so richtig daran glauben.

Der Aktienmarkt quoll auch zu diesem Zeitpunkt noch vor Euphorie über. Der grenzenlose Optimismus wurde geschürt von fast allen Experten, und der überwiegende Teil der Analysten beließ die Ratings bei den Internetaktien auf „Strong Buy". Es war die Zeit, in der erste kleinere

Internetbuden bereits größere Kursabschläge hinnehmen mussten; die großen zeigten sich gleichwohl noch recht stabil.

Zu jener Zeit, es war im Mai des Jahres 2000, traf ich Tom Siebel, Gründer und Chef von Siebel Systems. Er reiste mit einem ganzen Tross von Beratern und Mitarbeitern an. Wir diskutierten die Situation der Internet-Companies. Mr. Siebel gab sich siegesgewiss. Die kleinen Unternehmen hätten kaum eine Chance, aber um die großen müsse man sich nicht sorgen. Insbesondere Siebel Systems sei ein hervorragend positioniertes Unternehmen, dem keine Gefahr drohe. Die Auftragslage ließe nicht zu wünschen übrig und selbst, wenn es „dem Internet" schlechter ginge: für Siebel keine Bedrohung. Tom Siebel genoss es sichtlich, eine positive Stimmung zu verbreiten, und sein Gefolge himmelte ihn dafür an. Niemand wagte zu widersprechen. Später dann, in einem Interview, verbreitete Tom Siebel seine Visionen auch im Börsenfernsehen. Zu diesem Zeitpunkt gab es noch keinen Anlass, an seinen Statements zu zweifeln, denn die Siebel-Systems-Aktie hielt sich tapfer über 100 $, obwohl viele andere Werte der „New Economy" schon erste Schwäche zeigten.

Auffällig in jener Zeit waren die Bemühungen der Chefs der Unternehmen, Optimismus zu verbreiten. Doch dieser hatte immer weniger Auswirkungen auf die Kurse. Und so kam es, wie es kommen musste: Auch Siebel Systems geriet unter die Räder und stürzte vom hohen Thron. Beteuerungen aus den Chefsesseln halfen nichts mehr. Fazit: Lassen Sie sich nicht von optimistischen Aussagen der Firmenlenker täuschen! Viele versprechen das Blaue vom Himmel – aber die Realität holt sie alle ein.

E – vangelium

E-Commerce, E-Business, E-Marketing sind die Zauberworte der „New Economy". Fantasien, in die Zukunft gerichtet, an der Börse teuer bezahlt. Die Zweifel, ob die „New Economy“ die in sie gesetzten Erwartungen auch erfüllen könne, wurden im Verlauf des Jahres 2000 immer größer. Sinkende Unternehmensgewinne untermauerten das aufkeimende Misstrauen. Dennoch versuchten die Lenker der großen Konzerne mit starken Worten und viel Show die Anleger zu beruhigen. Allen voran John Chambers, Chef von Cisco. Enttäuschenden Unternehmenszahlen begegnete er in der Manier eines Fernsehpredigers. Chambers ließ sich gern vor rotem Hintergrund fotografieren, hinter seinen Kopf zauberten die Grafiker eine gelbliche, sonnenhafte Aura. Haupt und Blick hatte er in Richtung Himmel erhoben. „Cisco war, ist und wird das Größte bleiben, was der liebe Gott in Sachen Internet geschaffen hat“, so sein Credo. „Cisco wird die Welt verbessern“, „Wir verändern die Welt“, so die Unternehmensphilosophie. Doch Worte allein halfen dem Kurs nicht auf die Beine. Auch Cisco musste die Prognosen zurücknehmen. Im Frühjahr des Jahres 2001 räumte Cisco das erste Mal sinkende Nachfrage ein. Tausende Mitarbeiter wurden entlassen. Die Nachricht beschleunigte die Talfahrt der Cisco-Aktie. Aus dem einstigen Star an der NASDAQ wurde ein Papier, das niemand mehr haben wollte. Die Fidelity-Gruppe, größter Fondsanbieter der Welt, gab der Cisco-Aktie den Rest, indem das Unternehmen Millionen davon auf den Markt warf. Immerhin hielt Fidelity über 300 Millionen Cisco-Papiere in den Depots.

Starke Worte auch von Larry Ellison, dem Boss von Oracle. Der Chef des zweitgrößten Softwareherstellers der Welt brauchte stets einige Minuten, bis er auf Touren kam. „Wir sind die Besten, mit unserer Software überstehen wir jede Krise“, so seine Behauptung. Eine Software für alles. Ellison pries sein neues Softwareprodukt an. Ein Programm für Buchhaltung, Produktion und Marketing dort, wo früher unterschiedliche Software von verschiedenen Herstellern benötigt wurde. Die Anleger hörten die Botschaft wohl, doch die Börse schenkte Oracle keinen Glauben. Von knapp 60 $ ging es runter auf 15 $. Oracle kündigte Massenentlassungen an. Das Ende eines großen Traums? Das Ende vom Internet? Das Ende der „New Economy“?

Börsianer sehen oft nur schwarzweiß. Entweder sind sie himmelhoch jauchzend oder zu Tode betrübt. Anfang des Jahres 2000 die große Euphorie für Hightech und Internet. Anfang des Jahres 2001 die große Ernüchterung. Es sah fast so aus, als ob sich die „New Economy“ in Luft auflöste. Am Neuen Markt und an der NASDAQ wurden schon Berechnungen angestellt, wann man dieses Segment schließen könne. Jeden Tag und immer wieder neu, jede Woche und jeden Monat tiefere Kurse. Der Neue Markt fiel von 9000 auf unter 1000, die NASDAQ glitt von 5000 auf unter 2000. Im Frühjahr 2001 sah es an den Wachstumsbörsen wahrlich nicht rosig aus. Starke Nerven waren gefragt. Notverkäufe, Panikverkäufe bestimmten die Tagesordnung. Und immer wieder die Frage, ob das Business im Internet denn nur ein schöner Traum gewesen sei, aus dem die Anleger unsanft geweckt wurden.

Die Situation, der Crash in den Hightechs, ist durchaus vergleichbar mit den Vorgängen von 1929. Die Stimmung der Anleger, die Euphorie an der Börse war damals ebenfalls grenzenlos. Die Leute waren stimuliert von einer neuen Erfindung, der Fließbandtechnik. Ein neues revolutionäres Verfahren, Produkte preiswert herzustellen. Alle Aktien, die mit Fließbandtechnik zu tun hatten, stiegen in astronomische Höhen. Die Kreditspekulation erlebte ein nie da gewesenes Ausmaß. Leute, die sich sonst nicht für die Börse interessierten, kauften plötzlich massenhaft Wertpapiere, großenteils auf Kredit. Aus jener Zeit stammt der Begriff „Milchmädchenhausse“ – benannt nach jenen armen Geschöpfen, welche morgens die Milch vor die Tür stellten (eigentlich ein Service, den man heute auch wieder einführen könnte). Die Blase platzte, als ein Londoner Bankhaus plötzlich eine Schieflage meldete und die Menschen sich die Frage stellten, wer denn die am Fließband hergestellten Waren eigentlich kaufen solle.

Ähnlich ging es um die Jahrhundertwende vom 19. zum 20. Jahrhundert zu. Damals waren die Anleger von der Einführung der Eisenbahn euphorisiert. Die Eisenbahnbubble platzte, nachdem viele Unternehmen kein Geld mehr für den Ausbau der Strecken hatten und die Anleger erstaunt feststellen mussten, dass die Gewinne, die in den Köpfen der Börsianer herumgeisterten, unrealistisch waren. Bahnkunden hatten schließlich keine Lust, ein Vermögen für eine Fahrkarte zu bezahlen. Das hätten sie aber tun müssen, um die hohe Marktkapitalisierung für Eisenbahnaktien zu rechtfertigen.

Genauso ist es schließlich auch mit den Internet- und Hightech-Aktien gewesen. Die Marktkapitalisierung der einzelnen Unternehmen war schwindelerregend hoch. Doch das Geld musste irgendwann ja auch einmal verdient werden. Und ob dies so einfach war, wie ursprünglich angenommen, darüber gab es bald große Zweifel. Also: Fantasie raus, Realität her. Internetaktien wurden fortan mit den kritischen Maßstäben der „Old Economy" bewertet – und deshalb mussten sie fallen. Wenn die Fantasie weg ist, sind KGVs von 10–20 angesagt und nicht von 100–1000. Waren die Erwartungen an die „Schöne Neue Welt" also vollkommen unrealistisch? Die Wahrheit liegt, wie so oft, in der Mitte.

Die Zeiten ändern sich. Ich habe es schon oft erlebt, dass an der Börse einzelne Branchen oder Aktiengattungen zerlegt wurden. Die Geschichte läuft immer ähnlich ab – ein Lerneffekt bei den Anlegern ist aber leider nicht erkennbar. Am Anfang der Rallye steht immer die Begeisterung für eine neue Technik oder Branche. Dann kommen die Experten und Analysten, welche die Gewinnerwartungen in den Himmel schrauben. Wenn die Aktien dann oben sind, fragt irgendjemand, ob die Erwartungen jemals erfüllt werden können. Erste Zweifel mischen sich mit echten Gewinnwarnungen. Dann geht es erst langsam und schließlich immer schneller bergab. Anleger wie Experten schauen mit offenem Mund und traurigem Blick den fallenden Kursen hinterher. Jene Analysten, welche anfangs noch die waghalsigsten Prognosen aufgestellt haben, sind die ersten, die plötzlich behaupten, im entsprechenden Marktsegment, hier jetzt gerade bei unserem Beispiel „Internet", sei kein Cent mehr zu verdienen. Die Ratings sinken. Aus „Strong buy" wird „Strong sell". Die Börse rast scheinbar unaufhaltsam dem Abgrund entgegen. Das alles wird noch garniert mit Hiobsbotschaften aus der realen Wirtschaft: Massenentlassungen, Gewinnwarnungen, Umsatzrückgänge.

Dies ist der Zeitpunkt, an dem der kluge Investor wachsam sein sollte. Ich habe es schon ein paar Dutzend Mal erlebt, dass irgendwo angeblich endgültig das Licht ausgehen sollte. Aber schließlich drehte sich die Welt doch weiter, und die Börse machte sich auf zu neuen Höhen. Das Problem ist, dass Börsianer so unendlich depressiv werden können. Schwarzmalerei ist an schwachen Börsentagen sehr beliebt. Wichtig ist stets, dass man seine eigene Meinung zu den Dingen entwickelt und gegebenenfalls auch gegen den Strom schwimmt. Nur so macht man an der Börse ein Vermögen.

Wann aber ist denn der Zeitpunkt gekommen, um in eine Bärenrallye einzusteigen?

Bärenrallye

Bärentrends können sich schmerzvoll über lange Zeit hinziehen. Der Optimist sieht die einstigen Höchststände und denkt, die alten Spitzenkurse vor Augen, 50 % unterhalb der Höchststände seien ein guter Einstiegszeitpunkt. Doch wenn der Abwärtstrend sich verfestigt hat, dauert die Talfahrt meist länger als erwartet. Theoretisch können Märkte unendlich lange jeden Tag 10 % fallen. Irgendwann ist das unpraktikabel, weil wir dann in psychopathischen Kursbereichen angelangt sind. Dennoch, meine Erfahrung lautet: Wenn es erst einmal fällt, geht es oft bedeutend tiefer hinunter, als selbst die größten Pessimisten prognostizieren. Oder noch klarer auf den Punkt gebracht: Ist der Ruf erst mal ruiniert, verkauft sichs völlig ungeniert.

Bärenrallyes können manchmal endlos lange dauern. 1929 mussten die Börsianer drei bis vier Jahre durch ein Tal der Tränen. Im Jahr 2000, als im März die Kurse am Neuen Markt und an der NASDAQ zu rutschen begannen, dauerte der Abwärtstrend mehr als ein Jahr. Bärenrallyes sind die Rache für vorausgegangene Übertreibungen. Erst gerät die Börse in einen Vollrausch bei maßlos steigenden Kursen, dann kommt der Kater. Leider gibt es kein Aspirin, um die Schmerzen zu lindern.

Der Markt hat erst dann eine Chance wieder aufzuerstehen, wenn die Mehrheit der Anleger die Hoffnung aufgegeben hat. Und das dauert seine Zeit, wenn man vom Kursgipfel absteigt. Die Gefahr dabei pleite zu gehen, ist enorm – besonders bei Neubörsianern, die nur die Sonnenseite der Finanzmärkte kennen gelernt haben. Die Versuchung, in fallenden Kursen zu verbilligen oder gar alles auf eine Karte zu setzen, ist riesengroß. Ich kannte etliche, die während der Talfahrt der Hightechs 2000/2001 Haus und Hof verloren haben. Viele meiner Bekannten waren völlig verzweifelt. Aus Aktien, die bis zu 100 Euro wert waren, wurden Pennystocks. Die meisten Anleger machten immer den gleichen Fehler. Sie verbilligten und bildeten sich ein, auf den niedrigen Niveaus nicht mehr verkaufen zu können. Dies ist die dümmste Einstellung, die man am Aktienmarkt haben kann. Wer in hochspekulativen Börsensegmenten investiert, für den gilt: Man *kann* nicht nur verkaufen, sondern man *muss* es sogar, wenn die Kurse fallen. Nur so kriegt man wieder einen klaren Kopf und kann die Situation objektiv bewerten. Doch die Wahrheit ist: Viele Anleger sind wie ohnmächtig, wie gelähmt. Sie starren auf die Kurse in der Hoffnung, die Zahlen mögen sich durch den bloßen Anblick nach oben bewegen. Davon wird freilich nichts besser. Nicht weinen, sondern handeln, lautet die Devise, wenn es an der Börse nach unten geht. Sicher, es kann zwischendurch immer wieder technische Reaktionen nach oben geben. In der Regel aber geht es danach noch weiter nach unten.

Der Bärenmarkt hat seine Tücken. Das Heer der Anleger, auf steigende Kurse fixiert, lauert auf jede noch so kleine Erholung und springt in die Aktien hinein, sobald sie sich bewegen. Doch die Strafe folgt meist schneller als erwartet: Der Markt bricht wieder ein und unterbietet alte Tiefststände – was die Bullen zwingt zu verkaufen, was wiederum noch mehr Dynamik in den Abwärtsstrudel hineinbringt. Wer glaubt, dass Abwärtsmärkte mit bearishen Kommentaren begleitet werden, der irrt. Im Gegenteil: Viele Experten loten dauernd und immer wieder neu irgendwelche „Böden“ aus. Das „Feeling“ der Anleger entspricht dieser Erwartung. Kaum jemand kann sich vorstellen, dass der Markt noch weiter nach unten gehen kann, und genau das ist der Grund, warum er es weiter tut.

Bärenmärkte sind genau so „selbstverstärkend“ wie Bullenmärkte. Immer mehr Anleger verlieren die Lust zu investieren. Es strömt kein neues Geld in Aktien. Im Gegenteil, die Liquidität wird abgezogen. Rette sich, wer kann, lautet am Ende die Devise. Bärenmärkte sind erst dann am Ende, wenn der letzte Bulle das Parkett verlassen hat. Und da es meist noch viele verbliebene Optimisten gibt, nimmt dieser Prozess oft eine lange Zeit in Anspruch.

So eine richtige Börsendepression ist etwas Furchtbares. Sie schlägt aufs Gemüt. Jeden Tag neue Rückgänge, jeden Tag neue Tiefststände. Es gibt Zeiten, da holt die Börse wirklich all ihre Folterinstrumente heraus. Da brauchen selbst die Bullen ein dickes Fell, um nicht unterzugehen. Leider ist ein Bärenmarkt erst dann zu Ende, wenn die meisten Marktteilnehmer vom völligen Weltuntergang sprechen. Und das dauert eine Weile.

Beim Crash 1987 war es so. An einem Freitag ging der Dow Jones um 23 % in den Keller. Ein ganzes Wochenende lang hatten die asiatischen und europäischen Börsianer Zeit, sich auf die „neue Armut“ einzustellen. Die Gespräche, die ich damals führte, liefen alle darauf hinaus, dass es nun ein für alle Male aus sei. Depression, Weltwirtschaftskrise, Zusammenbruch – das waren die Gedanken und die Schlagzeilen. Wer konnte damals schon ahnen, dass wir der schönsten aller Börsenzeiten in den folgenden Jahren entgegengingen? Selbst derjenige, der seine Aktien einen Tag vor dem Crash gekauft hatte, konnte in einzelnen Werten trotzdem noch verzehnfachen – allerdings erst nach einigen Jahren, oder besser gesagt, bis zum Ende des 20. Jahrhunderts.

Der Crash des Jahres 2000 verlief dagegen ganz anders. Es war der berühmte „Salami-Crash“. Jeden Tag, jede Woche ein bisschen tiefer nach unten. Zwischendurch ein paar kleinere Erholungen zum Antäuschen und dann weiter in den Keller.

Ich erinnere mich an den Herbst des Jahres 2000. Der Neue Markt fiel jeden Tag zwischen 50 und 100 Punkten. Die Stimmung, die damals herrschte, fasste ich mit den Worten zusammen: „Noch 15 Tage, dann wird der Neue Markt geschlossen!" Hier Auszüge meines Kommentars, der die Atmosphäre im Bärenmarkt kennzeichnete:

„Tag für Tag schauen die Anleger den fallenden Kursen hinterher. Nie war die Stimmung schlechter als in diesen Tagen. Ein Investor blickt den anderen an – Achselzucken. Bilanz: Die Fonds schütten. Die zittrigen Hände verkaufen. Die Leerverkäufer trauen sich auch nicht mehr, short zu gehen – dazu ist das Marktniveau zu niedrig. (Sie müssen also auch nicht mehr jäh eindecken, was eine technische Reaktion triggern könnte). Übrig also nur noch diejenigen, die bis jetzt durchgehalten haben.

Und wo sind die Käufer?

Ich habe keinen entdecken können. Vornehme Zurückhaltung. Auch Angst. Depression. Schlechte Laune. So ist die Börse eben. Hoffnung hilft auch nicht. Unterstützungslinien haben ihren Geist aufgegeben. Und jetzt?

Der Neue Markt hat noch eine Restlaufzeit von zirka 15 Tagen, wenn die Verluste so weitergehen. Dann können wir den Laden schließen. Fazit: Es waren aber doch interessante drei Jahre, die wir erleben durften ..."

Soweit der Auszug aus meinem Kommentar im Herbst des Jahres 2000. Für die Börsianer war es ein Leiden ohne Ende. Aber richtige Katastrophenstimmung wollte nicht aufkommen. Niemand sprach von Weltwirtschaftskrise oder ähnlichem. Mit einem Wort: Der Markt hatte sich einfach nicht richtig ausgekotzt. Das klingt zwar etwas vulgär – aber es war genau so, wie ich sage. Erst wenn ein wirklich vernichtender Schlag erfolgt, ist die Luft wieder rein für vorsichtige Aufwärtsbewegungen. Diese muss allerdings in einem Umfeld der Hoffnungslosigkeit keimen. Nur wenige sind dann mit dabei. Die Mehrheit der Marktteilnehmer muss ängstlich danebenstehen, wenn es an der Börse nach oben geht. Die überwiegende Anzahl der Wirtschaftsmedien muss in ihren Kommentaren die Hoffnungslosigkeit zum Ausdruck bringen. Dann ist der Markt wirklich sauber. Und dann beginnt das Spiel von neuem. Alle schauen zu, niemand ist mit dabei. Diese Anlegergruppe, die Mehrheit, muss sich dann um die Aktien balgen, wenn die letzten 40 % eines neuen Gipfels bestiegen werden.

Die Stimmung Anfang des Jahres 2001 spiegelt folgender Situationsbericht wider, den ich auch als Kommentar veröffentlichte und für den ich mir ebenfalls viel Ärger einhandelte. Denn obwohl die Hightechs schon über ein drei viertel Jahr in sich zusammensanken – so richtig bearish, so richtig pessimistisch waren die Anleger immer noch nicht. Und als US-Notenbankchef Alan Greenspan in den ersten Januartagen überraschend und außerplanmäßig die Zinsen senkte, da jubelten die Börsianer. Doch die Freude war zu früh. Unter dem Titel „Neuer Markt und NASDAQ – 1000 Punkte?" interpretierte ich die Situation wie folgt:

„Die US-Notenbank senkt die Zinsen. Keine andere Schlagzeile hat diese Nacht für mehr Wirbel an den Börsen gesorgt. Der Aktienmarkt läuft Amok. Die Bullen jubeln. Wahrscheinlich zu früh.

Das, was Alan Greenspan so überraschend tat, ist leider nichts anderes als ein Warnsignal. Ein Alarmzeichen. Das Erlahmen der Wirtschaft hat größere Ausmaße, als selbst Experten es bisher für möglich gehalten haben. Die Auswirkungen auf den Aktienmarkt am Mittwochabend – wohl nur das heftige Aufflackern eines Strohfeuers. Eine Shortsqueeze. Der Bärenmarkt ist noch nicht vorbei!

Ich kenne niemanden, der nicht bullish ins Neue Jahr gegangen wäre. Der Durchschnitt aller Prognosen der meisten Experten erwartet für 2001 steigende Kurse – gleichgültig, in welchem Marktsegment. Ich kenne keinen einzigen Bären – außer Roland Leuschel. Und genau das ist das Problem: Wir sind alle bullish. Wir hoffen alle auf steigende Märkte. Niemand kann sich vorstellen, dass der Neue Markt und die NASDAQ auf 1000 Punkte fallen. Niemand glaubt, dass die Weltwirtschaft vor ernsten Problemen steht. Niemand entwirft einen wirklichen Börsen-Super-GAU.

Fazit: Wir sitzen alle in einem Boot. Im Bullenboot. Und das kentert gerade. Rettungsringe sind nicht in Sicht. Der Orkan tobt. Jetzt hilft nur noch beten – damit aber kriegen wir die Börse auch nicht mehr hoch.

Und das sind die traurigen Fakten:

Die reale Wirtschaftswelt spielt am Rande des Abgrunds. Die Banken geben kaum noch Kredite (Credit Crunch). Jede Zahl, die von irgendeinem Unternehmen veröffentlicht wird, ist schlechter als erwartet. Alles fällt. Die Gewinne, die Umsätze, die Kurse, das BIP, Baumwollpreise, Ölpreise, Zinsen, Löhne, Einzelhandelspreise... und natürlich auch die Börse.

Weitere Zinssenkungen werden nicht helfen, kommen zu spät. Ein zu starkes Eingreifen der Notenbanken würde die Panik eher noch erhöhen. Wir werden in diesem Quartal schon das erste Mal das Wörtchen ‚Deflation' in den Mund nehmen. Und dann fällt uns auf, dass es Ähnlichkeiten zu 1929 gibt.

An der Börse passiert immer das Gegenteil von dem, was die meisten Marktteilnehmer erwarten. Wir warten alle auf steigende Kurse. Da müssen wir uns noch ein Weilchen gedulden. Die Dynamik der Abwärtsspirale hat ihren Höhepunkt noch nicht erreicht. Schon bald wird auch die „Old Economy" erfasst werden. Erst wenn der letzte Bulle aufgegeben hat, ist der Markt bereinigt. Doch noch ist es nicht soweit."

Dies war mein Kommentar von damals, Anfang 2001. Die Reaktion darauf reichte von Beleidigungen bis Fassungslosigkeit. Mein E-Mail-Account quoll über. Daran erkannte ich, dass ich wohl leider Recht behalten würde. Obwohl der Markt schon schrecklich tief gefallen war – der Boden war immer noch nicht erreicht. Während namhafte Analysten, Charttechniker und Experten die Kurse quasi „gesundbeten" wollten, fielen die Aktien weiter. Und schon bald passierte das, was die wenigsten erwartet hatten. Neuer Markt und NASDAQ fielen unter die magische Marke von 2000 Punkten. Es war eine schlimme Zeit. Die meisten Börsianer verloren verdammt viel Geld, einige ruinierten sich völlig.

Der Kampf zwischen Bulle und Bär

Natürlich kann man auch an sinkenden Märkten hervorragend verdienen. Doch die Shortspekulation ist eine der schwierigsten, die es gibt. So mancher Shorty wird zerrissen von einem jähen Aufbäumen der Märkte, das auch in Abwärtsphasen sporadisch vorkommt.

In den USA zählt das Leerverkaufen zu den normalen Übungen an der Börse. Jeder kann es tun, vom Profi bis zu Kleinanleger. Das „Shortselling" ist standardisiert – jeder noch so kleine Broker ist in der Lage, entsprechende Kundenwünsche zu erfüllen.

In den Kurssystemen der USA ist die „Shortselling-Rate" mittlerweile ein wichtiger Faktor. Jeder Anleger kann nachlesen, wie viele Aktien leerverkauft sind und potenziell eingedeckt werden müssen. Manche Kurssysteme geben sogar die Tage an, die notwendig sind, um Shortpositionen in einer Aktie einzudecken. Rechengrundlage dafür ist der durchschnittliche Tagesumsatz einer Aktie. Wenn sich dann mit der Zeit eine sehr hohe „Short-Rate" aufbaut, kann man an einer Hand abzählen, wann die Leerverkäufer eindecken müssen. Geschieht dies, geht die betreffende Aktie oft senkrecht nach oben, unabhängig von den Fundamentaldaten. Das ist übrigens einer der Gründe, warum Aktien manchmal trotz schlechter Nachrichten zügellos nach oben schießen. Die Shortseller spekulieren auf *bad news* und wollen bei Bekanntgabe der Nachricht eindecken, also zurückkaufen. Ist die Leerverkaufsrate jedoch hoch und wollen alle Leerverkäufer, beziehungsweise ein großer Teil von ihnen, plötzlich eindecken, springt die Aktie nach oben. Und der Mann auf der Straße fragt sich, wie es möglich sein kann, dass eine Aktie bei schlechten Nachrichten steigt.

Ich bin der Meinung, dass der „irrationale Überschwang", von dem Alan Greenspan in Zusammenhang mit der Rallye an den Hightech-Märkten immer wieder sprach, auch durch zwanghafte Eindeckungen von Leerverkäufern begründet war. Dass viele Trittbrettfahrer die Kurse noch zusätzlich in die Höhe trieben und die Dynamik verstärkten, steht außer Frage.

An der Börse wird eben mit allen Mitteln gekämpft. Die Bullen fordern die Bären heraus, indem sie Aktien über charttechnische Marken ziehen, in der Hoffnung, dass Leerverkäufer gezwungen werden einzudecken. Deshalb auch sprunghafte Bewegungen, wenn bestimmte Kursmarken überschritten werden. Die Bären arbeiten entgegengesetzt. Sie versuchen, den Bullen einen Schrecken einzujagen, indem sie massenhaft Aktien leerverkaufen, in der Hoffnung, dass die Bullen die Hoffnung fahren lassen und auch verkaufen, was die Kursbewegung nach unten zusätzlich verstärkt.

Dieses Kräftemessen zwischen Bullen und Bären verstärkt zwar die Ausschläge, ist aber dennoch wichtig für einen funktionierenden Markt. Die Börse erhält so die nötige Liquidität: die Luft zum Atmen.

In Deutschland ist es für den privaten Anleger nicht möglich leerzuverkaufen. Dieser Zustand ist meines Erachtens ein Skandal. Der Normalanleger wird damit gezwungen, nur in eine Richtung zu spekulieren – nach oben. In Bärenmärkten sitzt der Privatanleger deshalb in der Falle. Er kann zwar mit Put-Optionen oder Optionsscheinen handeln, diese sind aber oft sündhaft teuer durch übertrieben hohes Aufgeld. Ich finde, dass dieser Zustand dringend einer Änderung bedarf. Ich will damit nicht sagen, dass es unbedingt ratsam ist, auf fallende Kurse zu setzen. Im Gegenteil. Es ist ein Spiel mit dem Feuer, an dem sich auch Profis die Finger verbrennen. Aber der Anleger sollte in jedem Fall die Freiheit haben, selbst zu entscheiden, wie er an den Märkten handeln will. Vielleicht werden wir es ja in Deutschland noch erleben. Meine Forderung lautet: „Leerverkauf für alle!“

Shortseller sind nicht immer die beliebtesten Zeitgenossen. Aus negativen Entwicklungen Gewinn zu schlagen, mag für manche Menschen unmoralisch erscheinen, doch diese Bedenken sind fehl am Platze. Es existiert wohl kein Ort auf der Welt, an dem es eine ausgleichendere Gerechtigkeit gibt als an der Börse. Und mancher Bulle ist schon reich geworden, weil er die Aktien von einem Leerverkäufer erworben hat und der betreffende Titel schließlich doch nach oben gegangen ist. Statistisch gesehen hat der Bulle einfach größere Chancen – wenngleich es auch Phasen gibt, in denen die Bären das Sagen haben.

Einer von ihnen ist Manuel Asensio, 45 Jahre alt. Er zählt zu den prominenten Shortsellern an der Wall Street: Ein Mann, der gefährlich lebt, weil er den Finger in die Wunde legt. Die Strategie war einfach: Der Leerverkäufer sucht maßlos überteuerte Unternehmen, stockt eine entsprechende Position auf und versucht anschließend, den Anlegern die Augen zu öffnen. Im Jahre 2000 brauchte so ein Leerverkäufer nicht lange zu suchen, um Unternehmen zu finden, die an der Börse mit Milliarden kapitalisiert waren, deren Zukunft aber eher ungewiss erschien. Allein in 23 Fällen deckte Asensio Betrugsfälle auf. Aktiengesellschaften, die einzig zu dem Zweck gegründet wurden, Anlegern das Geld aus der Tasche zu ziehen. Das war im Jahre 2000 nicht schwer: Die Stimmung war euphorisch, und die Anleger zahlten für vage Zukunftsversprechungen ungeheuer viel Geld. Klar, dass Investoren die Wahrheit nicht hören wollten. Doch das Geschäft von Asensio bestand darin, gerade diese zu verbreiten. So deckte er auch den Betrugsskandal um Turbodyne auf, einem Unternehmen, das angeblich einen revolutionären Turbolader entwickelte. Allerdings schien die Automobilindustrie an dieser „Erfindung" nicht interessiert. Ganz anders dagegen die Anleger. Sie kauften das Papier wie verrückt und bescherten Turbodyne eine Marktkapitalisierung in dreistelliger Millionenhöhe. Ein gefundenes Fressen für den Shortseller: Asensio verkaufte so viele Turbodyne-Aktien, wie er nur konnte. Anschließend lieferte er den Beweis, dass Turbodyne nichts anderes als eine Luftnummer war, bestehend aus einem Büro mit vier Angestellten. Die Aktie stürzte ins Bodenlose. Millionenschaden für den Anleger, der die Aktie ohne Bedenken gekauft hatte. Turbodyne war keine Ausnahme. Zahllose dubiose Gestalten nutzten die Börsenlage, um naiven Anlegern teure Aktien ohne Substanz unterzujubeln. Diese kaufen, ohne zu fragen, ohne sich zu informieren. Die Quittung für ein solches Handeln kriegen sie oft schneller, als sie denken.

Ins Rampenlicht der deutschen Börse geriet Manuel Asensio jedoch erst richtig, als er sich auf bestimmte Aktien des Neuen Marktes einschoss.

Intershop beispielsweise wurde hierzulande als Vorzeigeobjekt der deutschen „New Economy“ gehandelt. Alle Analysten waren positiv für das Papier gestimmt. Exorbitante Kursprognosen stachelten die Fantasie der Anleger noch an. Die Aktie stieg bis auf 140 Euro. Das erbrachte eine Marktkapitalisierung im zweistelligen Milliardenbereich. Dass das Unternehmen Verluste schrieb, dass die Umsätze lediglich im Millionenbereich lagen, dass die Zukunftsaussichten keineswegs so glänzend waren wie von Experten allerorten immer wieder attestiert, darum kümmerten sich die euphorisierten deutschen Börsianer kaum.

Asensio nahm das Papier in der Gegend von 70 Euro „unter seine Fittiche“. „Intershop ist exzessiv bewertet“, so sein Urteil. Nach inoffiziellen Schätzungen verkaufte der Wallstreet-Bär Millionen Intershop-Aktien leer. Er baute die Position weiter aus, als die Aktie in den Sinkflug überging. Böses Omen für Intershop. Anfang 2001 schockierte das Unternehmen die Märkte mit einer kolossalen Gewinnwarnung und einer Revidierung der Zukunftsaussichten nach unten. Darauf fiel die Aktie auf 8 Euro. Von diesem Schlag erholte sich das Unternehmen nicht mehr. Die Anleger, die wenige Monate zuvor das Papier noch auf über 100 Euro hochjubelten, ließen Intershop wie eine heiße Kartoffel fallen. Im Laufe der nächsten Monate sank die Aktie bis auf 3 Euro – Anleger verloren allein an Intershop nach meinen Berechnungen Milliarden. Eine davon ist mit Sicherheit auf das Konto von Asensio geflossen, der unter 10 Euro bequem die Aktie zurückkaufte. Es waren ja schließlich genügend verschreckte Investoren da, welche die Aktie um jeden Preis loswerden wollten.

Während in früheren Zeiten die Shortseller von vielen Börsianern eher belächelt wurden, sind sie jetzt vielbeachtete Marktteilnehmer an der Börse. Ich höre auf jeden Fall die Argumentation eines Shortsellers an, bevor ich in eine Aktie investiere. Eine Gegenmeinung kann an der Börse nie schaden, besonders in Zeiten, in denen naive Bullen, getrieben von nackter Gier, zu jeglicher rationaler Betrachtung unfähig sind. Der Bär sieht die Sache kritisch, und eine hohe Shortsellerquote in einer Aktie ist auf jeden Fall Anlass, genauer über sein Investment nachzudenken – und das kann nie schaden. Leider gibt es entsprechende Statistiken nicht am Neuen Markt. Das muss sich ändern. Vorbild USA: An der NASDAQ ist die Shortseller-Quote für jedermann einsehbar. Das gilt für einzelne Aktien, aber auch für den Gesamtmarkt. Gegen Ende des Jahres 2000 stiegen die Leerverkäufe an der NASDAQ auf den astronomischen Wert von 3,4 Milliarden Aktien. Eine unvorstellbar hohe Zahl. Und ein Indikator dafür, dass es am großen Bärenmarkt der Hightechs in den Jahren 2000/2001 durchaus Gewinner gab – allerdings waren sie in der Minderheit.

Shortseller in den USA werden automatisch gemeldet und statistisch erfasst. Hierzulande ist das nicht der Fall, obwohl die „Short-Rate“ von höchstem Anlegerinteresse ist. Dabei ist der Leerverkauf durch Profis auch in Deutschland ein weitverbreitetes Geschäft. Insider schätzen, dass etwa 5 % der Umsätze am Neuen Markt auf Shortseller zurückzuführen sind. „Nackte“ Verkäufe sind allerdings weder in Deutschland noch in den USA erlaubt. Der Leerverkäufer muss sich die Aktien ausleihen. Dies kann er aber bequem bei Fonds und Institutionellen durchführen. Diese Aktienleihe bringt einem Fonds zusätzliche Zinseinnahmen, die der Shortseller für die geliehenen Aktien zahlen muss. Die Zinsen richten sich nach der Verfügbarkeit der Titel, reichen von etwa 0,2 % pro Monat bei Standardtiteln und gehen bis über 10 % (pro Monat!) für selten gehandelte Aktien. Wer DaimlerChrysler leiht, muss dafür weniger Zinsen zahlen als jemand, der sich einen illiquiden Titel aus dem Neuen Markt „pumpt“. Derjenige, der die Aktien verleiht, kann die Titel jederzeit innerhalb von drei Tagen zurückfordern – zusätzliches Risiko für den Leerverkäufer. Wenn er sich die Stücke nicht irgendwo anders besorgen kann, muss er sie am Markt zurückkaufen, und das kann teuer werden, wenn die Aktien gerade steigen.

Generell ist die Shortspekulation mit erheblich höheren Risiken behaftet. Abgesehen von einem jähen Aufbäumen des Marktes auch in langen Baisse-Perioden, kann der Bär nie sicher sein, ob die Bullen nicht wieder die Oberhand gewinnen. Und das ist jederzeit möglich. Niemand weiß, wie hoch eine wildgewordene Schar von Anlegern einen

Kurs treiben kann. Die Vergangenheit zeigte, dass auch Nonvaleurs, praktisch wertlose Aktien, manchmal irrationale Höhen erreichen. Wann bei den Anlegern wieder die Vernunft einkehrt, ist schwer abzuschätzen. Recht haben und Recht bekommen, kann an der Börse viel Geld kosten, besonders wenn man unter Zeitdruck steht und alle Kreditlinien ausgeschöpft hat.

Von George Soros, einem der größten Spekulanten der Welt, wurde im Frühjahr 2000 erzählt, dass er in großem Stil auf sinkende Internet-Aktien gesetzt habe. Er hielt die hohen Kurse bei den Hightechs für eine Bubble, eine Blase, womit er, im Nachhinein gesehen, auch Recht hatte. Aber Recht haben und Geldverdienen an der Börse, das sind zwei Paar verschiedene Schuhe. Soros hat es erbärmlich zerrissen. Der Aktienmarkt tat ihm den Gefallen nicht, nach unten zu gehen. Im Gegenteil. Die Zeitungen berichteten, dass Soros für über eine Milliarde Dollar Aktien *geshortet*, also Leerverkäufe getätigt hatte. Eine vielbeachtete Analyse seines Expertenteams gelangte zu dem Ergebnis, dass die Internet-Aktien mindestens 50 % zu hoch bewertet seien, und dass die meisten Geschäftsmodelle nicht aufgingen. Wie wahr! Und wie tragisch für Soros. Die Mehrheit der Anleger war nämlich Anfang des Jahres 2000 im Höhenrausch. Immer mehr Geld wurde in Hightech-Aktien gepumpt, und die Kurse liefen davon. Das tut weh, wenn man eine Aktie bei 50 leerverkauft, und sie geht auf 100. Die NASDAQ lief in jenen Tagen absolut heiß. Das musste für einen Leerverkäufer so großen Kalibers wie Soros den Todesstoss bedeuten. Irgendwann kommt der *Margin Call* (Aufforderung der Bank zur Erhöhung der Sicherheitsleistung, Bargeldeinschuss), und wenn dann der letzte Dollar verprasst ist, heißt es Eindecken. Und so ist es auch geschehen. Das Team um Soros musste die Aktien auf extrem erhöhtem Niveau zurückkaufen, was den Aktienmarkt, in diesem Fall die NASDAQ, noch einmal höher trieb. Ich bin fest davon überzeugt, dass es diese Eindeckungen von Leerverkäufen im großen Stil waren, welche die NASDAQ im Frühjahr 2000 auf die absolute Spitze getrieben hatten. Das Tragische daran: Als Soros seine Zwangseindeckungskäufe abgeschlossen hatte, fiel der Markt. Das ist wohl der berühmteste Fall eines Shortspekulanten, der auf dem „falschen Fuß“ erwischt wurde. Er zeigt, wie schwierig die Spekulation auf sinkende Kurse ist. Die Firma von George Soros hat dies fast in den Ruin getrieben. Glaubhafte Quellen berichteten, dass Soros mehr als zwei Milliarden Dollar verloren hat. Fazit: Soros hatte Recht. Aber manchmal ist es teuer, an der Börse Recht zu haben. Die NASDAQ fiel von ihrem hohen Sockel in der Gegend von 5000 Punkten in einer langen qualvollen Talfahrt bis unter 2000 Zähler. Nur wenige konnten sich bei diesem Abstieg die Taschen füllen. Die Mehrheit aller Marktteilnehmer hatte das Nachsehen, saß auf Verlusten. Tragisch allerdings, wenn man an einer Börsentendenz verliert, die man zwar richtig voraussah, in der aber das Timing nicht stimmte. Der Fall Soros zeigt in aller Klarheit: Wer an der Börse keine Zeit mitbringt, um sein strategisches Ziel zu erreichen, hat schnell verloren. Wenig tröstlich, dass dieses Phänomen auch Profis ereilt.

Wann kommt die Rallye?

In Zeiten lang laufender Seitwärts- oder gar Abwärtstrends wird sie immer wieder herbeigefleht, erhofft, ersehnt. Doch weder Charttechnik noch sonstige Indikatoren vermögen sie vorherzusagen: die Rallye. Fest steht indes eines: Solange sie herbeibeschworen wird, kommt sie nicht. Dennoch stehen die Zeichen für dieses neue Jahrzehnt nicht schlecht. Zur Jahrtausendwende ist es ruhig geworden um die Bullen. Die Töne der Fachwelt erklingen mehr in Moll als in Dur. Allgemein ist eine auffällige Abkühlung zu beobachten. Das neue Jahrtausend hatte zwar einen fulminanten Auftakt, ihm folgte jedoch grauenvolle Katerstimmung. Die Fakten lassen aber dennoch hoffen.

Schon seit Jahren tummelte sich der DAX in der Gegend von 6000. Das erste Mal erreichte der Index diesen Stand Mitte 1998. Seit einigen Jahren also Stillstand, wenn man einmal von dem Ausreißer zur Jahrtausendwende absieht. Rein statistisch gesehen besteht also Nachholbedarf.

Der Dow Jones kämpft seit 1999 mit der Marke von 10 000. Auch hier ist durchaus die Wahrscheinlichkeit gegeben, dass wir uns bald nachhaltig nach oben entfernen.

Die Zinssenkungen in den USA werden ihre Wirkung an den Aktienmärkten nicht verfehlen. In Euroland ist ebenfalls mit Zinssenkungen zu rechnen. Dieses „billige“ Geld wird den Börsen helfen. Die Konjunktur lässt zwar zu wünschen übrig, aber an der Börse zählt nicht der Ist-Zustand, sondern die Welt von morgen. Und „morgen“ sieht alles besser aus. Das war bisher so, und so wird es immer bleiben.

Ich bin der Meinung, dass wir der besten aller Börsenzeiten entgegensehen. Niedrige Zinsen und vernünftiges Wirtschaftswachstum. Auch wenn es mit der Konjunktur manchmal etwas hapert, bisher ist sie immer wieder angesprungen. Es besteht also keinerlei Anlass für übertriebenen Pessimismus.

Wieso also für das vor uns liegende Jahrzehnt Schwarzmalerei?

Die Inflationsbefürchtungen, Anfang 2001 noch vieldiskutiertes Thema, werden sich in Luft auflösen. Die Rentenmärkte werden steigen und uns mit rekordniedrigen Zinsen verwöhnen. Ich gehe davon aus, dass wir in den nächsten Jahren bei den Zinsen 10-jähriger Anleihen mindestens eine Drei vor dem Komma haben werden. Niedrige Leitzinsen, niedrige Renditen bei den Langläufern – in Europa und den USA – sollten der Börse schon bald wieder Flügel verleihen.

Dies bedeutet, dass wir diesem Jahrzehnt gelassen und optimistisch entgegensehen können. Die Probleme von heute werden morgen vergessen sein. Und wie immer werden sich viele Leute ärgern, dass sie nicht bei einem DAX von 5000 oder einem Dow Jones von 10 000 investiert haben. Am Ende des Jahrzehnts werden sich diese Zahlen mindestens verdoppelt, wenn nicht sogar verdreifacht haben. Wieso also aufregen, wenn Aktienkurse zwischendurch nervös auf- und niederwanken? Das ist doch ein ganz normaler Vorgang, so wie wir ihn in den letzten Jahrzehnten ebenfalls beobachtet haben. Wenn aber die Börse einmal absackt, benehmen sich viele Investoren, als ob die Welt am Abgrund stünde. Dass dies nicht der Fall ist, haben wir in der Vergangenheit lernen können. Es besteht also keinerlei Anlass, ängstlich in die Zukunft zu blicken.

Dow Jones 170 000 – DAX 100 000

Der größte Fehler eines Börsianers: der zu kurze Zeithorizont. Bei einer Geldanlage in Aktien sollte man nicht an morgen oder übermorgen, sondern an die nächste Generation denken. Vor einem Jahrhundert stand der Dow Jones bei etwa 40 Punkten. Daraus wurden im Laufe eines Jahrhunderts 10 000. Eine unglaubliche Steigerung und doch ein Anstieg, der sich in kleinen Schritten vollzog. Wenn der Index dies in den letzten hundert Jahren fertiggebracht hat, so stehen die Chancen wohl nicht schlecht, dass ähnliche Raten auch in den nächsten hundert Jahren zu erwarten sind. Das sollte die Orientierungslinie für den langfristigen Investor sein.

Unter den zugrunde liegenden Steigerungsraten werden wir in zehn Jahren schon einen Dow Jones von etwa 25 000 Punkten haben. In 20 Jahren stehen rund 67 000 Punkte auf der US-Börsenuhr. Und in 30 Jahren werden es 170 000 Punkte sein. Wahrscheinlich aber werden wir diese Zielpunkte schon früher erreichen. Warum also die Aufregung, wenn DAX und Dow Jones zwischendurch panisch in den Keller stürzen? Von Zeit zu Zeit gibt es eben ein paar Hiebe auf die zittrigen Hände.

Wenn es in 30 Jahren den DAX noch geben sollte, werden wir ihn um die Marke von 100 000 mäandrieren sehen. Und wenn er durch irgendwelche Wirtschaftsdaten um 5000 Punkte nach unten geht, wird das Geschrei groß sein. Dann werden Sie in fetten Lettern in der Wirtschaftspresse lesen: „Kursrutsch an der Börse – Panik bei den Anlegern“. Doch Sie werden darüber allenfalls weise lächeln. Was kümmert

Sie ein Kursrückgang von 100 000 auf 95 000 Punkte, wenn Sie bei 6000 eingestiegen sind? Aber auch in Zukunft werden die Medien voll von dicken Schlagzeilen sein, die das Börsenvolk verunsichern.

Das Jahr 2030. Wahrscheinlich werden die News gleich per Datenempfangs-Chip in ihre Großhirnrinde übertragen, und Sie wählen über Ihren Willen, ob Ihre Gedanken von dieser Information für kurze Zeit abgelenkt werden dürfen. Vielleicht werden Sie auch noch die altmodische Möglichkeit haben, die Schlagzeilen per Datenaustausch auf Computerdisplays abzulesen. Aber das dürfte dann wohl ziemlich unmodern sein.

Wie sieht die Welt in 30 Jahren aus? Rund 15 Milliarden Menschen werden auf dem kleinen blauen Planeten leben. China wird eine wichtige Rolle spielen. Aus einer hässlichen, Menschen verachtenden Diktatur ist eine vorbildliche Demokratie geworden. Erste Ansätze zu einer Weltregierung sind sichtbar. Die Menschen begreifen mehr und mehr, dass sie das Trennende ablegen und gemeinsam an einem Strang ziehen müssen. Computer sind intelligenter als menschliche Hirne. Sie entwickeln sich zu stillen Helfern, finden optimale und schnellere Lösungen bei aufkommenden Problemen. Eine Weltwährung löst die lokalen Währungen ab. Die Europäische Union reicht fast bis zum Ural. Religiöser Wahn und ideologische Experimente weichen einer rationaleren Geisteshaltung. Der Mars steht vor der Besiedlung. Es gibt erste Ansätze für intergalaktische Reisen. Sämtliche Theorien von der Entstehung des Universums, wie wir sie heute kennen, sind längst moderneren Ansichtsweisen gewichen. Jugendliche lachen, wenn ihre Väter von der „Urknalltheorie" sprechen – so wie wir heute schmunzeln über unsere Vorfahren in ihrer Überzeugung, die Welt sei eine Scheibe. Ein Börsianer sollte immer auch ein bisschen Zukunftsforscher sein.

Perspektiven und Visionen sind an der Börse gefragt. Nicht der ängstliche Blick auf den nächsten Tag, auf das kommende Jahr. Doch diese Eigenschaft wohnt leider nicht vielen Menschen inne. Die Erfahrung zeigt aber: Jene, die das begriffen haben, werden an der Börse nicht nur reich, sondern steinreich. Wer einen gewissen Anfangsbetrag investieren kann, braucht theoretisch nie mehr zu arbeiten. Er kann sich auf die wichtigen Dinge des Lebens konzentrieren. Dabei werden ihm noch viele andere gute Ideen kommen. Eine gute Idee ist besser, als ein Jahr zu arbeiten. In der Zwischenzeit schaukelt die Börse die Kurse auf und ab, doch wie sagt man in Westfalen so schön: „Was juckt es die Eiche, wenn sich die Sau dran reibt?" Wer an der Börse vernünftig investiert ist, braucht sich eigentlich um nichts zu kümmern. Wenn er zwischendurch feststellt, dass der verrückte Haufen der Spekulanten den Aktienmarkt überdurchschnittlich in den Keller gedrückt hat, denkt der kluge Investor allenfalls darüber nach, noch einmal zu verbilligen. Denn er orientiert sich nicht an dem, was die Masse gerade treibt, sondern an seiner eigenen Vision. Das ist die Zielgröße. Und nicht das, was ständig wechselnde Experten und immer neue Gurus für die nächsten Wochen prognostizieren.

Nicht das nächste Jahr, nicht das kommende Jahrzehnt, sondern das nächste Vierteljahrhundert ist für die Anlage in Aktien entscheidend. Doch dieser Weitblick fehlt den meisten Börsianern. Dies ist der Grund, warum viele Anleger an der Börse scheitern. Das ist eigentlich schade. Wer bei einem Investment einen möglichst langen Horizont hat, wählt seine Anlage mit viel größerer Sorgfalt aus. Und kann ruhig schlafen! Nicht die kurzfristige Gier, der Drang nach 100 % in zwei Wochen ist das Leitmotiv des erfolgreichen Anlegers, sondern der gemächliche Gang. Wer langsam geht, hat größere Chancen, sein Ziel zu erreichen. Nur Geduld und Ausdauer führen zum Börsenerfolg – und zwar ganz ohne Stress. Einige praktische Tipps zu diesem Thema finden Sie gegen Ende dieses Buches.

Manche Börsianer meinen, nur der Anleihenbesitzer könne gut schlafen. Das Gegenteil ist richtig. Auf lange Sicht gesehen müsste gerade der Anleihenbesitzer nachts wach liegen, Immerhin trägt auch er ein gewisses Risiko für den Schuldner. Außerdem werden die meist mickrigen Zinsen auch noch versteuert. Folge: Die langfristige Wertsteigerung vollzieht sich in homöopathischen Dosen. In einigen Jahrzehnten bleibt dem Schuldscheinbesitzer nach Steuern oft nicht einmal ein Viertel von dem, was der Aktieninvestor einstreicht. Diese Tatsache müsste eigentlich dem Freund der Festverzinslichen den Schlaf rauben. Anleihen eignen sich nie für die langfristige Anlage-Strategie. Der Schuldschein ist allenfalls das geeignete Parkinstrument für Gelder, die in absehbarer Zeit benötigt werden.

Zukunftsvisionen – nicht nur wichtig für den Börsianer, sondern fürs Leben. Setzen Sie sich Ziele! Versuchen Sie sich vorzustellen, wie es um Sie steht in 20 oder 30 Jahren! Die meisten Menschen leben nur sinnlos in den Tag hinein, ohne Plan, ohne Strategie.

Dabei sein ist alles

Der richtige Einstiegszeitpunkt ist und bleibt eine Illusion. Wichtig ist, dass man dabei ist. Geld braucht Zeit. Nur so kann es wachsen. Wer heute an die Börse geht, muss wissen, dass schon morgen irgendein Weltereignis, irgendeine Krise die Kurse nach unten prügeln kann. Dieses kursbewegende Ereignis auszuloten und deshalb mit dem Investment zu zögern, ist ein hoffnungsloses Unterfangen. Die gesamte Börsenwelt kennt nur eine Beschäftigung: die Ursachen zu suchen, die Kurse bewegen. Manchmal werden sie gefunden, meistens nicht. Die Börse geht ihren eigenen Weg, und der führt eben auch nach unten.

Immer wieder gibt es großes Geschrei um Wirtschaftsdaten aus den USA, um Konjunkturdaten in Europa. Da werden akribisch irgendwelche Wahlen verfolgt, von denen es heißt, ihr Ausgang habe Auswirkungen auf die Börse. Da werden politische Entwicklungen mit Argusaugen verfolgt. Doch eigentlich ist die Aufregung darüber verschwendete Energie. Im Grunde müsste der erfahrene Anleger zu dem Schluss kommen: „Wieso sich aufregen über die US-Daten vom nächsten Freitag?“ oder „Was kümmert mich die politische Krise von morgen?“ In der Tat, die Welt ist voller Probleme, voll von Unberechenbarkeiten. Aber haben wir aus der Geschichte nicht gelernt, dass alle Probleme, die wir seit

Entstehung der Welt hatten, irgendwie gelöst wurden? Und wenn nicht gelöst, so wurde doch das Beste daraus gemacht. Das 20. Jahrhundert war gewiss ein schwieriges. Weltkriege, Atombomben, Weltwirtschaftskrise, Ost-West-Spannung, Umweltkatastrophen. Aber hat das den Aufstieg der Börsen auf längere Sicht behindert? Wohl kaum, sonst wäre der Dow Jones nicht von 40 auf 10 000 gestiegen. Als Börsianer braucht man also Optimismus und eine Vision. Optimismus in die Zukunft, dass aufkommende Probleme erfolgreich gelöst werden können. Und die Vision, dass moderne Techniken und neue Erfindungen die Menschen und den Planeten, auf dem wir leben, weiterbringen. Trotz Fehler in der Vergangenheit haben wir Menschen bis jetzt doch einiges zustande gebracht – warum soll das nicht auch in Zukunft so sein? Optimismus und Visionen sind die Voraussetzung für den erfolgreichen Börsianer. Lassen Sie sich nicht beirren von schlechten Nachrichten. Wer an den Weltuntergang glaubt, hat an der Börse nichts zu suchen. Den Pessimisten das Festgeld, den Optimisten die Börse! Auch in schlechten Zeiten den Mut nicht verlieren, sondern sie sogar als Chance begreifen, das ist die Kunst, mit der an der Börse Millionen gemacht werden. Wenn alle vom Untergang reden, bietet sich nicht selten die größte Chance, ein Vermögen zu machen. Solche Phasen gibt es oft. Eine davon herrscht gerade, während ich dieses Buch schreibe. Schrecklichster Ausverkauf an den Technologiebörsen. Im Verlaufe des Jahres 2000/2001 verlor der Neue Markt 90 %, die NASDAQ 60 %, gemessen an den Höchstkursen. Schmerzlich natürlich für jene, die zu Höchstkursen kauften. Doch was heißt schmerzlich? Schmerzlich vielleicht auf einige Monate betrachtet. Gleichgültig dagegen für den langfristigen Investor mit einer Perspektive von zehn Jahren. Doch solche Perspektiven gehen in den Börsenturbulenzen unter. Warum eigentlich? Börsen schwanken. Manchmal sogar sehr. Das weiß jeder. Trotzdem ist die Aufregung immer groß, wenn sie es tun. Das ist die Zeit der Prüfung für den Börsianer. Visionen, nicht Depressionen sind gefragt. Wer vernünftig anlegt, braucht nichts zu fürchten. Der Blick auf jeden beliebigen Börsenkurs lehrt, auf dem Meer der Finanzmärkte toben manchmal heftige Stürme. Es sollte also keine Überraschung sein, wenn ein Orkan aufzieht – der mit Sicherheit auch wieder vergeht. Leider sind positive Visionen in schlechten Börsenzeiten Mangelware. Wenn es an der Börse also wieder einmal drunter und drüber geht, gilt es, die Zuversicht nicht zu verlieren. Die Vision lautet: Derzeit existiert ein Problem. Die Wahrscheinlichkeit für eine Lösung liegt bei 100 %, und danach wird die Sonne wieder scheinen, und die Kurse werden wieder steigen. So war es bisher immer, und so wird es auch immer bleiben.

Der Schlüssel zum Börsenerfolg liegt also in der langen Anlageperiode. Wer an der Börse einen zu kurzen Horizont hat, verliert zwangsläufig Geld. Etwas anderes zeigt diese Lektion ebenso: Es ist einfacher, an steigender Börse zu verdienen als an fallender. Dem Vernehmen nach sind selbst in Zeiten der Crashperiode nach 1929 mehr Bären als Bullen in den Ruin getrieben worden. Für einen Anleger, der auf steigende Kurse gesetzt hat, sind Bärenphasen zwar unangenehm, aber überstehbar – vorausgesetzt, er hat nicht auf Kredit spekuliert.

Schneeballsystem

Wieso kommt es an der Börse so oft zu Übertreibungen in die eine oder andere Richtung? Wie ist es möglich, dass sich Trends in die eine oder andere Richtung stabilisieren? Diese Fragen harren noch immer einer zufrieden stellenden Antwort. Die Börse als chaotisches System, darüber habe ich bereits philosophiert. Aber wir haben auch festgestellt, dass an der Börse nur „halbes" Chaos herrscht, dass sich die Kurse also in einem gewissen Rahmen bewegen. Es unwahrscheinlich, dass der Aktienmarkt morgen auf null geht, und es ist genauso unwahrscheinlich, dass er sich am nächsten Tag verdoppelt oder vervielfacht. Wenn der Markt sich so verhalten würde, wäre er „voll" chaotisch – und damit wäre kein Investment mehr möglich.

Dieses „zahme" Chaos wird zusätzlich von einem anderen Phänomen flankiert, das „Komplexität“ heißt. Die Komplexität wird jetzt auch erforscht und zählt zu den Zukunftswissenschaften. Ich kann jedem nur raten, sich damit zu beschäftigen. Komplexität ist ein hochspannendes Phänomen. Um das Wesen der Komplexität zu ergründen, wurde von Wissenschaftlern die Komplexitätstheorie ins Leben gerufen. Grob gesagt, handelt die Komplexitätstheorie von der Ursache, Entwicklung und Rhythmik komplexer Systeme.

Was ist ein komplexes System? Man versteht darunter ein Zusammenspiel von vielen Ursachen, die ein größeres Ganzes entstehen lassen. Beispiel: Ein Sandhaufen ist ein komplexes System: nämlich ein System von komplexen Kräfteverhältnissen einzelner Sandkörner zueinander, die den Sandhaufen zusammenhalten. Auch das Leben auf unserem Planeten ist ein komplexes System. Genau so wie ein Computer.

Alle komplexen Systeme haben eines gemeinsam: den Hang zu noch größerer Komplexität, zu Vergrößerung also. Und alle komplexen Systeme haben einen Nachteil: Je größer sie werden, desto höher ist die Gefahr, dass sie zusammenbrechen. Und noch etwas ist in diesem Zusammenhang wichtig: Je komplexer ein System wird, desto weniger und geringere Einflüsse sind nötig, um das System zum Einsturz zu bringen. Betrachten wir das Beispiel Sandhaufen: Bis zu einer gewissen Höhe kann man die Sandkörner anhäufen. Der Haufen bleibt stabil und vergrößert sich. Aber ab einer bestimmten Höhe genügt ein einziges Sandkorn, um den ganzen Haufen zum Einsturz zu bringen. Beispiel Leben: Seitdem es Leben auf unserem Planeten gibt, entsteht eine Tendenz zu komplexeren Lebewesen. Ein Säugetier ist ohne Frage komplexer als eine Bakterie. Doch irgendwann genügt eine einzige Einwirkung, um die gesamte Komplexität zum Zusammenbruch zu bringen – eine bestimmte Spezies stirbt aus. So hat vor 500 Millionen Jahren auf der Erde ein Ereignis, das wir derzeit noch nicht oder nur vage kennen, zum Aussterben von 97 % aller vertretenen Arten gesorgt. Wir können in diesem Zusammenhang nur von Glück sprechen, dass die Linie der Arten, von der wir abstammen, damals nicht umgekommen ist, sonst gäbe es uns heute nicht.

In Bezug auf den Menschen kann aber jetzt schon folgende Prognose abgegeben werden: Mit Fortschreiten der Zivilisation und damit immer komplexerem Zusammenspiel der Menschen wird in Zukunft immer weniger nötig sein, um alles mit einem Schlag zu vernichten. Grob gesagt, wenn es aus irgendeinem Grunde keine Elektrizität mehr gäbe, wären mit einem Schlag 95 % der Menschheit dem sicheren Hungertod ausgeliefert. Oder wenn im Jahr 2010 aus irgendeinem Grunde das Internet ausfiele, würde uns die gleiche Katastrophe drohen. Der Grund für den Ausfall könnte ein winziges und ganz simples Virus sein. Das gilt natürlich für echte Viren genauso wie für die „Software"-Arten.

Börse ist ebenfalls ein komplexes System. Und damit sind die Finanzmärkte ebenfalls den komplexen Zyklen unterworfen. Steigende Börsen bilden grundsätzlich eine höhere Komplexität aus. Höhere Komplexität macht das Gesamtsystem anfälliger: Die berühmte Seifenblase, die sich zwar über längere Zeit ausdehnen kann, dann aber zu einem bestimmten Zeitpunkt platzt. Den Zeitpunkt zu bestimmen, ist allerdings genauso unmöglich, wie das letzte Sandkorn zu bestimmen, das den Sandhaufen zum Einsturz bringt. Das einzige, was man sagen kann: Je höher der Sandhaufen, desto größer die Gefahr, dass er jäh in sich zusammenfällt.

So sind auch alle urplötzlichen exponenziellen Bewegungen an den Finanzmärkten zum Zusammenbruch verurteilt. Wie stark dieser Zusammenbruch ausfällt, ist aber genauso wenig vorhersehbar, wie sich der Erdrutsch bei einem Sandhaufen berechnen lässt. Das Einzige, was wir sagen können: Von dem Sandhaufen bleibt immer etwas übrig, wenn auch die Höhe geschrumpft ist. Und die zweite Erkenntnis: Von der nun breiteren Basis, die der Sandhaufen durch den Zusammenbruch bildet, kann in der Regel eine höhere Höhe erreicht werden, wenn weiterhin Sand auf den noch verbliebenen, breiteren Hügel fällt. Und genauso ist es an der Börse auch. Sie steigt bis in gewisse Höhen, sie übertreibt nach oben und fällt wieder in sich zusammen. Von dieser niedrigeren Basis aus ist dann die Voraussetzung geschaffen für neue Höhen – die sich aber ebenfalls der Berechenbarkeit entziehen. Fest steht nur, dass es eine hohe Wahrscheinlichkeit gibt, alte Höchststände zu übertreffen. Fest steht aber auch, dass eine gewisse Höhe nicht überschreitbar ist. Ein Sandhaufen kann nicht bis zum Mond wachsen, und Börsenkurse können es nicht bis in den Himmel. Trotzdem gilt, was schon der englische Dramatiker Shakespeare erkannte: „Ein tiefer Fall führt oft zu höherem Glück!“ An der Börse wie im Leben, möchte ich noch hinzufügen.

Wir haben dieses Kapitel mit dem Thema „Chaos“ begonnen. Die Chaostheorie kann ich Ihnen nur ans Herz legen. Chaostheoretiker versuchen, das Chaos in den Griff zu bekommen. Doch das gelingt nur ansatzweise. Erstens hat der Zufall beim Chaos ein gehöriges Wort mitzureden, und zweitens gibt es im Rahmen chaotischer Bewegungen noch einige Sondereffekte, die sich jeder Berechnung entziehen. Das sind selbstverstärkende Kräfte und die Rückkopplung. Diese Kräfte führen sehr schnell zu exponenziellen Steigerungen – nicht nur im Leben, sondern auch an der Börse.

Stellen Sie sich einmal vor, Sie haben einen Aktientipp, und Sie geben ihn weiter. Eine Bedingung setzen Sie bei der Weitergabe voraus: Jeder, dem Sie den Tipp erzählen, darf die Empfehlung maximal an zwei Freunde weitergeben. Wir haben dann also folgende Reihe: 1, 2, 4, 8, 16, 32 usw. Auf Stufe 6 haben also schon 32 Menschen diesen „Geheimtipp“. Wie viele Menschen, glauben Sie, sind im Besitz dieses Tipps, wenn er insgesamt 32 Mal weitergegeben wurde? Die Anzahl der Menschen nach der 32. Weitergabe ist unermesslich hoch. Nämlich rund acht Milliarden – mehr als die derzeitige Bevölkerung unseres Planeten. Dieses kleine Beispiel zeigt, wie schnell sich „Tipps“ herumsprechen. Wenn nur ein Bruchteil der Tippempfänger die entsprechende Aktie kauft, bewegt sich der Titel in astronomische Höhen.

Schneeballsysteme sind nicht selten an den Finanzmärkten. Sie beziehen sich auch nicht unbedingt nur auf einzelne Aktien oder Branchen, sondern auf die gesamte Börse. Wenn Ihr Nachbar Ihnen erzählt, er habe letztes Jahr mit Aktien ein Vermögen gemacht, dann sind Sie vielleicht auch versucht, Gleiches zu tun und Ihr Glück an der Börse zu versuchen. Je mehr Menschen nun Gleiches tun, desto mehr Geld fließt an die Börse, desto höher steigt sie. Dieser Prozess ist unkontrollierbar und kann natürlich zu maßlosen Übertreibungen führen. In Einzelwerten genauso wie einzelnen Branchen. Als Ende des Jahrtausends die Fantasie für Internetaktien entflammte, führte dies zu einer der größten Rallyes des Jahrtausends. Dank dem Schneeballsystem. Der eine erzählts dem anderen, und immer mehr möchten mit dabei sein und kaufen die Kurse in astronomische Höhen, ohne Rücksicht auf fundamentale Erwägungen. Doch die Schwerkraft holt alle Übertreibungen auf den Boden der Tatsachen zurück. Schneeballsysteme funktionieren nicht nur in die eine, sondern auch in die andere Richtung. Wenn Ihr Nachbar plötzlich erzählt, dass er verkauft habe und mit seiner Überzeugungskraft noch einige andere Freunde ansteckt, dann setzt sich der Zug eben rückwärts in Bewegung. Kurse fallen in ungeahnte Tiefen und lösen sich ebenfalls wieder von fundamentalen Rahmendaten. Dies ist dann immer eine gute Gelegenheit einzusteigen.

Die Schneeballsysteme – der Chaostheoretiker spricht von den so genannten selbstverstärkenden Kräften, beziehungsweise Rückkopplungseffekten – haben die Finanzmärkte fest im Griff. Es gibt Übertreibungen, Kursausschläge nach oben und nach unten, über Minuten, Stunden, Tage, Wochen, Monate oder auch Jahre. Sie sind verantwortlich für die nervösen Zuckungen an den Aktienmärkten dieser Welt. Damit eine Bewegung in eine Richtung aber so richtig nachhaltig wird, müssen immer mehr Marktteilnehmer das gleiche tun. Und das ist gar nicht so selten. Begleitet wird diese Bewegung dann von den Medien und Experten. Gehts rauf, dann hagelt es plötzlich Kaufempfehlungen, und alle Welt ist optimistisch. Überall spricht man über Börse und handelt Aktientipps. An den Stammtischen, in der Straßenbahn, selbst am Strand (so habe ich es erlebt) ist Börse das bestimmende Thema. Mir begegneten sogar Arbeitslose und Sozialhilfeempfänger, die ihr Glück an den Finanzmärkten suchten. Doch irgendwann ist Schluss. Nämlich dann, wenn der „letzte Euro" an der

Börse landet. Das Schneeballsystem verliert schlagartig an Wirkung, wenn die Zahl der Empfänger von Tipps nicht mehr erhöht werden kann. Dies ist der Zeitpunkt, an dem der Markt vorläufig zum Stillstand kommt – bevor er zusammenbricht.

Nur ein Körnchen Reis

Unterschätzen Sie den Effekt des Schneeballsystems nicht! Bei meinen Vorträgen ernte ich manchmal Kopfschütteln über solcherlei Betrachtungen, weil sich niemand die Kraft, die solchen Systemen zugrunde liegt, vorstellen kann.

Auch der Kaiser von China hatte einst Zweifel daran. Der Überlieferung nach fand er großen Gefallen an der Erfindung des Schachspiels. Er wollte deshalb dem Erfinder einen Wunsch erfüllen. „Nur ein Körnchen Reis“, forderte dieser. „Nur ein Körnchen Reis?“ erwiderte der Kaiser erstaunt. „Ein Körnchen auf dem ersten Feld, zwei auf dem zweiten Feld, vier Körnchen Reis auf dem dritten Feld usw.“ antwortete der Erfinder des Schachspiels. Der Kaiser war angetan von soviel Bescheidenheit. Doch er hatte die Rechnung ohne die Kraft des Exponenziellen gemacht. Das Versprechen, dem Wunsch des Schacherfinders nachzukommen, hätte China fast in den Staatsbankrott getrieben: Der Kaiser musste für das letzte Schachfeld (obwohl das Schachbrett bekanntlich nur 64 Felder hat) 18 Millionen Billionen Reiskörner „zahlen“. Das sind so viele Reiskörner, dass man damit zweimal die Erdoberfläche bedecken könnte.

An den Finanzmärkten wird bekanntlich nicht mit Reis, sondern mit Geld bezahlt. Dieses Geld hat aber großteils virtuellen Charakter. Das bedeutet: Durch die Aufblähung der Aktienmärkte kann es sich theoretisch beliebig vermehren. Es muss nur genügend Investoren geben, die sich auf ein knappes Gut stürzen und es durch steigende Nachfrage verteuern. Im März des Jahres 2000, auf dem Höhepunkt der NASDAQ-

Rallye, kostete eine Cisco-Aktie 80 $. Damit erreichte das Unternehmen die unvorstellbare Marktkapitalisierung von fast 600 Milliarden Dollar und Cisco wurde das teuerste Unternehmen der Welt. Zu diesem zweifelhaften Ruhm gelangte die Firma durch ein Heer von Anlegern, das bereit war, quasi jeden Preis für die Aktie zu zahlen. Man braucht kein Wirtschaftswissenschaftler zu sein, um festzustellen, dass an der Sache etwas faul ist. Cisco war so teuer wie Ely Lilly, Merrill Lynch, Ford und noch einige andere Unternehmen der „Old Economy“ zusammen. Wer konnte denn damals, im März des Jahres 2000 ernsthaft glauben, dass die Aktie noch 100 % Potenzial hätte? Es gab wohl genug Anleger, die dieser Meinung waren, denn sonst hätten sie die Aktie nicht so hoch gekauft. Doch die Realität setzt sich immer durch. Wenn nicht heute, dann morgen. Und so fiel auch Cisco wieder. Von März an ging es bergab. Der Fall kannte zunächst kein Halten. Und die Börsenwelt stand wie benommen daneben und schaute zu, wie nicht nur der Musterknabe Cisco, sondern zugleich die gesamte NASDAQ abstürzte.

Es ist eben immer die Frage, welche Aktien gerade in Mode sind. Wenn die Masse ihren „Hype“ erst mal gefunden hat, dann setzt sich die Karawane anscheinend unaufhaltsam in Bewegung, begleitet von immer euphorischeren Tönen. Und selbst die meisten Bankexperten und Analysten bestätigen die Käufer nicht nur in ihrer Absicht, sondern locken auch noch mehr an, was wiederum zu noch höheren Kursen führt. Das Kartenhaus wird immer höher und ist schließlich so zerbrechlich, dass es beim kleinsten Windhauch zusammenbricht.

Cisco ist nur ein Beispiel. In Deutschland waren zur Jahrtausendwende Medienaktien sehr beliebt. Sie kamen dem „Feeling“ gerade von Neubörsianern sehr entgegen, die noch nie etwas von Marktkapitalisierung oder dem Kurs-Gewinn-Verhältnis gehört hatten. Statt dessen kaufte diese neue Gattung von Anlegern gerne Medienaktien von Unternehmen, deren Maskottchen sie aus Funk und Fernsehen kannte. Kermit oder Tabaluga und kein unverständliches Börsenkauderwelsch. Begleitet wurde der Aufstieg der Medien-Aktien von zahlreichen

Analystenkommentaren, welche die Unternehmensgewinne aus dem Verkauf von Fernseh- und Merchandisingrechten in luftige Höhen schraubten. So wurde eine EM.TV in Richtung 100 Euro heraufgepusht, jenseits von Gut und Böse. Dass es die Firma zwischenzeitlich auf eine Marktkapitalisierung von über zehn Milliarden Euro brachte, schien noch nicht einmal Experten zu verwundern. Im Gegenteil, zahllose Kauf- und Empfehlungsstudien der Bankenwirtschaft sorgten für einen regelrechten Exzess bei EM.TV. Das Unternehmen war im März 2000 so teuer wie Lufthansa, beschäftigte aber nur 100 Mitarbeiter. Dass dies auf Dauer nicht gut gehen konnte, ist ja wohl offensichtlich. Leider sind Anleger manchmal blind. Als der Strom der Aktienkäufer versiegte, ging es auch mit EM.TV bergab. Schon bald gab es negative Nachrichten aus dem Unternehmen. Aus versprochenen Gewinnen wurden Verluste. Aus den einstigen Stars des Vorstands wurden Gejagte, hinter denen aufgebrachte Aktionäre her waren, die bei 100 gekauft und bei sechs Euro verkauft hatten.

Der Vorstand von EM.TV wusste, worauf es ankam: Möglichst viele Anleger sollten die Aktie kaufen. Mit bloßen Fundamentaldaten war da nichts zu machen. Wie will man Aktionäre mit nüchternem Blick auf das KGV locken? Eine Analystenkonferenz oder eine Hauptversammlung bei EM.TV glich daher eher einem gigantischen Show-Spektakel. Die Leute wurden begeistert, euphorisiert. Und das trieb die Kurse. Mir berichtete ein Analyst, dass noch während einer Konferenz in München, auf der die Vorstände Rechenschaft ablegen sollten, die Banker rausrannten und heimlich Aktien orderten. Derart beglückt fielen dann natürlich auch die Analysen aus. Bei soviel Begeisterung wurden negative Unternehmensdaten natürlich wohlwollend „übersehen". Doch auch den EM.TV-Käufern ging bald die Kraft aus. Und noch im Laufe des Jahres 2000 stellte sich heraus, dass das Unternehmen mit gezinkten Karten spielte. Statt eines Hunderte-Millionen-Gewinns gab es am Ende einen Milliarden-Verlust. Die Lemminge, die blind auf steigende Kurse gesetzt hatten, verarmten. Manche schlitterten geradewegs in den totalen Ruin.

Schnell reich

„Niemand ist so reich, dass er nicht wieder arm werden könnte" – diese Erkenntnis stammt von jemandem, der es selbst erlebt hat, dem britischen Pleitier Bernie Cornfield. So reich, dass man nicht wieder arm werden kann – dieses Gefühl hatten viele Internet- und Hightech- Firmengründer und ihre Anleger zu Beginn des Jahres 2000. Wer an der NASDAQ oder am Neuen Markt spekulierte, musste das Gefühl gewinnen, nie wieder arbeiten zu müssen. Warren Buffett, der erfolgreichste Fondsmanager aller Zeiten, drückte es einmal so aus: „Nichts betäubt die Vernunft so sehr wie die Aussicht, ohne Anstrengung Geld zu verdienen."

Damit traf er den Nagel auf den Kopf. Er selbst hat nach eigenen Angaben nie in Internet-Titel oder Hightech-Papiere investiert. Anfang des Jahres 2000, als die Hightech-Börsen heißliefen, wurde der alte Mann belächelt. Sein Fonds stieg nur um wenige Prozent, während die Wachstumsbörsen zweistellige Sprünge machten. Ein oberschlauer Reporter stellte die Frage, ob Warren Buffett nun „zum alten Eisen" gehöre, weil er den Trend der Zeit verschlafen habe. Der alte Börsenmann, der übrigens statt Kurse zu studieren, lieber Golf spielt, blieb gelassen. Er investiere nur in Unternehmen, die er auch kenne. Vom Internet habe er keine Ahnung, und deshalb stecke er da auch kein Geld hinein. Eine weise Entscheidung. Hätten sich die Anleger an Warren Buffett orientiert, wären ihnen Verluste und Ruin erspart geblieben. Eines ist jedenfalls sicher: Die meisten Neubörsianer hatten keinen blassen Schimmer, in welche Unternehmen sie ihr Geld steckten. Sie flogen einzig nur auf Aktien, die nach oben schossen. Alles andere war ihnen egal. Eine solche „Strategie" wird schnell zum Verhängnis.

Verführerisch, wie die Börse ist, lockte sie immer mehr Anleger mit ins Boot. Es war eine Stimmung an den Finanzmärkten wie auf der Titanic: Die Kapelle spielte noch, aber das Schiff sank schon. Nur merkte es niemand. Und später war kein Platz mehr im Rettungsboot.

Im Dezember des Jahres nahm ich Kontakt zu einer US-Firma auf, die im Begriff war, ein wahrhaft sensationelles Produkt zu entwickeln: Dem Unternehmen gelang es angeblich, die Speicherkapazität einer normalen CD bis um das Tausendfache zu steigern. Ein Terabyte auf einer CD, die bisher nur etwa 700 Megabyte speichern konnte. Entsprechend hoch schlugen die Wellen an der Börse. Das Unternehmen, das noch zwei Jahre vorher ein paar Cent pro Aktie kostete, entwickelte sich zum Milliardenplayer. Die Aktien schossen von 20 Cent auf 60 $ – innerhalb eines Jahres. Die Anleger schienen von dem neuen Produkt begeistert zu sein – für mich Anlass, einmal genauer nachzuhaken. Immerhin wuchs die Marktkapitalisierung von anfangs wenigen Millionen auf sage und schreibe drei Milliarden Dollar an.

Der Vorstand des Unternehmens machte keinen Hehl daraus, dass auch ihm die Marktkapitalisierung etwas hoch vorkäme. Ihm gehörte immerhin über 10 % an der Firma, Kollegen hatten ähnlich hohe Beteiligungen. Ich fragte, ob ihnen denn nicht schwindlig würde angesichts der hohen Aktienkurse und der damit verbundenen astronomischen Bewertung des Unternehmens? Ganz abgesehen davon, dass der eine oder andere auf diese Weise ein Vermögen in Höhe von mehreren 100 Millionen Dollar angehäuft hatte ... „Wissen Sie," entgegnete mir die freundliche Stimme von jenseits des Atlantiks, „hier in Silicon Valley gibt es die meisten Milliardäre. Es ist nichts Ungewöhnliches dabei. So ist das eben in Amerika – mit einer guten Idee machen Sie hier Millionen. In meiner Nachbarschaft gibt es Twens in Turnschuhen und Jeans, die sind Milliardäre. Man sieht es ihnen nicht an. Amerika – das Land der unbegrenzten Möglichkeiten. So ist das eben bei uns ...". Die Stimme am anderen Ende klang sachlich und nüchtern, noch nicht einmal begeistert oder enthusiastisch. In Silicon Valley ist es eben normal, dass man Milliardär wird. Die Zutaten, die man dafür braucht, sind eine gute Idee und viele dumme Börsianer, die daran glauben und mit ihren Aktienkäufen die Hightech-Titel in schwindelnde Höhen treiben.

Die Firma, von der hier die Rede ist und für die an der Börse drei Milliarden Dollar bezahlt wurden, bestand aus ein paar Dutzend Mitarbeitern. Sie erwirtschafte „natürlich" keine Gewinne (was zu jener Zeit auch niemanden interessierte) – das Besondere an ihr war: Es gab praktisch auch keine Umsätze. Das einzige, was das Unternehmen vorweisen konnte, waren ein paar Forschungslabore, in denen eine Handvoll Wissenschaftler an dem neuen Speichermedium arbeitete. Es war weder bewiesen, dass das neue Produkt praxistauglich war, noch gab es irgendein Interesse bei den großen CD-Herstellern, diese Erfindung zu kaufen. Das einzige, was gekauft wurde, war die Aktie. Und die notierte noch nicht einmal in den klassischen Börsensegmenten, sondern im so genannten *Over-the-Counter-Market* der NASDAQ, also im Telefonverkehr. Dort werden in der Regel Aktien gehandelt, die keine vernünftigen Bilanzen erstellen und die meisten Anforderungen für den Geregelten Markt nicht erfüllen. Die laxe Haltung der Geschäftsführung erschien den Verantwortlichen der US-Börsen angesichts der Milliarden-Marktkapitalisierung so dramatisch, dass die NASDAQ öffentlich verkündete, das Unternehmen ganz vom Listing zu streichen. Ein sehr ungewöhnliches Alarmsignal. Wer nun glaubte dass die Aktie dadurch zu Boden stürzte, der irrt. Sie verdoppelte sich sogar noch. Das Unternehmen versprach, den gesetzlichen Anforderungen, die in jenem Marktsegment ohnehin schon äußert gering sind, nachzukommen. Die Behörden konnten nur noch tatenlos zusehen, wie ein Heer trunkener Anleger die Aktie immer weiter nach oben pushte. Es war in etwa so, als wenn man einen Kiosk mit einer Milliarde bewertete.

Der Chef des Unternehmens, mit dem ich mehrmals telefonierte, trug es gelassen. Er sprach weiter davon, dass ein solches Phänomen in Silicon Valley normal sei. Die Firmen seien für die exorbitante Bewertung nicht verantwortlich, sondern die Anleger. Schön für jene, die rechtzeitig im Bereich Internet oder Hightech eine AG aufgemacht hatten und an der Börse notiert waren.

In Silicon Valley herrschte Goldgräberstimmung. Rauschende Partys, teuerste Nobelkarossen, Champagner floss in Strömen, Traumgehälter. Jeder, der nur halbwegs etwas von dieser neuen Technik verstand, wurde für mehrere 100 000 Dollar sofort angeheuert. Zusätzlich erhielt man als Mitarbeiter noch Aktien, die Millionen wert waren. Die solchermaßen Beglückten kauften sich schöne Häuser und Yachten – natürlich auf Pump, weil die Aktien oft mit langfristigen Verkaufsverboten belastet waren. Macht ja nichts, so die Einstellung der neuen Reichen. In ein paar Jahren sind die Papiere noch mehr wert als heute. Das glaubten auch die Banken, die fleißig Kredite auf Grundlage des Aktienbestandes vergaben. Im Silicon Valley Ende des alten Jahrtausends lautete die einhellige Meinung: Geld drucken ist viel zu umständlich. Die frischen Jungunternehmer schufen sich ihre eigene Währung – Aktien. Alles, was irgendwie mit Internet zu tun hatte, wurde an der Börse schnell mit mehreren 100 Millionen Dollar bewertet – wie schön für die Firmengründer. Es war wie im Märchen – aber leider ohne Happyend. Doch noch ging es an der Börse nach oben. Menschen, die vorher nie etwas mit den Kapitalmärkten zu tun hatten, entwickelten sich zu Stammtischgurus. Teenager, Taxifahrer, Kellner wussten, was sich hinter dem Kürzel YHOO oder AMZN verbirgt. Börsianer zu sein, war „in". Ein Kollege erzählte mir, dass ein Doorman in New York, eine vornehme Umschreibung für Portier, sensationelle Erfolge an der Börse erzielte und schließlich das Vermögen des ganzen Hauses managte. Das war die schöne neue Börsenzeit. Firmengründer wie Jerry Yang (Yahoo) oder Jeff Bezos (Amazon) waren die Helden der neuen Ära, sie machten sich und die Anleger reich – dank Internet. Die neuen Zauberworte lauteten B2B oder B2C (Business to Business, Business to Customer). Die neue Wirtschaftskultur war sympathisch und bekam schon bald einen Namen, der in die Geschichte eingehen sollte: „New Economy". Eine Wirtschaft mit angeblich neuen Regeln. Keine Gewinne, keine Schlipse, keine graumelierten Herren, sondern junge, aufstrebende Macher, die von heute auf morgen reich wurden. Aktienoptionen statt Gewerkschaften – so das Motto und das Gefühl, dass es jeder schaffen könne. Schöne Neue Welt. Allein von 1998 bis 2000 flossen über 100 Milliarden Dollar in über 1000 Börsengänge dieser „New Economy" – manche bestanden nur aus fünf Leuten, einem Büro und einer Idee.

Ein Traum, aus dem die meisten Akteure unsanft geweckt wurden. Im Laufe eines Jahres entpuppte sich so manche Internet-Geschäftsidee als Flop. Die Zweifel wurden lauter, die Kurse sanken. Die Dynamik nach unten verstärkte sich, weil viele Unternehmenslenker ihre Firma auf Pump gegründet hatten. Die meisten Aktien wurden aus Geldmangel auf Kredit gekauft. Und selbst, wer über das nötige Kleingeld verfügte, um eine Firma zu gründen, fühlte sich schnell reich, wenn er seine Aktien an der Börse gen Norden klettern sah. Folge: Die Aktien wurden nicht verkauft, dafür aber Kredite bei der Bank aufgenommen. Mit den Krediten wurde dann der ausschweifende Lebensstil finanziert. Kein Wunder – wer damals stolzer Besitzer von ein paar Hunderttausend Aktien einer Internetfirma war, konnte zumindest nominal einen Buchwert von oft mehreren 100 Millionen Dollar sein Eigen nennen. Dass Banken bei der Kreditvergabe für persönliches Luxusleben da großzügig wurden, versteht sich von selbst.

Als es dann aber an der Börse bergab ging, standen jene im Regen, die ihren Unternehmensanteil auf Kredit finanziert hatten oder einfach nur über ihre Verhältnisse lebten. All jene waren nun gezwungen, zu verkaufen, was zu einer riesigen und nicht mehr enden wollenden Lawine an der Börse führte. Je tiefer die NASDAQ stürzte, um so mehr Aktien mussten verkauft werden. Ein Teufelskreis. Das alles ging einher mit immer neuen Horrormeldungen, die zeigten, dass der Traum vom schnellen Geld durchs Internet zum Scheitern verurteilt war. Die meisten Geschäftskonzepte gingen nicht auf. Übrig blieb ein Schuldenberg, ein Scherbenhaufen, der Ruin. Auf diese Weise schlitterten einige Milliardäre der „New Economy" in die neue Armut.

In Silicon Valley gingen die Lichter aus. Allein im Jahr 2000 verflüchtigten sich etwa 3,5 Billionen Dollar Börsenvermögen. Über 300 Internet-Companys gingen pleite. Die alten Zauberworte der „New Economy" verloren ihren Glanz. Aus B2B wurde „back to business school". Und beim B2C: Auch hier wich der Traum der Realität. Aus B2C wurde „back to Cleveland", was man in etwa mit „Zurück in die Provinz" übersetzen kann. Das schöne Märchen vom schnellen Reichtum in der „New Economy" hatte leider kein Happyend. Immerhin trugen es die Betroffenen mit Witz und Gelassenheit.

„Die Börse gibt, und die Börse nimmt" – so witzelten wir oft in Frankfurt. Aber es dürfte historisch einmalig sein, wie viel der Aktienmarkt zur Jahrtausendwende „gegeben" hat und wie irrsinnig viel Geld sich in so kurzer Zeit in Luft auflöste. Und trotzdem ist es ein typisches Phänomen. Die Börse lockt die Insekten wie die Blüte einer Fleisch fressenden Pflanze an. Doch in dem Moment, wo es ums Nektarsaugen geht, schließt sich die Blüte, die Falle schnappt zu.

Von dieser kollektiven Verarmung in der „New Economy" waren natürlich nicht nur die Firmengründer betroffen, sondern auch die Börsianer.

Mit wenig Einsatz das große Geld machen – kaum ein Börsianer kann sich von dieser faszinierenden Vorstellung befreien. Aber der Fluch des schnellen Geldes lautet: Ruin!

Diese bittere Nebenwirkung bekamen zu Beginn des neuen Jahrtausends gerade viele Neubörsianer zu spüren. Der Crash bei den Hightech-Werten und im Neuen Markt führte bei vielen Unerfahrenen in die totale Pleite. Tragische Schicksale, furchtbare Lektionen für den Einzelnen.

Mit Aussitzen war die Sache nicht zu bewältigen. Die meisten Aktien verloren über 90 %, gemessen an ihren Höchstständen. Und Hoffnung gab es auch keine: Zu viele Werte konnten die in sie gesetzten Erwartungen nicht erfüllen.

Aber auch das alles wäre nur halb so schlimm, wenn es da nicht eine kleine, erschreckend weitverbreitete Dummheit gäbe: die Kreditspekulation. Bei meinen Vorträgen und bei spontanen Gesprächen auf der Straße erschreckte mich damals sehr, wie viele Anleger auf Pump an die Börse gingen. Ein Teufelskreis, der Drogensucht vergleichbar: Am Anfang mit einer kleinen Summe am Neuen Markt investiert. Im steigenden Markt gute Gewinne gemacht. Und dann die Vorstellung, mit ein bisschen mehr Geld wären die Gewinne noch größer. Also schnell den Kreditrahmen ausgeschöpft.

Doch dann sank der Aktienmarkt. Über Wochen, Monate ging es runter. Weggucken. Aber Ignoranz verschlimmerte das Leiden. Am Ende dann das Todesurteil: ein Brief von der Bank. Eine Frist, innerhalb derer glattzustellen sei. Und wenn nicht, dann Zwangsliquidation. Übrig blieben ein riesiger Schuldenberg und der Traum vom schnellen Geld.

Nach inoffiziellen Schätzungen ging die Zahl der damals solchermaßen in den Ruin Getriebenen in die Tausende – allein in Deutschland. In den USA, wo die Kreditspekulation schon aus Tradition weiter verbreitet ist, rechnete ich sogar mit mehr als 10 000 Börsianerpleiten wegen Aktienkaufs auf Pump. Nur sind dort die Banken nicht so zimperlich wie bei uns. Ist der Kreditrahmen überschritten, erfolgt Glattstellung. Der Kunde wird erst gar nicht gefragt. Das „Kleingedruckte" gibt ihnen Recht.

Die Kreditspekulation ist meiner Meinung nach mitverantwortlich für den beispiellosen Niedergang des Neuen Marktes. Es war ähnlich wie 1929, als in so genannten „Aktienbuden" Mr. Miller und Mrs. Smith gegen Einschuss geringen Geldes Wertpapiere auf Kredit erwarben. Gehen die Kurse aber nach unten, werden diese Leute gezwungen, ihre Bestände auf den Markt zu werfen. Dies beschleunigt dann die Talfahrt der Börse zusätzlich.

Die älteste Börsenweisheit: Spekuliere niemals auf Kredit! Trotzdem tun es alle. Es ist genau so, wie die Gesundheitswarnung auf der Zigarettenpackung – trotzdem qualmen Millionen.

Kreditspekulation ist wie eine Droge, man verliert den Bezug zur Realität. In Maßen genossen kann diese Droge ganz angenehm sein. Doch die Gefahr der Abhängigkeit ist groß. Und die Konsequenzen sind dramatisch.

Ich habe einfache Anleger kennen gelernt, die bei durchschnittlichem Gehalt in sechsstellige Verschuldung gerieten. Die Verzweiflung war groß. Das Schicksal brach allerdings nicht unvorhersehbar über die Betroffenen herein. Der Teufelskreis begann – wie oft in der Börsengeschichte – mit der Hausse. Im Aufwärtstrend der Börse werden riesige Summen aufgenommen, auf der Grundlage des Aktienbestands. Was viele Anleger nicht bedachten: In Phasen steigender Börsen ist ein solches Vorgehen hochexplosiv. Je höher die Kurse, desto üppiger das vermeintliche „Spielgeld". Entsprechend groß fällt der Kreditrahmen aus.

Doch die Zeitbombe tickt. Im Crash dämmert die Stunde der Wahrheit. Die Aktien sind nichts mehr wert, und übrig bleibt der Kredit. Meist müssen diese gebeutelten Spekulanten ausgerechnet in der schlimmsten Phase eines Crashs verkaufen.

Mir begegneten im Frühjahr 2001 auffällig viele Anleger, die im Crash „zerrissen" wurden. Furchtbar für jene, im Tief zwangsverkauft zu haben, nun auf einem Berg von Schulden zu sitzen und zuzusehen, wie die Börse wieder steigt. Aus der Traum vom schnellen Geld.

Die Banken befürchteten eine Prozesslawine. Hauptvorwurf: zu laxer Umgang bei der Vergabe von Aktienkrediten. Ich meine: zu Unrecht. Wahr ist, dass die Banken leichtfertig bei der Vergabe von Aktienkrediten sind. Insbesondere bei den Discountbrokern wird den Anlegern geschickt eine Summe vorgegaukelt, über die sie verfügen könnten. Dass es sich dabei um Kredit handelt, wird auf den ersten Blick nicht deutlich. Doch wer Aktien kauft, kann in der Regel auch lesen. Wer auf Kredit spekuliert, muss selbst die Verantwortung dafür tragen. Es ist zwar Mode, den „bösen" Banken die Schuld in die Schuhe zu schieben, doch damit macht man es sich zu einfach. Welche Konsequenzen Kreditspekulation hat, wird zwar bei Neubörsianern gern verdrängt, aber es bleibt die Pflicht jedes Einzelnen, einmal über sein Tun nachzudenken und gegebenenfalls dann die eingebrockte Suppe selbst auszulöffeln.

KGV & Co.

In ihrem immer währenden Bemühen, die Börse in den Griff zu kriegen, zaubern die Börsenexperten jedes Jahr neue Kunstbegriffe. Das geschieht natürlich einzig in der hinterhältigen Absicht, dem Laien klarzumachen, dass die Zuckungen an den Aktienmärkten Folge einer Geheimwissenschaft seien, mit der nur Akademiker Gewinne machen können. Genau das Gegenteil ist richtig: Wissenschaftliche Studien ergaben, dass gerade jene, die kein Studium absolvierten, an der Börse eine bessere Erfolgsquote aufweisen. Gesunder Menschenverstand siegt über den Doktorgrad. Während der eine schon längst gekauft hat, analysiert der Börsenakademiker die Aktie so lange, bis sie wieder fällt. Wenn Börse eine Funktion höherer Mathematik wäre, dann müssten ja alle Schlauen reich sein. Dies ist aber nicht der Fall. So mancher Akademiker, dessen Promotion vom Sozialstaat subventioniert wurde, betätigt sich als Taxifahrer, nach 30 Semestern Studium. Womöglich auch ein untrügliches Zeichen, dass es zwischen akademischem Grad und Intelligenz keine proportionale Korrelation gibt.

Einige finden aber auch Unterschlupf bei einer Bank. Dort werden sie in großen Sälen gehalten und müssen darüber befinden, ob eine Aktie ein Kauf ist oder nicht. Obwohl den Kaufinteressenten eigentlich nur die Frage „Ja oder Nein“ interessiert, muss er sich vorher durch daumendicke Papierkonvolute quälen, die zu allem Überfluss auch noch bedruckt sind.

Nun könnte man das Problem auch einfach darstellen, aber das wäre genauso langweilig wie ein Kreuzworträtsel, bei dem die Lösung gleich neben den Kästchen zu finden wäre. Die Kunst des Börsenakademikers besteht also darin, die Sache so zu formulieren, dass sie niemand versteht. Dies geschieht natürlich nicht ohne Hintergedanken. Je komplizierter das Werk, desto besser kann sich der Schreiber hinterher herausreden. Früher war alles ganz einfach. Ein Investment musste nach zehn Jahren das eingezahlte Kapital wieder einspielen. Man nannte dies auch Kurs-Gewinn-Verhältnis. Alles, was nach zehn Jahren erst zum *Breakeven* beim Investor führte, galt als teuer. Was sich in weniger Jahren rentierte, fiel in die Rubrik „Schnäppchen“.

Aber warum haben so viele Börsenexperten so viele Jahre studiert, wenn die Sache so einfach ist? Diese Frage haben sie sich wohl auch gestellt. Um ihr Studium zu rechtfertigen, wurden ein paar Begriffe erfunden, welche die Sache verwissenschaftlichen. Zunächst wurde das

Kurs-Cashflow-Verhältnis eingeführt. Es zeigt an, wie viel Bares pro Jahr das Unternehmen pro Aktie erzeugt. Das hilft zwar auch nicht weiter, hört sich aber gut an.

Im Jahr 2000 setzten die Hightech-Buchhalter das EBIT durch. Wirklich raffiniert. Endlich ein Begriff, den der Laie nicht mehr durchschaut. Earnings before Interest and Taxes. Gewinn vor Zinsen und Steuern. Das gute deutsche Wort „Einnahmen" täte es zwar auch, aber wofür hat man die „European Business School" besucht?

Die Steigerung von EBIT lautet EBITDA. Wer an der Börse Erfolg haben will, muss auch die Steigerungsformen der Fachbegriffe kennen. EBITDA – Earnings before Interest, Taxes, Depreciation and Amortization (Gewinn vor Zinsen, Steuern und Abschreibungen). Wie konnten Börsianer vor der Jahrtausendwende ohne EBITDA existieren? Konnte eine Aktie ohne EBITDA überhaupt steigen? Und was sagen die Experten von der DVFA dazu?

Diejenigen, die Finanzanalyse und Anlageberatung betreiben, fühlen sich mit ihren Begriffen und Formeln mittlerweile derart unverstanden, dass sie eine Selbsthilfegruppe gegründet haben: die Deutsche Vereinigung für Finanzanalyse und Anlageberatung. Das Wort „Deutsche" durfte natürlich nicht fehlen, sonst käme der unvoreingenommene Leser womöglich noch auf die Idee, es handele sich um einen polnischen Zusammenschluss oder vielleicht sogar um eine Vereinigung extragalaktischer Wesen. „Deutsch" bedeutet natürlich auch ein Qualitätskriterium. Wenn es um eine „Deutsche" Vereinigung geht, quasi *Made in Germany*, dann handelt es sich immerhin um Analysen, die mit germanischer Gründlichkeit ermittelt wurden. Eigens zu diesem Zwecke schufen ihre Mitglieder die DVFA-Formel. Eine Geheimformel für den Börsenerfolg. Dass viele Mitglieder des DVFA e.V. immer noch bettelarm sind, liegt natürlich nicht daran, dass die Formel nicht funktioniert, sondern der Aktienmarkt. Es besteht aber durchaus noch Hoffnung, dass sich die Börse an der Formel orientiert, ist diese doch von sehr klugen Leuten geschaffen worden.

Aber die deutsch tümelnden Vereinsmeier haben die Formel ohne

Amerika gemacht. Dort wurde nämlich der ultimative Schlüssel zur Berechnung des Börsenerfolgs gefunden: das PEG. Sehr nützlich! Endlich haben wir ein praktisches Instrument zur Beurteilung des Verhältnisses von KGV zu Gewinnwachstum. Unverzichtbares Werkzeug für jeden Börsenerfolg. PEG: *Price Earnings to Growth Ratio.* Jetzt wissen wir auch, warum die NASDAQ von 5000 auf 1600 gefallen ist. Weil wir alle das PEG nicht kannten. War es etwa zu hoch? Oder hätten wir besser das EBIT und noch besser das EBITDA beachten sollen? Hat es denn niemand gemerkt? Oder war es die DVFA-Formel, die auf das Desaster frühzeitig hinwies? Und das gute alte KGV? Hat es total ausgedient?

All diese Kennzahlen sind nützlich und sinnvoll. Immerhin beschäftigen sie ein Heer von studierten Börsenexperten. Eine Art Beschäftigungsprogramm. Und jeden Monat kommen ein paar neue Begriffe hinzu, eingeschleppt wie ein Virus aus dem angelsächsischen Raum. Endlich haben Experten eine Berechtigung. Sie liegen zwar falsch mit ihren Prognosen, verfügen aber über einen beeindruckenden Kanon von Begriffen, Formeln, Kürzeln. Irgend etwas davon wird immer zutreffen. Dann weiß der Analyst wenigstens morgen, warum seine Prognose von heute falsch war.

Die besten Prognosen werden wohl immer noch bei einer Flasche Rotwein getroffen. Das wissen aber nur alte Börsianer. Alkohol ist zwar keine Antwort, aber man vergisst beim Trinken die Frage nach EBIT, EBITDA und PEG.

Gute Zahlen – schlechte Zahlen

Jedes Quartal beglücken börsennotierte Firmen von neuem ihre Aktionäre mit Informationen über den Gang des Geschäfts. Doch Zahlen allein sind nicht wichtig. Entscheidendend ist, was die Börse daraus macht.

Das schlimmste Szenario sieht so aus: Unternehmen X glänzte schon seit einiger Zeit mit guten Unternehmensmeldungen und morgen kommen neue Veröffentlichungen. Viele Anleger werden schon im Vorfeld kaufen, weil sie davon ausgehen, dass die zu veröffentlichenden Zahlen sicher wieder den Rahmen der Erwartungen übertreffen werden. Die Motivation des Käufers: im Vorfeld ordern, um dann nach Bekanntgabe der Zahlen teurer wieder zu verkaufen. Nachteil: Wenn das zu viele Marktteilnehmer machen, können die Geschäftszahlen noch so gut sein, die Aktie wird trotzdem sinken.

Das habe ich oft genug erlebt. Die Verwunderung ist dann oft groß. Wie kann eine Aktie angesichts eines blendenden Geschäftsergebnisses fallen? Gewinnmitnahmen, heißt es dann lapidar. Und genau so ist es. Leider sind die meisten Aktienkäufer nur an kurzfristigen Gewinnen und nicht an langfristigen Investments interessiert. Das ist der Grund, warum bei sehr guten Unternehmensmeldungen die Aktie trotzdem fällt. Das Dilemma: Je besser das Unternehmen ist, je mehr es von den Börsianern geliebt wird, desto schwieriger wird es, die hochgespannten Erwartungen zu übertreffen. Oft genug kommt es deshalb vor, dass eine Aktie selbst dann fällt, wenn die Erwartungen getroffen werden. Sogar wenn sie besser sind als erwartet, ist der Anstieg der Aktie noch nicht programmiert. Neben offiziellen Prognosen irgendwelcher Experten gibt es nämlich immer noch die Flüsterschätzungen. Diese liegen meist noch über den normalen Erwartungen. Doch auch das Erfüllen dieser Zielmarke ist längst kein Grund, dass die Aktie steigt. So ist das eben. Ob ein Wert steigt oder fällt, hängt davon ab, ob zur Stunde der Veröffentlichungen das Datenmaterial so überraschend ist, dass niemand damit gerechnet hat. Und deshalb haben es besonders die Lieblinge der Börsianer schwer, noch einen Kick zuzulegen. Börsianer sind gierig, unverschämt und verwöhnt. Nichts ist schlimmer für die Kursentwicklung einer Aktie als Börsianer mit ihren hochgestochenen Erwartungshaltungen.

Mancher Unternehmenslenker hat die Welt nicht mehr verstanden, wenn er nach der Veröffentlichung von positiven Geschäftszahlen seine

Aktie sinken sah. Aber so funktioniert eben die Börse. Nicht alles, was gut ist, führt auch zu steigenden Kursen. Börse reagiert nicht logisch, sondern emotional. Und besonders schwierig wird es für jene, die eine großer Schar ergebnisverwöhnter Anleger im Nacken haben.

Dem langfristigen Investor machen solcherlei Reaktionen nichts aus. Er muss sich nur darüber im Klaren sein, dass das Sinken des Kurses keineswegs ein schlechtes Omen für die zukünftige Unternehmensentwicklung sein muss. Ganz im Gegenteil. Wenn gute Nachrichten über den Ticker laufen, sind die Chancen hoch, dass die nächsten Quartalszahlen ebenfalls gut sind – und spätestens dann wird die Aktie ihren Höhenflug weiter fortsetzen. Die Zocker und Spekulanten, jene, die es nur auf ein paar schnelle Euro abgesehen haben, müssen eben erst einmal abgeschüttelt werden.

So merkwürdig es klingen mag: Gute Zahlen und gute Erwartungshaltungen sind Gift für die kurzfristige Kursentwicklung. Börsianer sind nicht so leicht zu befriedigen. Wie die Kurse auch zucken – dem langfristigen Investor kann es dagegen egal sein, denn ein Unternehmen mit gutem Geschäftsgang wird auf lange Sicht wieder auf den Pfad steigender Kurse zurückfinden.

Anders sieht es mit Unternehmen aus, die bei den Börsianern in Ungnade gefallen sind. Eine gute Nachricht entfaltet dann ihre größte Wirkung, wenn niemand damit rechnet. So kann es durchaus sein, dass eine Firma, die bisher immer enttäuschte, plötzlich aufgrund guter Zahlen nach oben rauscht. Je weniger Zocker in einem Wert sind, um so größer die Kraft der positiven Daten. Und auch hier gilt, dass eine gute Meldung zwar noch keinen Sommer macht, aber sie kann der Anfang eines *Turnarounds* (Trendwechsel) bei einem gefallenen Engel sein.

Bei einer Aktie, die bei den Investoren schon in Ungnade gefallen ist, wirken sich kurioserweise auch schlechte Daten kaum noch aus. Kein Wunder, denn die meisten Anleger haben sich ja schon von dem Papier getrennt. Übrig bleiben nur noch jene, die bereit sind, eine längerfristige Beziehung einzugehen. Aber auch hier gilt analog das, was für positive Meldungen bei Unternehmen gilt, die bisher ihre Anleger verwöhnt haben: Die Meldung muss schon sensationell gut sein, um noch irgendeinen Börsianer hinter dem Ofen hervorzulocken. Um bei Negativ-Firmen eine neue Verkaufswelle auszulösen, bedarf es wirklich unüberbietbar schlechter Nachrichten. Und leider sind diese bei Unternehmen, die sowieso schon im Abwärtstrend begriffen sind, keine Seltenheit. Einmal schlechte Nachrichten, oft schlechte Nachrichten, das ist meine Erfahrung. Mehr zu dem Thema auch im Kapitel „Karma des Marktes".

Schlechte Nachrichten bei Firmen, von denen Gutes erwartet wird, ist das Schlimmste, was passieren kann. Kursrutsche von 10 % und mehr sind keine Seltenheit. Manchmal sind auch Kursverluste von bis zu 50 % zu beklagen. Der Mechanismus ist einfach: Zunächst wollen all jene raus, die auf einen schnellen Kurssprung in Erwartung guter Nachrichten spekulierten. Dies ist sehr oft bei „Börsenlieblingen" der Fall. Zum anderen trennen sich aber auch jene von dem Papier, die ursprünglich ein längeres Investment geplant hatten. Schlechte Nachrichten, die überraschen, sind die böseste Variante an der Börse. Die Umsätze sind so groß wie die Aufregung. Und in der Tat, eine Enttäuschung kommt selten allein.

Wenn es einen erwischt, dann heißt es erst einmal Ruhe bewahren. Man sollte sich auf keinen Fall von einer Massenhysterie anstecken lassen. Überlegen Sie, ob Sie dem Unternehmen die Treue halten können. Bei großen Unternehmen kann diese Frage oft mit „Ja" beantwortet werden. Bei kleineren, spekulativeren Engagements stellt sich die Frage, ob eventuell das *business case* ernsthaft bedroht ist, ob also der Geschäftsgegenstand gefährdet ist. Nur dann würde ich mich von einer Aktie trennen. Wenn allerdings die Analyse zu dem Schluss kommt, dass es sich nur um ein zyklisches Problem oder eine Ausnahmesituation handelt, dann kann man an dem Investment auch weiterhin festhalten.

Oft ist eine solche Entscheidung nicht so schnell zu treffen. Jedenfalls nicht an dem Tag, an dem die Nachricht bekannt gegeben wird. Man muss auch nicht unbedingt genau an diesem Tag verkaufen. In der Regel gibt es genügend Zeit, später noch zu verkaufen. In den meisten

Fällen ereignet sich bei den gebeutelten Papieren in den Folgetagen auch noch eine technische Reaktion nach oben. Auf diese Weise erzielt man später immer noch bessere Verkaufserlöse als an dem Tag, an dem das Geschrei groß ist. Sobald man zu dem Ergebnis kommt, sich von einem Papier trennen zu wollen, sollte man es auch unverzüglich tun. Die Gefahr ist zu groß, dass man in Hoffen und Beten verfällt – nur hilft das an der Börse eher selten.

Umgekehrt ist es überaus sinnvoll, Aktienpositionen eines Unternehmens, das erfreuliche Daten meldet, weiter aufzustocken – gerade dann, wenn die Börse negativ reagiert. Wenn es keinen fundamentalen Grund für einen Kursrückgang bei einem Unternehmen mit guten Zahlen gibt, dann ist dies eine ausgezeichnete Gelegenheit, weiter zu kaufen. Schon in wenigen Tagen sind in solchen Situationen die Zocker aus der Aktie raus, und dann wird sie wie von selbst wieder den gewohnten Gang nach oben antreten. Also nicht traurig sein, wenn ein Superunternehmen trotz guter Daten kurzfristig in den Keller geht, sondern die Chance nutzen, das Investment weiter auszubauen.

Ich habe es schon zigmal erlebt, wie eine Aktie trotz positiver Nachrichten abstürzt. Aber schon nach wenigen Tagen hatte sich die Situation wieder normalisiert. Anlass zur Sorge war also nicht gegeben. Wichtig ist eben, dass man eine eigene Meinung zu dem Papier hat.

Bei Aktien, die in Ungnade gefallen sind und plötzlich mit guten Nachrichten glänzen, kann es zu Kurssprüngen bis zu 50 % kommen. Das habe ich schon erlebt; es war wirklich ungeheuerlich. Woran liegt das? Es sind die armen Shortspekulanten, die dafür verantwortlich sind. Gerade in Amerika ist es ja an der Tagesordnung, Aktien leerzuverkaufen. Der Spekulant hofft letztlich, dass das Unternehmen pleite geht. Gibt es Nachrichten, die genau auf das Gegenteil deuten, müssen diese Shorties plötzlich eindecken und die Aktie um jeden Preis zurückkaufen. Das konnte man im Jahr 2000 besonders bei einigen Internet- und Hightech-Titeln beobachten. Eine gute Nachricht für einen Wert, in dem man *short* ist, kann eine teure Angelegenheit für den Leerverkäufer werden. Und es besteht eine viel versprechende Einstiegschance für den neuen Investor.

Das Karma des Marktes

Der Begriff „Karma" klingt vielleicht etwas esoterisch, bringt die Sache aber auf den Punkt. Jeder Mensch kennt das Phänomen: Es gibt gute und schlechte Tage. Es gibt Phasen, in denen läuft es wie geschmiert, alles fügt sich positiv. Und es gibt Perioden, in denen will einfach nichts funktionieren. Eine Pechsträhne. Ein Unglück kommt selten allein, diese alte Weisheit gilt nicht nur im Leben, sondern auch an der Börse. Genauso wie ein Unglück selten allein kommt, verhält es sich mit dem Glück. Manche Menschen sind Pechvögel, andere haben einen ständigen Glücksstern.

An der Börse gibt es Phasen, da häuft sich das Positive. Die Zinsen sind niedrig, die Aussichten in der realen Wirtschaft verbessern sich, die Unternehmen melden gute Gewinne, oft höher als erwartet. Und die Anleger sind gut drauf. Das alles führt zu stetig steigenden Kursen. Wenn es Nachrichten gibt, dann beflügeln sie die Kurse, weil es positive Überraschungen sind. Solche Zeiten gibt es. Es sind Zeiten mit positivem Karma.

Ihnen stehen die schlechten Zeiten gegenüber. Ein Unternehmen, das plötzlich die Gewinne revidieren muss, macht den Anfang. Wenn diese Firma erst das Pech angezogen hat, heißt es: Obacht geben! Ein Unglück kommt selten allein. Und eine Verlustwarnung auch nicht. Wenn ein Unternehmen erst mal ein „negatives Karma" hat, sind mit hoher Wahrscheinlichkeit in absehbarer Zukunft auch schlechte Nachrichten zu erwarten. An der Tagesordnung stehen dann weitere Gewinnrevidierungen, das Platzen von Aufträgen, Umsatzeinbrüche, Schicksalsschläge, selbst Explosionen und Katastrophen sind nicht ausgeschlossen. Deshalb ist es in den meisten Fällen ratsam, sofort bei der ersten

Verlustwarnung zu verkaufen. Die Wahrscheinlichkeit weiterer negativer Meldungen ist hoch, und ein unaufhaltsamer Kursverfall ist programmiert.

Nicht nur Unternehmen können ein „negatives Karma“ haben, sondern auch ganze Branchen und Märkte. Erst kommen von wenigen Firmen Negativ-Nachrichten, dann hagelt es plötzlich Hiobsbotschaften. Der Markt geht in die Knie. Er knickt unter der Last der „Bad news“ ein. Hat ein Markt erst mal ein „negatives Karma“, dann zieht er das Unglück weiter an. Zum wirtschaftlichen Sinkflug gesellen sich dann auch noch andere Themen, die Gift für die Börse sind. Da kommt es zu Zinserhöhungen, politischen Spannungen, gar Kriegen, welche die Anleger in Schrecken versetzen. Erdbeben in Wirtschaftszentren zeitigen verheerende Folgen. Es ist entsetzlich, mit ansehen zu müssen, wie sich das Weltklima negativ verändert und die Börsen in Mitleidenschaft zieht. Diese dunklen Wolken müssen sich erst einmal verziehen, damit die Börse wieder gesunden kann. Geduld ist dabei das oberste Gebot. Und wenn man schon keine hat, sollte man mit maximal 5 % oder noch geringerem Einsatz von dem Geld operieren, das man zu investieren bereit ist.

Dennoch: Bisher sind wir aus jedem Tal der Tränen wieder herausgekommen, und man darf auch in bösen Zeiten den Optimismus nicht verlieren. Ein Blick zurück ist in solchen Zeiten immer sehr hilfreich. Er zeigt, wie es an den Märkten und auf der Welt immer irgendwie weiterging, wie auch die schlimmsten Probleme irgendwann bewältigt wurden. Es ist ja allgemein bekannt, dass die Tiefpunkte nur schwer auszuloten sind. Deshalb plädiere ich dann für vorsichtiges Investieren in Aktien, wenn man bei einer persönlichen Analyse zu dem Schluss gekommen ist, dass das Licht am Ende des Tunnels zu sehen ist. Die Wahrscheinlichkeit, dass es sich um die Scheinwerfer eines entgegenkommenden Zuges handelt, ist eher gering.

Apropos „negatives Markt-Karma“. Ich saß Anfang März 2001 eines Abends vor meinem Nachrichten-Ticker, auf dem minütlich immer neue Schlagzeilen auftauchten. Unternehmensnachrichten, Börsennachrichten,

Weltnachrichten. Das, was da über den Bildschirm flimmerte, war schon bedrohlich – und es war nur ein kleiner Ausschnitt eines langen Tages. Der Tenor lautete in etwa so: „Unternehmen XY: Verluste höher als erwartet“, „Unternehmen YZ: 5000 Arbeiter werden entlassen“, „Notenbankchef: Wirtschaft kühlt weiter ab“, „Krise im Nahen Osten: Saddam droht mit Bombe“, „Wirtschaftsexperten: Konjunktur kühlt stärker ab, als erwartet“, „Japan vor Deflation?“ Es konnte einem schon ein Schauer über den Rücken laufen angesichts so vieler Negativ-Nachrichten. Das ging monatelang so weiter. Wenn es eine wichtige, börsenrelevante Meldung gab, dann war es eine schlechte Nachricht. Schlimme Zeit. Entsprechend schlecht entwickelten sich die Kurse an den Börsen.

Es gibt aber auch gute Zeiten. In denen steigen die Börsen in immer neue Höhen. Anfang des Jahres 2000, als die Wachstumsbörsen auf Gipfelsturm waren, quoll der Nachrichten-Ticker über vor positiven Meldungen: „Unternehmen A meldet Umsatzsteigerungen“, „Konjunktur: BIP höher“, „Unternehmen B: Megakooperation mit C“ – das ist dann die Begleitmusik für höhere Kurse. Die Märkte haben ein „positives Karma“. Dann erlebt man, wie Aktien von einem Höhepunkt zum anderen springen.

Ein Unternehmen, das seine Prognosen einmal übertroffen hat, wird in der Regel auch in Zukunft mit guten Nachrichten glänzen. Und das ist die Nahrung für steigende Aktien.

Doch irgendwann reißt die Glückssträhne ab. So ist es eben. Die Börse ist wie das Leben. Wichtig ist allein, dass man schlechte Phasen überlebt und Kräfte sammelt für den nächsten Anstieg. Nur eines sollte man nie: aufgeben. Das Leben und die Börse, beides lebt vom Probieren. Wer nicht probiert, kann keinen Erfolg haben. Nur derjenige wird erfolgreich, der tausendmal wieder aufsteht, wenn er hingefallen ist. Das Karma der Erfolglosen ist es, zu schnell aufzugeben. Erfolg fällt nicht vom Himmel. Man muss dafür kämpfen und bereit sein einzustecken. Man muss alte Strategien abstreifen und neue entwickeln. Nur so gehts aufwärts – im Leben und an der Börse.

Digitale Depression

Wie sehr das Thema „Hightech und Internet“ auch bis zur Jahrtausendwende an den Börsen hochgejubelt wurde, die Stimmungslage änderte sich im Frühling 2000. Das Nachdenken begann, ob die hochgestochenen Erwartungshaltungen jemals befriedigt werden könnten. Die Antwort lautete „Nein“. Darüber hinaus mussten sich zahlreiche junge Firmen der „New Economy“ auf den Zahn fühlen lassen, ob ihr Geschäftsmodell tatsächlich beständig und Gewinn versprechend war, oder ob es sich eher um Fantasievorstellungen euphorisch gewordener Geldgeber, sprich Anleger und Venture Capitalists, handelte. Letzteres war leider auch zu bejahen.

Das Wörtchen „New Economy“ elektrisierte die Anleger erst im Jahre 2000. Es galt als globale Entschuldigungsformel dafür, dass die Businessmodelle nach alter Rechnung zwar merkwürdig seien, man diese allerdings auf die jungen Pflänzchen der „New Economy“ gar nicht anwenden könne. Im Nachhinein eigentlich eine vollkommen absurde Überlegung – sie wurde aber gerade auch von angesehenen Experten immer wieder angestellt, wenn es um die Beurteilung neuer, junger Internetunternehmen ging. Die Frage nach einem Gewinn durfte erst gar nicht gestellt werden. Es klang geradezu naiv, bei einem Internetunternehmen zu fragen, wie Gewinne erzielt werden sollten. Wenn überhaupt, dann sowieso erst in einigen Jahren. Es war modisch, die Gewinne auf den Sankt-Nimmerleins-Tag zu verschieben, oder davon zu sprechen, das Businessmodell XY werfe eben erst in einigen Jahren Früchte ab und nicht jetzt. Und was war jetzt? Jetzt hieß es: Expansion, Leute einstellen, sich für die Zukunft wappnen. Gerade die Internetunternehmen verbrannten auf diese Weise Milliarden. Über Geldmangel brauchten sie ja nicht zu klagen. Und nach Gewinnen oder sicheren Geschäftsmodellen fragte auch niemand. Jeder gab sich damit zufrieden, dass in irgendeiner ungewissen Zukunft, die völlig nebulös war, doch eines Tages Geld verdient werden würde. Die Verrücktheit der damaligen Zeit gipfelte in der Aussage eines Analysten einer angesehenen Bank, der tatsächlich in aller Öffentlichkeit verkündete, dass Unternehmen mit den meisten Schulden auch die größte Fantasie hätten. Der Gedankengang, der dem zugrunde lag: Hohe Schulden = hohes Expansionstempo = gute Marktchancen in der Zukunft. Es waren wirklich sonderbare Theorien, die in Zusammenhang mit der „New Economy" bis zum Frühling 2000 die Runde machten. Warnende Stimmen gab es relativ wenige. Wenn es jemand in der TV-Sendung *Telebörse* wagte, die horrende Marktkapitalisierung einzelner Unternehmen des Neuen Marktes zu kritisieren, hätte ihn die Anlegerschaft am liebsten gleich gesteinigt. Dann hagelte es böse Briefe und Faxe mit wüsten Beschimpfungen. „Dieser Mann hat keine Ahnung!", hieß es dann unisono, „es handelt sich schließlich um die ‚New Economy', und da ticken die Uhren bekanntlich anders." Schon bald verstummten die wenigen Kritiker – und der Markt erreichte seinen Gipfel. Die Anleger feierten eine Party nach der anderen und das Motto lautete: „Nie mehr arbeiten!" Eigentlich aber war es keine Party, sondern vielmehr ein Vollrausch, von dem wir alle, auch ich, zeitweise erfasst wurden. Und falls doch wieder jemand eine kritische Anmerkung machte, gab es ja die Mehrzweckwaffe „New Economy" als Antwort. Im Nachhinein wirklich dämlich, und ich frage mich wirklich immer wieder neu, wie es zu dieser Massenhypnose an der Börse kommen konnte.

Der Unterschied zwischen „New Economy" und „Old Economy" ist schlichtweg nicht existent. Es gibt keine Trennung zwischen alter und neuer Wirtschaft. Es gibt nur *eine* Wirtschaft. Und die Grundregel lautet: Jedes Businessmodell sollte schon in möglichst kurzer Zeit Gewinne abwerfen. Kein Unternehmen lässt sich nur auf Schulden aufbauen. Wichtig ist: Vorsichtiges strategisches Taktieren. Expansion nicht um jeden Preis. Doch all diese Grundsätze wurden von den jungen Unternehmen sträflich vernachlässigt. Wenn das Geld alle war, konnte man sich ja an der Börse wieder welches besorgen. Die Vorstellung, dass es an der Börse auch runtergehen kann, fehlte in den Köpfen.

Am Ende, nach der großen Party der Jahrtausendwende an den Börsen, standen alle wie benebelt da. Die Unternehmen hatten kräftig expandiert: Unübersehbare Schuldenberge, überdimensionale Personalbestände. Und ein Geschäftsmodell, das kein Geld abwarf. Auch nicht morgen. Vielleicht übermorgen oder irgendwann.

Und den Börsianern fiel es wie Schuppen von den Augen: Sie hatten in eine Blase investiert. Diese Blase platzte. Aus der Traum. Katerstimmung.

Am Neuen Markt ging ein Unternehmen nach dem anderen pleite. Die Geschäftsplanungen der meisten Unternehmen waren nicht einmal das Papier wert, auf dem sie standen. Hier und da der Vorwurf, einige dunkle Gestalten hätten das Börsenklima ausgenutzt, um Scheinfirmen an den Markt zu bringen zum Abkassieren bei unkundigen Anlegern. Dies war sicher auch der Fall. Oder anders ausgedrückt: In der Euphorie haben die Banken manchmal auch nicht so genau hingeguckt, ob ein Geschäftsmodell nachhaltig war und die Planung realistisch. Die Banken haben vielmehr kräftig mitgemischt bei der Börsenparty, indem sie den entfesselten Anlegern immer neues Futter zum Fraß vorwarfen. Diese nahmen das neue Material begeistert auf und verließen sich darauf, dass es irgendjemand ja wohl geprüft haben müsse. Doch diese Prüfungen waren oft zu lax, denn bei Neuemissionen verdient ein Bankhaus prächtig mit. Das Risiko trägt am Ende ja der Anleger, der die Aktien kauft. Und das bedeutete oft Totalverlust. Schmerzliche Erfahrung besonders für die zahlreichen Neubörsianer.

Mir sind im Jahre 2001 zahlreiche Bekannte begegnet, die früher nie etwas mit Börse zu tun hatten und mir nun beichteten, dass sie ein Depot hätten. Ein Depot mit Verlusten von 90–95 %, gemessen am Einstandspreis. Darin vertreten der größte Schrott, den es am Neuen Markt gab. Auf die Frage, von wem sie denn den Anstoß bekommen hätten, so etwas zu kaufen, kam oft genug die Antwort: mein Freund oder ein Nachbar. Auf die Frage, ob sie denn wüssten, was die betreffenden Unternehmen machten, in die sie investiert hätten, kam meist ein Achselzucken als Antwort. Und das waren keine Einzelfälle, sondern so investierte damals die Mehrheit. Das musste ja irgendwann bestraft werden.

Statt Verluste zu begrenzen, gaben sich diese Helden noch der Hoffnung hin, dass es irgendwann wieder bergauf gehe. Das mag zwar für Bluechips gelten, aber nicht für Nonvaleurs vom Neuen Markt. Im Frühjahr 2001 stellte ich öffentlich die Prognose, dass 50 % aller Titel des Neuen Markts pleite gehen würden. Und dies war noch eine optimistische Schätzung.

Die Vorstadt hatte also nun ihre Erfahrung mit Aktien gemacht. Leidvolle Lektionen. Und wieder machte die Mehrheit der Marktteilnehmer alles falsch. Anstatt jetzt mit wachen Augen zu schauen und Investments auf preiswertestem Niveau zu tätigen, lautete die Devise: Nie wieder Aktien! Das ist auch der Grund, warum Abwärtstrends oder Baissephasen manchmal so lange dauern. Die Leute verlieren die Lust an der Börse und finden das Sparbuch wieder schick.

Es lebe Napster!

Eine kleine Studentenbude sorgte Anfang des neuen Jahrtausends für Aufregung. Wie immer, wenn bahnbrechende Neuerungen ins Haus stehen, meldet sich das Establishment, weil es seine Felle davonschwimmen sieht. Im Falle Napster war es die Musikindustrie. Das kleine Unternehmen aus den USA hatte es nämlich geschafft, eine virtuelle Tauschbörse für Musik in CD-Qualität zu organisieren. Das ging lange Zeit gut, bis der Musikindustrie plötzlich auffiel, dass Napster Anfang 2001 bereits Millionen von Kunden hatte.

Das Prinzip war einfach und genial: Jeder, der Musiktitel in seinem Computer gespeichert hatte, konnte sich mittels Internet mit der Tauschbörse vernetzen. Auf diese Weise wurden seine Titel und die von Tausenden anderer „User", die gerade online waren, zum Herunterladen feilgeboten. Das alles natürlich kostenlos. Die Community war begeistert, und ich war es auch. Von Pop bis Klassik, von ethnischen Melodien bis zu esoterischen Eigenkompositionen – eine absolut transparente, neue Musikwelt. Der Gang zum „Plattenladen“ wurde überflüssig. Mit Hilfe von US-Gerichten versuchte die internationale Musikindustrie, die Internet-Musiktauschbörse zu schließen. Es passte in das Bild der „digitalen Depression“, den Fortschritt im Internet aufzuhalten. Das war die Rache der „Old Economy“. Die Leute sollten schließlich in die Geschäfte gehen und überteuerte CDs kaufen.

Die Aktion US-amerikanischer Gerichte war ein riesiger Skandal. Ein tiefer Eingriff in die Errungenschaften des Internets: freier Austausch von Information – sei es in schriftlicher oder musikalischer Form. Die Gerichte beugten sich der Lobby der übermächtigen Musikindustrie.

Die Entscheidung kam zu einem Zeitpunkt, an dem das Internet ohnehin in einer tiefen Krise steckte. Wird damit die einstige Fantasie, die wir alle mit dem Netz der Netze verbanden, weiter unterminiert? Ist die Entscheidung ein Sieg der „Old Economy“ über die „New Economy“ – so fragte ich in einem Kommentar, für den ich überraschenderweise sogar Lob aus der Internetcommunity erhielt. Napster galt schließlich als halblegal, hatte etwas Piratenhaftes.

Die Musikindustrie bekämpfte Napster auf allen Ebenen. Das so oft zitierte Argument, Urheberrechte würden verletzt, war jedoch nur ein Vorwand. Von den Milliarden, die Napster zu zahlen bereit gewesen wäre, würde ohnehin nur ein Bruchteil in die Taschen der Künstler fließen. Wahrscheinlich würde damit der Bau marmorner Konzernzentralen finanziert. Dass die Musikindustrie in Form eines weltweiten Oligopols (wenige Mächtige bestimmen Preis und Angebot) gerne noch ein Weilchen das Sagen hätte, ist nachvollziehbar. Eine CD für 39,90 DM zu verkaufen ist eben einfacher, als sich weltweiter Konkurrenz auszusetzen, in der auch „Kleine“ plötzlich ganz groß werden können.

Gleichwohl wird das „Musik-Oligopol“ die Entwicklung nicht aufhalten können. Schon gibt es neue Tauschbörsen. Da müssen sich die Manager wieder etwas einfallen lassen. Das Geschäft mit herkömmlichen Tonträgern geht jedenfalls unweigerlich seinem Ende entgegen. Daran werden auch die Entscheidungen der Gerichte nichts ändern. Die

Zukunft: Jeder produziert seine eigenen Kompositionen und bietet sie im Internet an Tauschbörsen feil. Mittlerweile kann jeder zu Hause an seinem Computer eigene Musikstücke produzieren. Wie sich dann damit Geld verdienen lässt, ist eine andere Sache. Dazu bedarf es natürlich einer gewissen Fantasie.

Napster war und ist eine der tollsten Erfindungen des Internet. Die Tauschbörse ermöglicht jedem einzelnen, ob in Kalkutta, Tokio oder Berlin, in neue ungeahnte Dimensionen vorzudringen. Insofern dient Napster sogar der Völkerverständigung – eine kulturelle Institution! Ich selbst bin auf Musik gestoßen, die ich sonst wahrscheinlich in keinem Laden gefunden hätte. Der parallele Austausch von Gedanken mit Musikfreunden des gleichen Genres rundete das Produkt ab. Und diese Community sollte zerstört werden.

Anfang 2001 verboten amerikanische Richter den Austausch von urheberrechtlich geschützten Stücken. Die Entscheidung des US-Gerichts ist in etwa zu vergleichen mit einer gerichtlichen Anordnung, Radiostationen zu schließen. Jeder könne schließlich Musik empfangen und sie aufzeichnen. Dass ein solcher Gedanke absurd ist, leuchtet wohl jedem ein. Aber Gerichte werden die Zukunft nicht aufhalten. Die Idee stirbt nicht.

Es ist schon erstaunlich, dass die Musikindustrie nicht bereit war, einen gemeinsamen Weg mit Napster zu gehen. Nur Bertelsmann versuchte schließlich im Alleingang, mit der Tauschbörse zusammenzuarbeiten. Der zuständige Chef des Gütersloher Medienunternehmens erkannte als einziger das gewaltige Zukunftspotenzial dieser Community. Damit machte sich das Unternehmen in den USA viele Freunde. Bertelsmann war bis dato ziemlich unbekannt. Mit seiner Unterstützung für Napster wurde der Name schlagartig berühmt und zugleich ein Sympathieträger für die neue Internetgeneration. Die Entscheidung war gleichwohl nicht ganz unumstritten. Aber ich bin der Überzeugung, dass Bertelsmann auf lange Sicht strategisch den einzig richtigen Schritt gemacht hat. In nicht allzu ferner Zeit werden solche Musiktauschbörsen im Internet zum Alltag gehören. Wenn es eine Möglichkeit gäbe, dort zu investieren, würde ich es tun und kann dazu nur jedem raten. Im Leben kommt nur derjenige weiter, der innovativ und unkonventionell handelt.

Der Neue Markt – Ein Schrumpfungssegment

In guten Zeiten sprechen die Börsianer vom „Wachstumsmarkt" – gemeint ist die NASDAQ mit den Titeln aus dem Bereich des Internet und der Hightechs. Auch der Neue Markt galt als Wachstumsmarkt. Als dann die Kurse ab März 2000 Tag für Tag, Woche für Woche tiefer in den Keller stürzten, als die Wachstumsträume langsam begraben wurden und jene verarmten, die ihr Geld in diesen Bereich gesteckt hatten, erhielt dieses Börsensegment den spöttischen Namen „Schrumpfungsmarkt". Durchaus zutreffend, denn immerhin sind die so genannten Wachstumsbörsen weltweit um bis zu 90 % gefallen, gemessen an ihren Höchstständen.

Als der Neue Markt in Deutschland eingeführt wurde, beäugte man ihn zunächst sehr argwöhnisch. Die erste Aktie, die dort notierte, war MobilCom – damals zu einem Kurs von umgerechnet 2,5 Euro (nach zahlreichen Splits). Ernst genommen wurde der Neue Markt keineswegs. Er galt eher als intellektuelle Börsen-Spielerei. Ursprünglich sollte der Neue Markt gar nicht so heißen. Man wollte ihn „Risiko-Markt" taufen, kam jedoch von dieser Idee wieder ab. „Risiko-Markt" wäre sicherlich der zutreffendere Begriff gewesen, hätte die Übertreibungen zur Jahrtausendwende aber auch nicht verhindert. Tatsache ist, dass die Entstehung des Neuen Marktes einher ging mit dem Erwachen des Börseninteresses vieler Menschen in Deutschland. Manch neuer Börsianer ging sogar irrtümlich davon aus, der Neue Markt sei etwas für Anfänger, eben für neue Börsianer. Sicherlich ein fataler Irrtum, der manch einen viel Geld kostete.

Ich denke, „Risiko-Markt" wäre sicherlich der bessere Begriff gewesen. Das deutet zumindest darauf hin, dass hier Unternehmen vertreten sind, die zum Teil auf unsicheren Geschäftsmodellen beruhen. Manches Business musste sich erst noch bewähren. Immerhin waren einige Kandidaten so wacklig, dass Banken ihnen kein Geld für ihre Unternehmen zur Verfügung stellen wollten. Die Banker wussten schon, was sie taten! Neue und geldgierige Börsianer dagegen warfen mit dem Geld nur so um sich und saugten gierig alles auf, was auf dem Neuen Markt angeboten wurde. Ich glaube, die Tatsache, dass es sich um Risikokapital handelte, war nur den wenigsten bewusst. Vielleicht hätte der Begriff „Risiko-Markt" den einen oder anderen vorsichtiger taktieren lassen.

Außerdem gilt: In einigen Jahren wird man wohl kaum mehr vom *Neuen* Markt sprechen können. Aber das sind philologische Probleme, die erst in einigen Jahren Anlass zur Erörterung geben werden.

Der Neue Markt ist trotz vieler Unkenrufe ein voller Erfolg geworden. Existenzgrundlage besonders für junge Firmen, die von Banken nicht einen Cent bekommen hätten. Dass die Börsianer mit ihren irrationalen Übertreibungen daraus ein Tollhaus gemacht haben, steht auf einem anderen Blatt. Daran tragen die Unternehmen, die dort gelistet sind, eher geringere Schuld.

War es am Anfang nur eine Handvoll Aktien, die gemütlich vor sich hin dümpelte, so wies der Neue Markt zu Beginn des Jahres 2001 immerhin die stolze Anzahl von über 300 notierten Unternehmen auf. Unternehmen, die mit neuen Ideen ihre Produkte auf den Weltmärkten feilboten. Unternehmen, die Tausende von Arbeitsplätzen schufen. Außerdem ist der Neue Markt Sinnbild und Anstoß für eine neue Aktienkultur in Deutschland – auch wenn viele Anleger sich während des Crashs eine blutige Nase holten. Solcherlei Erfahrungen gehören eben dazu. Der Neue Markt hat immerhin eines bewirkt: die Deutschen von ihrer Sparbuchmentalität abzubringen und Interesse für die Risikofinanzierung zu wecken. Letztlich ist Geld an der Börse immer sinnvoller angelegt als im Sparstrumpf, auch wenn Aktienmärkte kräftig schwanken.

Selbst wenn einige Unternehmen am Neuen Markt pleite gehen, ist diese neue Börsenschöpfung schon jetzt ein voller Erfolg. In absehbarer Zeit bereits wird die magische Zahl von 1000 Mitgliedern in diesem Marktsegment erreicht sein. Ohne den Neuen Markt hätten viele Erfolgsgeschichten nicht beginnen können.

Der Neue Markt ist und bleibt die spannendere Abteilung an der Börse. Manch betagter Börsianer, der in der Welt der Bluechips aufgewachsen ist, blickte in den letzten Jahren nicht ohne Neid auf den „jungen Bruder“ des DAX. Während des kometenhaften Anstiegs 1999 und Anfang des Jahres 2000 blieb den alten Börsianern manchmal die Spucke weg, als sie mit ansehen mussten, wie sich der Neue Markt in Siebenmeilenstiefeln himmelwärts bewegte, während der DAX nur kaum wahrnehmbar zuckte.

Im Nachhinein erschienen jene als Sieger, die mit ihrer „Ich-hab-es-ja-schon-immer-gewusst“-Mentalität nicht ohne Genugtuung dem Sturz des Neuen Marktes hinterhersahen. Dennoch wird der Neue Markt wieder auferstehen, das ist klar. Ich gehe davon aus, dass der Neue Markt eines Tages sogar wichtiger sein wird als der DAX oder die großen Indizes. Er ist der Nukleus neuer Technologien, er wird der Schrittmacher für die Aktienmärkte sein.

Über kurz oder lang werden die Neuen Märkte Europas zusammenwachsen, das ist nur eine Frage der Zeit. Und dann werden wir ein mächtiges Börsengebilde haben, durchaus mit der NASDAQ vergleichbar. Dort notieren derzeit rund 5000 Werte. Die NASDAQ ist die treibende Kraft für den Fortschritt in den USA geworden. Ohne NASDAQ gäbe es kein Microsoft, kein Intel, kein Yahoo und kein Cisco. Die so genannten Wachstumsbörsen sind der Nährboden, bestellt von Börsianern, die ihr Geld zur Verfügung stellen für Unternehmen, die es dringend brauchen, um die Technologien von morgen zu entwickeln.

Gleichwohl wird die Krise, die wir in diesem Börsensegment sehen, nicht die letzte gewesen sein. Aber das Schlimmste haben wir jetzt wohl hinter uns. Das Internet wird die Welt erobern, begleitet von neuer

Hightech, von der wir uns jetzt noch keine Vorstellung machen können. So wird die NASDAQ, aber auch der Neue Markt, immer eine breite Palette von Investmentmöglichkeiten bereithalten, die für den mutigen Investor Traumrenditen ermöglichen. Alle Unternehmen, die heute eine wichtige Rolle in der so genannten „New Economy" spielen, waren vor nicht allzu langer Zeit an der NASDAQ für ein paar Cent zu haben. Manche haben sich bis heute vertausendfacht, andere konnten gar um den Faktor 10 000 zulegen.

Das NEMAX-Opfer

Der Neue Markt hat eine ganze Generation von neuen Anlegern reich gemacht – und wieder arm. Kleiner Unterschied: Mancher Anleger war nachher ärmer als vorher. Das sind die NEMAX-Opfer.

Anfangs war es verführerisch. Der Neue Markt schien wie ein Spielcasino, das alle beglückte: Die Firmengründer wurden zu Milliardären und die Investoren zu Millionären. Seit seiner Entstehung ging es mit dem Segment nur nach oben, von kleinen Unterbrechungen abgesehen – bis zum März 2000.

Große Diskussionen gab es damals, warum die Banken die Papiere „so billig" an den Markt brachten – manche vervielfachten sich gleich nach der Emission. Jeder wollte mit dabei sein. Gewinn für alle Erstzeichner, die das Glück hatten, neue Aktien zu bekommen. Zeichnen und während der ersten Tage verkaufen war wie eine Lizenz zum Geld drucken. Große Gerechtigkeitsdebatten wurden darüber geführt, ob bei der Zuteilung durch die Banken alles mit rechten Dingen zuging. Die Leute rissen sich um alles, was als Aktie angeboten wurde.

In dieser Zeit stieg auch unser NEMAX-Opfer ein. Schnell wurde ein Depot bei einem Discountbroker aufgemacht, das Ersparte zusammengekratzt, und schon konnte es losgehen.

Die erste Zeit war wunderbar, das Geld vermehrte sich quasi wie von selbst. Die Gazetten waren voll von Tipps, und alles lief gut. Aus 20 000 Euro wurden in vier Monaten 40 000 Euro. Das war die Zeit, in der unser NEMAX-Opfer bei seinen Freunden prahlte und mit dem Gedanken spielte, seinen Job aufzugeben. Ein Leben nur noch für die Börse. Herrlich. Champagner und Kaviar satt, den Tag für sich, und am Abend schauen, wie hoch die Aktien gestiegen sind. Gut, es gab zwischendurch kleine Rücksetzer. Aber dann machten die Valoren doch wieder einen kräftigen Sprung nach oben, und unser neuer Anleger, gerade mal ein paar Monate an der Börse, kam sich schon vor wie ein junger Guru.

Die Freunde versuchten, es ihm gleich zu tun. Auch sie sprachen plötzlich nur noch über Aktien. Jeder hatte ein Depot, und so konnte man wunderbar um die Wette zocken. Gekauft wurde alles, was sich bewegte. Hier und da fragten sich die jungen Börsenfreunde zwar, was die Unternehmen in der realen Wirtschaft überhaupt machten, aber so richtig verstanden hatten sie es nicht. War ja schließlich auch egal, solange die Kurse stiegen. Und das taten sie. Unser exemplarisches NEMAX-Opfer hatte im Februar 2000 die 50 000 Euro-Grenze überschritten. Umgerechnet über 100 000 DM. Das war für den Beginner sensationell. Stolz schickte er seinen Freunden Faxe, darauf prangte in großen Ziffern: 100 000!

Es war natürlich keineswegs die Zeit, in der man sich mit so lächerlichen Gewinnen begnügte. Wenn die 100 000 so schnell erreichbar waren, dann sollten doch 200 000 ein Kinderspiel sein. Wo aber den Hebel ansetzen? Kurz noch mal beim Onlinebroker reingeschaut – und siehe da: Er war zwar voll investiert, die Bank bot aber über die gleiche Summe noch einmal Kredit. Er hatte zwar irgendwo gelesen, dass von Kreditspekulation abgeraten würde, aber das war vergessen, vergessen waren die Vorsichtsmaßnahmen von alten Börsianern. Die neue Börse und der Neue Markt funktionierten doch nach ganz anderen Regeln – so redete er es sich ein. Das Internet, die Hochtechnologie, die Softwareprogramme der Zukunft – alles mit unbegrenzten Möglichkeiten. 50 000 Euro waren angehäuft, jetzt noch ein bisschen, dann sind die 100 000

Euro voll. Also Kredit aufgenommen. Noch einmal mit 50 000 in den Neuen Markt, auf Pump.

Und siehe da, es funktionierte. Bis März waren es schon 60 000 Euro, die unser Freund sein Eigen nennen konnte. Jedenfalls fast. Denn die Gewinne waren Buchgewinne, nicht realisiert.

Im März gab es die ersten nervösen Zuckungen am Neuen Markt. Kein Anlass zur Beunruhigung. Kurse können zwischendurch ruhig fallen, das hatte er ja gelernt. Nach ein paar Tagen geht es dann wieder rauf.

Das schien auch der Fall – aber die Kurse stiegen nicht mehr so hoch wie gewohnt. Und dann, eines Tages im April gab es einen gewaltigeren Ruck. Gut, das hat Geld gekostet, aber sollte man deshalb gleich in Panik geraten? Das Ziel war doch klar, 100 000 Euro! Und dann Disziplin, dann wirklich raus; so schoss es ihm durch den Kopf. Aber jetzt galt erst: Mut beweisen, Augen zu und durch.

Es kam der Mai. Er brachte ein erstes größeres Unwetter. Die Kurse waren jetzt 30 % unter den Höchstkursen. Teile des Depots standen schon unter Wasser. Aber immer noch kein Grund zu Beunruhigung. Die Zeitungen schrieben irgendwas von „Korrektur“, im Fernsehen verbreiteten die Experten weiterhin optimistische Kursziele. Die 9000 im Neuen Markt werden wir schon wieder sehen – dachte unser Freund und hielt an seinem Aktienpaket fest.

Doch der Markt tat seinen Anlegern diesen Gefallen nicht. Er fiel auf 5000: Es war ein heißer Sommer. Beim Blick auf sein Depot stellte unser Freund fest, dass die meisten Positionen sich halbiert hatten. Nicht weiter schlimm, wenn da nicht noch der Kredit in Höhe von 50 000 Euro gewesen wäre. Das Vermögen wäre auf null geschmolzen, wenn er jetzt verkauft hätte. Er wagte gar nicht, daran zu denken.

Verzweifelt versuchte er, sein Depot umzustrukturieren. Vergeblich. Schlimmer noch: Die Aktien, die er jetzt kaufte, fielen weiter. Ein Unternehmen brachte so schlechte Meldungen, dass sich die entsprechende Aktie am selben Tag halbierte. So etwas hatte unser NEMAX-Neuling noch nie erlebt. Was nun tun? Mittlerweile war es Herbst im Jahre 2000.

Sein Depot war nun nicht nur wertlos, sondern wenn er alles verkaufte, blieb ein Minus von 10 000 Euro.

Die Verzweiflung führte zur Ohnmacht, zur Besinnungslosigkeit. Nur nicht mehr an Aktien denken. Einfach liegen lassen und warten. Hatte Kostolany nicht immer gesagt: „Schlafpillen ...“? Unser Freund entschloss sich nun, sein Depot erst mal nicht mehr anzugucken. Außerdem vermied er es, Wirtschaftsteile von Zeitungen zu lesen oder gar Börsensendungen mit Laufbändern anzuschauen. Doch die Kostolany-Kur nutzte nichts.

Nach vier Wochen bekam er einen Brief von seiner Bank. Es war November. In diesem Brief wurde unser Freund aufgefordert, innerhalb von zwei Wochen seine gesamte Aktienposition glattzustellen, zu verkaufen. Unser Freund traute seinen Augen nicht. Jetzt zu verkaufen, das bedeutete Schulden von 20 000 Euro. Wie diesen Kredit je wieder abbezahlen? Also doch besser warten? Er verfiel in Lethargie, er war wie gelähmt, er machte nichts.

16 Tage später kam wieder ein Brief von der Bank. Darin wurde ihm mitgeteilt, dass seine Aktien zwangsverkauft worden wären. Übrig blieb eine Restschuld von 40 000 Euro. Mit gleichem Schreiben wurde unser Freund darauf hingewiesen, dass die Summe binnen 14 Tagen auszugleichen sei. Schock. Totale Verzweiflung machte sich breit. Er war am Ende. Gerade mal 2000 Euro brutto verdiente er im Monat. Davon blieben ihm 1200 Euro. Wie sollte er davon 40 000 Euro Schulden abbezahlen?

Die Verzweiflung war groß. Helfen konnte ihm niemand. Vom Börsenglück ins totale Börsendesaster. Ein NEMAX-Opfer. Eines von Tausenden. Tausende hatten ihr Glück im Neuen Markt gesucht und zunächst gefunden. Und dann der Absturz. Die Bildzeitung titelte: „Blutbad am Neuen Markt“. Unser Freund war kein Ausnahmefall. Seine Kumpel waren in Sachen Börse auch auffallend still geworden. Auch sie hatten irrsinnige Verluste zu verzeichnen. Bei den meisten waren nur die Ersparnisse weg. Bei anderen blieben noch Schulden, weil sie auf Kredit spekuliert hatten.

Für alle zusammen galt, dass sie an der Börse sofort mit dem spekulativsten Segment begonnen hatten. Eine Aktie aus dem DAX oder dem Eurostoxx hatten sie nie besessen. Das war ihnen zu langweilig. Das würden sie im Nachhinein nun nicht mehr sagen, unsere NEMAX-Opfer. Aber bis sie wieder Geld an der Börse investieren, wird wohl noch viel Zeit vergehen. Und in der Zwischenzeit werden die Kredite getilgt. Das dauert Jahre. Wenn dann dereinst noch etwas übrigbleibt, dann wandert es wohl nicht an die Börse, sondern aufs Sparbuch. Ist vielleicht besser so. Nicht jeder kann an der Börse reich werden.

Alles Dot oder Schrott?

Aktienmärkte neigen dazu, alles über einen Kamm zu scheren. Als die Bubble an den Hightech-Börsen platzte, kamen praktisch alle Unternehmen gleichermaßen unter die Räder. Internet, im alten Jahrtausend noch die Formel für Geld ohne Ende und unendliche Wachstumsraten, wurde schon bald zum Makel. Das, was die Börsianer anfangs noch magisch anzogen hatte und wofür sie bereit waren, jede Menge Geld zu zahlen, geriet zum Inbegriff der Geldvernichtung. So schnell kann es gehen an der Börse. Manchmal ändert sich die Mode über Nacht.

Das Wort „Internet" öffnete das Portemonnaie der Börsianer. Jedes neue Unternehmen zierte sich mit dem Attribut, Bestandteil oder Zulieferer dieses Netzes der Netze zu sein. Große Unternehmen wurden aufgefordert, sich doch auch in diesem Bereich zu tummeln, damit der Aktienkurs in Schwung kommen möge. Andere vollbrachten das Kunststück, das Wort „Internet" irgendwie in den Firmennamen zu integrieren. Diese Maßnahme half prompt. Ohne dass sich an den inneren Werten der betreffenden Firma etwas geändert hätte, stieg der Kurs. Die letzten Jahre des ausgehenden Jahrtausends waren geprägt von Goldgräberstimmung in diesem Bereich. Der letzte Hinterwäldler kapierte schließlich, dass mit diesem Wort irgendwie Geld zu verdienen sei.

Als der Rausch vorbei war, schämten sich viele Firmen ihres *dot coms*, des berühmten Punktes mit dem com dahinter (.com). Schamhaft versuchten einige Unternehmen, ihre Verbindung zum Internet zu kappen, die Endung oder das Wort aus ihrem Firmennamen zu streichen. Oft mit Erfolg: Bei manchen Unternehmen stieg der Kurs nur deshalb, weil die Firma beschlossen hatte, „Internet“ aus dem Logo zu entfernen.

Eines der berühmtesten Beispiele dafür: internet.com. Ein Unternehmen, das sich auf Publikationen zum Thema Internet spezialisierte und einige Venture-Beteiligungen im Bereich des Netzes einging. Die Firma ging 1999 an die NASDAQ und erreichte schon bald ein Vielfaches des Emissionspreises. Der Kurs schoss bis auf 70 $ hoch. Das Unternehmen erreichte eine Marktkapitalisierung von einigen Milliarden Dollar – die Umsätze lagen dagegen weit unter 100 Millionen Dollar. Aber danach fragte in jenen Zeiten niemand. Was interessierten Umsätze, Gewinne? Die Börse war angetan von diesem fantastischen Namen: internet.com. Der Inbegriff des Internets. Einige Experten waren der Meinung, dass allein der Besitz dieses Domain-Namens eine halbe Milliarde Dollar wert sei. Viele Marktteilnehmer schienen dies zu glauben und steckten ihr Geld in dieses Papier.

Ein Jahr später sank der Wert der Aktie auf 2 $. Aus der Traum. Das Management des Unternehmens hatte schon bald den Auslöser für den katastrophalen Kurssturz gefunden: das Wort „Internet“. So beschloss der Vorstand, diesen Begriff schlicht aus dem Namen zu streichen. Aus Internet.com wurde Intermedia – immerhin verhalf allein die Ankündigung des Namenswechsels der Aktie zu einem Kurssprung von 30 %. Kosmetik spielt offenbar eine wichtige Rolle an der Börse. Immer mehr Unternehmen versuchten fortan, ihre Beziehung zum Internet zu vertuschen. Meines Erachtens eine äußerst alberne Vorgehensweise – am Unternehmensgegenstand hatte sich ja in den meisten Fällen nichts geändert.

„Das Internet ist ein großer Misthaufen, in dem man allerdings auch kleine Schätze und Perlen finden kann“, sagte nach dem Crash Joseph Weizenbaum, seines Zeichens US-Forscher und einer der Väter des militärischen Vorläufers des weltweiten Datennetzes. Und in der Tat bieten sich nach dem beispiellosen Niedergang der Internetwerte wieder eindrucksvolle Kaufgelegenheiten. Dabei sollte man sich natürlich nicht an irgendwelchen exotischen Aktien vergreifen, sondern stur auf Qualität setzen. Investieren nur in Unternehmen, die eine starke Marke aufgebaut haben und die schon seit einiger Zeit am Markt aktiv sind. Es sind die „Ciscos“ und „Yahoos“ dieser Welt, die sicherlich irgendwann ihre alten Hochs wiedersehen werden. Solche Aktien kauft man dann, wenn sich niemand für sie interessiert und nicht dann, wenn sie in den Gazetten und im Fernsehen mit lauten, reißerischen Tönen angepriesen werden.

Eines steht fest: Das Internet wird die Welt revolutionieren. Wir stehen erst am Anfang einer gewaltigen Informationsexplosion. Das Datenaufkommen und der Datenverkehr werden exponenziell ansteigen. Aber das braucht seine Zeit. Die Visionen, welche die Börse zum Ende des Jahrtausends beflügelten, waren zwar richtig, nur der Zeitpunkt war falsch. Noch gibt es unter 80 Millionen Deutschen nur acht Millionen, die einen Computer haben, geschweige denn bereit sind, sich mit dem Internet zu befassen. Die meisten fallen lieber aufs Sofa und lassen sich aus der Glotze berieseln. Doch irgendwann wird vom Greis bis zum Säugling jeder irgendwie und aus irgendeinem Grund, etwas mit dem Netz der Netze zu tun haben. Ich gehe davon aus, dass die „Internetrate“, also der Teil der Bevölkerung, der sich direkt ins Netz wagt, erst bis zum Jahr 2010 auf etwa 50 % steigt. Und das wäre schon eine gewaltige Menge.

Auch wenn die Steigerungsrate geringer ausfällt, werden die großen Internetaktien und natürlich die Netzwerkausrüster sowie die gesamte Zuliefererindustrie einen sagenhaften Boom erleben. Das Internet ist die Zukunft. Und nach dem Crash in diesem Börsensegment bieten sich letztmalige Einstiegschancen, an denen ein langfristig orientierter Investor viel Freude haben wird.

Vor zehn Jahren etwa stand der Computer-Riese IBM ebenfalls auf der Kippe. Es war eine schlimme Krisenzeit für „Big Blue“. Damals wurde die Aktie für unter 5 $ gehandelt. Nur die Mutigen griffen damals zu und machten ein Vermögen. Wichtig bei dieser Vorgehensweise: Nur auf die Großen und nur auf bekannte Marken setzen. Die Wahrscheinlichkeit einer nachhaltigen Erholung ist in vielen Fällen sehr hoch. Das gilt nicht nur für den Hightech-Bereich. Immer wieder überrascht die Börse mit Kurszusammenbrüchen in bestimmten Segmenten. So stand Anfang der Neunziger die Bankenbranche unter Beschuss. Eine Citigroup, heute eines der größten Bankhäuser der Welt, gab es damals für unter 10 $. Ähnlich erging es anderen börsennotierten Kreditinstituten. Der Optimist, der zu jener Zeit investierte, verhundertfachte teilweise sein Kapital.

Börsen übertreiben. Leider auch nach unten. Für den klugen Investor jedoch eine einmalige Einstiegsgelegenheit. Immer einen kühlen Kopf bewahren. Das gilt natürlich gerade dann, wenn man schon in einem Wert investiert ist und dieser in der allgemeinen Panik auch zur Kursschwäche neigt. Wichtig ist dann die nüchterne Analyse. In der Regel gibt es keinen Grund, sich von Marktführern oder großen Namen zu trennen. Diese Durststrecken muss man dann mit „seinem" Unternehmen aussitzen. Nicht immer eine leichte Übung. Denn in Krisenzeiten sind Experten und Zeitungen voll mit negativen Kommentaren und Hiobsbotschaften. Doch solche Zeiten sind keine Ausstiegs-, sondern Einstiegsgelegenheiten. Wer keine „Experimente" im Depot hat, kann allerdings ruhig schlafen, auch wenn es an der Börse kracht und donnert.

Gewinnwarnung

Das Jahr 2000 war kein gutes Jahr für die Börse. Im Zuge des Niedergangs und der schlechten Unternehmensnachrichten fand ein Wort immer mehr Verbreitung, das schließlich wie selbstverständlich in aller Munde war: „Gewinnwarnung". Da ich den Dingen gerne auf den Grund gehe, habe ich mich von Anfang an über die damit verknüpfte Interpretation gewundert. Gewinnwarnung – was heißt das eigentlich? An der Börse hat dieser Begriff Hochkonjunktur. Alle wissen genau, was damit gemeint ist – wirklich? Wenn ich das Wort „Gewinnwarnung“ höre, denke ich eigentlich an etwas anderes.

Eine Sturmwarnung bedeutet: „Achtung, Sturm!“ Mit einer Eiswarnung ist: „Achtung, Eis!“ gemeint. Und Gewinnwarnung heißt doch eigentlich: „Achtung, Gewinn!“

Doch leider hat sich etwas in der Rezeption des Wortes „Gewinnwarnung“ verändert. Die Börsianer verstehen darunter genau das Gegenteil von dem, was es ursprünglich bedeutet hat. Wahrscheinlich haben die Turbulenzen an den Finanzmärkten den Börsianern den Kopf verdreht.

Mittlerweile hat sich die auf den Kopf gestellte Bedeutung des Wortes „Gewinnwarnung“ derartig in die Hirne der Marktteilnehmer eingebrannt, dass auch ich daran nichts mehr ändern kann. Wir müssen uns also alle umstellen und dazulernen.

Was, wenn plötzlich die Gewinne wirklich anspringen? Welche Warnungen kommen dann? Verlustwarnungen? Wir stehen vor einer ganz neuen sprachlichen Ära: Bedeutet dann „Sturmwarnung“ demnächst „Achtung, kein Sturm?“ Ist ja alles nur eine Sache der Gewohnheit. Das Wort wird unwichtig. Die Bedeutungen schwanken. Wichtig ist, was die Masse daraus macht.

Immer wieder neue Sprachkompositionen werden die Börsianer wohl auch in Zukunft heimsuchen. Ich bin schon gespannt auf die nächste Wortschöpfung. In Zeiten sinkender Börse ist eben Fantasie gefragt. Und wenn die Kurse nicht nach oben gehen, spielt sich die Fantasie eben im linguistischen Bereich ab. Auch „New Economy“ ist so ein Begriff, der in den Börsenköpfen seinen Platz gefunden hat. Mit der allergrößten Selbstverständlichkeit bürgerte sich dieser Begriff in den Sprachgebrauch der Börsianer ein. Als wenn es zwei unterschiedliche „Wirtschaften“ wirklich geben könnte! Und die Regeln für erfolgreiche Unternehmen müssen keineswegs noch mal neu geschrieben werden. Die wichtigste Voraussetzung für eine florierende Firma: Gewinne. Und da spielt es keine Rolle, in welchem Bereich ein Unternehmen tätig ist. Börsianer mögen dies zuweilen vergessen, aber irgendwann wird wohl jedem klar: Die Gesetze der Wirtschaft machen nicht vor neumodischen Geschäftskonzepten Halt. Also können wir den Zusatz „Old“ oder „New“ vor „Economy“ streichen. Es gibt nur eine Wirtschaft.

Woodstock für Kapitalisten – Hauptversammlung

Wenn sich die Aktionäre eines Unternehmens alljährlich zum Rechenschaftsbericht der Vorstände treffen, kann es manchmal recht turbulent zugehen. Ich selbst habe schon Hauptversammlungen gesehen, bei denen kritische Vortragsredner unter lautem Geschrei und heftigem Widerstand des „Opfers“ nach draußen befördert wurden. Hier wird das Aktionärsrecht im wahrsten Sinne des Wortes „mit Füßen“ getreten. Besonders wenn ein Unternehmen schlecht gewirtschaftet hat und der Aktienkurs von Schwächeanfällen geprägt war, kann es auf dem Aktionärstreffen schon mal heiß hergehen.

Aber es gibt auch gute Zeiten. Dann entwickelt sich eine Hauptversammlung schnell zu einer rauschenden Party. Besonders die Vorstände der so genannten Medienunternehmen wussten, was das Aktionärsvolk will: Brot und Spiele – sprich: Gewinne und Unterhaltung. Geradezu perfekt gestalteten die Macher von EM.TV ihre jährlichen Treffen als Show-Event. Die Rolle des Showmasters übernahm der Vorstandssprecher. Die Fakten und Zahlen interessierten nur am Rande. Wichtig war der Spaß – die Aktie von EM.TV hatte sowieso Flügel und schien als Limit nur den Himmel zu kennen. Klar, dass es vor diesem Hintergrund keinen Anlass zu Beschwerden gab. Mit luftigen Visionen und flotten Rhythmen einer Kapelle wurden alle negativen Gedanken aus dem Saal geblasen. Die Vorstände wurde mit „standing ovations“ begrüßt und verabschiedet. So kann es auch zugehen auf einer Hauptversammlung. Doch der Fall folgt oft nach dem Hochmut. Manch ein Aktionär hätte anlässlich dieses Treffens wohl doch mal eine kritische Frage stellen sollen – dann wären ihm herbe Kursverluste erspart geblieben. Als der Aktienkurs von EM.TV zu Boden ging, wendete sich das Blatt sehr schnell. Aus den Stars von gestern wurden profane Betrüger, welche die Aktionäre ausgesaugt haben. Kein begeisterter Beifall mehr, sondern Untergang in Schimpf und Schande. EM.TV wurde zu einem Fall für die Staatsanwaltschaft. Das Unternehmen stand vor dem Ruin. Diese Fakten hätten allerdings schon auf dem Höhepunkt der Euphorie klar werden können. Doch wie so oft an der Börse: Wenn es nach oben geht, verstummen die Kritiker. Erst beim Crash fällt es vielen wie Schuppen von den Augen, dass bestimmte Fehlentwicklungen schon viel früher hätten erkannt werden können. Dann ist es für die meisten Anteilseigner meist zu spät.

Zu einem wahren Happening dagegen geraten die Aktionärstreffen von Berkshire Hathaway, dem Unternehmen von Warren Buffett, in dem er seine Investmentaktivitäten zusammenfasst. Genau genommen ist Berkshire Hathaway nichts anderes als ein Fonds. Ein Fonds, den man als Aktie an der Börse kaufen kann. Da diese Aktie mit lediglich einer Ausnahme in den letzten 35 Jahren nur gestiegen ist, sind die Aktionäre begeistert. Die Hauptversammlung von Berkshire Hathaway ist kein sprödes Treffen von Investoren. Wer eine Berkshire-Aktie besitzt, ist auch gleichzeitig Fan von Warren Buffett. Deshalb ist eine Aktionärsversammlung in Omaha im US-Bundesstaat Nebraska keine Hauptversammlung, sondern eher so etwas wie ein Fantreffen.

Vor 20 Jahren interessierte sich niemand für den Gang der Geschäfte bei diesem Unternehmen. Auf den Hauptversammlungen traf sich höchstens eine Hand voll Leute. Heute muss in Omaha das Stadion angemietet werden, um des Andrangs Herr zu werden. Bis zu 20 000 Fans treffen sich bei der Hauptversammlung von Berkshire Hathaway. Das Ganze ist allerdings mehr ein rauschendes Fest. Typisch amerikanisch eben. Es ist die Generation, die früher in Woodstock ihren ersten Joint geraucht hat. Das war gestern. Heute ist es die Hauptversammlung von Berkshire Hathaway. Die Fans sprechen auch vom „Woodstock für Kapitalisten". Die Hippies von einst sind nun Eltern oder sogar Großeltern, und alle treffen sich schon am frühen Morgen vor den Toren des Stadions in der Hoffnung, ihrem Guru möglichst nah zu sein. Die Hauptversammlung von Berkshire Hathaway unterscheidet sich in nichts von einem Rockkonzert. Sie beginnt immer mit einem Film, der dem Investment-Gott Buffett huldigt. „This is the way it should be", mit einem alten Hit wird die Versammlung eröffnet, und die Menschen, die Investoren, sind von Anfang an begeistert. Die Menge wogt mit den Rhythmen. Begeisterung macht sich breit in jedem Winkel des Stadions, frenetischer Applaus. Vom Kind bis zum Greis – alle machen mit. Und am Abend jagt eine Party die andere.

Drei Tage lang dauert das Investment-Spektakel. Glücklich jene, die bei dieser Gelegenheit ein Autogramm von ihrem Geldguru ergattern. Nur einmal war die Stimmung etwas getrübt. 1999 ging es mit der Aktie von Berkshire Hathaway das erste Mal nach 35 Jahren bergab. Warren Buffett entschuldigte sich dafür. Doch im Jahr 2000 nahm das Papier seinen Weg nach oben wieder auf, und die Begeisterung im „Woodstock für Kapitalisten" war wieder einmal grenzenlos. Die Hauptversammlung, die im Frühjahr 2001 stattfand, war die größte, die Omaha je gesehen hat. Die Fans von Warren Buffett werden wohl auch in den nächsten Jahren noch zahlreicher – solange die Aktie steigt.

Gemächlich und trocken geht es dagegen auf den meisten deutschen Hauptversammlungen zu. Bei großen Unternehmen können diese durchaus manchmal mehrere Tage dauern. Qualvoll lange Rednerlisten mit Dutzenden von Anträgen langweilen Aktionäre und Vorstände. Doch letztlich sind sie Bestandteil der Aktionärsdemokratie – sofern man da-von überhaupt reden kann. Aktionärsdemokratie steckt in Deutschland sicher noch in den Kinderschuhen. Hauptversammlungen finden vorzugsweise im Mai statt. Da hat der Aktionär allerhand zu tun, um überall sein Mitspracherecht wahrzunehmen. Leider ist dies in Deutschland immer noch nicht weit verbreitet. Nur ein Bruchteil der deutschen Aktionäre macht vom Abstimmungsrecht Gebrauch. Die meisten erscheinen entweder gar nicht oder lassen sich von ihrer

Bank vertreten. So bestimmen am Schluss meist die Großaktionäre – die Banken – das Schicksal des Unternehmens und erteilen Entlastung für den Vorstand. Die Kreditinstitute und die institutionellen Investoren haben immer noch das Sagen bei den Hauptversammlungen. Und diese votieren meist nicht ganz ohne Eigeninteressen. Schließlich sind die Banken in fast allen großen Gesellschaften im Aufsichtsrat vertreten.

Der Kleinaktionär wird unterdessen häufig mit ein paar Würstchen abgespeist. Für den HV-Reisenden existieren mittlerweile echte kulinarische Führer, in denen die Buffettbestückung der einzelnen Hauptversammlungen erläutert wird. Echtes *Shareholder-Value* geht eben manchmal auch durch den Magen. Eine schwäbische Bank hat deshalb einen Gourmetführer für Hauptversammlungen zusammengestellt – unerlässliche Hilfe für den Kleinaktionär bei der Frage, für welche HV er nun seine kostbare Zeit opfern soll. Wissen beugt Enttäuschungen vor. Wer beispielsweise glaubt, die Tafel sei bei großen Unternehmen reicher gedeckt, wird schnell eines besseren belehrt. Bei DaimlerChrysler gab es im Jahr 2001 nicht nur schlechte Zahlen, sondern auch schlechtes Essen. Die Anteilseigner wurden mit vegetarischer Kost gefüttert. Vielleicht ein Hinweis auf den Sparwillen im Unternehmen?

Bei Porsche dagegen liefen die Geschäfte prächtig. Auf die Verköstigung wirkte sich das allerdings nicht aus: Es gab eine deftige Vesper mit „Würschtle“ – schwäbische Sparsamkeit eben. Kulinarische Überraschungen dagegen oft bei kleineren Firmen. „Poulardenbrust in feiner Cognacrahmsoße“, damit verwöhnte der Gartengerätehersteller Gardena seine Anteilseigner. Wer würde bei diesem kulinarischen Hochgenuss schon gern eine Gegenstimme erheben? Manch einer besucht die Hauptversammlungen nur, um sich mit kleinen Geschenken und feinen Speisen betören zu lassen. Man spricht auch von „HV-Tourismus“. Ab dem Besitz einer Aktie kann man sich durchschlemmen. Oft ist die Speise teurer als die Aktie selbst. Für einige Aktionäre ist eben nicht nur das *Shareholder-Value* interessant. Auch das „Restaurant-Value“ wird immer wichtiger. Die Getränke gibt es an solchen Tagen ebenfalls gratis, so dass sich die Investition spätestens zur Hauptversammlung bezahlt gemacht hat.

Fazit: Auch wenn die Aktie sinkt – einmal im Jahr gibt es etwas Warmes für den Bauch. So muss der Anteilseigner selbst in trüben Zeiten zumindest keinen Hunger leiden. Für ein paar Würstchen reicht es immer, und die Fahrt zur Hauptversammlung kann man auch noch von der Steuer absetzen.

Testsendung im Rotlichtmilieu – Börsenfernsehen

TV-Kanäle, in denen ein Laufband die neuesten Börsenkurse von links nach rechts durch die Nachrichten schiebt: Das kann nur Börsenfernsehen sein. Die Augen von Millionen Zuschauern sind auf dieses Band gerichtet. Es ist das Band, das alle Börsianer verbindet. Eigentlich das Wichtigste, was Fernsehen neben dem Wetter zu bieten hat.

Egal, ob Flugzeugkatastrophe, politische Unruhen, Mord und Todschlag in Königshäusern – das Laufband ist die einzige zuverlässige Konstante in dieser unruhigen Welt. Ruhig und bestimmt, immer mit der gleichen monotonen Geschwindigkeit, zieht es seinen Weg. Im Schlepptau die Kurse, die über Gewinn und Verlust entscheiden. Orientierungspunkt für die Augen des Anlegers, die mit seinen Investments immer von links nach rechts wandern – falls diese denn auftauchen. Meist beginnt natürlich in dem Moment, wo hoffnungsvoll der Kurs der eigenen Aktie erwartet wird, die Werbung.

Der Tag des Börsen-TV-Zuschauers ist aufgeteilt nach dem Schema der Börsensendungen. Dort erfährt der Aktionär, was er ohnehin schon weiß. Noch bevor der Ansager auf dem Bildschirm erscheint, kündet eine überdimensionale Tafel von der Bewegung des DAX. Was auch unaufmerksame Beobachter vorher schon zwanzigmal im Laufband gesehen und zehnmal im Videotext abgefragt haben, wird dem geneigten Publikum dann noch einmal auf einer bunten Tafel ins Wohnzimmer geworfen. Ein Sonderservice für jene, welche mangels Sehkraft die kleinen Ziffern im Laufband nicht mehr verfolgen können.

Nachdem die Tafel für bange Sekunden lautlos im TV-Nirwana schwebt, ertönt endlich eine Stimme aus dem Nichts: „Der DAX steht bei 6600, macht ein Minus von 100 Punkten!" Während Zuschauer aller Bildungsklassen die mathematische Glanzleistung des Moderators hektisch überprüfen anhand des Laufbandes, des eingeblendeten Indexkästchens (links unten auf dem Bildschirm) oder auch per Videotext, lächelt uns der Börsenmoderator auch schon freundlich zu. Offensichtlich sehr erleichtert, dass ihm bei der komplizierten Substraktion kein Fehler unterlaufen ist.

Höhepunkt aller Börsensendungen ist die Schaltung zur Börse. Was nun schon per Videotext, Laufband, Indexkästchen, bunter Tafel und Live-Kommentar des Moderators sattsam bekannt ist, wird nun noch einmal überprüft. Immer wieder spannend, ob auch der Reporter vor Ort das Einmaleins beherrscht. Mit wichtiger, angestrengter Stimme nun nochmals der Blick auf den DAX. Und das, was niemand vermutet hat, tritt ein, das Unwahrscheinliche: Die DAX-Tafel im Börsensaal stimmt tatsächlich mit der Anzeige im Teletext, mit dem Laufband, dem Indexkästchen, der bunten Tafel und selbst den Aussagen des Moderators im Studio überein. Glücklicher Tag. Wie ein Sechser im Lotto. Damit sich der Börsenreporter nicht verrechnet, erhält er Schützenhilfe von der großen DAX-Tafel. Dort wird die Differenz in großen weißen Lettern angezeigt. Es kann also kaum etwas passieren, selbst wenn der Reporter vor Ort früher in der Schule bei den Grundrechenarten nicht aufgepasst hat.

Die Feuerprobe in den ersten vier Minuten einer Börsensendung ist also bestanden. Bingo. Der Zuschauer hat vergeblich gewartet, dass etwas schiefgeht. Manchmal hat er mehr Glück: An diesen Tagen sausen die Tafeln nämlich auch schon mal nach dem Zufallsprinzip durch die Braunsche Röhre. Zwischendurch nur unterbrochen von einem verzweifelten Ansager. Endlich wird es spannend. Was wird er tun, was wird er sagen? Kennt er die Zahlen? Hat er den Wissensvorsprung durch das

Laufband? Oder vielleicht den Videotext ausspioniert? Fehlanzeige. Der Ansager ringt nach Worten und Ziffern. Jetzt bewährt sich die Schaltung in den Börsensaal zum Reporter. Der muss es wissen – dafür wird er bezahlt. Doch der Ruf nach Frankfurt verhallt ungehört. Stattdessen präsentiert der Regisseur das farbenfrohe Spiel eines Testbilds. Zuschauer und Ansager sind gleichermaßen verdutzt. Was für eine Überraschung. Die Spannung wächst. Mit hektischer Miene, die zwischen Verzweiflung, Wut und nahendem Tränenausbruch variiert, heißt es nun, Zeit zu schinden. Noch während der Moderator nach Worten ringt, ertönt im Hintergrund die wattige Ansage eines Regisseurs. Diese quittiert der Mensch im Studio mit einem erleichterten „Aha – wir machen gleich weiter mit XY". Ein anderer Ort dieser Welt wird per Fernsehschaltung eingeblendet. Dort schaut ein total entsetzter Mensch in die Kamera. Ertappt. Zu früh und auch noch unvorbereitet. Dies kann der Zuschauer nur mutmaßen – wegen der nervösen Zuckungen seines Bildschirmgegenübers. Kein Ton. Der Moderator versucht sich in Taubstummensprache. Nach einigen Sekunden Krächzen kündigt ein 1-Kilohertz-Ton an, dass unser Trommelfell sich auf etwas gefasst machen kann. In den Ohren des Interviewpartners muss ebenfalls eine Minibombe gezündet haben. Dies entnimmt der Zuschauer seinem angestrengten und hektischen Fingerzeig in Richtung Ohr. Völlig entnervt zieht der Mann schließlich den Ohrstöpsel heraus. Bei dieser Gelegenheit bröckeln gleich auch noch ein paar Klümpchen Ohrenschmalz am gesponserten Jackett herunter. Die Sache droht zu eskalieren.

Schon längst hat der Börsen-TV-Zuschauer DAX und Dollar sausen lassen. Mitleid macht sich in den Fernsehstuben breit. Da endlich – erste Verständigungsproben. Doch jetzt kommt es heraus: „Ich weiß weder, wer Sie sind, noch was das Thema ist", gibt der Moderator im Studio kleinlaut zu. Der Zuschauer würde ihm ja gerne behilflich sein. Schließlich gibt es bei jedem Privatsender Servicenummern, die man für überteuertes Geld anrufen kann. Nur dieses Mal ist der Zuschauer genauso hilflos wie der Moderator im Studio. Auch er weiß nicht, um welches Thema es geht.

Nun wird es auch dem Studiomenschen zu bunt. Eben noch fast zu Tode verunsichert, schreit er jetzt mit letzter Kraft vor allen Zuschauern und unter Bersten der heimischen Fernsehlautsprecher: „Wer zum Teufel ist das, und was für ein Thema???“ In dieser Sekunde scheint der Bildschirm auch nicht mehr zu wollen. Schwarz. Ein paar Wimpernschläge später dann der erlösende Hinweis: „Es geht gleich weiter.“ Niemand wird die Auflösung des TV-Rätsels je erfahren. Denn schon dröhnt wieder Werbung ins Wohnzimmer. Kein Problem – die nächste Börsensendung kommt in 30 Minuten. Dann wird es wieder spannend.

Reality-TV der Finanzmärkte

Börsenfernsehen hat eine relativ kurze Geschichte. Die ersten Sendungen gab es Ende der Achtzigerjahre. Damals spielte sich Börsenfernsehen praktisch unter Ausschluss der Öffentlichkeit ab. Die Sendungen liefen irgendwann mittags, zwischen Testbild und sendungslosem Rauschen. Die Gemeinde der Börsianer war damals noch sehr klein und niemand interessierte sich für Kapitalmärkte und Aktien. Ich stieß 1993 zur *Telebörse* – eine Sendung, die damals völlig unbekannt war. Dies blieb auch lange Jahre so. Den Sendern war es egal, was damals um die Mittagszeit lief – es gab keine dieser unsäglichen Talkshows und Soapserien, die heutzutage den Äther verseuchen.

Erst als die Programmdirektoren erkannten, dass sie die Flimmerkiste auch mittags füllen mussten, fiel auf, dass es auch eine Börsensendung gab. Da niemand sich dafür interessierte, musste die *Telebörse* oft umziehen. Erst war sie bei SAT1, dann beim DSF, und schließlich landete sie 1994 bei n-tv. Mehr oder weniger widerwillig wurde die „Wirtschaft“ ins Programm integriert – weil sie irgendwie dazugehörte, zu Nachrichten rund um die Uhr.

Erst im Jahre 1997 steigerte sich das Interesse fürs Finanzfernsehen – kurz nach der Emission der Deutschen-Telekom-Aktie. Mit der

Schaffung des Neuen Marktes nahm das Interesse noch weiter zu. Der Boom an den Finanzmärkten, der sich in den Folgejahren einstellte, machte auch das Börsenfernsehen populär. Für n-tv erwies sich gerade die Berichterstattung über die Börse schließlich als eine Lizenz zum Geld drucken. 80 % der Einnahmen generiert der Sender nach meinen Schätzungen im Bereich des Finanz-TV. Letztlich sicherte dieser Boom auch das Überleben dieses kleinen Senders. Es entwickelte sich eine wahre Fangemeinde. Der Sender mit dem Laufband lief in Kaufhäusern, in Kneipen oder daheim im Wohnzimmer. Alle wollten beim großen Aktienfieber dabei sein, entsprechend hoch war die Einschaltquote.

Dass Börsenfernsehen einmal so im Mode kommen würde, hatten selbst kühnste Optimisten nicht erwartet. Ich erinnere mich noch an die erste Werbeminute, die wir damals beim DSF hatten. Alle waren erleichtert, weil das Programm womöglich doch bald Geld über Werbung generierte. Doch es sollte noch mehrere Jahre dauern, bis der wirkliche Durchbruch kam. Heute sind die Programmstrecken werbetechnisch häufig überbucht, zum Leidwesen der Zuschauer. Börse entwickelte sich zu einem begehrten Sendeplatz. Sogar die öffentlich-rechtlichen Anstalten gaben den Finanzmärkten einen „Ehrenplatz“ direkt vor der Tagesschau.

Dies alles waren sicherlich untrügliche Zeichen, dass die Milchmädchen-Hausse in vollem Gange war. Oftmals wurde auch die Klage laut, dass gerade die Medien zu der maßlosen Übertreibung in bestimmten Börsensegmenten beigetragen hätten. Aber damit kehrt man sicher die Kausalkette um. Das Fernsehen, wie die anderen Medien, befriedigte lediglich ein übergroßes Informationsbedürfnis in diesem Bereich. Die Hausse nährt die Hausse. Dies ist ein vielschichtiger Prozess, der nicht allein durch Börsenfernsehen in Gang gesetzt wurde.

Andererseits war ich immer wieder überrascht, wie unkritisch das Publikum mit Tipps umging. Eine Empfehlung im Fernsehen kam zu Hause im Wohnzimmer offenbar wie ein Fingerzeig eines Investmentgottes an. Dagegen wird man wohl auch in Zukunft nichts ausrichten können. In der Tat scheint mancher Zuschauer nicht einmal über geringste Grundkenntnisse zum Thema Börse zu verfügen. Manch einer hatte womöglich sogar das Gefühl, es mit einer Spielshow zu tun zu haben. Telebörse statt Glücksrad. In Zeiten steigender Börse ging das eine Zeit lang gut. Aber irgendwann musste die Sache schief gehen. Über Risiken und Nebenwirkungen hat sich wohl ein Großteil der Zuschauer keine Gedanken gemacht. Statt dessen unternahmen sie die wildesten Zockereien mit Hilfe des Laufbandes. Ein Zuschauer, beispielsweise, beschwerte sich darüber, dass der DAX-Future nicht häufig genug durchs Laufband zog. Als ich ihn fragte, warum er den Future denn häufiger sehen wolle, bekannte er, dass er mit DAX-Futures spekuliere. Diese wohl riskanteste aller Spekulationen mit Hilfe des Laufbandes zu tätigen, gleicht einem Überqueren der Autobahn mit verbundenen Augen. Ich riet dem Mann dringend ab, in diesen Segmenten sein Glück zu versuchen – schließlich sei ein DAX-Future nur etwas für Profis, die über entsprechende Realtime-Kurse verfügten. Ich hatte allerdings nicht das Gefühl, dass dieser Mann meinen Rat annahm. Es gibt aber noch größere Dummheiten, die mir am Telefon begegneten. So wollte eine Zuschauerin wissen, was denn die waagerechten Striche vor den Zahlen bedeuteten – die Minuszeichen!

Vielleicht sollte man die Zuschauer vor Beginn einer Börsensendung über die Risiken eines Engagements an der Börse aufklären, ähnlich wie bei einem Beipackzettel eines Medikamentes. Aber letztlich ist jeder für sich selbst verantwortlich. Dummheiten wird es aber an der Börse immer genügend geben – da nutzen auch keine Hinweise auf Unverträglichkeiten. Besonders dann, wenn Kurse anspringen, meinen wohl viele Zuschauer, schnell ihre Bank anrufen zu müssen, um das entsprechende Papier auch noch zu kaufen. Sie verwechseln normale Berichterstattung mit einer Kaufempfehlung. Sie sehen den Kurs eines Papiers eingeblendet und sind der Meinung, der Sender empfehle diese Aktie zum Kauf. In einem Fall wurde mir sogar von einem großen Wochenmagazin genau solches unterstellt: Kurspusherei mit Hilfe von Kurseinblendungen. Gegen Dummheit helfen eben keine Pillen. Das werden wir auch im neuen Jahrtausend nicht beheben können. Es wird immer Leute geben, die aus den sonderbarsten Gründen eine Aktie kaufen und nicht, weil sie sich wochenlang mit einem Unternehmen beschäftigt haben und dann nach sorgfältiger Abwägung zum Kauf entscheiden.

Oftmals wurde mir auch unterstellt, dass ich selbst die Aktien pushen würde. Das ist natürlich barer Unsinn. Die Auswahl der Unternehmen, die per Tafel dem Publikum präsentiert werden, ist immer eine redaktionelle Entscheidung, auf die der Moderator keinen Einfluss hat. Sie beruht meist auf aktuellen Nachrichten in Zusammenhang mit Kursbewegungen. Wenn der Zuschauer dann daraus eine „Kaufempfehlung" macht, bin ich mit meinem Latein am Ende.

In Deutschland steckt das Börsenfernsehen immer noch in den Kinderschuhen. Die US-amerikanische Business-TV-Landschaft macht einen bedeutend professionelleren Eindruck. Die Fragen sind kritischer, die Moderatoren lockerer. CNBC ist Börsenfernsehen, wie ich es mir vorstelle. Der Sender zeigt, dass Wirtschaft auch unterhaltsam sein kann. Auch die investigative Komponente kommt nicht zu kurz. Oftmals kommen Börsenskandale und brisante Informationen zum ersten Mal bei CNBC an die Öffentlichkeit. Es wird Zeit, dass auch im deutschsprachigen Raum demnächst ein solches Finanzformat im Fernsehen Wirklichkeit wird. Das Internet könnte dabei eine wichtige Rolle spielen. Denn in absehbarer Zeit wird das Fernsehprogramm aus der Telefondose kommen.

Infos für alle – Das Internet

Bis vor wenigen Jahren war die Börse noch ein Buch mit sieben Siegeln. Kurse, Hintergründe, Daten, Zahlen, Unternehmensberichte – das alles war den Profis vorbehalten. Denn nur sie verfügten über Informationssysteme, die ihnen schnellen Zugang zu Wissen beschafften, das für den Kleinanleger allenfalls am nächsten Tag in der Zeitung zugänglich war. Doch die Zeiten haben sich geändert. Heute sind viele Zeitungen ihr Geld nicht mehr wert. Wer bezahlt schon gern für Informationen von gestern? Insbesondere der Wirtschaftsteil einer Zeitung erscheint manchmal abenteuerlich alt, weil mancherorts Redaktionsschluss um 18 Uhr ist. Die europäischen Märkte, insbesondere der deutsche Aktienmarkt, haben aber bis 20 Uhr geöffnet und die US-Börse handelt bis 22 Uhr. Was jenseits des Atlantiks passiert, erfährt der Zeitungsleser also erst zwei Tage später.

Dank Internet kann der Anleger das Kursgeschehen nun in Realtime verfolgen. Das, was ich noch vor Jahren für undenkbar hielt, ist praktisch Wirklichkeit geworden. Der Privatanleger und der Profi verfügen über die gleichen „Informationswaffen", und das ist an der Börse bekanntlich wichtig. Informationen bewegen Kurse, und wer sie als letzter hat, den beißen die Hunde. Der Informationsvorsprung des Profis ist derzeit zu vernachlässigen. Jeder kann sich im Internet die Infos besorgen, die er braucht, um seine Investmententscheidung zu treffen. Dies ist eigentlich ein sehr komfortabler Zustand, doch bisher scheinen nur wenige Anleger davon Gebrauch zu machen. Wer sich beispielsweise über sein Unternehmen erkundigen möchte, der ist nur einen Mausklick von den gewünschten Informationen entfernt. Jede Gesellschaft bietet heute einen umfassenden Überblick über Geschäftsgang und Unternehmensverfassung. Zahlreiche Informationsanbieter verwöhnen den Surfer mit kostenlosen Angeboten rund um die Börse. Ob Tokio, Frankfurt, London, New York – nie war es einfacher, „hinter" die Kurse zu blicken. Kursbewegende Nachrichten wandern sofort auf den Bildschirm.

Der Service wird meist kostenlos angeboten. Doch es ist wohl nur eine Frage der Zeit, bis für geldwerte Infos auch zur Kasse gebeten wird. Realtimekurse, Hintergrundinformationen, Unternehmensanalysen – das alles kostet viel Geld und wird dem Surfer bisher gratis angeboten. Die Rechnung der Anbieter, sich über Werbung zu refinanzieren, scheint bisher nicht aufgegangen zu sein. Gute Ideen sind also gefordert, um das Angebot im Internet aufrecht zu erhalten. Die Qualität der Infos im Netz der Netze schwankt zwar stark, bei geschickter Auswahl kann man sich aber leicht professionelle Informationsquellen zusammenstellen, die den Tausende Euro teuren Profiangeboten kaum noch nachstehen. Vorsicht ist allerdings bei manchen Empfehlungen geboten, aber Tipps sollte man sowieso nicht blind folgen. Auch wenn nicht jede Info unbedingt in Kauf- und Verkaufsentscheidungen umgesetzt werden muss, ist es doch von hohem Interesse, die Nachricht hinter dem Zickzack der Börse möglichst schnell zu erkennen.

Stimmungsbarometer Internet

Eine neue Art der Kommunikation ist durch das Internet entstanden: das Board, die Finanzforen. Diese funktionieren wie die gute alte Tafel, an der jeder seine Meinung aushängen kann. Ein anderer kann seine Anregungen oder Antworten darunterheften. Dies alles geschieht natürlich elektronisch und in Sekundenschnelle. Stimmungen, Meinungsaustausch, Anlagetipps stehen hier auf der Tagesordnung. Jeder kann mitmachen, selbst schreiben, oftmals anonym. Sogar Informationen, die noch nicht offiziell sind, findet der aufmerksame Boardbesucher manchmal. Boards sind auch eine gut funktionierende Gerüchteküche. Doch viele der Einträge sollten auf jeden Fall mit großer Vorsicht genossen werden. Interessant ist es aber allemal, wie die *vox populi* tönt. Interviews und börsenrelevante Ereignisse im Fernsehen werden sofort kommentiert. Erste Einschätzungen zu Kursbewegungen sind ebenso vertreten wie Kommentare einiger „Boardgurus“. Hier findet jeder Anregung und Gedankenaustausch. Jeder kann seine Aktien herausstellen oder gar als Kauf empfehlen. Manche Boards arten zwar manchmal in wilde Pusherei aus, aber das sollte man gelassen sehen.

Die Teilnahme am Informationsaustausch der Boards geschieht meist anonym, so dass die Beiträge manchmal über die Stränge schlagen. Davon sollte man sich aber nicht beeindrucken lassen. Wer auf Pusherei hereinfällt, ist selbst schuld. Investmententscheidungen an der Börse sollten nie aufgrund irgendeiner anonymen Anpreisung geschehen. Dennoch ist ab und zu der Ruf nach staatlicher Überwachung zu hören. Manche Zeitgenossen fordern sogar, übertriebene Kaufempfehlungen in den Boards unter Strafe zu stellen. Das ist der größte Unsinn, den ich bisher gehört habe. Zur freien Meinungsäußerung gehört auch die Lobpreisung von Aktien. Das macht die Boards ja gerade interessant.

In den USA greifen die Behörden schon etwas strenger durch. Dort wurde in den Boards zum Teil gezielt versucht, Aktien nach oben zu manipulieren. Aber was ist das für eine Manipulation? Wer so dumm ist, Aktien aufgrund einer Boardempfehlung zu kaufen, dem ist nicht mehr zu helfen.

Hochinteressant ist dagegen, wie die Meinung zur Börse, zu Marktsegmenten oder Einzelaktien aussieht. Die Boards eignen sich hervorragend, um einen ersten Eindruck über die Stimmungslage zu erhalten.

Sie reflektieren wie kein anderes Medium die Stimmungslage an der Börse. Allein die rege Teilnahme an diesen „Austauschstellen“ lässt auf eine bullishe Börsenlage schließen. Je höher die Kurse, desto mehr Teilnehmer in den Boards. Sinkt dagegen die Börse oder ist gar eine Baisse-Phase zu beklagen, verstummen viele. Dann sind die Jungs pleite.

Das Internet ist aber auch ein unendlicher Quell seriöser Informationen aus erster Hand. Ein unverzichtbares Werkzeug für jeden Börsianer. Ich gehe davon aus, dass das Internet über kurz oder lang die Wirtschafts- und Finanzzeitungen ersetzen wird.

Der große Vorteil: die Interaktivität. Jeder kann seine eigenen Kurslisten anfertigen und sie bei Bedarf aufrufen. *Newsletter* halten den Investor auf dem Laufenden. Ein breites Research-Angebot ermöglicht es auch dem engagierten Laien, eine eigene Meinung zu einem bestimmten Papier zu bilden.

Ob es nun unbedingt sinnvoll ist, in Realtime den Kursen hinterherzuschauen, steht natürlich auf einem anderen Blatt. Zur Börsenkunst gehört, eine gewisse Distanz zu den Dingen zu halten. Das heißt natürlich nicht, dass man auf angebotene Informationen verzichten soll.

Das Internet wird in absehbarer Zeit auch das Börsen-Fernsehen ersetzen. Schon jetzt sind Interviews und Expertenmeinungen bei Bedarf abrufbar. Dies ist eine Tendenz, die sich noch weiter verstärken wird. Die Richtung: Informationen dann, wann man sie will. Und nicht dann, wenn sie präsentiert werden, wie das beim Fernsehen heute noch der Fall ist. Insofern stehen wir bei den Börseninfos im Internet noch am Anfang. Doch in Zukunft wird jeder alles über sein Handy abrufen können. Fernsehen, Daten, Hintergründe. Das ist zwar schön, ob damit aber die Investmententscheidungen besser werden, bleibt zweifelhaft. Allenfalls für die große Schar der *Daytrader* mag es interessant sein. Diese Gruppe von Anlegern, die aus den nervösen Zuckungen der Aktien Profit zu machen versucht, hechelt natürlich jedem Informationsbit hinterher.

Der Todfeind aller Figaros

Wie Laserstrahlen lugen die Augen durch ein dichtes Gestrüpp ergrauter Augenbrauen. Unter einem silbernen Wuschelkopf blicken sie in die Menge der Journalisten. Wim Duisenberg, der erste Präsident der Europäischen Zentralbank (EZB), hat zur Pressekonferenz geladen. Der gesamte Saal und die gesamte Finanzwelt von Tokio bis New York warten auf ein Zeichen. Die Analysten, die Experten sind sich einig: Die Zinsen müssen runter. Die Börsen krachen, die Konjunktur geht in den Keller, die Finanzwelt tobt, nur einer bleibt ganz ruhig: der Holländer, der neue europäische Geldgott.

Wim Duisenberg, der in Frankfurt auch als Mr. Düsentrieb bekannt ist, hat es wahrlich nicht leicht. Zinspolitik für Euroland ist Neuland. Ich habe den Eindruck, dass die Bewohner des EZB-Turms in Frankfurt übervorsichtig agieren. Es ist die Geldpolitik alter Schule, eine Fortsetzung der Denkweise der Bundesbanker. Und die waren nicht dafür bekannt, in Sachen Zinsen dynamisch zu reagieren. Ihr oberstes Gebot:

Nur keine Inflation! Eine Überreaktion der Hüter des Geldes. Natürlich muss Inflation bekämpft werden, allerdings nur, wenn eine Preisspirale nach oben droht. Das einzige, was sich allerdings im letzten Jahrzehnt zeigte, war das Inflationsgespenst. Davon konnte sich auch der von den Börsianern gefeierte Superstar der Geldpolitik, Alan Greenspan, nicht befreien. Jahrelang, bis in die letzten Monate des alten Jahrtausends, wurde etwas bekämpft, was eigentlich gar nicht vorhanden war: die Inflation. Die Zinsen wurden erhöht, ohne dass es dafür einen fundamentalen Grund gab. Nur aus Angst vor einer Inflation, nicht weil sich ihre Konturen bereits in aller Deutlichkeit zeigten.

Nach einem Fehler gibt es drei verschiedene Möglichkeiten weiterzumachen: Entweder man bleibt stur und beharrt auf alter Sichtweise. Oder man räumt den Fehler ein und korrigiert ihn. Oder man räumt gar nichts ein, verändert die Politik aber trotzdem.

Und darin unterscheidet sich die Gangart der größten und wichtigsten Notenbanken auf diesem Globus. Während Alan Greenspan Vollgas gab, die Zinsen innerhalb von wenigen Monaten um mehr als volle drei Prozentpunkte herunternahm – einmalig in der Geschichte der US-amerikanischen Notenbank –, sitzen die Geldgötter in Frankfurt in ihrem Elfenbeinturm und sehen keinen Anlass zum Handeln. Im Verlauf des Frühjahrs 2001 wurden die Zinsen zwar um eine Winzigkeit nach unten genommen, doch diesen Schritt vollzog man offenbar nur unter größtem Widerwillen und nur unter Druck der Weltöffentlichkeit. Es war praktisch ein Non-Event. Doch in diesen Wochen, während ich diese Zeilen schreibe, prognostiziere ich stärkere Zinssenkungen, auch in Europa.

In stoischer Ruhe verwies der Geldrat in Euroland auf seine Hauptaufgabe: Preisstabilität. Doch Preisstabilität ist von vielen Dingen abhängig, auch von einer gesunden Konjunktur. Insofern ist Zinspolitik auch immer ein bisschen Konjunkturpolitik. Was nutzen stabile Preise, wenn die Wirtschaft leidet? Darüber hinaus besteht die Gefahr, dass die Preise nicht nur stabil sind, sondern sogar sinken, wenn die Wirtschaft schlecht läuft. Die Gefahr einer Deflation ist jedenfalls derzeit größer als die einer Inflation. Insofern könnte die europäische Zentralbank mit der Zinserhöhung im Jahr 2000 und mit ihrer Unnachgiebigkeit einen der größten geldpolitischen Fehler des neuen Jahrtausends begangen haben.

Unterdessen konzentrieren sich die Hoffnungen der Börsianer auf die „Nach-Duisenberg-Ära". Immer wieder werden Spekulationen laut, dass der Holländer vorzeitig seinen Stuhl räumt. Das würde zusätzlich Unruhe in die europäische Geldpolitik bringen und nicht unbedingt das Vertrauen in den Euro stärken. Als ausgemachte Sache gilt, dass ein Franzose das Steuer bei der EZB übernimmt. Die französische Geldpolitik ist jedoch nicht gerade für ihre Unabhängigkeit bekannt. Wurde sie doch früher enger an der Leine des Finanzministers geführt, als es angemessen gewesen wäre. Die nächsten Jahre bleiben also spannend.

Auch Notenbanken irren

Das letzte Jahrzehnt war geprägt von Inflationsangst. Allerdings existierte nur die Angst, nicht die Inflation. Dass die superstrenge Notenbank übers Ziel hinausschoss, wurde weltweit kritisiert, wenn auch nur hinter vorgehaltener Hand. Erst gegen Ende der Bundesbank-Ära gaben die deutschen Geldwächter in Frankfurt kleinlaut bekannt, dass sie sich verrechnet hatten. Das statistische Material, auf deren Grundlage die Zinsentscheidungen getroffen wurden, erwies sich als falsch.

Die Geldmenge ist für einen Zentralbanker eine der wichtigsten Größen, ein Indiz für nahende Inflationsgefahren. Die Notenbank erstellt in der Regel einen Zielkorridor, innerhalb dessen sich die Geldmenge entwickeln soll. Ein Überschreiten dieser Vorgabe deutet auf Preissteigerungen hin. Einen wichtigen Indikator für eine Inflationsprognose stellt bekanntlich die Geldmenge M3 dar. M3 umfasst unter anderem Bargeld, Gelder auf Girokonten und kurze Schuldverschreibungen. In den Lehrbüchern steht, dass es zu Preissteigerungen kommt, wenn diese

Geldmenge größere Steigerungsraten aufweist. Geld, das auf Girokonten ruht, dient in erster Linie dazu, bald ausgegeben zu werden. Bargeld sowieso. Wird mehr Geld ausgegeben, dann werden Waren knapper und damit teurer. Ich gebe zu, dass diese Definition etwas oberflächlich ist, aber wir wollen ja an dieser Stelle kein Kapitel über Geldtheorie schreiben.

M3 ist jedenfalls einer der wichtigsten Orientierungspunkte für eine Notenbank bei der Frage, wie es mit den Zinsen weitergeht. Dahinter steckt folgender Mechanismus: Sind die Zinsen höher, wird weniger Geld ausgegeben. Nachteil: Die Konjunktur leidet, es wird weniger investiert.

Mitte der Neunzigerjahre stellte die Bundesbank fest, dass die Geldmenge M3 auffällig über dem Zielkorridor lag. Für die Notenbanker ein klarer Fall von Inflationsgefahr. Was sie dabei nicht beachteten: Immer häufiger wurde die DM zu einer Art Schattenwährung in vielen unterentwickelten Ländern Europas. In Russland und in Osteuropa hatte jeder DM gehortet – zur Sicherheit, weil die Landeswährung ständig vom Verfall bedroht war. Das führte zu riesigen Bargeldbeständen, die außerhalb Deutschlands lagerten. Diese ausländischen DM-Bestände flossen natürlich in die statistische Berechnung von M3 mit ein und lösten ein Alarmsignal aus. Dass diese ausländischen DM-Bestände keineswegs dazu vorgesehen waren, in den deutschen Wirtschaftskreislauf zurückzufließen, zeigte die Statistik natürlich nicht. Und auch die Währungshüter kamen nicht auf die Idee, dass mit der Entwicklung von M3 irgend etwas nicht stimmte. Erst als die Gelddruckabteilung meldete, dass auffällig viele Tausend-Mark-Scheine fehlten, fiel es den Inflationsexperten wie Schuppen von den Augen. Die Tausender lagerten unter „ausländischen Kopfkissen“ oder in den Tresoren fremder Länder. Sie waren aus der Geldmenge damit entfernt und nicht hinzugefügt worden. Somit war die statistische Erhebung der Geldmenge schlichtweg falsch. Kleinlaut musste die Bundesbank dies gegen Ende ihres Bestehens zugeben. Ein katastrophaler Fehler, wie ich meine. Durch die viel zu hohen Zinsen, die mit einer aufgeblähten Geldmenge begründet wurden, nahm die deutsche Volkwirtschaft großen Schaden. Mit den Spätwirkungen sind wir jetzt immer noch konfrontiert: einer hohen Arbeitslosigkeit.

Man sollte zwar keine Dummheit zweimal machen, dennoch trat auch bei der EZB dasselbe Problem nochmals auf. Auch hier wurde jahrelang auf die Geldmenge M3 verwiesen (das alte Bundesbank-Modell). Schließlich, im Frühjahr 2001, spricht die Europäische Zentralbank plötzlich von einer verzerrten Geldmengen-Berechnung. Man habe das Jahreswachstum der Geldmenge M3 möglicherweise stärker überzeichnet, hieß es lapidar aus dem Geldturm in Frankfurt. Wenn Euro-Guthaben von Investoren außerhalb der Eurozone eliminiert würden, könne das Geldmengenwachstum um bis zu einem Prozentpunkt nach unten revidiert werden. Letztlich begründete die EZB damit auch ihren ersten Zinssenkungsschritt im neuen Jahrtausend. Allerdings hat sie damit nicht das Vertrauen in die eigene Politik gestärkt. Manch einer nahm ihr diese Begründung erst gar nicht ab. Für viele klang sie unglaubwürdig und konstruiert. Dennoch: Auch Notenbanken können irren. Der Irrtum der EZB kostete die europäische Wirtschaft jahrelang übertrieben hohe Zinsen – mit all den Auswirkungen, die eine solche Zinspolitik hat.

Ich sprach 1999 mit dem italienischen Wirtschaftswissenschaftler und Nobelpreisträger Franco Modigliani. Er war der Meinung, dass die EZB die Zinsen drastisch nach unten schleusen müsse: „Solange die Zinsen über null sind, sind sie noch zu hoch!“ Sicherlich eine extreme Meinung, allerdings wird der Mann wahrscheinlich Recht bekommen. Die hohe Zinspolitik trägt zumindest eine Mitschuld an den 20 Millionen Arbeitslosen, die Euroland Anfang des 21. Jahrhunderts zu beklagen hatte. Bleibt zu hoffen, dass auch die Europäische Zentralbank aus ihren Fehlern lernt.

Zinsen sind nicht alles

Es ist Dienstag, der 20. März 2001. Nach wochenlanger Talfahrt warten die Märkte sehnsüchtig auf die nächste Zinssenkung der US-amerikanischen Notenbank. 0,5 Prozentpunkte erwarteten die meisten Analysten.

Die Medien machten im Vorfeld einen großen Hokuspokus um diese Entscheidung. Alle Börsenhoffnung beruhte auf dieser einen Entscheidung. Die amerikanischen Medien waren fast hysterisch. Wie zu Silvester lief die Uhr, eingeblendet auf manchen Fernsehkanälen – alle warteten in dieser börsenkrisengeschüttelten Zeit auf die Zeichen des amerikanischen „Geldgottes". Auch auf den deutschen Börsenfernsehkanälen gab es Spezialsendungen. Die Blicke der Finanzwelt und mittlerweile auch die des normalen Kleinanlegers richteten sich auf die Entscheidung der US-Notenbank. Schon Tage vorher kündigten dicke Schlagzeilen das Ereignis an. Dass die Zinsen runtergehen würden, war ausgemachte Sache. Mancherorts wurde sogar eine Rücknahme um 0,75 Prozentpunkte diskutiert. Alan Greenspan – der Schutzheilige der Aktienmärkte, der Retter der Aktiensparer?

Dann um 20.15 mitteleuropäischer Zeit endlich die Entscheidung: 0,5 Prozentpunkte. Wer jetzt Sektkorken knallen hören wollte, der hatte die Rechnung ohne Greenspan gemacht. Es gab nichts zu feiern. Im Gegenteil: Die Aussichten für die wirtschaftliche Entwicklung schätzte der Währungshüter eher gedämpft ein. Ein äußerst bitterer Wermutstropfen, der die Aktienmärkte zusätzlich verunsicherte.

Jedermann auf der Straße, mein Kioskbesitzer gegenüber, die meisten Börsenjournalisten hofften auf den Mechanismus, der angeblich über Jahrzehnte Gültigkeit hatte: Zinssenkung = höhere Aktienkurse. Doch es gibt Ausnahmen. Normalerweise floriert die reale Wirtschaft, wenn sie billiges Geld bekommt. Das jedoch hängt von der allgemeinen Erwartungshaltung für die Zukunft ab. Niedrige Zinsen verpuffen wirkungslos, wenn das Vertrauen in die Zukunft fehlt. Dann gibt es zwar billiges Geld, aber es tut sich nichts. Die Pferde saufen nicht.

Ein trauriges Beispiel lieferte im neuen Jahrtausend Japan. Die zweitgrößte Wirtschaftsnation hatte seit 1989, als die Börse in Tokio crashte, zu kämpfen. Die japanische Notenbank senkte die Zinsen sogar bis auf null – und nichts passierte. Die Wirtschaft versank in Lethargie. Statt die Wirtschaft in Japan anzukurbeln, liehen sich ausländische Investoren den billigen Yen und kauften damit US-Staatsanleihen. Von der Zinsdifferenz ließ sich bequem leben. Es bescherte den Investoren Milliardengewinne.

Im Allgemeinen tun sich die Notenbanken sehr schwer mit Zinssenkungen. Einerseits wollen sie um jeden Preis politische Unabhängigkeit demonstrieren – denn es sind ja vor allem die Politiker, die mit dem Allheilmittel „niedrige Zinsen“ die Wirtschaft anzukurbeln versuchen, um von eigener struktureller Misswirtschaft abzulenken. Andererseits reagieren die Geldhüter meist zu spät.

„Stell’ dir vor, es herrscht Rezession und keiner merkts“ – unter dieses Motto würde ich die Haltung der Europäischen Notenbank zu Beginn des Jahres 2001 stellen. Schon seit Jahren jagten die Geldgötter dem Phantom „Inflation“ nach – doch die Preissteigerungsraten der letzten Dekade wurden diesem strengen Begriff nicht gerecht. Selbst in den wildesten Boomjahren der USA hielt sich die Preissteigerungsrate in engen Grenzen. Meist wurde sie durch Sonderfaktoren beeinflusst – hohe Ölpreise zum Beispiel, gegen welche die Währungshüter machtlos sind.

Auch in Deutschland und Europa wurde die Inflation in den letzten Jahren immer mit dem Vergrößerungsglas gesucht – und nicht gefunden. Preissteigerungsraten um 2 % gehen im statistischen Rauschen unter und verdienen keineswegs den Begriff Inflation. In den Wirtschaftsmedien wurde bei Bekanntgabe der Steigerungsraten immer von „Inflationsdaten“ gesprochen. Welcher Irrsinn! Meine Großmutter, welche die Zwanzigerjahre erlebt hatte, würde sich darüber köstlich amüsieren. Inflation ist schon seit einem Jahrzehnt „out“. Und mit sinkender Wirtschaftstätigkeit besteht die realistische Gefahr einer Rezession und Deflation. Die Rechnung ist doch einfach: Wenn wir in den USA bei größtem Wirtschaftswachstum nur eine Preissteigerungsrate von rund

3 % hatten, wie wird dann wohl die Preissteigerung ausfallen, wenn wir statt 5 % Wirtschaftswachstum nur noch 1 % haben (oder gar Stillstand)? Ganz abgesehen von der Möglichkeit des Rückgangs wirtschaftlicher Aktivitäten, der ja nach all den Jahren Hochkonjunktur auch nicht ausgeschlossen wäre.

Ähnliches gilt für Deutschland. Eigentlich deutete Anfang des Jahres alles auf moderate Preisdaten hin, sogar der Ölpreisschock schien überwunden. Doch dann sind plötzlich wegen BSE die Fleischpreise explodiert. Kann die Notenbank etwa mit höheren Zinsen oder restriktiver Geldpolitik gegen BSE vorgehen? Fleischpreise haben traditionellerweise in Europa einen hohen Stellenwert im Warenkorb – warum aber nicht Gemüse oder Tofu? Computer werden jeden Tag billiger, bei allen Elektronikartikeln lässt sich schon seit Jahren ein Preisrückgang beobachten. Das jedoch findet in der Erfassung der „Inflationsdaten“ kaum Beachtung. An den offiziellen Inflationsdaten wird wieder überdeutlich: Statistiken lügen meistens, haben wenig mit der Realität zu tun.

Gleichwohl dienen sie den Geldgöttern als wichtiges Indiz für die Geldpolitik. Leider wird der modernen Welt damit kaum Rechnung getragen. Im neuen Jahrtausend läuft eben alles viel schneller, sind die Wirtschaftszyklen dynamischer. Wer sich dem nicht anpasst, den bestraft die Rezession. So schnell, wie sich derzeit der Daumen nach unten dreht, kann wohl kaum ein Ökonom denken, jedenfalls hat er es nicht gelernt. Alan Greenspan hat die Zeichen der Zeit sehr wohl erkannt und ist sogar über seinen eigenen Schatten gesprungen, als er die Zinsen im ersten Halbjahr 2001 drastisch senkte.

Die Europäische Zentralbank ziert sich. Sie will absolute Unabhängigkeit vor allem von den Begehrlichkeiten der Politiker demonstrieren. Unterdessen wird die Wirtschaft unablässig nach oben geredet. Doch wenn Bundeskanzler oder EZB Beruhigungspillen austeilen, kann man getrost das Gegenteil von dem annehmen, was offiziell verlautbart wird. Wir befinden uns vielmehr in ernsthafter Gefahr. Die Angelegenheit scheint außer Kontrolle zu geraten. Die Börsen laufen Amok. Die Wirtschaftsentwicklung kühlt in hohem Tempo ab. Die zweitgrößte

Wirtschaftsmacht, Japan, steckt in der Deflation, die USA stehen vor der Rezession, und Europa wird folgen. Leider.

Meine Prognose: Die EZB wird senken. Ende 2002 wird bei den kurzfristigen Zinsen eine Zwei vor dem Komma stehen. Bei zehnjährigen Anleihen prognostiziere ich eine Drei vor dem Komma. Es besteht eine Wahrscheinlichkeit von 50 %, dass die Zinsen sogar noch weiter runter gehen. Doch die Freude darüber wird sich in Grenzen halten. Die Wirtschaft wird so schnell nicht anspringen. Im Gegenteil. Es drohen japanische Verhältnisse, weltweit. Die Elastizität zwischen realer Wirtschaft und Zinspolitik hat früher funktioniert, tut dies aber jetzt nicht mehr.

Inflation – einer der größten Irrtümer im ausgegangenen und im neuen Jahrtausend. In der Absicht, die Preise stabil zu halten, haben die Notenbanken überreagiert. Die Quittung: Beschleunigung des Abwärtstrends in der realen Wirtschaft. Was die Währungshüter nicht beachteten: Durch die globale Konkurrenz und Transparenz gab es ohnehin schon einen natürlichen Druck auf die Preise. Der internationale Wettbewerb wurde immer gnadenloser. Protektionistische Mechanismen aber sind Instrumente der Vergangenheit. Mit dem Internet und zunehmender Kommunikation siegt auf den Weltmärkten nur, wer der Billigste und Beste ist. Ein Wettbewerb, an den sich viele Unternehmen erst noch gewöhnen müssen. Ein Prozess, der an sich schon restriktive Tendenzen zeitigt.

Die Politik der Europäischen Zentralbank geriet im Laufe des Jahres 2001 zunehmend unter Beschuss. Hauptvorwurf: Die Währungshüter würden eine zu harte Linie fahren; die wirtschaftliche Entwicklung ließe eine Lockerung der Zinsen durchaus zu. Die Zinserhöhungen im Laufe des Jahres 2000 waren aus meiner Sicht vollkommen übertrieben. Auch Alan Greenspan hätte schon wesentlich früher senken müssen. Dennoch reagierte Greenspan wesentlich flexibler auf die Lage der Weltwirtschaft – während sich die Europäische Zentralbank in Gelassenheit übte.

Notenbanken haben es immer schwer. Und sie haben immer einen Entschuldigungsgrund: Nicht die Konjunktur, nicht der Arbeitsmarkt, nicht die Börse diktiere das Handeln der Zentralbanken. Sie seien einzig und allein der Preis- und Währungsstabilität verpflichtet. So steht es in den Gesetzen. Aber die Währung ist nur die eine Seite der Medaille. Und der Wert einer Währung wird nicht nur durch die Zinsen bestimmt, sondern auch durch das konjunkturelle Umfeld. Was nutzen hohe Zinsen, wenn die Wirtschaft damit abgewürgt wird? Diesen Spagat müssen die Zentralbanken aushalten. Die pragmatischere Variante war in den USA sehr weit verbreitet. Obwohl es Alan Greenspan sicherlich fernlag, mit einer Zinssenkung den Aktienmärkten unter die Arme zu greifen – letztlich war er sich auch dieses Effekts bewusst. Ein Großteil der Amerikaner verarmt nämlich, wenn die Börsen crashen, weil die Aktienquote in den USA sehr hoch ist. Stabile Börsen werden deshalb in den USA für gesundes Wirtschaftswachstum immer bedeutender.

Die Europäische Zentralbank dagegen vermittelt den Eindruck, als ob sie sich um nichts als den Euro kümmere. Das einzig probate Mittel scheinen nach Ansicht der Mehrheit des EZB-Rates die Zinsen zu sein. Dies ist allerdings ein Trugschluss. Dennoch zeigte sich die Europäische Zentralbank ungewöhnlich starr. Das hatte sicherlich seinen Grund in der neuen Währung, welche die Geldgötter zu verteidigen hatten. Wären sie zu schnell vorgeprescht und hätten sie „Vollgas" gegeben, hätte sich der Eindruck verstärkt, die EZB sei nur ein Erfüllungsgehilfe der Politik und der Börsianer. Und das ist sie keinesfalls. Aktienmärkte, die „durchdrehen" und übertrieben stark nach unten reagieren, müssen aus eigener Kraft wieder aufstehen. Politiker, die wegen einer verkorksten Wirtschaftsstruktur, Überbürokratisierung, mangelnder Flexibilisierung die Karre in den Dreck gefahren haben, rufen ebenfalls gern nach Zinssenkungen. Doch auch hier galt und gilt für die EZB: Distanz halten und Unabhängigkeit demonstrieren! Und das ist gut so. Nichts ist für die Aktienmärkte schlimmer als eine abhängige Notenbank, die nichts anderes tut, als unterschiedliche Interessenlagen von Börse und Politik vorschnell zu befriedigen. Erst einmal müssen die Betroffenen selbst sehen, was sie verändern können, um die Lage zu verbessern. Steuersenkungen, flexible Gestaltung des Arbeitsmarktes, Leistungsanreize können eine Wirtschaft besser und nachhaltiger in Schwung bringen als schnelle Zinssenkungen. Dies ist auch die alleinige Möglichkeit, eine Währung zu stärken. Eine Währung ist stark, wenn es die Wirtschaft auch ist. Eine alte Weisheit, die gelegentlich in Vergessenheit gerät. Wenn die Not groß ist, wird der Ruf nach Hilfe von der Notenbank laut. Politiker finden es eben einfacher, zum Aufputschmittel „Zinsen" zu greifen, als ihre Hausaufgaben zu machen. Doch diese müssen gemacht werden, sonst hilft auch keine Zinssenkung.

Andererseits darf eine Notenbank auch nicht im Elfenbeinturm residieren, sondern ist immer Bestandteil eines großen Ganzen. Alle Kräfte müssen gemeinsam an einem Strang ziehen. Wenn Politiker, Gewerkschaften und große Teile der Gesellschaft nicht mitspielen, kann auch die Notenbank nichts ausrichten. Trotzdem ist klar: Selbst die höchsten Zinsen werden eine Währung nicht stabilisieren. Das zeigten zahllose Beispiele, besonders während der Asienkrise und bei den Problemen in Russland 1998. Dort hatte man die Tageszinsen teilweise bis auf 50 % heraufgesetzt, um eine Erosion der Währung zu verhindern. Geholfen hat es nicht. Der Rubel ist damals zusammengebrochen und musste abgewertet werden. In Russland drohte das Chaos auszubrechen. Gott sei Dank hat sich die Wirtschaft wieder gefangen. Eine ähnliche Situation hatten wir Anfang 2001 in der Türkei. Auch hier versuchte die Notenbank, Missmanagement in Wirtschaft und Politik mit extrem hohen Zinsen zu begegnen. Vergeblich. Im März 2001 musste die türkische Lira um 25 % abgewertet werden.

Währungsstabilität geht immer auch einher mit robuster Wirtschaft und einer Politik, die Leistungsanreize schafft und so belohnt. Wenn alle beteiligten Kräfte „ihren Job" machen, hat die Notenbank ein leichtes Spiel und kann die Zinsen herunternehmen. Die Währung würde unter diesen Umständen durch einen solchen Schritt sogar noch gestärkt. Wichtig in diesem Zusammenhang ist auch eine gewisse Unberechenbarkeit der Notenbank. Nichts ist schlimmer, als wenn Märkte fest damit rechnen, dass zum Zeitpunkt X die Zinsen sinken – wie in den USA Anfang 2001. Die Wirkung an den Aktienmärkten verpufft unter solchen Umständen völlig oder hat sogar den gegenteiligen Effekt – die Börsen sinken. Schnelle Effekte kann man von einer Zinssenkung sowieso nicht erwarten. Bis sich Zinssenkungen auf die Wirtschaft auswirken, vergeht oft ein Jahr. Nicht zu verachten ist aber der psychologische Effekt einer Senkung: Er signalisiert in der Regel, dass die Notenbank ein Problem erkannt hat und bereit ist, das Ihrige zu tun, um Abhilfe zu schaffen. Meistens ist es deshalb so, dass einer Zinssenkung oft eine zweite und dritte folgen. Diese Aussicht auf weitere Senkungen ist der Faktor, welcher die Börsen beflügelt – denn nichts kann die Börse besser brauchen als frisches und billiges Geld. Dieser Schlussfolgerung liegt auch die alte Börsenweisheit einiger US-Gurus zugrunde, dass man bei der ersten Zinssenkung startbereit sein und spätestens bei der zweiten in den Markt hinein muss.

Die Vergangenheit der US-Börse hat immer wieder gezeigt, dass nach einer zweiten Senkung seitens der US-amerikanischen Notenbank eine Aktienrallye folgte. Doch verlassen kann man sich auf diese Weisheit keineswegs. Es gibt auch traurige Ausnahmen. Eine solche liegt dann vor, wenn die Marktteilnehmer die Meinung vertreten, dass auch durch eine Zinssenkung die Wirtschaft nicht in Schwung kommt. Auch solche Phasen gibt es, und dann sausen die Börsen trotz Zinssenkungen weiter in den Keller. Das traurige Beispiel Japan hat dies in den neunziger Jahren des alten Jahrtausends bewiesen. Auch an diesem Beispiel zeigt sich in aller Deutlichkeit: Eine Notenbank ist machtlos gegen eine verfehlte Wirtschaftspolitik – Zinsen sind eben nicht alles. Als 1989 in Berlin die Mauer fiel und sich die Einheit Deutschlands abzeichnete, wurde das ganze Land von einer einzigartigen Euphorie erfasst, die natürlich auch an den Börsen ablesbar war. Der DAX stieg unaufhaltsam, die deutsche Wirtschaft boomte, während beispielsweise Großbritannien mit einer furchtbaren Rezession kämpfen musste. Deutschland hatte damals in Europa eine einheitsbedingte Sonderkonjunktur. Eine Entwicklung, welche die Bundesbank mit großem Argwohn betrachtete. Die Geldhüter hatten panische Angst vor einer Inflation und hoben die Zinsen ungewöhnlich stark an. Die Leitzinsen stiegen damals auf

9 % – ein Niveau, das man eigentlich nur aus Bananenrepubliken kannte. Eine absolute Überreaktion der Bundesbank. Die Inflation stieg zwar ein wenig und tendierte in Richtung 5 %, die Leitzinsen deswegen aber so übertrieben zu erhöhen, war eigentlich ein Skandal. Aber der Börse hat es keinen Abbruch getan. Die Euphorie übertönte die restriktive Geldpolitik, der DAX stieg auf ein fantastisches Zwischenhoch – trotz historisch hoher Zinsen.

Die Stimmung, die damals in Deutschland herrschte, war wirklich enthusiastisch. Ich erinnere mich noch an den 9. November 1989, als am Abend die ersten Bilder im Fernsehen gezeigt wurden, wie DDR-Bürger über die Mauer in Berlin kletterten und die Grenzübergänge stürmten. Sofort setzte ich mich mit einem Freund ins Flugzeug und wir jetteten noch am selben Abend nach Berlin. Die ganze Stadt stand Kopf. Die Menschen weinten vor Freude. Ein ungeheuerer Jubel und Trubel, wie er in Deutschland wohl bis dahin einmalig war. Immer wieder wurden die Trabis aus dem Osten auf dem Kurfürstendamm mit lauten Willkommensrufen begrüßt. Kneipenwirte schenkten Bier und Sekt gratis aus, bis die Fässer und Regale leer waren. Die Begeisterung kannte keine Grenzen. Hier wurde Geschichte geschrieben.

Es war ein erhebendes Gefühl, zu dieser historischen Stunde in Berlin zu sein. Leider ist ja, wie wir alle wissen, von diesem Glücksgefühl nicht mehr viel übrig geblieben. Aus der Freude an der Vereinigung wurde lautes Jammern, weil alles nicht so schnell und so perfekt ging wie ursprünglich erwartet. Anstatt gemeinsam anzupacken und die Vereinigung als glückliche Herausforderung anzusehen, wurde alsbald die Rechnung aufgemacht, was das denn alles kosten würde. Die Bilanz sah natürlich ernüchternd aus – aber was ist schon Geld, wenn es um ein höheres, ideelles Gut geht? Diese Erkenntnis teilten nur wenige Zeitgenossen, und schon bald stöhnte Deutschland unter der Last der Rechnungen, die bei den Brüdern und Schwestern im Osten zu begleichen waren.

Die Bundesbank beobachtete die Entwicklung aus geldpolitischer Sicht mit größter Sorge. Als Bundeskanzler Kohl schließlich die weiche

DDR-Mark 1:1 in DM tauschen ließ, brachte dieser Akt bei den deutschen Notenbankern das Fass zum Überlaufen. Otmar Pohl, der damalige Chef der Deutschen Bundesbank, verkündete offen sein Entsetzen über diese Tat und trat zurück. Die DM nahm trotzdem keinen Schaden. Im Gegenteil. Sie stieg im Verhältnis zum Dollar immer weiter und erreichte in der Gegend von 1,30 DM für einen Dollar ihren Höhepunkt. Und Inflation, die von den Geldhütern immer wieder beschworen worden war, stellte sich auch nicht ein. Im Gegenteil: Mitte der neunziger Jahre wich der großen Begeisterung für die Einheit die totale Ernüchterung. Die Konjunktur zeigte Ansätze zur Schwäche. Der Schluck, den die Wirtschaft aus der „Einheitspulle" genommen hatte, ließ die Flasche schnell leer werden. Übrig blieben Schulden, Überkapazitäten und Versprechungen, die nicht eingehalten werden konnten. Denn leider waren die DDR-Bürger ärmer als vermutet und konnten sich eben doch nicht gleich alle einen VW und einen Farbfernseher kaufen.

Die Grundstückspreise in Berlin, die anfangs noch in astronomische Höhen geklettert waren, fielen in sich zusammen. Viele Immobilienfirmen und Bauunternehmen gingen pleite. Es war, wie es immer in der Wirtschaft ist: Einem hemmungslosen Boom folgt eine Katerstimmung. Allerdings muss man in diesem Fall der Deutschen Bundesbank den Vorwurf machen, dass sie mit extrem hohen Zinsen diese negative Entwicklung noch verstärkt hat. Hier zeigt sich auch wieder, wie verzögert sich hohe Zinsen auswirken. In Boomjahren vermögen sie kaum etwas auszurichten. Geht die Wirtschaftsaktivität aber allein aus zyklischen Gründen zurück, wird dieser Effekt durch hohe Zinsen dramatisch verstärkt. Leider hatte die Deutsche Bundesbank die Angewohnheit, die Zinszügel immer erst sehr spät wieder zu lockern. Dafür genoss sie in der Welt allerdings auch den unangefochtenen Ruhm, politisch völlig unabhängig zu sein, was damals in Europa einzigartig war.

Never fight the Fed

Gegen Notenbanken sollte man nie ankämpfen. Letztlich bestimmen sie, wohin die Reise geht. Wenn die Zinsen steigen, dann wird sich dies über kurz oder lang auch auf die Aktienmärkte auswirken – allerdings nur sehr verzögert und am Anfang kaum wahrnehmbar.

Alan Greenspan, Chef der US-amerikanischen Notenbank, der Federal Reserve Bank, (Fed), hat der Party an den Aktienmärkten im Jahre 2000 praktisch den Strom abgedreht. Er hat einfach das Geld verteuert, indem er die Zinsen anhob. Verfügt die Börse aber nicht mehr über üppige Liquidität, wird sie früher oder später sinken. Wenn dann noch ein paar andere Probleme in bestimmten Branchen (Beispiel: Internet) hinzukommen, herrscht sogar größte Crashgefahr. Wenn Zinsen also steigen, steht die Börsenampel erst einmal auf Rot – auch wenn das die meisten Marktteilnehmer wahrscheinlich am Anfang gar nicht wahrhaben wollen. Sie feiern trotzdem weiter, bis plötzlich alle auf einmal nach Hause wollen, sprich: verkaufen. Dann ist es allerdings oft zu spät, die Kurse sind schon im Keller.

Natürlich können sich Notenbanken auch irren. Die Anhebung der Zinsen im Jahr 2000 war ein solcher Irrtum. Ein folgenschwerer Fehler. Denn die Geister, welche die Notenbanken riefen, wurden sie nicht mehr los. Dass insbesondere die Hightech-Börsen so tief fielen und eine ernsthafte Krise auslösten, daran kann keine Notenbank ein Interesse haben. Deshalb auch die, historisch gesehen, sehr eiligen Schritte in den USA, die Zinsen wieder herunterzunehmen.

Das Beispiel Japan mahnt, dass auch null Zinsen die Wirtschaft nicht unbedingt wieder zum Laufen bringen. Dennoch sorgen niedrigere Zinsen auf Sicht von sechs bis zwölf Monaten wahrscheinlich für höhere Aktienkurse. So war es jedenfalls bisher immer. Wenn also die Notenbanker wieder „Gas geben“, dann ist es Zeit, sich wieder mit Aktien vollzusaugen. Aber auch in einer solchen Situation darf man keine Wunder erwarten. Die Märkte sind oft sehr misstrauisch und depressiv. Eine Zinssenkung allein kann das Gemüt eines Börsianer noch nicht aufhellen. Doch die Erfahrung zeigt, dass Bewegungen bei den Zinsen immer weitere Schritte nach sich ziehen. Eine Zinsbewegung kommt selten allein: Eine Zinserhöhung zeitigt meist weitere Anhebungen. Bei einer Zinssenkung ist die Wahrscheinlichkeit extrem hoch, dass weitere Zinssenkungen folgen. Und das sollte in der Regel auch den Aktienmarkt beflügeln.

Dennoch haben die Notenbanken mit ihrer Inflationsparanoia zur Jahrtausendwende einiges an Porzellan zerschlagen. Die Frage ist doch, ob die minimalen Preissteigerungen, die wir in den letzten Jahren zu verzeichnen hatten, mit Zinserhöhungen zu bekämpfen sind. Ich meine: Nein! Die Elastizität Zinsen/Preise ist kaum noch gegeben. Selbst wenn die Notenbanken in Euroland die Zinsen auf zwei oder ein Prozent heruntergeschraubt hätten, wäre deshalb noch längst keine Inflationsspirale in Gang gesetzt worden. Die Angst vor der Inflation ist meines Erachtens historisch begründet. Inflation – der ständige Angstgegner der Notenbanken. Sie denken dabei an die siebziger oder sogar noch an die zwanziger Jahre. Doch diese Zeiten sind passé. Die Gefahr einer weltweiten Deflation ist wesentlich größer. Und Deflation ist ein Gegner, mit dem die Notenbanken bisher kaum umzugehen gelernt haben.

Wenn man sich die Preisentwicklung näher anschaut, dann sind deflationäre Tendenzen durchaus erkennbar. Beispielsweise werden Computer immer billiger. Dies gilt auch für fast alle anderen Elektronikartikel des täglichen Bedarfs. Selbst wenn sie nicht billiger werden, so nehmen doch die Qualität und die Ausstattung der Produkte zu, was einem geldwerten Vorteil entspricht. Vor einem Jahr kostete ein Computer mit der Rechengeschwindigkeit XY noch doppelt soviel wie heute. Das ist eigentlich Deflation pur, ohne dass es zur Kenntnis genommen wird. Mit all den Nachteilen, die man aus den Lehrbüchern kennt. Als Beispiel wäre der Attentismus zu nennen: Konsumenten halten sich zurück in der Hoffnung, die gleiche Ware in Zukunft preiswerter zu bekommen. Diesem Phänomen tragen die Notenbanken kaum Rechnung. Schon deshalb waren die Zinsen in den letzten Jahren zu hoch.

Der einzige Grund, warum sie zur Jahrtausendwende dennoch erhöht wurden, war weniger die Preisgefahr, sondern die Bubble an den Börsen. Greenspan verstand sich offenbar mehr als ein Pädagoge der Kapitalmärkte. Er wies mehrmals darauf hin, dass ihm die Aktienkurse zu hoch waren. Und als die Börse nicht hören wollte, setzte er die Zinsen hinauf.

Doch der „Pädagoge der Börsen" reagierte sehr flexibel, als er feststellte, dass die Aktienmärkte über das Ziel hinausgeschossen waren. Die Zinsen in der ersten Hälfte des Jahres 2001 in so kurzer Zeit so tief zu senken, war gleichzeitig auch ein Bekenntnis der US-Notenbank zur Börse. Ein Signal, dass die Notenbank gewillt war, die Aktienmärkte zu stützen, indem sie den Geldhahn aufdrehte. Gerade in den USA hängt der Wohlstand der meisten Bürger direkt von der Börse ab. Wenn diese in den Keller geht, ist die unmittelbare Folge eine Zurückhaltung beim Konsum. Geht der Konsum aber zurück, steht die Rezession vor der Tür. Das alles galt es zu verhindern, wenn es nicht schon zu spät war.

Eine Zinssenkung ist auf jeden Fall ein positives Signal für die Aktienmärkte. Was der Markt dann daraus macht, steht auf einem anderen Blatt.

Einen sehr viel weniger pragmatischen Ansatz verfolgt dagegen die Europäische Zentralbank. Sie betreibt eine Politik der alten Schule, ohne flexibel auf Amerika einzugehen. Niemals würde sie Zinsen senken, um Aktienmärkte zu unterstützen. Schon geldpolitische Maßnahmen zugunsten der Konjunktur stehen quasi auf dem Index. Dafür fühlt sich die EZB nicht zuständig. Nur mit allergrößtem Widerwillen beugte sich die EZB dem weltweiten Ruf nach einer Zinssenkung und schraubte den Leitzins im Mai 2001 um homöopathische 25 Basispunkte zurück. Dies war noch nicht einmal ein Lippenbekenntnis, es war lediglich ein kosmetischer Akt. Ich bin trotz alledem davon überzeugt, dass die EZB die Zinsen auf mittlere Sicht herunternehmen müssen wird. Nur könnte es dann zu spät sein, um noch einen konjunkturellen Einfluss zu haben. Das krampfhafte Festhalten an hohen Leitzinsen war und ist letztlich auch der Grund, warum der Euro nicht auf die Beine kam und kommt.

Moderne Zeiten erfordern einen modernen Umgang mit der Zinspolitik. Das ist eine Lektion, welche die Europäische Zentralbank erst noch lernen muss.

Megamarkt Anleihen

Der Markt der Anleihen blüht im Verborgenen. Die Umsätze bei den Anleihen übertreffen die der Aktien bei weitem. Der Jahresumsatz aller in Deutschland gehandelten Aktien beträgt laut Bundesbankstatistik rund 150 Milliarden Euro. Das Volumen der Anleihen dagegen beläuft sich auf 2,2 Billionen pro Jahr. Das ist eine Zahl mit zwölf Nullen und weit mehr als das Zehnfache des Aktienumsatzes.

Der durchschnittliche Anleger bekommt vom Geschäft mit Anleihen kaum etwas mit. Er kennt vielleicht die Palette der Bundesanleihen, die der Post und einiger anderer großer Unternehmen. Doch das Angebot ist weitaus umfangreicher.

Neben den Bundesanleihen gibt es natürlich noch die Auslandsanleihen. Darüber hinaus noch die Firmenpapiere der Unternehmen. Jedes größere Unternehmen besorgt sich von Zeit zu Zeit Gelder in Milliardenhöhe auf dem Anleihemarkt. Beispielsweise borgte sich DaimlerChrysler 13 Milliarden Euro. Das Unternehmen musste allerdings bis zu 1,5 Prozentpunkte höhere Zinsen bieten, als Vater Staat dies nötig hat. Unternehmensanleihen sind in der Regel etwas für Profis. Große Bankhäuser teilen das Angebot untereinander auf. Bei Privatanlegern ist eine Investition in Unternehmensanleihen eher selten zu beobachten, obwohl ein solches Investment durchaus interessant sein kann. Wichtig dabei: das Rating. Die Bonität des Schuldners bestimmt den Zins. Und da gibt es durchaus unterschiedliche Bewertungskriterien. Der beste Schuldner ist immer noch der deutsche Staat. Darum zahlt er die geringsten Zinsen. Dann kommen deutsche Unternehmen. Diese müssen ihre Schulden aber schon mit höheren Zinsen attraktiver gestalten. Für den normalen Anleger kann dies durchaus ein Schnäppchen sein. Dass ein großes Unternehmen aus dem DAX-Bereich pleite geht, ist eher unwahrscheinlich. Wahrscheinlich ist hingegen, dass der Kurs der Anleihen sinkt, wenn es dem Unternehmen einmal schlechter geht. Und das ist bei lang laufenden Schuldscheinen irgendwann immer möglich.

Der Markt der Schuldscheine ist riesengroß. Auch viele ausländische Emittenten tummeln sich auf dem deutschen Markt. Viele Staaten legen Euro-Anleihen auf, weil Schuldscheine in Landeswährung nicht akzeptiert werden. Fast alle Länder des ehemaligen Ostblocks haben sich beispielsweise in DM oder Euro verschuldet. Sie müssen allerdings gleich ein paar Prozent mehr Zinsen zahlen als der deutsche Staat. Polen oder Russland genießen eben nicht die beste Reputation – deshalb müssen sie höhere Zinsen fürs Geld zahlen.

Eine Investition in diese Länder ist nicht ohne Risiko. Auf der anderen Seite locken große Chancen. Wichtig ist die Frage: Kann der Schuldner pleite gehen? Bei Staaten kann man das meistens verneinen – auch wenn es ihnen zwischendurch sehr schlecht gehen kann. Dann sinkt natürlich der Kurs der Anleihen. Solche Schuldscheine haben dann durchaus den Risikocharakter einer Aktie.

Immer wenn es in Russland kriselt – und das war in der Vergangenheit oft der Fall –, sinken die Anleihen. So konnte man 1998 Schuldscheine Russlands und der Ukraine, die zu 100 Euro emittiert wurden, für unter 50 Euro kaufen. Daraus ergaben sich dann traumhafte Renditen von teilweise mehr als 20 % pro Jahr, in Einzelfällen sogar über 30 %. Natürlich sieht es in Zeiten, in denen die Schulden der betreffenden Länder praktisch nichts mehr wert sind, auch politisch düster aus. Meistens geht der Verfall der Anleihen mit wirtschaftlichen und politischen Krisen einher. Trotzdem lohnt sich gerade dann der Blick auf die Anleihen dieser Länder. Die internationale Staatengemeinschaft tut nämlich alles, um den Untergang dieser Länder zu verhindern. Zur Not erfolgen Milliarden-Spritzen, um gröbste Probleme zu lindern. Die Staaten selbst haben natürlich auch ein existenzielles Interesse daran, ihre

Schulden zu bedienen und keineswegs in den Bankrott zu schlittern. Damit würde ihnen der Zugang zu den internationalen Kapitalmärkten ein für alle Male verschlossen. Fazit: Den Wackelkandidaten mag es noch so schlecht gehen, die Zinszahlungen mögen auch einmal ausgesetzt werden, in der Regel haben bisher fast alle wieder auf den Pfad der Tugend zurückgefunden.

Wer in solchen Krisenzeiten zugreift und Anleihen der betreffenden Länder kauft, kann viel Geld verdienen. Zusätzlich zu den Zinszahlungen locken kräftige Kursgewinne bei den Scheinen. Ich selbst habe Ende der achtziger Jahre viel Geld mit Brasilien-Anleihen verdient. Das Land stand damals am Rande des Abgrunds. Meine Überlegung: Brasilien spielt in Lateinamerika eine so wichtige Rolle, dass die internationale Staatengemeinschaft das Land niemals pleite gehen lassen würde. Also kaufte ich Brasilienanleihen zu Ausverkaufspreisen. Selbst Gerüchte, dass das Land seinen Zinsverpflichtungen nicht nachkommen könne, ignorierte ich. Und in der Tat sollte ich Recht behalten. Brasilien überwand mit den Jahren die Wirtschaftskrise. Die Anleihen stiegen wieder. Ich konnte also nicht nur üppige Zinsen kassieren, sondern profitierte auch noch von hohen Kurssteigerungen. Wer Mut hatte, konnte mit den Russlandanleihen 1998 ebenfalls viel Geld verdienen. Allerdings muss man sich natürlich darüber im Klaren sein, dass dies ein sehr spekulatives Investment bleibt. Aber mit dem richtigen „Riecher“ lässt sich, wie diese Beispiele zeigen, auch mit den oft als „langweilig“ verschrienen Anleihen gutes Geld machen.

Ähnlich wie bei Krisenstaaten fallen natürlich auch die Anleihen von notleidenden Unternehmen. In manchen Fällen konnte man Anleihen, die zu 100 Euro emittiert wurden, für 20 oder 25 Euro kaufen. Doch diese Unternehmensanleihen bergen ein viel höheres Risiko als Staatsanleihen. Dass ein Unternehmen pleite geht, kommt deutlich öfter vor als ein Staatsbankrott. Und dann ist das Geld verloren. Den Kauf von Anleihen fast bankrotter Unternehmen kann ich deshalb nicht empfehlen. Auch wenn der Kurs noch so niedrig sein sollte und eine scheinbar traumhafte Rendite lockt. Das Risiko ist einfach zu hoch.

Abzuraten ist auch von Anleihen, die in Landeswährungen kleiner Länder ausgegeben werden. Die Zinsen sind zwar nominal sehr hoch, dahinter steckt aber das Risiko einer Währungsabwertung. So etwas kann man bei kleineren Staaten oder bei Ländern ohne soliden Haushalt alle paar Jahre beobachten. So wurde der russische Rubel oder die türkische Lira schon oft drastisch abgewertet. Genauso erging es dem südafrikanischen Rand oder den Währungen der meisten asiatischen Länder, bis auf Japan.

Die hohen Zinsen, welche diese Länder bereit sind zu zahlen, werden von den Abwertungen mehr als „aufgefressen“. Am Ende steht meistens ein Verlust.

Mehr Geld durch niedrige Zinsen

Auf hohe Zinsen fallen aber immer wieder viele Anleger herein. Kurzfristige Gewinne verschließen die Augen vor langfristigen Risiken. Wie wäre es denn, wenn man sein Geld bewusst in den Ländern anlegte, die extrem niedrige Zinsen zahlen? Zum Beispiel in Japan oder in der Schweiz? Einige Spezialisten sind genau diesem Fall nachgegangen, und ihr Ergebnis ist verblüffend: Das meiste Geld mit Anleihen macht genau dort. Japans Schuldscheine bringen schon seit Jahren nur rund 2 % Zinsen. Aber wer sein Geld in japanische Anleihen gesteckt hätte, der hätte unterm Strich einen Riesengewinn erwirtschaftet. Hier sind es nicht die Zinsen, die reich machen, sondern es ist die Währung. Niedrige Zinsen bedeuten ja meistens auch niedriges Risiko. Niedriges Risiko heißt: gute, solide Staatsfinanzen. Gute Staatsfinanzen bedeuten starke Währung. Obwohl Japan sicherlich einen Sonderfall darstellt, kann man generell sagen: Niedrige Zinsen bringen in der Regel mehr Geld als hohe. Es gibt kein Abwertungsrisiko, sondern die Chance einer Aufwertung. Und damit verdient der Anleiheninvestor das Geld. In Japan genau wie in der Schweiz.

Die Anleihelandschaft generiert jeden Tag neue Produkte. In Deutschland sind in den letzten Jahren so Aktienanleihen sehr populär geworden. Das kann ich überhaupt nicht nachvollziehen. Für ein paar Prozent mehr Zinsen trägt der Anleger das volle Aktienrisiko. Und die Zinsen darf er am Ende auch noch versteuern.

Aktienanleihen bedeutet: Der Emittent hat am Ende der Laufzeit ein Wahlrecht – er kann entweder den Nominalbetrag zurückzahlen (also die „Ursprungssumme"), oder er zahlt in Aktien. In Aktien wird dann gezahlt, wenn die Papiere unterhalb eines vereinbarten Kurses fallen. Ein schönes Geschäft für die Bank, ein schlechtes für den Anleger. Doch offenbar finden diese „synthetischen" Anleihen reißenden Absatz, sonst würde wohl nicht soviel Werbung dafür gemacht. Mein Rat: Hände weg! Lassen Sie sich nicht vom hohen Zinssatz locken. Hohe Zinsen bedeuten immer auch hohes Risiko. Und das Risiko trägt selbstverständlich der Käufer solcher Papiere.

Nicht ratsam erscheint es mir auch, sein Geld in Rentenfonds zu stecken. Fondsmanager haben in der Regel große Schwierigkeiten, die *Benchmark* (Zielvorgabe) zu schlagen. Es ist schwierig, mehr herauszuholen, als eine Bundesanleihe bringen würde. Ausgabeaufschläge und Verwaltungsgebühren fressen zusätzlich an den Erträgen. Und das letzte Quäntchen kassiert dann noch Vater Staat mit seinen Steuern auf Zinserträge. Rentenfonds sind in der Regel kein geeignetes Anlageinstrument, es sei denn, man möchte gezielt in Risikoanleihen anlegen und die glückliche Auswahl solcher Papiere einem Fondsmanager überlassen. Doch auch das geht oft genug schief. Hier gilt ebenfalls: Jedes Prozent, dass man mehr herausholen möchte, vergrößert das Risiko überproportional. Es ist besser, gleich in Aktien zu investieren, weil hier die Kurschancen bedeutend größer sind.

Generell aber gilt: Wer keine Experimente machen will, legt sein Geld in guten alten deutschen Staatsanleihen an. Die Zinsen sind zwar niedrig, aber es ist der sicherste Hort für das sauer Verdiente. Leider wird er dabei vom Staat zur Kasse gebeten. Die anfallenden Zinsen müssen natürlich versteuert werden. Noch so eine Steuerungerechtigkeit:

Geld, das man bereits versteuert hat, wird vom Staat ein zweites Mal besteuert. Das macht eine Investition in Anleihen sinnlos, weil man auf lange Sicht sogar dabei verliert. Das, was nach Steuern noch übrig bleibt, reicht oft nicht einmal, um die Inflationsrate auszugleichen. Deshalb bin ich für die Abschaffung dieser „Doppelbesteuerung" – mehr zum Thema in den nächsten Kapiteln.

DM ade

Den 1000-Mark-Schein zieren die Köpfe der Gebrüder Grimm. Wilhelm Grimm (1786-1859) und Jacob Grimm (1785-1863), Literaturwissenschaftler und Sammler deutschen Sprach- und Kulturguts. Die Gebrüder Grimm schufen das erste deutsche Wörterbuch, abgebildet auf der Rückseite des Tausenders. Daneben eine Figur aus einem ihrer Märchen: die Goldmarie. Geld als Symbol der Freiheit. Dies gilt allerdings nur für eine starke Währung. Und stark war sie, die Deutsche Mark. Ein bisschen wehmütig könnte einem schon ums Herz werden. Jahrzehntelang war die gute alte Mark in Münzen und Scheinen unser treuer Begleiter. Sie war begehrt rund um den Globus und tat unseren Portemonnaies gut. Ein Fels in der Brandung der schwachen Währungen in Europa. Während Franc, Lire oder Peseten aufgrund wirtschaftlicher Probleme und politischer Querelen in unregelmäßigen Abständen abgewertet werden mussten, war die Mark ein Hort der Stabilität. Dies wurde natürlich von den betroffenen ausländischen Beobachtern nicht ohne Neid zur Kenntnis genommen. Letztlich gab die Bundesbank den Takt an, und das war besonders den Franzosen ein Dorn im Auge.

Eigentlich hätte man die Mark als Europawährung einführen sollen. Das wäre die einzige logische Konsequenz gewesen, wenn auch politisch nicht durchführbar. Es liegt ja wohl in der Natur der Sache, dass das Beste gerade gut genug für alle ist. Aber wir wissen ja auch, dass es den Politikern nicht gerade darauf ankommt, das zu tun, was gut ist, sondern der dumpfen Stimme nationalen Stolzes zu gehorchen. Die Franzosen, zum Beispiel, hätten am liebsten die DM eliminiert, das war ein offenes Geheimnis.

Im Allgemeinen taten sich die Staaten schwer, eine neue Währung einzuführen. Besonders die Franzosen. Sie benahmen sich zum Teil so, als würde man ihnen den Rotwein wegnehmen wollen. Sie mutmaßten (zu Recht), dass sie sich mit dem Euro eine versteckte DM ins Land holten. Das Diktat der Bundesbank an der Seine – eine Horrorvorstellung für die meisten Franzosen. Entsprechend hart das Gerangel um den Sitz der Europäischen Zentralbank und noch härter das Ringen um den ersten Präsidenten. Mit List, Tücke und teils offenen Drohungen versuchten die Franzosen, Behörde und Amt selbst auszustatten. Schließlich hat es der damalige Bundeskanzler Helmut Kohl doch noch geschafft, die EZB an den Main zu holen. Die erste Amtsperiode sollte ein Holländer ausfüllen, Wim Duisenberg. Doch auch am Stuhl des Holländers sägten die Franzosen. Immer wieder tauchten Gerüchte auf, dass er bereits nach Ablauf der ersten Hälfte der Amtszeit gehe – und durch einen Franzosen ersetzt werde. Wundern würde ich mich nicht. Die französische Notenbank hat sich in den Jahrzehnten ihres Daseins nicht gerade mit Ruhm bekleckert. Die französische Regierung machte keinen Hehl daraus, dass sie direkten Zugriff auf die Notenbank hatte. Noch in den achtziger Jahren wurde immer wieder der Ruf nach Devisenkontrollen laut. Immer wenn der Franc schwach wurde, forderte die Politik Devisenkontrollen, das heißt, Beschränkungen der Ein- und Ausfuhr von französischen Francs. Ein riesiger Vertrauensverlust für jede Währung. Die so Südschienen-Länder erstickten fast in hoher Inflation, stockender Wirtschaft, Staatsschulden und Arbeitslosigkeit. Doch wie durch ein Wunder erfüllten am Ende alle Kandidaten die Kriterien von Maastricht. Die Zahlen wurden meines Erachtens zum Ende der Frist regelrecht zusammenfrisiert – nur um mit dabei sein zu können. Im Grunde genommen hatte wohl kaum ein Staat die Kriterien von Maastricht erfüllt. Aber aus Termingründen hat man eben ein Auge zugedrückt und die Statistiken so hingebogen, dass sie auf dem Papier stimmten.

Nicht zuletzt dieser Vorgehensweise ist es zu verdanken, dass der Euro von Anfang an ein sehr ungeliebtes Kind bei der internationalen Währungsgemeinschaft war. In Devisensälen von Tokio bis New York machte man sich lustig über dieses Kunstgebilde. Dem Euro wurde keine große Zukunft vorausgesagt. Doch die Gespräche in den Devisensälen interessierten die Politiker wenig. Im Grunde genommen war ihnen ein schwacher Euro sogar willkommen, weil eine weiche Währung zunächst der europäischen Wirtschaft unter die Arme greifen würde. So sind sie eben, die Politiker. Auch der deutschen Regierung war nicht an einer starken Währung gelegen. Die harte Haltung der Bundesbank, ihre Unabhängigkeit, die hohen Zinsen – darunter litt schließlich auch die konservative Regierung Kohl. Insofern wurde der Euro auch von der deutschen Politik um jeden Preis „durchgezogen".

Die wenigen kritischen Stimmen verstummten bald. Der Euro, von der Politik gewollt, von der Bevölkerung mit natürlichem Misstrauen beäugt und von den Devisenhändlern verachtet. Es wird sich zeigen, ob Europa durch ein gemeinsames Zahlungsmittel besser zusammenwächst. Zunächst einmal sank er, der Euro. Und die Europäische Zentralbank konnte nur tatenlos zusehen. Mit hohen Zinsen allein kann man eine Währung nicht aufpäppeln. Auch die Menschen auf der Straße bekamen dies zu spüren. Des Deutschen liebstes Kind – neben dem Auto der Urlaub – war in Gefahr. Zumindest der Aufenthalt außerhalb der Eurozone sollte bald empfindlich ins Geld gehen. Kommentar des Präsidenten der Deutschen Bundesbank, Ernst Welteke: „Urlaub in den Kasseler Bergen ist doch auch schön." Ganz so spaßig sahen das einige andere Marktteilnehmer allerdings nicht. Immerhin importierte Euroland mit seiner schwachen Währung Inflation. Die Energiepreise, besonders die Benzinpreise, stiegen auf Rekordniveau und fraßen dem Durchschnittsverdiener das Bare aus dem Geldbeutel. Und wenn es ums Auto geht, reagieren besonders die Deutschen allergisch. Die hohen Spritpreise sorgten immer wieder für Aufsehen und Schlagzeilen.

Wie tief kann der Euro fallen? In London diskutierte man Anfang 2001 schon die 50-Cent-Marke. Doch dahin wird er nicht gehen. Das würde für die USA das Aus bedeuten. Amerikanische Waren ließen sich dann nicht mehr in Europa verkaufen, und damit würde sich der Konjunkturrückgang, der 2001 zu beklagen war, noch weiter verstärken. Mit Gegenmaßnahmen aus den USA war also jederzeit zu rechnen. Ich glaube nicht, dass Alan Greenspan, der sich auch für die Konjunktur zuständig sieht, einen zu starken Dollar hinnehmen würde.

Aber zuerst sprach alles für den Dollar. Und so langsam bekamen viele Investoren kalte Füße aufgrund ihrer Eurobestände.

Euro – jetzt hilft nur noch beten

Der Euro ist unterbewertet. Ich konnte es schon nicht mehr hören. Wie viele Analysten, wie viele Experten, Notenbanker, Politiker, selbst Gewerkschafter, Unfähige, Sterndeuter – selbst der Mann auf der Straße – wie viele Leute waren zu Beginn des neuen Jahrtausends der Meinung, der Euro sei unterbewertet. Müssen denn immer Millionen Weltstunden müßig verrinnen, bis all diese Menschen Kenntnis von der Realität nehmen?

Ein Blick auf den Devisenmarkt zeigte damals in aller Klarheit: Der Euro ist überbewertet. Niemand wollte ihn haben. Selbst Euroländer flohen in den Dollar, weil sie höllische Angst hatten, dass das pekuniäre Kunstprodukt noch weiter an Wert verlöre. Was nutzt die Aussage, eine Währung sei unterbewertet, wenn sie trotzdem weiterhin fällt? Was nutzt es, in einem verregneten Sommer zu sagen, eigentlich hätten wir 30 Grad verdient?

Der Markt hat immer Recht. Und die Analysten haben meistens Unrecht. Ich kenne niemanden, der diesen dramatischen Verfall unserer Währung vorausgesehen hätte. Als die Währung eingeführt wurde, waren sich alle einig, dass der Euro Parität zum US-Dollar verdient hätte.

Ein Wunsch, der nicht Realität wurde. Ich habe Hunderte Interviews geführt mit Devisenexperten, die mit komplizierten mathematischen oder statistischen Korrelationen vorgaben, die Bewegung des Euro zu prognostizieren. Alles vergeblich. Nur eines steht fest: In der Regel macht der Markt genau das Gegenteil von dem, was sich seine Teilnehmer wünschen. Im Nachhinein sind wir alle klüger. Selbst die Analysten.

Auch im Jahr 2001 war die Hoffnung weitverbreitet, der Euro möge steigen. Doch Beschwörungen helfen nicht. Die Börse übertreibt immer, und die Devisenmärkte übertreiben noch mehr. Also geht der Euro auf 70 US-Cent? Vielleicht auch auf 50 US-Cent? In den Achtzigerjahren stieg der Dollar auf über 3 DM! Das entspräche etwa 56 US-Cent für einen Euro. Damals hat sich kaum jemand über die DM-Schwäche aufgeregt.

Den USA war es eine Zeit lang sicherlich egal, wie sich der Dollar zu den Außenwährungen verhielt. Amerika kennt nur den Dollar. 95 % der Amerikaner, wahrscheinlich noch mehr, wissen noch nicht einmal, dass der Euro existiert. Und tendenziell war Alan Greenspan, der US-amerikanische Notenbankchef, über einen starken Dollar gar nicht besorgt, weil in den USA die Wirtschaft Anfang 2000 noch immer heftig boomte. Wenn sich also Waren im Ausland aufgrund des höheren Dollars schlechter verkauften, so hatte dies einen dämpfenden Effekt und war deshalb sogar willkommen. In Europa war es genau umgekehrt. Die meisten Politiker befürworteten heimlich einen schwachen Euro in der Hoffnung, damit die Wirtschaft besser ankurbeln zu können. Typisches Phänomen der Politik: Anstatt an den Strukturen zu arbeiten, wird lieber die Währung inflationiert – ein kurzfristiges Aufputschmittel für die Wirtschaft und dann die Sintflut. Das reicht meistens für eine Legislaturperiode, und mit ein wenig Glück gelingt dann die Wiederwahl. Die schlimmste Äußerung und auch die widersinnigste und dümmste in diesem Zusammenhang stammt immer noch von Altbundeskanzler Helmut Schmidt, der einst kundtat, ihm sei ein bisschen Inflation lieber als hohe Arbeitslosigkeit. Dem Mann auf der Straße wird auf diese Weise suggeriert, steigende Preise hätten etwas mit

Vollbeschäftigung zu tun. Welcher Irrsinn! Auch SPD-Politikern, die sich immer noch mit dem Titel „Genosse" ansprechen, sollte bekannt sein, dass Vollbeschäftigung nur mit solider Wirtschaftspolitik erreichbar ist. Dazu zählen ausgeglichene Staatsfinanzen und Preisstabilität sowie Schaffung unternehmerischer Anreize. „Ein bisschen Inflation" frisst den Arbeitern das hart Ersparte weg, weil sie sich nicht dagegen schützen können. Aber das verschweigen Politiker geflissentlich – können sie ja auch, denn die Leute, von denen sie gewählt werden, sind in der Regel dumm und machen ihr Kreuz dort, wo es die meisten Versprechungen gibt. Der peruanische Schriftsteller Mario Vargas Llosa formulierte es so: „Demokratie heißt, dass man die Wahl hat, aber nicht, dass man eine gute Wahl trifft." Besser kann man das Dilemma der Demokratie nicht formulieren. Es ist die Nebenwirkung kurzer Legislaturperioden, dass Politiker nicht das tun, was für die Zukunft erforderlich ist, sondern kurzfristig Brot und Spiele organisieren, damit sie wiedergewählt werden. Was könnte ihnen da ein größerer Dorn im Auge sein als eine unabhängige Notenbank?

Wichtig für den Wert einer Währung ist die wirtschaftliche Verfassung eines Landes. Betrachen wir die Sache doch einmal aus der Sicht eines asiatischen Investors, der eine Entscheidung treffen muss, ob er sein Geld im Dollar-Raum oder in Euroland anlegt. Die Bestandsanalyse für die USA lautet: Bekenntnis zum Kapitalismus, in dem Leistungsträger belohnt werden, zur Marktwirtschaft, zu flexibler Wirtschaft, die zumindest noch bis zum Jahr 2000 boomte, zum Arbeitsmarkt. Darüber hinaus gibt es den Dollar schon, seitdem die USA existieren, also über 200 Jahre. Welche Währung kann das schon von sich behaupten? Der Dollar genießt also Vertrauen, das über Jahrhunderte gewachsen ist.

Wie sieht es nun mit dem Euro aus? Der Euro ist eine Kunstwährung mit kurzer Geschichte. In manchen seiner Heimatländer sind sozialistisches Gedankengut oder gar Kommunismus immer noch in den Köpfen vorhanden. Politische Querelen und Handlungsunfähigkeit der „Europaregierung" runden das unsichere Bild ab. Angriffe auf die Unabhängigkeit der Europäischen Zentralbank, politische Begehrlichkeiten sind keine

Seltenheit und werden unverhohlen artikuliert, besonders von Frankreich. Gewerkschaften verhindern vernünftige ökonomische Gestaltung, der Arbeitsmarkt ist vollkommen unflexibel. Die Wirtschaft in Deutschland und in Rest-Europa ist total überbürokratisiert und überreguliert. Kritische Zeitgenossen merken zu Recht an, dass Bill Gates, wenn er Mitte der achtziger Jahre in Deutschland gestartet wäre, heute immer noch in seiner Garage säße. Wahrscheinlich stünde er beim Sozialamt Schlange. In den USA wurde aus dem jungen Softwarebastler, der in der Garage des elterlichen Hauses mit Computerprogrammen experimentierte, der reichste Unternehmer der Welt.

Wer in den USA arbeitslos wird, packt sein Hab und Gut in den Wohnwagen und zieht dorthin, wo es Arbeit gibt. Wer in Deutschland arbeitslos wird, geht zum Arbeitsamt. Leistungsträger, Unternehmensgründer bestraft die Politik mit unangemessen hohen Steuersätzen. Unrentable Wirtschaftszweige werden zum Zwecke des Kaufs von Wählerstimmen mit Milliardenbeträgen subventioniert.

Die Liste könnte noch endlos weitergeführt werden. Sie sehen es aber schon auf den ersten Blick: Wenn Sie die Wahl hätten zwischen Euro und US-Dollar, in welche Währung würden Sie denn investieren, angesichts des wirtschaftspolitischen Umfeldes? Die Entscheidung dürfte ganz klar zugunsten des Dollar ausfallen. Und so sehen es auch internationale Investoren. Das ist der einzige Grund, warum der Euro zur Jahrtausendwende in den Keller ging.

Ich war bei Einführung des Euro ein klarer Gegner dieser Kunstwährung. Allein der Vertrag von Maastricht, in dem die gesetzlichen Grundlagen für diese „Zwangsehe" geschaffen wurden, war ein einziger Skandal – ich bin bis zum heutigen Tage der Meinung, dass die meisten Betroffenen ihn weder gelesen, geschweige denn verstanden haben. Der Euro war der Preis für Frankreichs Ja zur Einheit Deutschlands. Die feste DM war den Nachbarstaaten immer schon ein Dorn im Auge, allen voran Frankreich. Wie unterschiedliche Staaten mit verschiedenen Sprachen, verschiedenen Sozialsystemen, Kulturen, Staatsschuldenquoten unter ein Dach gebracht werden konnten, ist mir nicht klar. Die im

Vertrag von Maastricht geforderten Schuldenquoten sind zum Schluss regelrecht zusammengepfuscht worden, so dass die einzelnen Staaten angeblich reif waren für die gemeinsame Währung. Mir war es schon immer ein Rätsel, wie eine einheitliche Zinspolitik von Skandinavien bis Sizilien den Belangen der „Wirtschaftssubjekte" gerecht werden könne.

Der Euro war eine politische, keine ökonomische Entscheidung. Eine Währung, die selbst vielen Europäern nicht schmeckte. Wen wundert es da, dass er schwach wurde? Ich habe den Euro immer mit einem europäischen Einheitsbrei verglichen. Was entsteht, wenn man italienische Pizza, spanische Paella, deutsches Eisbein und französische Quiche Lorraine zusammenmixt? Wer würde das schon essen wollen? Ähnlich ist es mit dem Euro.

Die Deutschen haben das erst sehr spät kapiert. Öffentlich gegen den Euro zu sein, wurde 1998 gleichgestellt mit nationalistischer Denkart. Kritische Geister wurden schlicht ins Abseits befördert. Erst als es zu spät war, kam Kritik auf. Doch die Zwangsehe konnte nicht mehr rückgängig gemacht werden. Wie im bürgerlichen Eheleben, wo es bei der Trauung heißt: „... bis dass der Tod euch scheidet", lässt auch der Euro-Vertrag keinen Rückzug mehr offen. Staaten, die einmal den Einstieg schafften, und das waren, o Wunder (!) alle, brauchten sich anschließend keine Sorgen mehr zu machen, dass sie wegen Fehlverhaltens ausgeschlossen würden. Die Devise lautete also: Am Anfang die Kriterien durch „Hinbiegen" erfüllen und dann die Zügel schleifen lassen.

Jetzt haben wir also den Euro, und es bleibt keine andere Wahl. Es muss gut gehen. Ich denke, dass trotz aller Kritik die Chancen dafür durchaus gegeben sind. Die Politiker müssen ihre Hausaufgaben machen, und die Notenbank muss unabhängig bleiben. Die Wirtschaft sollte dergestalt dereguliert und gefördert werden, dass Investments, Gründerstimmung, Leistungsbereitschaft gefördert und nicht behindert werden. Erste Ansätze in dieser Richtung sind erkennbar. Das ist nicht nur gut für den Euro, sondern auch für Europas Börsen – und es kommt letztlich jedem einzelnen Europäer zugute.

Die Yen-Falle

Eigentlich sollen niedrige Zinsen die Wirtschaft ankurbeln. So steht es in den Lehrbüchern. Nur hält sich die Wirtschaft leider nicht immer daran. Bestes Beispiel: Japan. Weder Wirtschaft noch Börse machen auch nur den Versuch, sich von billigem Geld dopen zu lassen. Die Notenbank in Tokio hat ihre letzten Trümpfe ausgespielt, die Zinsen sind bei null – und die Konjunktur ist es auch.

Hauptgrund für die Misere: Die Pferde saufen nicht. Jedenfalls nicht die eigenen. Die fremden schon. Seit Jahren nämlich verschuldet sich die internationale Finanzcommunity in Yen, um dieses Geld in Ertrag bringendere Assets zu investieren. Dazu bedarf es keiner großen Fantasie: Bei Schuldzinsen in der Gegend von null leiht man sich japanische Yen, tauscht sie um in Dollar und kauft US-Bonds, die fast 6 % abwerfen. Dieses Spiel wird nun schon seit Jahren betrieben. Die japanische Notenbank druckt Geld, das aber nicht im Inland investiert wird, sondern das Ausländer dankbar annehmen, um damit neue Investmentabenteuer zu starten. Ein Großteil der Hausse an den US-amerikanischen Aktienmärkten wurde damit finanziert. Billiges Geld ist der Freund der Börsianer. An internationalen Finanzmärkten ist es egal, woher es kommt.

Nun hat das Spiel mit Nippons Zinsen allerdings bedrohliche Ausmaße angenommen. Vor kurzem hielt ich einen Vortrag bei einer kleinen Sparkasse auf dem Lande, in der Nähe von Berlin. Zu meinem allergrößten Erstaunen erklärte mir der Bankdirektor, dass man eigens für Kunden Yen-Kredite bereitstelle, weil diese so zinsgünstig seien. Ein Großteil der Landbevölkerung habe davon auch regen Gebrauch gemacht, vermeldete er stolz. Von der Eigenheimhypothek bis zum Unternehmensdarlehen – alles in Yen. Ein guter Freund von mir erwarb ein wunderschönes Haus in der Altstadt von Ibiza. Er zahlte nicht bar, sondern verschuldete sich in Yen. Bei 1 % Zinsen im Jahr sicherlich sehr verführerisch. Eine Einladung, sofort höhere Beträge aufzunehmen: kostet ja nichts! Doch diese Betrachtung ist sehr vordergründig.

Was passiert, wenn die ganze Welt im Yen verschuldet ist? Irgendwann müssen die Yen-Schuldner die Währung wieder zurückkaufen. Und darin liegt die große Gefahr. Wenn alle dies auf einmal tun, dann springt der Yen in astronomische Höhen. Alle, die in Yen verschuldet sind, sitzen also auf einem Pulverfass. Irgendwann wird der Yen explodieren. Je höher er geht, desto mehr Leute müssen ihn eindecken. Theoretisch könnte sich so der Yen mehr als verdoppeln. Auf diese Weise verdoppeln sich aber auch die Schulden der Yen-Kredite.

Ich habe den Eindruck, dass die meisten Yen-Schuldner sich dieser Gefahr nicht bewusst sind. Im Gegenteil. Sie spekulieren sogar darauf, dass der Yen abgewertet wird. Im Prinzip ist dies auch das Ansinnen der japanischen Notenbank, nur steckt sie dabei in einem Dilemma. Der hohe Außenwert des Yen hängt natürlich wie ein Damoklesschwert über der ohnehin schon am Boden liegenden Wirtschaft. Letztlich wurde der Yen nur deshalb so stark, weil die Zinsen in Japan so niedrig sind. Das wiederum führt zu einem Verschuldungskreislauf ausländischer Kreditnehmer, die durch kontinuierliches Eindecken mit der Währung den Yen auf hohem Niveau halten. Aber die eigentliche Bombe wird erst noch platzen. Nämlich dann, wenn eine Vielzahl von Kreditnehmern durch bestimmte Einflüsse plötzlich gezwungen sein wird, den Yen einzudecken. Wie könnte dieses Szenario aussehen?

Normalerweise bedeuten niedrige Zinsen auch eine schwächere Währung. Doch es gibt Ausnahmen, wie wir am Beispiel Japans sehen. Die Notenbanker unterliegen meines Erachtens einer Denkblockade. Manchmal kommt man mit entgegengesetzten Mitteln schneller zum Ziel.

Ziel der Notenbank ist es, die Wirtschaft anzukurbeln. Das tat sie, wie es in den Lehrbüchern für Volkswirtschaft geschrieben steht, mit niedrigeren Zinsen. Das führte aber nicht dazu, dass sich die inländische Wirtschaft zum Zwecke des Aufbaus neuer Unternehmen verschuldete. Die niedrigen Zinsen wurden bisher ausschließlich von ausländischen Akteuren genutzt, um US-Bonds zu kaufen (oder um ländliche Eigenheime in der Nähe von Berlin zu finanzieren). Folge: Der Yen verharrt auf hohem Niveau; eine zusätzliche und dramatische Belastung für die japanische Wirtschaft. Die Überbewertung des Yen wiegt die Vorteile der niedrigen Zinsen mehr als auf. Das ist der Hauptgrund, warum die Wirtschaft Nippons nicht auf die Beine kommt. Es gibt nur einen Ausweg aus dieser Misere, der allerdings ein sehr unorthodoxer Weg ist: Die japanische Notenbank muss die Zinsen erhöhen.

Was dann folgt, ist zuerst der Gang durch die Hölle. Weltweit werden alle Yen-Kredite eingedeckt, weil die Yen-Zinsen in die Höhe schnellen und sich deshalb Yen-Schulden nicht mehr lohnen. In diesem Szenario steigt der Yen noch einmal drastisch an. Eine Verdoppelung und mehr ist dann nicht ausgeschlossen. Damit werden all jene in den totalen Ruin getrieben, die auf hohen Yen-Krediten sitzen. Ihre Schulden werden sich verdoppeln oder gar verdreifachen, und damit wird der Zwang noch größer, den Yen zurückzukaufen. Der Teufelskreis einer dramatischen Aufwertung müsste zunächst in Kauf genommen werden. Das Endresultat wäre aber, dass, wie bei einer Supernova, die gesamte Währungsspekulation schließlich in sich zusammenbräche und der Yen wie ein Stein zu Boden fiele.

Übrig bliebe ein Trümmerhaufen von ruinierten Schuldnern. Und Japan könnte endlich aufatmen. Die Währung wäre wieder unten, die Wirtschaft würde wieder anspringen. Aber erst einmal müssen das Land und alle Yen-Schuldner durch die Hölle. An diesem Weg führt meines Erachtens nichts vorbei. Deshalb kann ich allen, die derzeit einen Yen-Kredit haben, nur anraten, ihn so schnell wie möglich einzudecken – bevor es zu spät ist. Wenn die Aufwertungsspirale erst einmal in Gang kommt, gibt es keine Rettung mehr. Gerade bei Eigenheimbesitzern, die sich damit nicht auskennen, ist der Ruin dann programmiert.

Die Spekulation, sich in Niedrigzinswährungen zu verschulden, ist so alt wie die Börse. So genannte Zinsdifferenzgeschäfte – hier leihen und woanders höher verzinst anlegen – sind jedoch ein Investment, dessen Schuss fast immer nach hinten losgeht. Die Vergangenheit hat immer wieder gelehrt, dass die meisten nicht nur an ihnen scheiterten, sondern auch noch vollkommen ruiniert wurden. Generell gilt: Währungen mit schwachen Zinsen neigen zur Stärke. Deshalb sollte man es stets genau umgekehrt machen. Kaufen Sie Yen-Anleihen oder einfach nur Yen. Die Zinsen sind zwar niedrig, aber die ständige Aufwertung bringt am Ende eine höhere Rendite. Im Falle des Yen muss man natürlich aufpassen – irgendwann ist es vorbei mit der Währungsstärke –, aber bis dahin kann man noch kräftige Gewinne einstreichen.

Paradoxerweise erzielt man die höchste Rendite in der überwiegenden Anzahl aller Fälle nicht in den Währungen, die hohe Zinsen zahlen. Bei näherem Hinsehen ist dies ja auch logisch: Derjenige, der nur niedrige Zinsen bietet, ist immer der bessere Schuldner. Hohe Zinsen beinhalten dagegen immer ein höheres Risiko. Deshalb kann ich nur davon abraten, wegen lächerlicher ein oder zwei Prozentpunkte mehr das Risiko überproportional zu erhöhen.

Und noch einmal zurück zur Yen-Falle. An der Börse rechnet es sich meistens besser, wenn man das Gegenteil von dem tut, was alle machen. Das gilt natürlich auch für andere Bereiche des Kapitalmarktes. Wenn sich also die halbe Welt in Yen verschuldet hat, kann es aus mathematisch-statistischen Gründen kein großer Fehler sein, entgegengesetzt zu handlen: Kaufen Sie den Yen! Und verkaufen Sie ihn, wenn die halbe Welt händeringend nach einem Verkäufer sucht: Dann bestimmen *Sie* den Preis.

Noch versucht die japanische Notenbank, das Dilemma mit anderen Mitteln in den Griff zu kriegen. Sie würde gerne den Yen abwerten. Aber wie soll das gelingen? Selbst wenn sich der Finanzminister Japans hinstellt und sagt, die Währung sei jetzt nur noch halb so viel wert, es nutzt nichts. Der Yen unterliegt vollständig den Zwängen des Kapitalmarktes, und die sind so, wie ich sie eben beschrieben habe.

Noch gibt es für alle Yen-Schuldner eine Art Schonzeit. Der Yen macht keine großen Sprünge. Sollte aber ein größeres Eindeckszenario erfolgen, dann ist es für alle gleichzeitig zu spät. Also nochmals der Rat: Wenn Sie auf Yen-Krediten sitzen, lösen Sie sie auf.

Chancen in Nippon

Die japanische Börse hat das schon länger hinter sich, was zur Jahrtausendwende viele Hightech-Börsen durchmachten: das Platzen einer totalen Bubble, an der die ganze Welt beteiligt war.

Es war 1989, als der Nikkei seinen Höhepunkt bei fast 40 000 Punkten erreichte. Alle Welt hatte nicht nur japanische Aktien, sondern auch noch entsprechende Optionsscheine. Die Blase blähte sich auf, wie bei jeder Übertreibung am Aktienmarkt. Übertriebene Wachstumsaussichten und eine weltweit positive Einstellung zu Japan. Japan galt damals als Wunderland. Keine Arbeitslosen, boomende Wirtschaft, Beherrschung der Weltmärkte. Zu dieser Zeit hatte Amerika schwer zu kämpfen, und es wurde öffentlich diskutiert, ob der Stern Amerikas für immer sinke, weil die Japaner nun einmal besser waren.

Und die japanischen Finanzmärkte reagierten wie besoffen. Weltweit floss jeder Cent nach Japan. In den wenigen deutschen Börsengazetten, die es damals gab, wurden die wildesten und exotischsten Optionsscheine auf japanische Aktien empfohlen. Damals gab es eben noch keine NASDAQ, keinen Neuen Markt. Damals mussten sich jene, die unbedingt schnell reich werden wollten, anders behelfen.

Es war ähnlich wie bei der Bubble am Neuen Markt. Die Leute kauften wie die Irren Optionsscheine von irgendwelchen japanischen Unternehmen, von denen sie noch nicht einmal den Namen aussprechen konnten. Die Scheine verdoppelten und verdreifachten sich, manche verzehnfachten sich sogar. Das lockte natürlich noch mehr Zocker auf den Plan. Die Börsenwelt sprach Ende 1988 nur noch über Japan.

Auch an den Immobilienmärkten war der Teufel los. Die abenteuerlichsten Märchen und Gerüchte rankten sich um Nippon. Und die Japaner zockten mit wie die Wahnsinnigen. Das meiste wurde durch Kredite finanziert – wie immer bei großen Bubbles.

1989 erhöhte dann die Bank of Japan überraschend die Zinsen. Der Markt geriet ins Rutschen. Er fiel in den folgenden Monaten immer tiefer in den Keller. Da die meisten Investments auf Pump finanziert worden waren, kam es nun zu Zwangsverkäufen. Ein katastrophaler Dominoeffekt allergrößten Ausmaßes setzte sich in Gang. Der Immobilienmarkt kollabierte, der Aktienmarkt taumelte. Motto: Rette sich, wer kann. Es wurde alles „bestens" verkauft. Die Kurse stürzten, die Börse krachte, Japans Wirtschaft brach zusammen. Ein Prozess, der sich über Jahre hinzog. Von seinem Gipfel bei rund 40 000 Punkten ging es mit dem Nikkei-Index bis auf 7000 herunter. Massenweise wurden Anleger in den Abgrund gezogen. Das Ende einer Bubble. Japan hat schon vor über zehn Jahren gezeigt, wie so eine Blase platzt: Meistens dann, wenn die Party am schönsten ist. Damals, genauso wie bei den Übertreibungen am Neuen Markt oder an der NASDAQ, konnte man kaum kritische Kommentare lesen. Im Gegenteil. Die Gazetten waren voll mit immer neuen Rekordprognosen. Tenor: In Japan ist eben alles anders. Man könne den japanischen Aktienmarkt nicht mit anderen Aktienmärkten vergleichen. Die versprengten kritischen Geister, die darauf hinwiesen, dass das Kurs-Gewinn-Verhältnis in Richtung Unendlich tendierte, wurden von den Experten belehrt, dass man Japan eben mit ganz anderen Augen sehen müsse. In Japan, so hieß es damals, würden andere Gesetze gelten. Die KGVs seien dort traditionell hoch. Ein Vergleich mit Europa oder den USA verbiete sich.

Kennen wir diese Form der Argumentation nicht irgendwoher? Im Prinzip werden Blasen immer in gleicher Weise gerechtfertigt: Sondersituation, neue Welt, bombastischer Markt. Doch auch Japan sollte bald von der Realität wieder eingeholt werden.

Die Katastrophe an den Aktienmärkten hat das ganze Land in Mitleidenschaft gezogen. Bis heute hat sich Japan davon nicht wieder erholt. Der Aktienmarkt steht zwar, gemessen an seinen Tiefstständen, besser da, aber die Wirtschaft befindet sich in der Rezession. Japan in der Deflation. So lange kann die Strafe dauern, wenn die Party an den Finanzmärkten zu exzessiv war.

Dennoch glaube ich, dass Japan vor einer Zeitenwende steht. Das Land hat lange genug gelitten. Japan ist die zweitgrößte Wirtschaftsnation der Welt. Japan wird wieder auferstehen. Darum glaube ich, dass es keine schlechte Idee wäre, nun in Japan zu investieren. Der geduldige Investor kann zu niedrigen Kursen derzeit immer noch einsteigen. Wir werden zwar so schnell die 40 000er Marke nicht wiedersehen, aber ich bin der festen Überzeugung, dass Japan das größte Steigerungspotenzial unter den internationalen Börsen besitzt. Das Land hat derzeit noch sehr stark zu kämpfen. Aber die Japaner sind ja bekanntlich zäh und ausdauernd. Sie werden es schaffen. Und meistens folgt einer Periode lange anhaltender Katerstimmung dann wieder eine Phase, in der es aufwärts geht. Die Regierung jedenfalls wird alles in ihrer Macht Stehende unternehmen, um die Wirtschaft in Gang zu bringen. Dazu zählen in erster Linie Maßnahmen zur Abwertung der Währung. Ich bin gespannt, ob die Regierung im Zusammenspiel mit der Notenbank einen entsprechenden Weg finden wird. Mein Szenario zur Geldpolitik in Japan haben Sie ja dem vorherigen Kapitel entnommen. Meine These zum japanischen Aktienmarkt: Wenn die anderen Weltmärkte mit Krisen zu kämpfen haben, wird der japanische Aktienmarkt der erste sein, an dem man Erholungstendenzen erkennen kann. Ich kann deshalb nur jedem raten, aus Gründen der Diversifizierung auch einige Investments in Japan zu tätigen. Dazu eignen sich Fonds hervorragend, oder man kauft einfach ein paar Bluechips.

Schon im Jahr 2002 könnte Japan in Fahrt kommen. Beflügelt auch von der gesamten Region Süd-Ost-Asien. Es ist sicherlich nur eine Frage der Zeit, bis diese Region die USA ablöst. Jeder, der diese Länder einmal besucht hat, wird feststellen, wie dynamisch sich die Wirtschaft dort entwickelt. Es ist die Weltgegend, die derzeit am schnellsten wächst, nicht nur an der Börse, sondern auch an Menschen. Wenn China eines Tages demokratisiert sein wird, dann könnte es in dieser Weltregion zu einer regelrechten Explosion der Kräfte kommen. Schon jetzt wird darüber spekuliert, dass die Machthaber in China behutsam den Kapitalismus einführen werden. Meine Meinung: Das ist so sicher wie das OM im buddhistischen Kloster. China wird einen Wandel vollziehen. Dies wird der gesamten Region Süd-Ost-Asien einen neuen Schub verleihen. Die Wirtschaft in dieser Region wird davon profitieren und die Börsen auch. Einer der Hauptgewinner jedoch wird Japan sein, weil dieses Land die Technologien für den Aufbau in China liefern kann. Taiwan, die Philippinen, Malaysia und Thailand werden weitere Nutznießer sein.

In Einzelwerten zu spekulieren dürfte für den deutschen Investor sehr schwierig sein. Die Region Süd-Ost-Asien gehört aber in jedes Depot. Fonds, die vor Ort gemanagt werden, eignen sich als hervorragendes Investment-Werkzeug. Zögern Sie nicht, davon Gebrauch zu machen. Die Region hat die Krise hinter sich. Der letzte Ausbruch 1998 hat vor allem die *Emerging Markets* in Mitleidenschaft gezogen. Die meisten Börsen haben sich geviertelt. Viele davon haben sich bis jetzt nicht wieder richtig erholt, lahmen immer noch. Deshalb ist es jetzt an der Zeit, in Südostasien zu investieren.

Modeaktien

Ein bekannter Modeschöpfer bekundete vor nicht allzu langer Zeit: „Die Mode ist so schlecht, dass sie alle sechs Monate geändert werden muss.“ Auch auf dem Aktienmarkt gibt es Moden. Meist halten sie etwas länger, doch auch die Mode bei Aktien ist vergänglich. Vor ein paar Jahren waren Makler-Aktien „in“. Die Sache beginnt immer ganz harmlos: Kleinere Steigerungen, und schließlich, zunächst noch aus unbekanntem Grund, kommt plötzlich Schwung in die Branche. Analysten und Experten entdecken plötzlich das neue Segment und treiben die Kurse mit ihren Kommentaren nach oben.

Die Preise für Makler-Aktien jedenfalls wurden ins Unermessliche gepuscht. Und je höher eine Gruppe von Aktien geht, um so mehr Trittbrettfahrer werden angelockt. Die Letzten zahlen schließlich jeden Preis für eine Aktie. So geschehen beispielsweise vor einigen Jahren bei Ballmeier & Schulz. Das Papier dümpelte lange Zeit vergessen vor sich hin, bis es im Rahmen der „Maklermode“ entdeckt wurde. Die Anleger suchen in einer Gattung von Aktien immer die Rennpferde. Ballmeier &

Schulz – einige Leser werden sich daran noch erinnern – galt als das beste Pferd im Stall der Makler-Aktien. In immer größeren Sprüngen hüpfte das Papier nach oben. Erst kostete es ein paar hundert Euro, dann 1000 und schließlich 4000 Euro. Damals natürlich noch in Mark. Makler-Aktien waren 1997 das Nonplusultra. Der Neue Markt war noch nicht eingeführt (erst im Herbst), und die Zocker brauchen immer ein paar Werte, in denen sie ihr Glück versuchen. Die Makler-Aktien waren eine Gattung, auf die man sich gut konzentrieren konnte. Es gab nicht viele davon, und allen gemeinsam war, dass sie stiegen. Auch der Berliner Freiverkehr profitierte davon. Diese Aktie war unangefochten die Nummer eins bei den Makler-Aktien, und schon bald gab es an der Börse nur noch ein Thema: schnell reich werden mit diesen Brokeraktien.

Es war durchaus imposant, welche Sprünge diese Papiere machten. Ich denke, die meisten Börsianer versuchten in diesem Segment auch einmal ihr Glück. Die letzte Phase eines Modezyklus wird eingeleitet mit der Emission neuer Papiere in diesem Bereich. So auch bei den Makler-Aktien. Fast jede Woche kam eine neue heraus, und auf alle stürzten sich die Anleger, als gäbe es nichts Besseres.

Doch nach der Explosion erfolgt an der Börse, wie so oft, die Implosion. Die Kurse sacken in sich zusammen. Rette sich wer kann, lautet dann das Motto. So auch bei den Makler-Aktien. Gegen Ende 1997 war es soweit: Die Kurse brachen ein. Eigentlich war kein äußerer Anlass erkennbar. Die Mode war eben vorbei, die Anleger verloren die Lust. Bis heute haben die Makler-Aktien, gemessen an ihren Hochs, 70–80 % verloren. Und so schnell werden sie sich nicht wieder erholen.

Modeerscheinungen bei Aktien gibt es immer wieder. Das Phänomen ist nicht nur auf einzelne Segmente beschränkt. Manchmal stehen auch bestimmte Regionen in der Gunst der Anleger. Hongkong ist so ein Beispiel. Anfang der neunziger Jahre strömte viel Geld in die damalige britische Kronkolonie. Hongkong war *der* Ort fürs Geld. Doch im Laufe der Jahre wurde es ruhig um diese Region, die Kurse halbierten sich.

Einen Modetrend bedeuteten letztlich auch die Internet-Aktien. Oder überhaupt etliche Segmente am Neuen Markt. Es muss nicht immer einen Grund geben, warum bestimmte Aktien irrational hoch steigen. Manchmal geht es ganz von allein. Oftmals sind aber auch kurze Zeit später die Experten mit von der Partie, um dem Ganzen einen scheinbar fundamentalen Hintergrund zu verleihen. Und letztlich sind sie alle Opfer der Massenpsychologie.

Die Medien-Aktien waren ebenfalls ein großer Hype. Eigentlich war EM.TV ein Pleitekandidat. Mit letzter Kraft schaffte es das Unternehmen an die Börse. Dort dümpelte der Wert lange Zeit und unbemerkt vor sich hin, bis er urplötzlich entdeckt wurde. Schließlich, gepusht von zahllosen Börsenbriefen, stieg der Wert in luftige Höhen, jenseits von Gut und Böse. Selbst auf dem Höhepunkt der Marktkapitalisierung, die bei abenteuerlichen zehn Milliarden Euro lag, gab es für EM.TV noch ein Dutzend Kaufempfehlungen durch renommierte Bankhäuser. Danach zehntelte sich der Wert. Ich denke: für immer.

Modeaktien sind immer wieder im Gespräch. Der Zyklus verläuft meist wie folgt: Zunächst passiert nichts. Dann steigt eine bestimmte Aktie einer Gattung ohne erkennbaren Grund an, sie verdoppelt sich. Das zieht die Mitläufer auf den Plan. Sie steigen zu jedem Kurs ein und treiben die Aktie weiter in die Höhe. Dadurch interessiert sich nun auch die Fachwelt für dieses Phänomen. Doch die Experten stehen den abartigen Kurssteigerungen keineswegs distanziert gegenüber, sondern heizen die Stimmung noch an. In der Zwischenzeit wird die Börse überschüttet mit zahlreichen Neuemissionen aus dem gleichen Bereich. Auch diese steigen anfangs. Aber diese Neuerscheinungen sind der erste Hinweis, dass die Rallye bald vorbei ist. So war es immer. Jede Blase platzt irgendwann. Manchmal dauert es etwas länger, manchmal geht es schneller. Derjenige, der auf solchen „Wellen“ mitsurft, sollte höllisch aufpassen. Der Absturz erfolgt meist schneller als erwartet. Größtes Alarmsignal: Die Zahl der Neuemissionen nimmt drastisch zu. Der endgültige Ausstiegszeitpunkt aus der „Mode“ ist immer dann gegeben, wenn ein „Großer“ aus dem Bereich irgendwelche Skandale meldet oder sonst wie die Börsianer enttäuscht. Dann kommt die Katastrophe oft schneller als man denkt, und der ganze Sektor gerät in Mitleidenschaft. Der Scheitelpunkt der Höchstkurse dagegen ist oft kaum wahrnehmbar. Es gibt in den meisten Fällen kaum einen erkennbaren Anlass, warum die Mode-Branche nicht weiter steigt. Die Fakten folgen oft erst später.

Modetrends wird es an der Börse immer geben. Nachdem die Medien-Aktien unter Führung von EM.TV ihr Leben an der Börse ausgehaucht hatten, waren es gegen Ende des Jahres 2000 die Umwelt-Aktien, die plötzlich in der Gunst der Anleger stiegen. Doch auch hier das gleiche Spiel. Immer mehr so Ökoaktien wurden unters Börsenvolk gebracht. Viele waren höchst zweifelhafter Herkunft. Manche Unternehmen wurden eigens zum Zwecke des Abkassierens gegründet. Wenn die Anlegerherde erst einmal scharf auf ein Segment ist, dann werden ihr immer mehr Aktien der betreffenden Mode-Branche zum Fraß vorgeworfen. Die Masse saugt sie begierig in ihre Depots. Bis dann irgendwann der Zeitpunkt kommt, an dem der Hype sein Ende nimmt. Das Nachsehen haben immer jene, die wahllos zugegriffen haben und nicht zum richtigen Zeitpunkt ausgestiegen sind.

So wird es immer sein. Der aufmerksame Beobachter schaut sich die Börsenentwicklung genau an. Es kann zwar ganz einträglich sein, bei solchen Modetrends mitzuspielen. Aber es ist immer besser, Gewinne vorzeitig mitzunehmen. Sonst kann das Investment sehr schnell verloren sein. Warten auf bessere Zeiten wird sich dann nicht rentieren. In der Regel geht ein Großteil der Mode-Branche den Gang alles Vergänglichen. Entweder werden einige dieser Firmen pleite machen, oder die Aktien verkümmern im Centbereich, sind also praktisch kaum noch etwas wert. In solchen Situationen darauf zu warten, dass sich das Blatt wieder wendet, ist vergeblich. Deshalb der Rat: Wenn man schon auf eine Mode-Branche hereingefallen ist, und merkt, dass die betreffende Aktiengattung nach Süden geht, also sinkt, dann heißt es, sich von ihr unverzüglich zu verabschieden. Warten rentiert sich nicht, sondern vergrößert die Verluste.

Beim nächsten Modetrend heißt es also: Vorsicht! Es ist oft besser, keinen Modetrend mitzumachen, gerade wenn man neu an der Börse ist. Dann lieber klassische Bluechips kaufen, als sich auf irgendwelche Abenteuer an den Nebenkriegsschauplätzen der Börse einzulassen.

Unmodische Gewinne

Modetrends zeichnen sich immer dadurch aus, dass Anleger plötzlich bereit sind, für bestimmte Aktiengattungen mehr zu zahlen als üblich. Meistens geistern irgendwelche Kommentare von Experten durch Gazetten oder durchs Fernsehen, in denen genau begründet wird, warum ein bestimmtes Börsensegment eben teurer ist als ein anderes. Die Erklärungen, warum für einzelne Unternehmen aus dem Mode-Bereich irrsinnige Marktkapitalisierungen zu zahlen sind, klingen im Nachhinein immer abenteuerlich. Aber zum Zeitpunkt der Mode werden sie von vielen Anlegern als selbstverständlich hingenommen und zur Basis von Investmententscheidungen gemacht.

Das ist der Grund, warum für Medien-Unternehmen zweistellige Milliardensummen gezahlt wurden oder warum Makler-Aktien in den Himmel schossen. Modetrends hatten wir auch bei den Technologie-Aktien diesseits und jenseits des Atlantiks. Heute ist es unfassbar, wie eine Mehrheit von Anlegern bedenkenlos ihr Geld in überteuerte Unternehmen steckte, nur weil sie dem Trend folgte.

Es ist zwar schwierig, solchen Trends zu widerstehen, an der Börse wird man aber nur dann reich, wenn man genau das kann. Zur Jahrtausendwende waren die Hightech-Aktien sehr beliebt, und die Leute zahlten das 50- bis 100fache des Jahresgewinns. Hätten sie in Ketchup (Heinz) oder „braune Brause“ (Coca-Cola) investiert, dann hätten sie nur das 10- bis 20fache gezahlt. Jene, die genau Letzteres getan haben, gingen am Ende als Sieger hervor, auch wenn zwischendurch die Kurse der Hightechs explodierten. Am Ende sahen die Hightechs den Talboden.

Für Modetrends müssen an der Börse immer herbe Aufschläge gezahlt werden. Das kann eine Weile gut gehen. Auf lange Sicht aber geht diese Strategie nicht auf. Denn nur selten gehen alle Wachstumsträume in Erfüllung. Und wenn die Fantasie in einer Branche nicht mehr vorhanden ist, fällt der aufgeblasene Ballon wieder in sich zusammen. Dann wird wieder auf „normale" Preise geachtet. Dann sind die Anleger nicht mehr bereit, das Hundertfache eines Jahresgewinns zu zahlen, sondern eben nur noch das Zehnfache. Im Nachhinein musste sich jeder fragen, warum die Leute so hohe Preise für Technologie gezahlt haben. Nur weil es sich um Technologie handelte? Stinknormale Papiere aus den Bluechip-Indizes wurden in diesen Phasen dagegen kaum beachtet. Doch gerade diese Titel bringen auf lange Sicht die meiste Rendite.

Die wichtigste Kennziffer bei einem Investment ist und bleibt der Gewinn. Diese simple Erkenntnis gerät ausgerechnet an der Börse manchmal in Vergessenheit. Gewinn pro Aktie, das allein zählt. Bei einer Hightech-Aktie genauso wie bei einem Autohersteller. Auch wenn das die Masse der Anleger zwischendurch mal anders sehen sollte, am Ende läuft es dann doch wieder genau auf diese Erkenntnis hinaus. Nämlich dann, wenn die Blütenträume in den modischen Segmenten nicht reifen.

Wer an der Börse wirklich erfolgreich sein will, kauft nur Unternehmen mit soliden Gewinnen und nicht Gesellschaften mit Gewinnversprechungen, so verlockend die Zukunft auch erscheinen mag. Gegen Gewinnversprechungen ist zwar nichts einzuwenden, allerdings darf der Preis dafür nicht zu hoch sein. Oft ist es aber genau umgekehrt. Hohe Gewinnversprechungen für die Zukunft werden oft mit extrem hohen Kursaufschlägen *belohnt*. Unternehmen, die dagegen hier und jetzt solide Zahlen vorzuweisen haben, empfinden viele Anleger als langweilig. Das kann sich der kluge Investor zunutze machen, indem er genau solche Aktien kauft.

Werte aus Zukunftsbranchen sollte man nur dann kaufen, wenn der Preis niedrig ist. Dies ist natürlich nicht immer einfach. Aber man wird ja schließlich nicht gezwungen, auf den Zug aufzuspringen. Manchmal ist es besser, nicht im Markt zu sein. Man sollte die Sache immer gelassen sehen. Bisher sind hohe Preise, hohe Aktienkurse in modischen Börsensegmenten immer wieder auf den Boden der Realität gefallen. Und dann kann man sich immer noch in Ruhe überlegen, ob man nicht genau jetzt einsteigen möchte. Nur, zu solchen Zeitpunkten verstummen die euphorischen Tippgeber und Experten. Dies ist immer ein gutes Zeichen, weil man sich dann ohne verführerischen äußeren Einfluss eigene Gedanken zum Thema machen kann. Oftmals sind die dann getroffenen Entscheidungen die besseren.

Gewinne mit Moral

Sozial- und Umweltverträglichkeit müssen nicht in Widerspruch zum gewinnorientierten Investieren stehen. Im Gegenteil: Unternehmen, die ihre Mitarbeiter gut behandeln und ihnen attraktive Beteiligungsmöglichkeiten bieten, sind ein gutes Langfrist-Investment. Ihre Kursentwicklung schneidet in der Regel sogar besser ab als die jener Konkurrenten, bei denen die Gewinnmaximierung alleiniges Unternehmensziel ist.

Motivierte Mitarbeiter sind das größte Kapital einer Firma. Der zunehmende Wettbewerb und der Mangel an Fachkräften machen den Mitarbeiter zur wertvollsten Ressource eines Unternehmens. Eine pfiffige Forschergruppe aus der Schweiz hat daraus einen Index gemacht, den *Mitarbeiterbeteiligungsindex*.

Ein Investor sollte auch immer ein Auge auf ethische Aspekte werfen. Gewinne allein sind nicht alles. Wichtig für kontinuierliche und stetige Entwicklung eines Unternehmens sind auch die Art und Weise, wie mit Mitarbeitern und Umwelt umgegangen wird. Werden diese beiden Punkte außer Acht gelassen, könnte sich zwar auf kurze Zeit der Gewinn maximieren lassen, langfristig dagegen sind Probleme programmiert, die auch das Investment gefährden. Gerade für den weltweiten Anleger ist dieser Punkt von Bedeutung. Nicht überall gelten schließlich Gesetze wie in Europa. Mancherorts findet man sogar noch Kinderarbeit. Auf lange Sicht würde ein Investment in einer solchen Gesellschaft keine Gewinne einfahren. Unruhen und Streiks, Aufruhr und Boykott vermiesen nicht nur das Investment, sondern stellen häufig auch die gesamte Existenz eines solchen Unternehmens in Frage.

Unternehmen, die dagegen das Wohl ihrer Mitarbeiter in den Vordergrund stellen, haben auch nach vielen Jahren noch beste Chancen. Oft entwickeln sich die Aktien solcher Firmen besser als der Durchschnitt. Die Schweizer Experten nahmen weltweit alle großen Unternehmen unter die Lupe, wobei Mitarbeiterbeteiligung und Umweltaspekte die Kriterien bildeten. Nach ihren Ermittlungen schneiden in Deutschland BMW, Deutsche Telekom, Volkswagen und SGL Carbon am besten ab. Unter den internationalen Namen finden sich Fujitsu, Crédit Suisse, Procter & Gamble, Dow Chemical, Baxter, Unilever – um nur einige zu nennen. Die Art und Weise, wie diese Unternehmen qualifiziert wurden, ist nicht ganz unumstritten. Dennoch stellt das Ranking ein wichtiges Indiz dafür dar, dass diese Firmen in puncto Sozialverträglichkeit und Umwelt recht vorbildlich sind. Die Unterschiede in Deutschland sind jedoch eher gering. Auch Unternehmen, die von der Schweizer „Kommission“ nicht geadelt wurden, müssen deshalb noch keine Sozialschinder und Umweltsünder sein. Im Prinzip bemühen sich alle großen und renommierten Gesellschaften um einen vernünftigen Ausgleich zwischen den Interessen der Aktionäre, der Mitarbeiter und der Umwelt. Auch in Sachen Kultursponsoring zeigen sich viele Unternehmen großzügig.

Der Trend, nicht nur auf die Gewinne zu schauen, sondern auch den inneren Werten eines Unternehmens Rechnung zu tragen, wird in Zukunft zunehmen. Nachhaltige Gewinne und ethische Aspekte stehen keineswegs im Widerspruch, sondern bedingen einander sogar.

Deshalb wird der Begriff *Shareholder-Value* auch bald wieder aus den Börsenlexika verschwinden. *Shareholder-Value* allein bringt nichts – es muss immer der Gesamtorganismus betrachtet werden. Wenn nur der Shareholder, also der Aktionär, befriedigt wird, steht er bald mit seinen Papieren alleine da. Die Papiere sind nämlich nur so lange etwas wert, wie es motivierte Arbeiter gibt, die einen Mehrwert erwirtschaften. Wenn man die Mitarbeiter dagegen knechtet, dann mag zwar die Dividende bisweilen etwas höher ausfallen, danach aber geht es bergab. Damit möchte ich nicht den Gewerkschaften das Wort reden. Es muss nur alles in einem gesunden Verhältnis zueinander stehen. Deshalb kommt der Begriff *Shareholder-Value* wieder dahin, wo er hingehört: in die Mottenkiste. Lang genug haben die verschiedenen Gruppen darauf herumgehackt, wurde dieser Begriff missverstanden und fehlinterpretiert. *Shareholder-Value* wird ersetzt werden durch – wenn es denn schon Englisch sein muss – *Sustainability*, und dieses Wort bedeutet „Nachhaltigkeit". Genau das ist es, worauf es ankommt. Nachhaltigkeit kann aber nur erzielt werden, wenn ein Unternehmen bewusst ethische Aspekte berücksichtigt. Niemand wird in Zukunft daran vorbeikommen, Mitarbeiter angemessen am Unternehmenserfolg zu beteiligen oder zumindest die Möglichkeit dafür zu bieten. Keine Firma wird sich in Zukunft erlauben können, Umweltaspekte außer Acht zu lassen. Jene Gesellschaften, die heute schon erfolgreich auf diese Punkte achten, werden die Gewinner von morgen sein. Und davon kann man auch als Aktionär profitieren.

Manfred, die T-Aktie und der Affe

Als die Deutsche Telekom Ende 1996 an die Börse ging, starteten die PR-Manager eine einmalig große und einmalig teure Werbekampagne, um den deutschen Börsen-Muffeln die Aktie schmackhaft zu machen. Dies geschah mittels eines Schauspielers, der den Adressaten aus verschiedenen TV-Krimis als zuverlässig und seriös bekannt war. Tatortkommissar Manfred Krug war dazu auserkoren, den Deutschen die T-Aktie anzudienen. Die Aktion war ein voller Erfolg. „Wer wär nicht gerne Millionär?", tönte es aus deutschen Fernsehern direkt in die Wohnzimmer. Das Sparbuchvolk vernahm die Botschaft und saugte sich mit T-Aktien voll. Der erste Kontakt mit dem Aktienmarkt. Die Begleitmusik spielten die Analysten und Bankexperten, die ebenfalls laut für die T-Aktie trommelten – winkten doch erkleckliche Gewinne aus der Platzierung beziehungsweise Emissionserlöse in dreistelliger Millionenhöhe.

Anders als von kritischen Kennern der Materie befürchtet, ging es mit der T-Aktie stetig bergauf, bis sie Anfang 2000 die magische Marke von 100 Euro durchbrach. Der Erfolg der T-Aktie machte die Deutschen süchtig nach mehr. Der T-Rakete verdankte der gesamte deutsche Aktienmarkt zumindest einen Teil seines Booms, denn selbst diejenigen, die nicht einmal das kleine Einmaleins beherrschten, erkannten: An der Börse wird Geld verdient.

Als der Aktienmarkt schließlich im Verlauf des Jahres 2000 zum ersten Mal Rücksetzer machte und auch die T-Aktie sich, gemessen an den Höchstständen, fast halbierte, musste der Fernsehkommissar wieder an die Arbeit. Der Staat wollte noch ein paar T-Aktien loswerden. Die zweite Tranche „Magenta"-Papiere stand im Angebot. Die Deutschen hatten bis dato keinen Anlass, Manfred Krug zu misstrauen. Die Deutsche-Telekom-Aktie hatte sich zwar fast halbiert, aber der aufmerksame Beobachter hatte ja mitbekommen, dass es irgendwann wieder nach oben gehen würde. Kaufen und aussitzen, lautete die Devise.

In einer nochmaligen, beispiellosen Werbeaktion wurden die Börsenneulinge für völlig dumm verkauft: „Wer damals keine Aktien bekommen hat, der hat jetzt die Möglichkeit, mit dabei zu sein!" lockte die Werbung. Rund drei Millionen Kleinanleger folgten der Empfehlung blind. Ist ein Tatortkommissar nicht unverbiegbar wie eine deutsche Eiche und grundehrlich? Der kleine Unterschied: „Damals" kostete die Aktie etwa 14 Euro, diesmal wurde sie aber für über 60 Euro angeboten. Dennoch wurde der zweite Verkauf der T-Aktie wie ein Akt der Nächstenliebe eines Großkonzerns zelebriert. Die vor Jahren leer ausgegangen waren, hätten nun eine großartige Gelegenheit zum Zugreifen, hieß es. Dass diese Gelegenheit überhaupt nicht großartig war, zeigte die schmerzliche Entwicklung der folgenden Monate. Die Aktie verlor gleich

50 %, nachdem sie den neuen Besitzern zugeteilt worden war, und ging tief unter 30 Euro.

Die Enttäuschung kannte keine Grenzen. In ihrer Verzweifelung suchten die Neubörsianer Rat. Es hagelte massenweise Beschwerden. Nicht etwa bei Firmenlenker Ron Sommer, dem Vorstand der Deutschen Telekom oder gar in der dafür zuständigen Investor-Relations-Abteilung des Unternehmens, sondern bei Manfred Krug. Ich bin sicher, dass ein Großteil der neuen T-Aktionäre davon ausging, dass der Fernsehkommissar der kompetente Ansprechpartner sei. Verkehrte Welt, schizophrene Wahrnehmung. Ein Großteil der Bevölkerung nimmt Realität offenbar nicht mit eigenen Augen und eigenem Verstand wahr, sondern orientiert sich an der Flimmerkiste. Und so musste in Sachen Telekom und Börsenverluste folgerichtig Manfred Krug als Ansprechpartner herhalten. Jener reagierte mit scharfer Zunge. Per Massenantwort ließ er den armen T-Aktionären mitteilen: „Sie kommen mir vor wie ein Kranker, der sich bei Professor Brinkmann von der Schwarzwaldklinik erkundigt, welche Medizin er gegen Enzephalomalazie (Hirnerweichung) nehmen soll.“ So viel Hohn hatte man von diesem soliden TV-Biedermann nicht erwartet. Für die Gebeutelten hatte der TV-Star auch eine Börsenweisheit parat: „Manchmal stehn die Aktien hoch, und manchmal stehn sie niedrig, ein Auf und Ab, grad wie beim Arsch vom alten Kaiser Friedrich.“ Berliner Schnauze – ein Schock für die Telekom-Aktionäre. Die Sache entwickelte sich zum Skandal. Öffentlich wurde darüber diskutiert, wie viel Mitverantwortung der Schauspieler daran trage, dass ahnungslose Sparer sich ins T-Abenteuer gestürzt hatten. Ich wurde sogar in eine TV-Sendung geholt, um darüber zu urteilen, ob Krug Recht oder Unrecht beging und ob seine Haltung gerechtfertigt war. Absurdes Theater.

Es ist schon grotesk, dass man in diesem Land einen Schauspieler dafür verantwortlich macht, wenn eine Aktie fällt. Dieser Umstand bezeugt, wie viele Defizite wir in Sachen Aktienkultur noch haben. Abgesehen davon ist es wieder mal das gleiche Lied: Nicht derjenige, der Aktien kauft, ist verantwortlich, sondern derjenige, der sie anbietet.

Wenn ich eine Aktie kaufe, sollte ich auch die Konsequenzen daraus tragen. Es zwingt mich ja niemand, sie zu kaufen. Natürlich muss ich mich vorher informieren, um dann, wenn Vorteile und Nachteile des Investments sorgsam abgewogen sind, eine Entscheidung zu treffen. Diese Entscheidung muss ich selbst verantworten. Anscheinend gilt dieses logische Prinzip nicht für alle. Der Dumme genießt in unserer Gesellschaft eine hohe Schutzwürdigkeit. So wurde dem armen Manfred Krug tatsächlich vorgeworfen, er habe durch seine Überzeugungskraft das Risikobewusstsein vieler Menschen ausgeschaltet. Was für ein Vorwurf! Wer beim Aktienkauf sein Risikobewusstsein ausschaltet oder ausschalten lässt, ist selbst schuld. Wenn man Dumme schützen wollte vor sich selbst, dann müsste man sie entmündigen oder einsperren. Dass dies keine praktische Lösung darstellt, dürfte jedem einleuchten.

Dieser Fall zeigt in drastischer Weise, welche Geisteshaltung in Deutschland dem Aktienkauf zugrunde liegt. Da Kleinanleger in ihrer Masse jedoch viel bewirken können, sind sie durchaus in der Lage, Aktienkurse nach oben zu treiben – der Experte reibt sich die Augen und versteht die Welt nicht mehr.

Konnte man über die T-Aktien-Kaufentscheidung vieler Bürger noch schmunzeln (ein Schauspieler als Anlageberater, da sind viele Leute einfach reingelegt worden), ist das folgende Beispiel eher ärgerlich:

Eine Magazinsendung auf einem populären privaten TV-Kanal, dessen Filmbeiträge dem heimischen Zuschauer die böse Welt per zweifelhaftem Enthüllungsjournalismus präsentieren, kam auf die glorreiche Idee, seine Zuschauer mit Aktientipps zu locken. Zu diesem Zweck wurde ein Börsenspiel präsentiert, bei dem ein Bank- und Anlageprofi ein Musterdepot eröffnete. Ziel: das Beste aus dem eingesetzten Kapital zu machen. So weit, so gut. Der Clou an der Börsenwette: mit von der Partie war ein Schimpanse namens Jonny. Sicherlich nicht besonders originell, aber dennoch putzig. Spannung kam auf, als der Affe seine Investmentauswahl traf. Zunächst deutete er auf eine gewisse Anzahl von Aktien. Anschließend sprang er zu einem Topf mit Bananen, die mit Nummern gekennzeichnet waren. Jede Nummer stand stellvertretend für eine Aktie. Indem das Tier nach einer Banane griff, traf es also eine präzise Kaufentscheidung für eine Aktie. Heraus kam ein „Affendepot" mit diversen Bluechips, aber auch mit vollkommen absurden Pleiteunternehmen, bei denen kaum noch Börsenumsatz verzeichnet wurde. Tags darauf geschah das Unfassbare: Die Pleitekandidaten schossen in die Höhe. Plötzlich war wieder Umsatz in diesen Aktien, die Tage und Wochen zuvor kein Mensch anfassen wollte.

Ich bin gespannt, was diese Anleger machen, wenn die solchermaßen getroffenen Kaufentscheidungen zu herben Verlusten führen. Vielleicht schreiben sie dann dem Schimpansen Jonny einen empörten Brief. Vielleicht wenden sie sich aber auch an die Schutzvereinigung für Wertpapierbesitz. Mein Vorschlag: Gründung einer Vereinigung affengeschädigter Aktionäre. In den USA haben Affendepots übrigens Tradition.

Vielleicht hat mancher ja sein Glück auf den Affen gesetzt, weil er einem Schauspieler doch nicht traut. Oder auf „Wetten, dass...?"-Moderator Thomas Gottschalk, der Millionen mit der Postaktie verdiente. Nicht indem er in das Unternehmen investierte, sondern indem er es ahnungslosen Zeitgenossen als attraktives Investment unterjubelte. Dem bekannten Sympathieträger nimmt sein Publikum alles ab – nicht nur verrückte Wetten, sondern auch unrentable Aktien. Die Postaktie ist ein Papier, das bisher nicht viel Freude macht. Meine Meinung zu dem Thema: Man sollte allzu reißerische Werbung, die zum Kauf von Aktien auffordert, gesetzlich untersagen. Wer Aktien kaufen will, sollte sich auf andere Weise informieren. Die Amerikaner sind auf diesem Gebiet viel kritischer. Im Vorfeld einer Aktienemission gibt es eine so genannte *quiet period,* eine Ruheperiode, in der sich nicht einmal der Vorstand der Aktiengesellschaft vor Publikum äußern darf. Keine Interviews, keine marktschreierischen Verführungen, keine Werbung. Nur der Banker kennt das Geheimnis, und interessierte Börsianer müssen sich vorher genau erkundigen. Auf diese Weise wird auf jeden Fall der Börsenunerfahrene geschützt, der im Zweifelsfall das Gefühl hat, Börse sei eine Art Glücksspiel mit besonders hohen Gewinnchancen.

Die neue Börsen-Generation muss offensichtlich noch viel lernen. Nicht nur Misstrauen gegen TV-Stars, die als Tippgeber fungieren, sondern auch, dass man an der Börse nicht handelt wie ein Tier und die Kaufentscheidung einem Schimpansen überlässt. Ebenso müssen die Erwartungshaltungen kräftig revidiert werden. Anfang des Jahres 2000 wurde ein Querschnitt der Bevölkerung befragt, wie hoch die durchschnittliche Börsenentwicklung an den Aktienmärkten sei. Die Antwort: Die meisten Menschen rechneten mit jährlichen Steigerungsraten von 36 %. Ich glaube, es gibt wohl kaum einen Bereich, in dem ein so großes Wissensdefizit herrscht wie in Sachen Börse und Wirtschaft.

Stopp und loss

Zu einer Geheimwissenschaft der Börse zählt die Vermögensvermehrung mittels einfacher Tricks. Als Wunderwaffe gegen Verluste gilt das *Stopp-loss-Verfahren.* Fällt ein Kurs unter ein gewisses Limit, wird die Aktie automatisch verkauft. Hört sich gut an, funktioniert es aber auch in der Praxis? Was in vielen schlauen Börsenbüchern als Allheilmittel gegen Verluste beschrieben wird, verursacht bei genauerem Hinsehen in den meisten Fällen genau das, was es nicht tun sollte: Verluste.

Gerade in schwachen Börsenphasen verlieren die Stopp-Loss-Gewappneten ihre Aktie auf niedrigstem Niveau. In umsatzschwachen Zeiten ist es durchaus möglich, dass der nächste Käufer erst 10 % oder sogar 20 % unterhalb des Limits lauert, um dem entnervten Anleger die Aktie zu Schnäppchenpreisen abzunehmen. Am Neuen Markt ist dies keine Seltenheit. Aber sogar bei den großen Indizes kann es an schwachen Tagen zu Kursrutschen kommen, an denen selbst milliardenschwere Bluechips in einer Stunde 5–10 % verlieren.

Wer ist in einer solchen Situation der Gewinner? Derjenige, der die Nerven verloren hat und seine Verluste endlich realisiert? Oder jener, der schwache Zeiten für kostengünstige Anschaffungen nutzt? Einer irrt an der Börse immer – sonst gäbe es keinen Handel. Ich behaupte, derjenige, der aus Angst verkauft, hat die schlechtesten Karten.

Wer an der Börse investiert, braucht einen langen Atem. Er darf sich nicht einschüchtern lassen von den chaotischen Attacken einer Herde Wahnsinniger, die meint, aus irgendeinem Grund verkaufen zu müssen. Wichtig ist nur, dass man hinter seinem Investment steht und von der Geschäftsidee des Unternehmens auch in schlechten Börsenzeiten überzeugt bleibt.

An der Börse werden keine Vermögen mit Stopp-Loss gemacht. Mit Stopp-Loss wäre Warren Buffett niemals Milliardär geworden. Stopp-Loss ist ein System für Unkundige, für Ungeduldige. Eine Erfindung der Banken, um Umsätze zu generieren. Sie garantiert, dass man Aktien zu Tiefstpreisen verliert, die man vielleicht schon am nächsten Tag wieder kaufen würde.

An der Börse wird kein Geld gemacht, indem man der Wackelkurve des Index oder einer Aktie sklavisch hinterherhechelt. Reich mit Aktien wird nur derjenige, welcher eine kluge Investmentstrategie entwickelt und auch die Kraft aufbringt, gegen den Strom zu schwimmen. Dazu ist freilich eine gewisse Intelligenz erforderlich, die an der Börse leider nicht der Normalverteilung entspricht. Zu viele Vorstadtbroker spekulieren mit dem letzten Groschen oder gar per Kredit – ihre Versicherung lautet Stopp-Loss. Leider ein Fahrschein in den Ruin: Die Aktien sind weg und das Geld auch. Der letzte Stopp wird oft von der Bank selbst durchgeführt, und Loss bleibt übrig.

Der einzige Grund, sich von einem Investment zu trennen, sollte fundamentale Ursachen haben. Wenn Geschäftsmodelle nicht aufgehen, dann muss man verkaufen. Das Schöne daran: Man kann es auch tun, wenn die Kurse oben sind – und dann locken Gewinne und keine Verluste.

Ein weiterer Verkaufsgrund ist gegeben, wenn die Marktkapitalisierung in schwindelerregende Höhen getrieben wird. Das Geschäftsmodell mag dann zwar noch Gültigkeit haben, aber wenn eine verrückt gewordene Herde Börsianer jeden Preis für eine Aktie zu zahlen bereit ist, sollte man großzügig sein und die Position abbauen. „Dem Geld entgegengehen", lautet die Devise. Dann geben, wenn die anderen im Kaufrausch sind. Das ist eine Entscheidung, die sich nur aus Erfahrung treffen lässt, dafür gibt es keine mathematischen Formeln.

Immer mal wieder treten Experten auf den Plan, die ihre Stopp-Loss-Erfahrungen dem staunenden Börsenpublikum vermitteln. Der eine schwört darauf, unbedingt zu verkaufen, wenn die Aktie 3 % unter Einstandspreis gefallen ist. Der andere gibt einen größeren Spielraum vor und empfiehlt den Verkauf bei einem Minus von 10 %. Das ist alles Mumpitz. Derjenige, der Aktien kauft, sollte von vornherein einen längeren Investitionsrahmen planen. Minimum drei Jahre, am besten sollte der Horizont zehn Jahre reichen. Das ist die richtige Grundlage für eine Kaufentscheidung und nicht eine imaginäre Stopp-Loss-Marke. Eine Aktie, die man nicht bereit ist, auf Jahre zu halten, sollte erst gar nicht ins Depot kommen.

Letztlich ist die Entscheidung, eine Aktie zu kaufen, eine Investitionsentscheidung wie jede andere auch. Stellen Sie sich vor, Sie kaufen ein Haus und wollen es schon eine Woche später wieder verkaufen, nur weil ein dahergelaufener Taxator der Meinung ist, die Immobilie sei nun 10 % weniger wert. Zum Glück ist der Immobilienmarkt nicht so transparent, und es gibt auch keine entsprechende Börse, die jeden Tag den Wert eines Hauses neu taxiert. Wahrscheinlich ist das der Grund, warum die meisten Immobilieneigentümer ganz ruhig jahrelang abwarten, bis die Frucht reif ist. Nur wenige Hausbesitzer kämen auf die Idee, ausgerechnet in Krisenzeiten zu verkaufen. Ganz im Gegenteil. Gerade in solchen Zeiten wird der Grundstein für ein Vermögen gelegt, indem man mutig zugreift. Warum sollte man also bei Aktien ein anderes Verhalten an den Tag legen als bei Immobilien?

Die *Daytrader* haben eine andere Meinung, da sie nur an kurzfristigen Gewinnen interessiert sind, und da läuft angeblich ohne Stopp-Loss nichts. Klar, wenn man mit 1000 Futures handelt im Gegenwert von 100 Millionen Euro, kann man keinen langen Atem haben. Wer hat schon ein paar 100 Millionen Euro auf der hohen Kante, um eventuelle Verluste auszugleichen? Doch so einfach ist die Stopp-Loss-Rechnung nicht. Wer zehn Mal bei minus 10 % ausgestoppt wurde, dessen Kapital ist vernichtet. Das geht schneller, als man denkt. Ich habe in meinem Leben bisher Dutzende „Tageszocker“ kennen gelernt. Die allermeisten sind pleite, trotz Stopp-Loss. Nur einer hat überlebt. Wahrscheinlich hatte er Glück. Denn das *Daytrading* hat viel mit Glück zu tun.

Die andere Variante des Stopp-Loss ist das Stopp-Buy. Wenn eine Aktie steigt, schwingen sich die Trittbrettfahrer mit drauf. Die Börsianer sagen, der Markt und die Aktie seien „ausgebrochen“. Nun beginnt ein erbarmungsloses Hinterherlaufen. Stopp-Buy bedeutet, wenn eine Aktie eine bestimmte Höhe erreicht hat, wird sie gekauft. Dies alles hat allerdings nichts mit fundamentalen Erwägungen zu tun, sondern ist einzig gelenkt von dem schnellen Euro, der verdient werden will. Doch so einfach ist die Sache nicht. In Phasen steigender Börse mag es zwar eine Zeitlang funktionieren, aber irgendwann erwischt es sie alle. „Momentum-Player“ nennen sich diese Gestalten. Sie stürzen sich auf Börsensegmente oder Aktien, eben darauf, wo sie am meisten „Power“ vermuten. Es gibt ausgetüftelte Computerprogramme, die den gesamten Aktienmarkt scannen, einzig mit dem Ziel, diese „Momentum-Aktien“ herauszufischen. In Phasen absoluter Boomzeiten mag so etwas funktionieren. Aber manchmal kippt der Markt schneller, als ein „Momentum-Player“ blinzeln kann – und dann ist das Geld weg.

Zocker

Was ist ein echter Spekulant? Ein Mann, der ohne einen Pfennig Geld in der Tasche Austern bestellt, in der Hoffnung, mit einer darin gefundenen Perle zahlen zu können. Dieses alte Börsenbonmot beschreibt es treffend: mit möglichst geringem Einsatz zum großen Gewinn. Die meisten Zocker wollen mit wenig Kapital große Summen bewegen und in möglichst kurzer Zeit steinreich werden. In diesem Zusammenhang hat sich in Europa auch der Begriff *Daytrading* etabliert. Daytrading ist ein Trend aus den USA, der gegen Ende des Jahrtausends auch zu uns herüberschwappte. In den USA zocken bereits rund fünf Millionen Hobby-Spekulanten per Internet, über das Telefon oder direkt mit Hilfe ihrer Bank. Das Internet ist dabei das Medium der unbegrenzten Zockermöglichkeiten. Per Mausklick geht es an die Börsen dieser Welt – Frankfurt, Tokio, New York: kaufen und verkaufen, meist in Sekunden oder zumindest am selben Tag. Ziel: Ein Vermögen machen oder wenigstens den Lebensunterhalt „erzocken". War diese Welt bis vor kurzem nur Bankern und Profis vorbehalten, stürmen nun auch die Hobby-Spekulanten das virtuelle Börsenparkett. Mit gebanntem Blick und erhöhtem Puls werden Kurse verfolgt und Erfolgssysteme entwickelt, die den großen Gewinn garantieren sollen.

Ich habe manchmal den Eindruck, dass mindestens 50 % aller Marktteilnehmer nur nach technischen Indikatoren „auf dem Markt spielen". Die Leute investieren nicht, sie zocken. Obwohl allgemein negativ besetzt, ist das für mich ein wertfreier Begriff. Niemand soll vom Daytrading oder vom Zocken abgehalten werden. Ich würde es nicht verbieten. Im Gegenteil: Jeder Börsianer muss auch mal gezockt haben. Die Zockerphase ist die Pubertät des Börsianers, bevor er die richtige Reife erhält. Wenn er dann sein Geld verspielt und die erste Pleite erlebt hat, kommt er vielleicht auf den Pfad der Vernunft. Doch am Anfang lockt das schnelle Geld. Die Gefahr dabei erkannte schon der französische Dichter La Fontaine: „Man läuft Gefahr zu verlieren, wenn man zuviel gewinnen möchte." Diese Weisheit besitzen die meisten Zocker leider nicht. Die bittere Erfahrung werden sie allerdings machen, jedenfalls die meisten von ihnen. Ich habe gerade zur Jahrtausendwende viele junge Burschen kennen gelernt, die in kurzer Zeit ein kleines Vermögen verspekuliert haben. Schicke Wohnung, teures Auto, Leben auf großem Fuß. Das Leben eines Börsianers. Doch diese Schnellreichen sind fast alle auch schnell wieder arm geworden. Denn Zocken ist wie eine Sucht. Es macht abhängig. Derjenige, der einmal „angefixt" wurde, kann so schnell nicht mehr loslassen, und das wird ihm zum Verhängnis. In steigenden Börsenphasen vermögen die meisten Leute, Geld zu verdienen. Kommt es dagegen zu einer Baisse, verlieren sie meist Hab und Gut, oft in kurzer Zeit. Doch solange es Börsen gibt, wird es auch Zocker geben. Und das ist gut so.

Trader und Zocker sind das Salz in der Suppe des Börsenalltags. Sie halten die Börse liquide. Was manch einer von ihnen jedoch nicht realisiert, ist die Tatsache, dass sie ein enorm hohes Risiko eingehen. Ich meine, für dieses Risiko haben sie auch einen ordentlichen Gewinn verdient. Aber der stellt sich nur selten ein. „Wer höher steigt, als er sollte, fällt oft tiefer, als er wollte." Bei dem einen sind es nur ein paar tausend Mark, beim anderen sind es ein paar Millionen. Vor kurzem rief mich einer von diesen Daytradern an. Er ging einige hundert Eurostoxx-Futures *long*, spekulierte also auf steigende Bluechips im Euroraum, Gegenwert etwa 150 Millionen Euro. Als der Markt kurz vor Handelsschluss nicht richtig steigen wollte, entschied er sich, die Position über Nacht zu halten. Ein verheerender Fehler. Denn über Nacht war die Wall Street wegen schlechter Wirtschaftsdaten zusammengebrochen, und am nächsten Tag eröffneten die europäischen Märkte drastisch schwächer. Diese Nacht hat dem Daytrader den Schlaf geraubt und ihn zwei Millionen gekostet. Noch Tage zuvor brüstete er sich mit den Worten: „Mir kann nichts passieren, ich hab jedes Jahr nur Gewinne gemacht!" Der gute alte Spruch „Hochmut kommt vor dem Fall" ist zwar total abgegriffen, trifft aber leider immer noch zu.

Sich sicher fühlen beim Daytrading – der größte Irrtum, den diese Art Börsianer begehen kann. Wer auf Kredit spekuliert – und nichts anderes ist der Handel mit Futures – sitzt dauernd auf einem Pulverfass, an dem die Lunte schon brennt. Da helfen auch keine Stopp-Loss-Sicherungen, gerade bei größeren Positionen halten sie nicht, was der Name verspricht. Einen Stopp gibt es nämlich nur, wenn ein anderer Marktteilnehmer da ist, der die Position aufnimmt. Und wenn keiner da ist, dann wirds ein Loss ohne Stopp. Besonders an Tagen, an denen Wirtschaftsdaten aus den USA kommen, läuft die Börse (und hier besonders der Future-Markt) oft Amok. Es dauert nämlich immer ein paar

Minuten, manchmal auch Stunden, bis der Markt kapiert hat, was die Zahlen bedeuten. Und wenn niemand so richtig versteht, wie die Zahlen zu interpretieren sind, muss sich zumindest eine Meinung durchsetzen, welche Auswirkungen die Daten haben könnten. In solchen Phasen, meist um 14.30 Uhr mitteleuropäischer Zeit, kommt es oft zu hektischen Ausschlägen an der Börse. Dann springt der Aktienmarkt hin und her wie der Seismograph bei einem Erdbeben. Wer in solchen Situationen ein paar Futures zu viel hat, wird oft mit Verlust bestraft. Vor solchen Terminen sollte man also am besten von hochspekulativen Spielereien absehen.

Das Daytraden war lange Zeit in Deutschland verpönt, kommt jetzt aber langsam in Mode. Ich denke, die Entwicklung verläuft wie in den USA, dort gibt es Daytrading-Center, die sich während der letzten Jahre etabliert haben. Eigentlich eine verwunderliche Geschichte – obwohl die meisten Zocker irgendwann alles verlieren, hält sich die Zahl der Daytrading-Institutionen beinahe stabil. Es wachsen wohl immer wieder genügend Börsianer-Generationen nach, die dem Ruf des großen Geldes folgen.

Ich höre es auch immer wieder bei meinen Vorträgen, dass gerade jüngere Kandidaten voller Ungeduld auf die Börse schauen und den Tipp für den schnellen Euro haben wollen. Den gibt es natürlich nicht. Aber jeder Börsianer studiert sicherlich eine Vielzahl von Büchern, um doch irgendwann das Geheimnis zu lüften, wie man mit Hilfe technischer Signale den Markt aushebeln kann. Allerdings: Angenommen, diese Systeme gäbe es wirklich – wer wäre denn so töricht, sie zu veröffentlichen? Kurioserweise werden auch die dicksten Bücher oft von den erfolglosesten Tradern geschrieben. Diejenigen, die an der Börse alles verloren haben, schreiben gern ein Buch über technisches Traden, um wenigstens auf diese Weise noch ein bisschen Geld zu verdienen. Leider geben sie es meist nicht zu und erwecken beim unerfahrenen Leser den Eindruck, dass es ein solches System tatsächlich gäbe. Aber: Die Börse lebt eben vom Irrtum – warum nicht auch die Literatur? Und so dienen die meisten Börsenbücher nur als Staubfänger in den Regalen.

Jeder muss seine Erfahrungen an der Börse selbst machen. Dort ist das wichtigste der Faktor Zeit.

Wer an der Börse keine Zeit mitbringt oder aufgrund von Kreditspekulationen keine Zeit hat, verliert. Die meisten Börsianer wissen das, aber wenn sie auf die Kurse schauen, verflüchtigt sich diese Einstellung schnell. Auch diverse Online-Broker und das Internet blenden diesen Aspekt verführerisch aus. Dort, wo mit einem Mausklick angeblich die Millionen locken, ist der letzte Tausender sehr schnell weg.

Schein-Welt

Die Welt der Optionsscheine ist groß, bunt und verwirrend. Das hat seinen Sinn. Der Anleger soll sie kaufen und damit möglichst viel Geld verlieren. Da kann es nur von Vorteil sein, dass die interne „Mechanik" dieser Scheine auf den ersten Blick nicht immer klar erkennbar ist. Statt dessen entwerfen Werbeagenturen Scheinszenarien, die dem Anleger angeblichen Geldsegen bescheren. Dass die Scheine genau auf das Gegenteil abzielen, wird listig verschwiegen. Jeder Optionsschein, der auf der Welt zum Kauf angeboten wird, hat eine hohe Verfallswahrscheinlichkeit. Das ist eigentlich auch logisch. Nur merken dies viele Anleger nicht – oder erst, wenn es zu spät ist.

Mit dem fast krankhaften Trieb der Börsianer, möglichst schnell ein Vermögen anzuhäufen, verdienen Banken viel Geld. In Zeiten haussierender Börse greift der Unerfahrene gern zu diesem „Reichmacher", der in Wirklichkeit ein Geldvernichter ist. An dem Kiosk, wo ich jeden Morgen meine Zeitung hole, fragte mich einmal die Besitzerin, ob ich nicht ein paar gute Optionsscheine auf den DAX kenne. Ich warnte sie eindringlich vor dem Kauf solcher hochspekulativer Papiere. Darauf gestand sie mir, dass sie bereits welche habe: Calls auf den DAX. Ich riet ihr, diese Optionsscheine sofort glattzustellen und es lieber mit Aktien zu versuchen. Da hallte es empört aus dem Kiosk zurück: „Das ist mir zu langweilig!“ Ob sie denn schon jemals eine Aktie besessen habe, wollte ich wissen. Das wurde klar und stolz verneint. So ist das eben. Die Gier nach blitzartigem Reichtum macht die Leute blind, lässt sie alle Vernunft vergessen. Ich versuchte der stolzen Optionsscheinbesitzerin klarzumachen, auf was sie sich da eingelassen hatte und erntete nur ein müdes Achselzucken.

Optionsscheine sind deshalb so gefährlich, weil die Scheine oft einen kurzen Zeitfaktor haben. Optionsscheine sind wie Wetten, bei denen der Anbieter der Wette schon einen eingebauten Vorteil hat. Derjenige, der die Wette annimmt, hat den Nachteil. Viele Optionsscheine haben eine Restlaufzeit von wenigen Monaten, bei manchen läuft die Frist vielleicht in einem Jahr ab. Allen gemeinsam ist, dass auf ihnen ein hohes Aufgeld lastet. 80 % aller Optionsscheine gehen auf null. Ich wundere mich immer, dass bei derart geringen Gewinnaussichten so viele Börsianer ihr Geld immer noch in solche Verlustscheine stecken.

Man muss es einmal aus einer anderen Perspektive betrachten. Ich verkaufe Ihnen einen Optionsschein nur, wenn ich der Gewinner bin. Will heißen, in der Regel spekuliert der Verkäufer darauf, dass die Scheine wertlos werden, sonst würde er sie ja nicht verkaufen. Noch ist es an der Börse mit dem Altruismus und der Nächstenliebe nicht so weit, dass Ihnen jemand etwas verkauft, bei dem der Verkäufer den Kürzeren zieht. Und genau das ist das Problem.

Doch das Heer der Börsianer findet Optionsscheine offenbar reizvoll. Sonst würden nicht jeden Tag neue aufgelegt und unters Börsenvolk gebracht. Mittlerweile wird die Zahl der Optionsscheine auf über 10 000 geschätzt. Und jeden Tag kommen neue hinzu. Manche von ihnen sind so kompliziert, dass man ein Mathematikprofessor sein muss, um sie zu verstehen. Da gibt es „Kick backs“, „Step ups“ und viele andere Scheine mit komplizierten „Wenn-dann-Regelungen“. Sie suggerieren dem Anleger eine höhere Gewinnchance. Doch das ist alles barer Unsinn. Sie sind nur deshalb so kompliziert, damit der Käufer nicht so schnell nachvollziehen kann, worum es eigentlich geht. Eines ist dabei immer sicher: Der Vorteil für den Verkäufer ist schon eingebaut

– sonst würde er die Dinger nicht anbieten. Der Verkäufer will schließlich keinen Verlust machen, sondern üppig verdienen. Und in der Tat: Die Emittenten verdienen sich dumm und dämlich. Jahr für Jahr scheffeln sie mit Optionsscheinen Milliarden. Geld, das ahnungslose, unerfahrene, aber geldgierige Anleger in windige Scheine stecken, die irgendwann auf null gehen. Die Banken freuen sich über diesen zusätzlichen Geldsegen. Die Emittenten der Optionsscheine verdienen übrigens immer, selbst in den Fällen, in denen der Schein steigt. Die Profis können nämlich „hedgen", das heißt, sich absichern. Dann ist es egal, in welche Höhen sich die Option schwingt: Das entsprechende Gegengeschäft ist nämlich schon längst unter Dach und Fach, meistens mit mindestens einer kleinen positiven Marge für die Bank.

Die „Schein-Welt" hat auch noch einige praktische Nachteile, die der Käufer meist nicht bedenkt. Oftmals sind die Börsenumsätze bei Optionsscheinen nur sehr gering. Das ist die nächste Falle für den Käufer. Wenn er verkaufen will, ist niemand da, der zu ordentlichen Kursen abnimmt. Zwar kann man die meisten Optionsscheine auch gleich beim Emittenten losschlagen, doch der Preis dafür ist hoch. Erstens muss man oft eine gewisse Mindestsumme bieten. Unter 5000 Euro läuft häufig gar nichts. Zweitens sind die *Spreads*, also die Stellungen zwischen Ankaufs- und Verkaufspreisen, so breit, dass man mit einem Lastwagen durchfahren könnte. Wo kein vernünftiger Markt zustande kommt, diktiert eben die Emissionsbank die Preise. Es kommt vor, dass die Stellungen bis zu 20 % auseinander liegen. Wer in so einer Situation verkaufen will, zieht erneut den Kürzeren. Die Emissionsbanken können eben machen, was sie wollen. Kein Gesetz dieser Welt verpflichtet sie, faire Preise zu stellen.

In diesem Zusammenhang muss ich von der traurigen Geschichte eines befreundeten Börsenmaklers berichten. Er war *„short"* in Optionsscheinen auf steigenden Dollar. Da der Dollar aber nicht stieg, sondern fiel, waren die Scheine der betreffenden Gattung praktisch wertlos, wurden seinerzeit aber immer noch mit einer Stellung von zwei Pfennig für den Ankauf und fünf Pfennig für den Verkauf angeboten. Die Zeit des Auslauftermins nahte, und immer noch gab es offensichtlich zahlreiche Käufer dieses Scheines. Es waren wohl Desperados, die Millionen dieser Pfennig-Scheine gekauft hatten, in der Hoffnung, der Dollar könne aufgrund eines Wunders doch noch in kurzer Zeit nach oben gehen. Dann würde der Schein schnell auf eine Mark springen. Wenn man dann Millionen davon hat, keine schlechte Sache. Diese Zocker machten aber die Rechnung ohne die Zeit – und die lief sehr schnell ab. Nur noch wenige Tage, und der Schein verfiel wertlos. Jener besagte Börsenmakler verkaufte diese Scheine „leer“ an die blindwütige Käuferschar. Er verkaufte also Papiere, die er nicht hatte, in großer Stückzahl und in der richtigen Annahme, dass der Dollar niemals in so kurzer Zeit gravierend ansteigen könne. Eine logische Sache also, mit fast todsicherem Gewinn. Nur hatte unser schlauer Börsenmakler nicht an die Bank gedacht. In Deutschland muss nämlich jeder Leerverkäufer binnen drei Tagen das zugrunde liegende Papier besorgen, ausleihen. Bei großen Aktien ist das kein Problem, bei eher exotischen Optionsscheinen dagegen schon. Also blieb unserem siegessicheren Broker am Ende nichts anderes übrig, als die Scheine bei der Emissionsbank zurückzukaufen. Dürfte ja nicht allzu schwer sein, dachte er sich, denn der Dollar war weiter auf Talfahrt, und der Schein wäre dementsprechend nur einen symbolischen Pfennig wert. Die Bank hatte allerdings nachkalkuliert, wie viele Scheine sie ausgegeben und zum Schluss wieder zurückgekauft hatte. Resultat: Alle ausgegebenen Scheine waren zu Minikursen wieder zurückgeflossen. Als nun unser Broker bei dem betreffenden Haus anrief, um die leerverkauften Scheine durch billigen Kauf einzudecken, traf ihn fast der Schlag, als die Bank nicht einen Kurs von einem oder zwei Pfennig machte, sondern von einer Mark. Die Bank wusste sehr genau, dass keine Scheine dieser Gattung mehr auf dem Markt waren. Es gab also keine Möglichkeit für den Broker, seine Leerverkaufsposition einzudecken – außer bei der Bank. Und das nutzte sie gnadenlos aus. Eine Mark für einen Optionsschein, der praktisch wertlos war und in wenigen Tagen verfiel. Aber der Börsenmakler hatte keine andere Chance. Per Gesetz war er verpflichtet, die Scheine einzudecken. Weil es an der Börse nicht ging, musste er es bei der Emissionsbank machen. Der Schuss ging voll nach hinten los. Millionen Scheine, die er für ein paar Pfennig zuvor verkauft hatte, musste er nun für eine Mark eindecken. Die Bank kannte kein Pardon, und unser Broker hat sich damit ruiniert. Ein tragisches Beispiel, wie man an der Börse Geld verlieren kann, auch wenn man im Recht ist. An der Börse herrscht eben das Gesetz des Dschungels, der Stärkere gewinnt. Kurse kommen zustande, nicht weil einer verkaufen *will*, sondern verkaufen *muss*; und umgekehrt, nicht wenn er kaufen *will*, sondern kaufen *muss*. Das ist im Übrigen auch ein Grund dafür, warum es an den Märkten manchmal zu sonderbaren Kursbewegungen kommt, die sich niemand erklären kann.

Bis auf wenige Ausnahmen kann ich generell vom Kauf von Optionsscheinen nur abraten. Erste Ausnahme: Die Laufzeit muss mindestens zwei Jahre betragen. Dann hat man genügend Zeit, sich zu irren und wieder zu verkaufen oder eben einen langen Horizont, in aller Ruhe zu warten, bis eine Aktie oder ein Index in die Zielzone steigt oder fällt. Unterhalb eines Jahres ist es nur eine Sache des Zufalls beziehungsweise reines Glücksspiel. Statt in Optionsscheinen zu investieren, können Sie lieber gleich ins Spielcasino gehen.

Die zweite Ausnahme: Es gibt ein entsprechendes „physisches Underlying“. Bei einem Aktienoptionsschein kann man zum Beispiel immer auch die Aktie selbst kaufen. Dem sollte man auch den Vorzug geben. Bei einem Index kann man ein Indexzertifikat mit möglichst langer Laufzeit wählen. Bei Zinsen aber ist es etwas anderes. Wer beispielsweise auf sinkende kurzfristige Zinsen spekulieren will, kann das nur mit Hilfe von *Derivaten* (Terminpapieren). In diesem Fall mit Optionsscheinen, die sich *„Floors“* nennen. Bezugspunkt ist ein Zinssatz, zum Beispiel der Sechs-Monats-Euribor (European Inter Bank offered Rate), kurz: die Sechs-Monats-Zinsen. Fallen die Zinsen unter den Bezugszinssatz, steigt der Optionsschein entsprechend. Zugegeben, eine etwas komplizierte Geschichte, die ich an dieser Stelle nicht weiter vertiefen will. Es ist nur ein Beispiel für ein Investment in einen Optionsschein, den ich als sinnvoll ansehe, wenn man eine entsprechende

Strategie verfolgt. Aber auch hier ist wichtig, eine möglichst lange Laufzeit zu wählen. In diesem Bereich (Zinsfloors) gibt es Scheine mit einer Laufzeit von bis zu 15 Jahren. An den Finanzmärkten ist es immer nur eine Frage der Zeit, bis man Recht bekommt. Wenn man viel Zeit und Geduld mitbringt, ist der Gewinn also oft programmiert – innerhalb von 15 Jahren sollte das auch bei einem Zinsschein möglich sein.

Ich möchte an dieser Stelle nicht alle Derivate in Grund und Boden stampfen. Unter Profis haben Optionen durchaus ihren Sinn. Man kann damit Risiken minimieren und gezieltes *fine-tunig* im Portfolio durchführen. Voraussetzung natürlich, dass man etwas von der Materie versteht. Dies kann leider beim normalen Anleger nicht vorausgesetzt werden, auch wenn er bei der Bank seit einigen Jahren eine Risikobelehrung unterschreiben muss, wenn er mit Derivaten handelt. Welcher Freizeit-Börsianer weiß schon, was sich hinter „Beta, Delta und Wega" verbirgt? Darüber hinaus sind fast alle Optionsscheine überteuert, besonders die *Covered Warrents*, welche die Banken dem Börsenkunden anbieten. Ein Profi würde solche Scheine niemals anfassen.

Anders ist die Situation an den Terminbörsen. Aber auch hier ist größte Vorsicht geboten. Komplizierte Investmentkombinationen mit Hilfe von gekauften und verkauften Puts und Calls sind Sache des Experten. Der Laie erleidet damit zwangsläufig Schiffbruch.

Derivate sind übrigens keine Erfindung des 20. Jahrhunderts. Schon im antiken Griechenland wurde die Olivenernte teilweise auf Termin verkauft. So hatte der Bauer sein Geld sicher in der Kasse und brauchte nicht mehr um die Unbilden der Natur besorgt zu sein. War die Ernte dagegen knapper als angenommen, hatte natürlich der Terminkäufer das große Geschäft gemacht – weil die Preise in die Höhe gingen. Aristoteles beschreibt in seinem Werk „Politik", wie Thales mit Oliven-Optionen reich wurde. Er war wohl weltweit der erste Spekulant, der mit Optionen sein Geld gemacht hat.

Von einem anderen „Optionsgeschäft" berichtet das Erste Buch Mose. Dort wirbt Jakob um Rahel. Ihr Vater verkauft ihm eine Option auf Rahel. Der Preis: sieben Jahre Arbeit, danach könne er seine Option ausüben. So das Versprechen. Als die sieben Jahre um waren und Jakob die versprochene Rahel heiraten wollte, wurde sie allerdings nicht „geliefert". Statt dessen wurde die Schwester angeboten. Um Rahel zu ehelichen, musste Jakob weitere sieben Jahre arbeiten. Jakob war also der erste Verlierer im Optionsgeschäft. Er musste zwar nicht mit Geld zahlen, dafür aber Lebenszeit und Energie opfern, was im Zweifelsfall noch viel wertvoller ist. Schon im Altertum war das Geschäft mit Optionen also voller Risiken – und das ist es bis heute geblieben.

Sich das Risiko *abkaufen* zu lassen, kann den Verkäufer teuer zu stehen kommen. Doch für manchen Landwirt ist es unumgänglich, die Saat zu verkaufen, bevor sie reif ist. Davon lebt der Terminmarkt heute noch. In New York kann man von Orangensaft über Sojabohnen bis zu Schweinehälften alles auf Termin kaufen. Es ist ein extrem hektisches Geschäft mit großen Schwankungen, das ich dem langfristigen Anleger keineswegs empfehle.

Der erste große Zusammenbruch an den Derivatemärkten wird übrigens aus Holland berichtet. Amsterdam war damals das Finanzzentrum Europas. Die Tulpenhausse galt als der erste „Run" auf das schnelle Geld. Gekauft wurden keine echten Tulpenzwiebeln, sondern Optionsscheine beziehungsweise Rechte auf die Knollen. Die Preise stiegen in astronomische Höhen, um alsbald zu kollabieren.

Am 3. April 1848 gründeten amerikanische Weizenhändler das *Chicago Board of Trade* (CBOT), die erste US-Terminbörse. Die Landwirte waren erzürnt darüber, dass die Weizenpreise regelmäßig zur Erntezeit wegen Überangebots einbrachen. Aus Protest gegen die Kellerpreise kippten die Farmer manchmal die Ernte in den Eriesee. Politik und Wirtschaft suchten nach neuen Lösungen. So entstand die Idee, die Ernte per Termin zu verkaufen. Standardisierung der Produkte, das Auftreten von Spekulanten und die Entwicklung von Telegraf und Telefon ließen die CBOT schnell wachsen. Das *Chicago Board of Trade* entwickelte sich zur größten Warenterminbörse der Welt. Auch in Deutschland gab es zarte Versuche zur Einführung einer Warenterminbörse. Sie wurde in den neunziger Jahren in Hannover gegründet. Im durchregulierten und totsubventionierten europäischen Agrarmarkt konnte eine solche Börse aber nicht gedeihen. Wenn es den Bauern schlecht geht, dann springt eben der Steuerzahler ein, oder die Landwirte kippen die Ernte auf die Deponie. Beispiele für eine total verfehlte Politik.

Der Markt bin ich

Nick Leeson hat mit spekulativen Geschäften eine renommierte Londoner Bank zugrunde gerichtet. 1,5 Milliarden Dollar hatte der junge Mann versenkt, bevor alles aufflog. Ein Finanzskandal, der für Furore sorgte. Man kann den Vorgang aber auch anders formulieren: Durch mangelnde Sicherheitssysteme bei einer renommierten Londoner Bank gelang es einem jungen Mann, unbemerkt von allen Kontrollinstanzen 1,5 Milliarden Dollar Verlust zu fabrizieren.

Bange Frage, ob sich so etwas wiederholen könne? Meines Erachtens ist diese Frage mit einem klaren Ja zu beantworten. Es ist nur eine Frage der Zeit, bis sich eine ähnliche Fehlspekulation wieder ereignet. Nur mit einem Unterschied: Beim nächsten Mal werden es nicht 1,5 Milliarden Dollar sein, sondern ein Vielfaches davon. Die Bombe tickt. Die Explosion ist unvermeidlich, und sie wird einen großen Krater im Finanzsystem hinterlassen.

Nick Leeson und Konsorten trugen noch vor Jahren den Namen „Golden Boys". Doch nach einigen Katastrophen an den Finanzmärkten fiel das Attribut „Golden" schnell weg, denn die „Boys" verursachten etliche Pleiten und rissen damit auch angesehene Bankhäuser in den Abgrund.

Geringer Einsatz, großer Hebel, das ist das Spielchen, das weltweit immer noch gespielt wird. Es ist der Derivatehandel, der auch heute noch junge Börsianer lockt wie in einem Goldrausch. Derivate sind künstliche Finanzprodukte wie zum Beispiel Futures. Ein Future verpflichtet, in einer bestimmten Zeit ein Produkt zu kaufen, zum Beispiel eine Anleihe. Da nicht sofort gekauft werden muss, haftet man bis zum Termin nur mit der Differenz, die bis dahin entstanden ist.

Der Bund-Future ist ein solcher Future auf Anleihen. Man kauft keine Anleihen, für die man sofort eine ganze Menge Geld auf den Tisch legen müsste, sondern den Bund-Future, was erst einmal praktisch nichts kostet, außer der Haftung für die Kursdifferenz. Wenn man in die richtige Richtung spekuliert, locken große Gewinne. Umgekehrt ist das Verlustrisiko äußert hoch. Ein Bund-Future beinhaltet das Anrecht auf Bundesanleihen in Höhe von 100 000 Euro. Das sind 1000 Anleihen à 100 Euro. Steigen die Bundesanleihen nun um 10 Cent, dann gewinnt derjenige, der einen Bund-Future hält, 100 Euro. Steigt die Anleihe um einen Euro, dann gewinnt der Bund-Futurekäufer 1000 Euro. Um es kurz zu machen: Bei geringstem Einsatz kann man voll von den Schwankungen profitieren – oder verlieren. Und das mit einem gewaltigen Hebel.

Die „Boys“ handeln alle möglichen Futures. Auf Dollar, auf den DAX, auf den S&P, auf den Nikkei-Index (wie Nick Leeson, der die Barings Bank zugrunde richtete). Das Problem: Die „Boys“ kaufen natürlich nicht nur einen Future, sondern gleich Hunderte oder Tausende. Wenn sie dann auf dem falschen Fuß erwischt werden, kostet es gleich Millionen – und manchmal Milliarden.

An der Frankfurter Terminbörse gehen am Tag über eine Million Bund-Futures um. Sie repräsentieren einen Gegenwert von einer Billion Euro. Es ist schwer vorstellbar, dass täglich Bundesanleihen im Wert von einer Billion Euro gekauft und verkauft werden. Kenner der Materie schätzen den realen Bedarf auf etwa 500 Milliarden Euro, was immer noch eine immens hohe Summe darstellt. Mit dem Rest wird schlicht und ergreifend gezockt. Zahlreiche Firmen rund um den Globus sind einzig darauf spezialisiert, Bundesanleihen im Wert von 500 Milliarden Euro „hin und her“ zu verkaufen, in der Absicht, Gewinne zu erzielen. Mindestens 50 % des Umsatzes dienen also lediglich der kurzfristigen Spekulation.

Beim Dollar ist diese Quote sogar noch höher. Täglich wechseln etwa eine Billion Dollar den Besitzer. Doch die meisten An- und Verkäufe dienen nicht der Bezahlung von Waren, Dienstleistungen oder anderen Dingen, sondern es ist die pure Spekulation, die hier die Umsätze in die Höhe treibt. Ein Experte in Frankfurt vertraute mir an, dass etwa 90 % – immerhin 900 Milliarden Dollar pro Tag – nur aus spekulativen Gründen den Besitzer wechselten. Diese „Luftgeschäfte" bestimmen letztlich den Preis für den Dollar, es sind nicht die Auswirkungen realwirtschaftlicher Geschäfte, etwa aufgrund von Warenaustausch.

Zurück zum Bund-Future: Der Markt des Anleihenhandels auf Terminbasis stellt derzeit den zweitgrößten Markt neben dem Dollar dar. Jeder, der über etwas Bares verfügt, kann Daytrader werden. Er kauft für ein paar Millionen Euro Gegenwert einige Bund-Futures in der Hoffnung, sie in den nächsten Sekunden, Minuten oder Stunden teurer wieder loszuwerden. Umgekehrt funktioniert das Spiel natürlich auch. Doch oft genug geht es schief.

Ich kenne in Frankfurt einige Big Player. Einer von ihnen handelt mit bis zu 10 000 Bund-Futures. Das entspricht einem Gegenwert von etwa 1 Milliarde Euro. Ob er sich dieses Gewichts und der Konsequenzen bewusst sei, wollte ich einmal von ihm wissen. Die Antwort lautete: „Man darf daran nicht denken, wenn man erfolgreich sein möchte." Die Bank, die für diesen Daytrader die Abwicklung macht, verfügt zwar über ein Risikomanagement. Trotzdem wäre besagter Trader auch in der Lage, statt 10 000 Bund-Futures die zehnfache Menge davon zu kaufen. Bis die Bank davon Wind kriegt, vergehen immerhin kostbare Minuten, wenn nicht Stunden – und läuft der Markt dann gegen die Position, sind schnell Millionen weg. Die Banken, welche die „Deals" abwickeln, stehen dabei in einem Interessenkonflikt: Einerseits möchten sie natürlich auf jeden Fall eine Schieflage verhindern. Andererseits verdienen sie bei einem solchen Daytrader kräftig mit. Die Bank kassiert ja schließlich üppig Provisionen, und je höher der Umsatz, desto stärker klingelt die Kasse. Für den Daytrader ist das Spiel zwar nicht risikolos, aber Kopf und Kragen muss ihn ein vermeintlicher Amoklauf auch nicht kosten. Die meisten Händler haben zum Zwecke des Daytradings eine GmbH gegründet. Dort mögen ein paar Millionen eingezahlt sein. Dies steht aber in keinem Verhältnis zu den möglich Risiken, die das Geschäft mit sich bringt. Die Versuchung, über das festgesetzte Limit hinauszugehen, ist ziemlich groß – besonders, wenn der Händler schwache Nerven hat. Nach einer Phase der Verluste ist mancherorts die Bereitschaft zu erkennen, alles auf eine Karte zu setzten: Statt 100 Bund-Futures 10000 oder noch mehr zu kaufen. Bis die Bank das merkt, kann es schon zu spät sein. Geht die Sache schief, trägt die Bank das volle Risiko. Geht es gut, steckt der Trader den Gewinn ein. Oft jedoch verursachen solche Kamikaze-Aktionen eine Katastrophe.

So kaufte vor nicht allzu langer Zeit ein einzelner Trader 30 000 Bund-Futures (Gegenwert drei Milliarden Euro). Der Mann hatte vorher große Verluste eingefahren und versuchte nun, vollkommen von Sinnen, mit einer Megaposition verlorenes Terrain wiederzugewinnen. Die Sache endete im Desaster. Als die Bank das merkte, kappte sie kurzerhand die Direktleitungen, die jenen Händler mit der Terminbörse verbanden. Anschließend versuchte das Kredithaus 30 000 Bund-Futures in einem ohnehin schon fallenden Markt glattzustellen. Das brachte den Kurs des Future vollkommen zum Zusammenbruch. Bis die gesamte Position verkauft war, fielen 30 Millionen Euro Verlust an. Damit war die Daytrader-Laufbahn dieses jungen Mannes beendet. Noch nicht einmal strafrechtliche oder zivilrechtliche Konsequenzen hatte er zu tragen. Im Gegenteil: Da der Bank die ganze Sache peinlich war, wurde sie schlicht unter den Teppich gekehrt. Nichts davon sollte an die Öffentlichkeit dringen. Ein solches Vorgehen ist nicht dazu angetan, aus Fehlern zu lernen oder den Finanzmarkt für solche Probleme zu sensibilisieren.

Viele Daytrader bekommen mit der Zeit Probleme. Sie sitzen tagtäglich vor den Monitoren und lassen sich von den Zahlen hypnotisieren. „Ich bin der Markt“ – so die Worte eines 25-jährigen Mannes, der im Auftrag einer kleinen Firma bis zu 100 000 Bund-Futures handeln darf. Doch Hochmut kommt vor dem Fall. Zu große Risiken werden vom Markt immer bestraft. Die Pleite ist vorprogrammiert.

Das Problem dabei: Die Welt der Derivate wird immer komplizierter und undurchschaubarer. So genannte synthetische Produkte erobern die Finanzwelt, die kaum noch Politiker oder Mitarbeiter der Aufsichtsbehörden verstehen. Es sind finanzmathematische Formeln, die nur noch Eingeweihte nachvollziehen können. Doch hinter diesen Gebilden finanztechnischer Ingenieurkunst stecken oft Verpflichtungen in Höhe von Millionen und Milliarden. Solange die Daytrader-Firmen und die beteiligten Banken für etwaige Verluste selbst aufkommen können, geht das in Ordnung. Aber es wird der Zeitpunkt kommen, an dem wieder ein Super-GAU (größter anzunehmender Unfall) an den Finanzmärkten entsteht. Dann muss die Allgemeinheit, muss der Steuerzahler die Zeche zahlen.

Probleme gab es und wird es immer geben. Bei der nächsten Pleite wird der Ruf nach den Politikern wieder laut. Doch die Forderung nach strikteren Gesetzen und Zugangsbeschränkungen zu den Kapitalmärkten kommt meist von denen, die sich am wenigsten damit auskennen. Ich bin eher vorsichtig, was Restriktionen angeht. Freie Kapitalmärkte müssen frei bleiben. Jede Form von künstlichem Eingriff wird über kurz oder lang in die Katastrophe führen. Besonders dann, wenn er von Politikern vorgenommen wird, die keinen blassen Schimmer von der Materie haben. Den freien Fluss an den Finanzmärkten zu behindern, ist immer gefährlich und meist überflüssig. Es wird weiter irrationale Übertreibungen geben. Aber deshalb mit Verboten zu reagieren, wäre das gleiche, als wenn man das Fliegen verböte, weil ab und zu ein Flugzeug abstürzt. Ganz übersehen wird dabei, dass Flugzeuge zu den sichersten Verkehrsmitteln gehören.

Der größte Börsenverlust aller Zeiten

Fonds, die auf wundersame Weise Geld vermehren, ziehen Anleger seit jeher magisch an. Eine besondere Magie scheinen die so genannten Hedgefonds auszuüben. „To hedge“ bedeutet eigentlich „sichern“ oder

„absichern". Dies ruft beim Laien oft den Eindruck hervor, als handele es sich um eine besonders sichere Geldanlage. Doch die Wahrheit ist: Hedgefonds haben mit „Sicherheit" absolut nichts zu tun. Genau das Gegenteil ist der Fall. Es sind die hochspekulativsten Anlagearten, welche die Finanzmärkte hervorbringen. Das Grundprinzip beruht auf hohem Hebel bei niedrigem Einsatz. Es ist also im Prinzip eine gigantische Spekulation auf Kredit. Mit diesem Kredithebel können die Finanzakrobaten praktisch alle Formen von denkbaren Investments tätigen. Schweinebäuche, Baumwolle, Orangensaftkonzentrat, Währungen – und natürlich gehen die Börsen rauf und runter. In welche Richtung ein Markt geht, ist bei einem Hedgefonds egal. Er kann in beide Richtungen „spielen". Deshalb auch die weitverbreitete Mär, ein Hedgefonds könne auch von sinkenden Aktienmärkten profitieren. Theoretisch kann er das auch. Es mag sogar eine Zeitlang gut gehen. Aber irgendwann erwischt es sie alle. Hedgefonds geraten immer wieder in den Blickpunkt der Öffentlichkeit. Manchmal ist sogar ein richtiger Modetrend erkennbar, besonders in schlechten Börsenzeiten. Dann treten zum Teil merkwürdige Gestalten auf den Plan, die dem verblüfften Publikum vorrechnen, wie viele Gewinne ihm bei sinkender Börse entgangen seien. Die „Erfolgssysteme" bleiben gleichwohl immer geheim. Die Erfolgsformel ist für niemanden nachvollziehbar. Dies schmälert aber offenbar nicht das Interesse vieler Investoren. Ich kann Ihnen nur raten: Hände weg von solchem Teufelszeug! Lassen Sie sich nicht verführen von dubiosen Gewinnrechnungen, die solche Hedgefonds angeblich in den letzten Monaten oder Jahren gezaubert haben. Selbst bei den seltenen Fällen, in denen solche Rechnungen womöglich sogar stimmen mögen, irgendwann ist Ihr Geld trotzdem futsch. Jeder Hedgefonds wirbt mit theoretischen Musterrechnungen, in denen ein undurchschaubares Erfolgssystem aus der Vergangenheit simuliert wird. Doch die Vergangenheit ist nicht die Zukunft. Selbst ein System, das bis gestern noch funktionierte, kann schon morgen seinen Geist aufgeben. Für den Investor heißt es dann: Das Geld ist weg! Denn Hedgefonds investieren in die so genannten Finanzderivate, künstliche Produkte des Kapitalmarktes, die sich schnell in Luft auflösen können oder zumindest auf null fallen. Und nicht nur das, oft genug müssen auch noch erhebliche Nachschusspflichten erfüllt werden, was dann bei dem entsprechenden Fonds sehr schnell das Aus bedeuten kann.

Auf dem Gebiet der Hedgefonds tummeln sich sehr viele zweifelhafte Gestalten. Wer ihnen sein Geld anvertraut, ist selbst schuld. Aber auch seriöse Banken haben den Markt für diese Art von hochspekulativem Investment erkannt und versuchen damit Kunden anzulocken. Jeder sollte einer solchen Versuchung widerstehen, auch wenn sie noch so süß klingt und obendrein den seriösen Stempel seines Kreditinstitutes trägt.

Nicht nur der „Kleinanleger“, sondern auch die ganz Großen sind gern bei diesem Spiel mit dabei. Einer der größten Skandale auf diesem Gebiet war der Untergang von „Long Term Capital Management“ (LTCM) Ende 1997. Dieser global tätige Hedgefonds verfügte über ein Kapital von rund fünf Milliarden Dollar und kaufte dafür Finanzderivate, deren Verbindlichkeiten sich in Höhe von sage und schreibe 1200 Milliarden $ beliefen (1,2 Billionen – fast zwei drittel des deutschen Bruttoinlandsprodukts).

Das alles kam natürlich erst heraus, als die Bombe geplatzt war. Zuvor wurden die Operationen dieser gigantischen Finanzakrobatik absolut geheim gehalten. Niemand wusste genau, wie die Manager des Fonds eigentlich arbeiteten, worin sie investierten. Der Fonds lebte eigentlich nur von den Namen seiner Akteure, denen eine große Kompetenz auf diesem Gebiet zugebilligt wurde. Der ehemalige Chefhändler von Salomon Brothers, John Meriwether, antwortete hochmütig, als er einmal gefragt wurde, ob er an effiziente Märkte glaube: „Ich mache sie effizient.“ Darüber hinaus waren auch noch zwei andere Größen an dem Projekt beteiligt, die sich zuvor einen Namen im Bereich Finanzwissenschaften gemacht und dafür sogar den Nobelpreis erhalten hatten: Myron Scholes und Robert Merton. Ihr wissenschaftlicher Gegenstand: Wert und Risiken bei hochriskanten Finanzderivaten (Optionen, Futures usw.). Und damit nicht genug, in dem Management des Fonds war auch noch ein Dutzend hochkarätiger Professoren und Doktoren aus dem Bereich Mathematik und Finanzwissenschaften vertreten. Wirklich eine beeindruckende Ansammlung von Spitzenexperten! Wenn eine Gruppe Menschen auf dieser Welt etwas von der Kunst der Geldvermehrung verstand, dann sie.

Die Stars aus der Hochfinanz baten zur Kasse. Wer mitspielen wollte, konnte dies tun. Allerdings mit einer Mindesteinlage von zehn Millionen $ und der Verpflichtung, das Kapital drei Jahre nicht anzurühren. Für die Macher auf jeden Fall schon mal ein gutes Geschäft. Es wurde eine Verwaltungsgebühr von 2 % pro Jahr fällig – immerhin 200 000 Dollar pro zehn Millionen. Außerdem war ein Bestandteil des Verwaltungsvertrages, dass das Management 25 % der jährlichen Gewinne kassieren durfte. Für Verluste hafteten die Manager natürlich nicht. Wer Auskunft begehrte, wie diese zauberhafte Geldvermehrung durchgeführt werden sollte, ging leer aus. Die Anlagepolitik war eines der am strengsten gehüteten Geheimnisse dieser akademischen Finanztruppe.

Es versteht sich von selbst, dass an diesem Spiel nur die ganz Großen teilnehmen konnten. Wer hat schon zehn Millionen Dollar Spielgeld übrig? Bei großen, internationalen Bankhäusern fallen zehn Millionen Mindestsumme nicht ins Gewicht. Anders die Kunden von LTCM. Sie investierten bis zu 100 Millionen Dollar. Mit von der Partie große internationale Finanzkonzerne und Versicherungen. Sogar Zentralbanken zockten mit. Zum Beispiel die chinesische und die italienische Notenbank. Unbemerkt von nationalen und internationalen Kontrollinstanzen wanderten Milliarden in den Fonds, ohne dass die Einzahler auch nur ahnten, was mit dem Geld passierte. Anfangs, wie bei vielen Hedgefonds, schien die Sache gut zu gehen. Der Fonds erwirtschaftete 43 % Profit 1995 und 41 % im Jahre 1996. Bei so hohen Gewinnen verstummten kritische Fragen schnell.

Doch 1998 flog das Finanzpulverfass in die Luft und drohte die gesamte Weltwirtschaft zu zerreißen. Die Fondsmanager verloren nicht nur Milliarden, sondern mussten auch noch für Hunderte Milliarden gerade stehen. Nur eine konzertierte Aktion der Notenbanken unter Führung der US-Zentralbank konnte das Feuer in letzter Sekunde löschen. Mit massiven Zinssenkungen und Unterstützung der betroffenen Banken wurde die Weltwirtschaft vor einem Super-GAU bewahrt. Bis heute ist noch nicht völlig klar, wie es die hochgelehrten Nobelpreis-Fondsmanager geschafft hatten, Hunderte Milliarden Dollar zu verzocken. Alle Betroffenen, die Investoren, die Notenbanken, hüllten sich in Schweigen. Dem Vernehmen nach belief sich der Verlust auf schätzungsweise 400 Milliarden Dollar. In jedem Fall der gigantischste Verlust, den eine einzige Institution auf dieser Welt bisher eingefahren hat. Doch die Wahrheit über den wirklichen Schaden und ihre Verursacher wird wohl niemals ans Licht kommen. Zu peinlich war die Angelegenheit für alle Akteure. Und zum Schluss mussten Gelder von Millionen ehrlichen Steuerzahlern indirekt dafür herhalten, dass sich eine Handvoll akademischer Zocker verspekuliert hatte. Bekannt wurde nur, dass wir vor einem weltweiten Super-GAU an den Finanzmärkten gestanden hatten. Nur der klugen und diplomatischen Vorgehensweise von Alan Greenspan war es zu verdanken, dass die Welt von einer Katastrophe an den Kapitalmärkten verschont blieb, von der sie sich so schnell nicht mehr erholt hätte. Weltweit wurden die großen Bankhäuser aufgefordert, Milliardenbeträge bei LTCM nachzuzahlen. Außerdem senkte die Fed die Zinsen. Aus Kreisen der amerikanischen Notenbank war zu erfahren, dass übrigens nicht nur das Finanzsystem, sondern auch die ganze US-Wirtschaft akut gefährdet gewesen war.

Dieses Beispiel zeigt in aller Deutlichkeit, was man mit Hedgefonds alles anrichten kann. Kein System der Welt kann auf Dauer mit hochriskantem Einsatz Gewinne erzielen. Zwischendurch sind Profite zwar nicht ausgeschlossen, aber der Absturz, die Pleite, ist programmiert. Aufgrund der Katastrophe um LTCM werden zunehmend Stimmen laut, eine internationale Kontrollinstanz für solche Finanzakrobatik zu schaffen. Doch die einzelnen Staaten tun sich schwer. Wo ist die Grenze zwischen reiner Spekulation und dem seriösen Absicherungsgeschäft, wie es jedes Unternehmen betreibt? Die Absicht, so etwas per Gesetz oder Richtlinie vorzuschreiben, ist zum Scheitern verurteilt. Die Motivationslage des Investors, der die Risiken übernimmt, ist nicht zu definieren. Immer wieder wird die Klage laut, dass Milliarden Dollar täglich rund um den Globus wandern, ohne dass dieser Bewegung tatsächliche realwirtschaftliche Vorgänge zugrunde lägen. Der Dollar wandert ebenso oft nur deshalb von Hand zu Hand, weil mit ihm spekuliert wird. Aber wie will man diese Hände kontrollieren?

Ich bin der Meinung, dass die Selbstheilungskräfte der Kapitalmärkte gefragt sind. Dazu gehört natürlich auch, dass bei eingetretenen Katastrophen Ross und Reiter genannt werden. Geheimniskrämerei erweist der globalen Finanzgemeinschaft keinen guten Dienst. Im Gegenteil: Solange Ursache und Wirkung eines FinanzSuper-GAUs nicht genannt werden können, ist eine Wiederholung nicht ausgeschlossen.

Das Kurs-Kartell

Von Zeit zu Zeit sorgen Fonds für Furore, die innerhalb kurzer Zeit extrem hohe Gewinne erzielten. Von solchen „Geldsammelstellen“ fühlen sich besonders unerfahrene Anleger angezogen. Doch das Geld der Investoren ist meist schneller weg, als es sich vermehrt hat. Unter den Fondsmanagern gibt es auch einige windige Figuren. Es sind jene, die in kleine Werte investieren. Aktien mit wenig Umsätzen lassen sich leicht manipulieren. Oft reicht schon eine kleine Order aus, um den Kurs 10 % ansteigen zu lassen. Dies ist bei vielen Papieren des Neuen Marktes der Fall, aber auch in den kleineren Marktsegmenten der Börse, zum Beispiel beim SMAX.

Wenn nun Fondsmanager aus irgendeinem Grunde mit Geld zugeschüttet werden und das Geld in kleinen Werten anlegen, springen diese in die Höhe. Ziehen aber die Kurse solcher Werte an, steigt auch der Wert des Fonds. Auf diese Weise kann mancher Fondsmanager die Wertentwicklung seines Fonds selbst steuern. Das ist zwar unfair, aber nicht ungesetzlich. Gerade zum Jahresende hin wird durch gezielte Käufe der Wert des Fonds gern gesteigert. Wer schon einmal die Kurse am letzten Handelstag eines Jahres beobachtet hat, der weiß, wovon ich spreche. Gerade bei den kleineren Werten ist oft ein sprunghafter Anstieg zu beobachten – bei geringen Umsätzen. Dieses so genannte *„Window Dressing"* (Kursmanipulation zum Quartals- oder Jahresende) ist bei vielen Fondsmanagern zu beobachten. Es funktioniert nirgends so gut wie bei den Nebenwerten.

Steigende Kurse eines Fonds sind sehr werbewirksam und ziehen noch mehr Käufer an. Fließt dieses Geld weiterhin in marktenge Werte, so steigen diese exorbitant an. Es gibt einige unrühmliche Geschichten an der Börse zu diesem Thema. Doch irgendwann platzt jede Blase. Wenn es aus irgendeinem Grund dazu kommt, dass die Gelder aus dem betreffenden Fonds wieder abgezogen werden, brechen die Kurse weg. Wer bei kleinen Nebenwerten an einem Tag ein paar hundert Aktien verkaufen will, kann das nur unter erheblichen Kurseinbußen tun.

Kurse pushen bei Nebenwerten wurde von einigen Fondsmanagern in fast schon kriminellem Ausmaß betrieben. Es ist unverständlich, dass diese Herren nicht früher von ihren Banken zurückgepfiffen oder gemaßregelt wurden. Aber so lange das Spielchen läuft, schauen alle tatenlos zu. Die Gefahren werden vertuscht, den Stars wird gehuldigt. Die Fondsmanager sind gern gesehene Gäste in den Medien und sonnen sich im Glanz ihrer selbst geschaffenen Performance. Sogar sehr renommierte Kredithäuser, die um die Gefahren wussten, ließen ihre Fondsmanager gewähren. Das Nachsehen haben vor allem Kleinanleger, welche das System nicht durchschauen. Sie merken erst, dass etwas nicht stimmt, wenn der Fondsanteil drastisch an Wert verliert und am Ende der Manager entlassen wird. So wurden schon einige Gurus nach Jahren vom Sockel gestoßen. Eigentlich sind solche Kursmanipulationen verbrecherisch. Doch es gibt kein Gesetz, das diese Pushereien verbietet.

In Frankfurt gab es in den Hochphasen des Neuen Marktes sogar regelrechte Absprachen zwischen Fondsmanagern konkurrierender Bankhäuser, die wie in einem Kartell bestimmten, wer welche Kurse hochzieht. Die Rechnung war einfach: Wenn mehrere Fonds in vereinbarte Aktien des Neuen Marktes einsteigen, dann müssen die Kurse der betreffenden Unternehmen steigen. Das Ganze hatte fast mafiöse Züge. Doch irgendwann kam die Wahrheit ans Licht, und die Kurse sanken zu Boden.

Sehr beliebt war auch der vorbörsliche Einstieg in ein Unternehmen. Der Fondsmanager macht der Firma das unmoralische Angebot, eine größere Tranche aus der Emission zu erhalten. Im Gegenzug verpflichtet er sich, den Kurs zu „pflegen". Bei Neuemissionen dabei zu sein, war bei einer Hausse eine sichere Lizenz zum Geld drucken. Während Kleinanleger meist leer ausgingen, konnten sich manche Fonds über üppige Zuteilungen in Millionenhöhe freuen. Da die Kurse oft schon bei der Erstnotiz ansprangen, konnte der Fondsmanager einen saftigen Kursgewinn verbuchen. Solchermaßen zu Geld gekommen, fiel es ihm leicht, den Kurs noch weiter nach oben zu manipulieren. Steigende Kurse rufen die leer ausgegangen Kleinanleger auf den Plan. Sie tun mit ihren Käufen ein übriges.

Das „Kartell" funktionierte einige Jahre – bis zum Zusammenbruch des Neuen Marktes. Das Nachsehen hatten, wie so oft, die Kleinanleger, die jeder steigenden Aktie nachgerannt sind oder in Fonds investierten, die den Boom am Neuen Markt voll abbildeten.

Eigentlich hätten die Überwachungsbehörden hier schon viel früher eingreifen müssen. Statt aber den „Großen" auf die Finger zu schauen, jagte das Bundesaufsichtsamt für Wertpapierbesitz lieber irgendwelche Tippgeber. Ich bin sicher, dass in einigen Jahren das ganze Ausmaß dieses Skandals bekannt wird. Doch dann ist es für die meisten Anleger zu spät.

Ich kann deshalb jedem Investor nur raten, bei Fonds, die in kleine Werte investieren, äußerste Vorsicht walten zu lassen. Einerseits ist es zwar richtig, dass gerade Nebenwerte oft „billig" und solide sind. Andererseits öffnet die mangelnde Umsatztätigkeit in diesen Marktsegmenten der Manipulation Tür und Tor. Es steht zu befürchten, dass wir auf diesem Gebiet auch in Zukunft noch einige Skandale zu erwarten haben.

Wer also in die „Small Caps“ (Kleine Werte) per Fonds investieren will, sollte sich vorher genau erkundigen und keineswegs große Summen anlegen. Maximal 10 % des einzusetzenden Kapitals würde ich dafür ansetzen. Es schadet aber auch nicht, ganz darauf zu verzichten. Wer sein Geld langfristig anlegen will, sollte keine Experimente machen und gleich in große internationale Bluechips einsteigen. Diese bringen mit der Zeit die höchste Rendite. Während kleinere Werte in der Regel sehr schwankungsanfällig sind. Zeiten, in denen Nebenwerte sehr gut abschneiden, folgen oft Perioden, in denen sie schlechter performen als große Indizes.

Der Tippgeber

Was haben Waschmaschinen, Rasenmäher und Joghurtbrüter gemeinsam? Bevor der Verbraucher sie erwirbt, liest er in der Regel die Zeitschrift der Stiftung Warentest. Umfangreiche Vergleichstests, intensive Recherche hat der liebe Gott vor den Erwerb eines Konsumguts gesetzt. Man kauft ja schließlich nicht die Katze im Sack. Und übers Ohr hauen lässt sich der „aufgeklärte“ Verbraucher auch nur ungern, jedenfalls nicht so, dass er es sofort merkt.

Bevor die Geldbörse gezückt oder das Sparschwein geschlachtet wird, stehen noch vor Ort umfangreiche Preisvergleiche auf dem Programm. Mühsame Tage ziehen ins Land, einige Tankfüllungen gehen dabei drauf, überdies kostet so ein Preisvergleich auch allerhand Parktickets.

Wenn es jedoch um Aktien geht, stürzen sich die meisten Börsianer mit geschlossenen Augen ins Abenteuer. Anders als bei höherwertigen Konsumgütern sieht besonders der Kleinanleger oftmals keinen besonderen Anlass, sein Investment zu überprüfen oder zu vergleichen. Die meisten kaufen eine Aktie, ohne zu wissen, was das Unternehmen macht und ob es „teuer“ oder „billig“ ist. Solcher Leichtsinn kann ins Auge gehen.

Besonders anfällig ist diese Börsenklientel für Tipps. Da stellt sich jemand vor die Fernsehkamera und sagt: „Kaufen Sie diese Aktie, Kursziel Verzehnfachung!“ – und schon kaufen am nächsten Tag Tausende von Anlegern diesen Titel. Doch die meisten wissen nicht, was sie tun. Und das kann an der Börse teuer werden.

Viele müssen sich erst die Finger verbrennen, um festzustellen, dass ein solches Vorgehen töricht ist. Mein Rat: Lassen Sie sich nicht von Tippgebern hypnotisieren. Informieren Sie sich, bevor Sie eine Aktie kaufen. Die Botschaft hören viele wohl, allein ihnen fehlt der Glaube, und sie halten sich nicht dran. „Verzehnfachung!“ Dies ist das Wort, das den Verstand blockiert. Dass hinter jeder Empfehlung durchaus Eigeninteressen verborgen sein können, realisieren manche Anleger nicht.

Ich kann nur warnen. Vorsicht bei Tipps! An der Börse gilt immer noch: „Wer etwas weiß, der sagt es nicht, und wer nichts weiß, der redet viel.“ Diesen Vorgang kann man besonders beim Börsenfernsehen immer wieder beobachten. Viele so genannte Experten, deren Anlagevorschläge abgefragt werden, wissen oft nicht, wovon sie sprechen. Sie sind auch sonst nicht die erfolgreichsten – meist Angestellte einer Bank oder eines Kreditinstituts. Dann dürfen sie sowieso nur die „Hausmeinung“ in der Öffentlichkeit kundtun. Ich hatte in meinen Sendungen des öfteren Interviewpartner, die mir am Telefon versicherten, dass sie eigentlich eine ganz andere Meinung zu einer Aktie hätten, nur dürften sie diese in der Öffentlichkeit nicht verbreiten.

Dagegen gibt es andere sehr kompetente Börsianer, die höchst erfolgreich sind. Nur: Diese wollen nicht ins Fernsehen. Ich habe einige Freunde, die an der Börse wirklich ein Vermögen gemacht haben. Doch nicht mit Geld und guten Worten wären diese zu bewegen, im Fernsehen aufzutreten. Im TV führen oft zweifelhafte Gestalten das große Wort. Und die Lemminge laufen ihnen blind hinterher. Wenn man diese Fernsehtippgeber, aber auch jene in den Zeitungen und Magazinen, für ihr Tun zur Verantwortung ziehen könnte, dann würden die Aktientipps schnell verstummen. Größte Vorsicht ist also immer bei Tipps geboten, die in der Öffentlichkeit präsentiert werden. Die meisten kosten nur Geld. Und ein Großteil der Anleger hat damit Geld verloren. Vor einem Kauf sollte man eben immer das Hirn einschalten und Informationen einholen. Sie müssen das Unternehmen kennen, in das Sie investieren wollen. Sie müssen den Glauben an die Produkte haben, welche die Firma herstellt. Nur dann können Sie auch die entsprechende Aktie kaufen. Dieser einfache Rat wird aber fast nie beherzigt. Große Verluste sind die Folge.

Bei meinen Vorträgen fragte mich in diesem Zusammenhang eine Frau, was sie denn überhaupt noch kaufen könne. Die Unternehmen, gerade auf dem Gebiet der Biotechnologie oder der Hightech, befassten sich doch mit Dingen, die kein Mensch mehr nachvollziehen könne, so ihr Einwand. Mag ja sein, dass ein Großteil der Unternehmen an der Börse sich mit Dingen beschäftigt, die kaum jemand versteht. Aber es zwingt Sie niemand, ausgerechnet in solche Unternehmen Ihr Geld zu stecken. An der Börse gilt ein ganz einfacher Grundsatz: Kaufe nur das, was du kennst! Jene, die sich daran halten, haben in aller Regel Erfolg an den Finanzmärkten. Auch Warren Buffett, der größte Spekulant aller Zeiten, hatte nie eine Hightech-Aktie im Depot. Sein Kommentar: „Da kenne ich mich nicht aus!" Warren Buffett machte aus 1000 Dollar über eine Million Dollar, nur mit Aktien von Unternehmen, deren Geschäfte er nachvollziehen konnte. Sie sehen also: Man muss nicht jede Party an der Börse mitmachen. Schuster, bleib bei deinem Leisten – auch so kann man erfolgreicher Anleger werden. Mehr zu Warren Buffett in einem der folgenden Kapitel.

Ich hoffe, dieser Mann ist für Sie ein leuchtendes Beispiel. Doch es wird immer genügend Dumme geben, die jedem Tipp hinterherrennen. Nicht nur den Kaufempfehlungen aus Funk und Fernsehen, sondern auch jenen an den Stammtischen und auf der Straße. Schade ist nur, dass ein solchermaßen „beratener" Anleger in der Regel ziemlich schnell die Folgen zu spüren bekommt. Und das heißt: Herbe Verluste sind programmiert.

Wenn Sie zu der anderen Sorte von Anlegern gehören, die mit eigener Analyse eine Kaufentscheidung für eine Aktie getroffen haben, lassen Sie sich bitte nicht von populären und öffentlichen Tippgebern beirren. Manch einer, der im Fernsehen auftritt, gilt bei den Zuschauern schon deshalb als gottähnlich, weil er durch die Braunsche Röhre in die Wohnzimmer gelangt. Das ist peinlich, aber Realität. Wenn so einer ein „Verkaufsurteil" zu einer Aktie fällt, die sich nach sorgfältigem Abwägen in Ihrem Depot befindet, drücken Sie auf keinen Fall die Verkaufstaste. Die Menschen im Fernsehen haben nämlich die Weisheit nicht gepachtet und sind genauso wenig Hellseher wie alle anderen Menschen auf diesem Planeten.

Letztlich ist es immer besser, eine eigene Meinung zu einem Investment zu verteidigen, als sich von vermeintlichen Experten zu unvernünftigem Tun hinreißen zu lassen. Grundsätzlich gilt bei erfolgreichen Börsianern: Eine Aktie bleibt solange im Depot, bis die Fundamentaldaten sich dergestalt geändert haben, dass bei sorgfältigem Abwägen und unter Berücksichtigung aller verfügbaren Informationen ein entsprechendes eigenes Urteil gefällt werden kann. Das überfordert zwar manche Anleger. Die sollten aber die Finger ganz von Aktien lassen und ihr Geld lieber in Fonds stecken. Hier sind die Chancen groß, dass mit den Jahren ein vernünftiges Vermögen wächst – ganz von allein. Sie müssen sich dann um nichts mehr kümmern, sondern kontrollieren die Investition am besten erst nach zehn Jahren.

Insider inside

In den letzten Jahren machten Skandale an der Börse die Runde, die vor noch nicht allzu langer Zeit allenfalls einen Kavaliersdelikt dargestellt hätten: Der Insiderhandel. Die Aufregung über einen solchen Tatbestand, wenn er zu Tage tritt, ist groß. Was dagegen kaum jemand wahrnimmt: Die meisten Transaktionen an der Börse sind Insiderhandel. Sie sind gesteuert von Informationen, die jemand hat – am besten früher als andere. Eine Grenze zwischen strafbarem und nicht strafbarem Insiderhandel ziehen zu wollen, ist nicht einfach. Gesetzesexperten feilen derzeit noch am „Fine-Tuning" der entsprechenden Gesetze, die endlich klar definieren, was Insiderhandel bedeutet.

Jeder, der Kenntnisse von marktbeeinflussenden Fakten aus einem Unternehmen hat, dem er selbst in irgendeiner Weise verbunden ist, gilt als Insider. Und das ist in letzter Konsequenz auch der Chauffeur des Vorstands, der durch einen Zufall an diese Kenntnisse gelangt.

In letzter Zeit wurde heftig diskutiert, ob Tippgeber, die im Fernsehen auftreten oder Börsenzirkulare herausgeben, ebenfalls Insider seien. Das würde ich aber im Sinne des Gesetzes verneinen. Aus einem einfachen Grund: Ein Tippgeber kann zwar unter gewissen Umständen den Markt nach oben beeinflussen, allerdings nur, weil er die Aktie zum Kauf empfiehlt. Eine Kaufempfehlung ist aber kein Insiderwissen im Sinne des Gesetzes. Und sie funktioniert auch nicht immer – meist nur in guten Börsenzeiten, wo die Anleger nach Tipps lechzen, wie sie ihr Geld vernichten können.

Damit lassen sich auch Kurse nach unten bewegen. Aber jeder, der bloß aufgrund von Tipps kauft oder verkauft, ist selbst schuld. Die Dummen sterben nie aus, sie sind aber in den letzten Jahren ärmer geworden, weil die Börse crashte. Man kann Dumme nicht davon abhalten, Dummheiten zu begehen.

Als ich zu Zeiten der Hausse am Neuen Markt jene geißelte, die wieder einmal wegen eines zweifelhaften Tipps eines zweifelhaften Gurus eine Aktie 50 % in die Höhe hievten, bekam ich massenweise Drohungen und hasserfüllte Faxe, wurde der „Unwissenheit" bezichtigt. Lemminge wollen eben nicht realisieren, dass sic auf dcm falschcn Weg sind. Ich wagte im Fernsehen zu dem Kursanstieg der betroffenen Aktie die Aussage: „Ich verspreche Ihnen, Sie werden sie noch mal billiger kriegen!" Und damit hatte ich mich natürlich sehr weit aus dem Fenster gelehnt. Es gibt nichts Schlimmeres als trunkene Börsianer im Vollrausch. Schwieriges Unterfangen, den Pfad der Vernunft zu weisen. All jene, und es müssen Tausende gewesen sein, die an jenem Tag gekauft hatten, haben nach einigen Wochen Verluste hinnehmen müssen. Gemessen an ihrem Höchststand verlor die Aktie im Laufe eines Jahres sogar 95 %. Wahrlich kein guter Deal für die Tipp-Hörigen.

Aber daran wird sich nichts ändern, auch in Zukunft nicht. Der Mann auf der Straße, der Stammtischaktionär, braucht seinen Guru, damit er überhaupt an der Börse tätig wird. Soll er doch! Ich sehe wenig pädagogischen Sinn darin und noch weniger gesetzlichen Anlass, die Menschen davon abzuhalten, empfohlene, gepriesene oder auch gepushte Aktien zu kaufen. Ich würde es jedenfalls nicht tun.

Aus diesem Grunde den Insidertatbestand auf einen Tippgeber oder Fernsehguru ausweiten zu wollen, halte ich für absurd. Es ist doch sonnenklar, dass derjenige, der eine Aktie empfiehlt, sie auch in seinem Depot hat. Wenn er etwas empfiehlt, von dem er nicht überzeugt ist, dann wäre die ganze Angelegenheit ja noch unsinniger. Schuld sind jene, die ohne zu prüfen kaufen. Allerdings gibt es davon eben eine ganze Menge Zeitgenossen.

Und wie ist es bei den Journalisten? Bis vor wenigen Jahren krähte noch kein Hahn danach, jetzt aber wollen alle wissen: Haben die auch Aktien? Na klar, haben sie Aktien! Ein Börsenjournalist, der keine Aktien hat, kann auch nicht den Puls der Börse spüren. Wollte man dem Finanzmann das Halten von Aktien verbieten, so gliche dies einem Verbot für Sportreporter, Fußball zu spielen.

Die Diskussion über Aktienbesitz bei Finanzjournalisten ist bei uns in vollem Gange. Jetzt, wo auch der Presserat mitbekommen hat, dass es Börsen gibt, neigt die „Ethikkommission" dazu, Journalisten das Halten von Aktien zu verbieten. Verhindert werden kann es nicht. Es gibt tausend Möglichkeiten, Aktien zu besitzen, ohne dass es jemand nachvollziehen kann. Seien Sie versichert: Die meisten Finanzjournalisten besitzen Aktien. Und das ist auch gut so. Dann wissen sie wenigstens, worüber sie berichten.

Auf einem anderen Blatt steht natürlich, ob Journalisten ihr Wissen um kursbewegende Fakten ausnutzen dürfen. Sie dürfen es nicht, wenn es in direktem Zusammenhang mit ihrer Arbeit steht. Das ist letztlich eine Frage der Ehre. Gemacht wird es trotzdem.

Die Trennlinie zwischen Eigeninteressen und „Objektivität" an der Börse ist nur schwer zu ziehen. Wenn Eigeninteresse ganz gestrichen würde, gäbe es wohl überhaupt keine Experten mehr, die über Börse und Anlageempfehlungen sprechen würden. Schon die Aussage, dass die Börse steigt, wäre eine interessewahrende Handlung, wenn man Aktienbestände hat. Die meisten Banker, die meisten Analysten sprechen in der Regel nur über die Aktien und Branchen, die sie in den Beständen haben. Sei es direkt oder über Fonds oder sonstige Verbindungen. Das kann man gut finden oder nicht. Verhindern lässt es sich nicht.

Viele Analysten, die mit gespitzten Ohren einer Bilanzpressekonferenz lauschen oder an eigens für diese Klientel organisierten Konferenzen teilnehmen, denken in erster Linie an sich selbst. Noch während die Konferenz läuft, stürzen sie nach draußen, um per Handy schnell eine private Order durchzugeben. Wochen später folgt dann die ausführliche Analyse mit dem Prädikat „Kaufen". Meines Wissens sind die meisten Analysten, die Aktien zum Kauf empfehlen, bereits in dem Papier investiert. Sind sie deshalb Insider? Ich würde dies verneinen.

Wichtig für den außenstehenden Betrachter ist das Wissen, dass es an der Börse praktisch keine „Objektivität" geben kann. Wer dies in Betracht zieht, kann trotzdem Honig saugen aus Analysen, Erörterungen oder gar Tipps zu Einzelaktien. Sie reflektieren zumindest die subjektive Meinung des Experten. Und die muss ja nicht unbedingt falsch sein. Sie kann durchaus der Revision eigener Gedankengänge dienen oder eventuell zur Erheiterung beitragen. Fazit: Hören Sie sich die Äußerungen der so genannten Experten genau an, aber bilden Sie sich eine eigene Meinung.

Und wie sieht es nun mit den Insidertipps aus, die ich kriege? Ja, in der Tat, als bekanntes Gesicht an der Börse hört man manchmal schneller das Gras wachsen als Außenstehende. Allerdings ist es oft schwierig, die Spreu vom Weizen zu trennen. Viele Informationen werden nur an mich herangetragen, weil man sich davon einen Multiplikationseffekt erhofft. 95 % aller todsicheren Tipps, aller angeblichen Insiderinfos sind falsch, erlogen und erstunken oder einfach nur das Produkt einer verwirrten Börsianerseele. Die restlichen 5 % aus dem Informationsmüll herauszufiltern, die tatsächlich begründet und relevant sind, ist praktisch unmöglich. Es ist eben schwer, ein echter Insider zu sein.

Von einem sehr handfesten Insider-Problem, das mich etwas schmunzeln ließ, wurde während des Börsengangs der Deutschen Telekom berichtet. Viele Angestellte der Telekom bekamen bekanntlich eine Extraportion T-Aktien, die sie schon bald mit üppigem Gewinn verkauften. So wurden aus einfachen Telekom-Aktionären Insider-Händler. Sie verkauften ihre Aktien ja nur deshalb, weil sie mit eigenen Augen tagtäglich mit ansehen konnten, wie der Geschäftsgang bei der Telekom abläuft. Da sie daraus offenbar kein Vertrauen schöpften, ja, sogar um ihr Investment bangten, verkauften sie ihre Aktien. War das ein Insiderhandel? Schließlich hatten sie von Dingen Kenntnis, die einem Außenstehenden verborgen blieben.

Es ist ein weit verbreiteter Irrglaube, mit Insiderhandel das große Geld machen können. Mal klappt es vielleicht, in der überwiegenden Zahl der Fälle geht der Schuss jedoch nach hinten los. Die Info ist falsch oder gefärbt oder entbehrt jeder Grundlage. Darüber hinaus ist die Börse durchaus unberechenbar. Mal reagiert sie auf gute Zahlen positiv, mal lässt sie selbst das glänzendste Geschäftsergebnis kalt. Wer seinen Börsenerfolg auf Insiderwissen gründet, hat auf Sand gebaut. Es gibt keine Alternative zu langfristigen und strategischen Investments.

Es ist also sinnlos, diesen Insider-Informationen hinterherzulaufen. Ich kenne niemanden, der damit Geld gemacht hätte. Dagegen gibt es viele, die ihr Geld mit solchen Investments verloren haben. Erfolgreiche Börsianer richten den Blick auf die nächsten Jahre und nicht auf den nächsten Handelstag. Lassen Sie sich nicht von Gerüchten und zweifelhaften News leiten. Sie werden meist nur in die Welt gestreut, weil irgend jemand teuer verkaufen will. Andererseits wird es immer Leute geben, die danach handeln, denn die Welt der Börse ist eben immer auch eine Welt der Gerüchte, der Geschichten und Geschichtchen und zu guter Letzt auch eine Welt der Insider.

Gold

Ein bisschen Gold kann nie schaden. Allerdings bescherte das Edelmetall seinen Anlegern in den letzten Jahren keine große Freude. Gold hat viel von seinem Glanz verloren. Waren früher manche Notenbanken gezwungen, Goldreserven zu halten, so änderte sich das Bild in den letzten Jahrzehnten gravierend. Früher war es notwendig, eine Währung mit Gold zu decken. Deshalb horteten die Zentralbanken das Edelmetall tonnenweise. Der Goldbestand der großen Notenbanken dieser Welt wird auf über 33 000 Tonnen geschätzt. Doch die Bedeutung von damals hat Gold heute nicht mehr. Die Stabilität und der Wert einer Währung werden von der Wirtschaft und der Politik bestimmt. Gold hat nur noch einen „psychologischen" Wert für die Notenbanken. Dieser ist allerdings auch nicht zu verachten. Als Anfang der neunziger Jahre der damalige deutsche Finanzminister Theo Waigel die Goldbestände der Bundesbank zur Finanzierung der deutschen Einheit verkaufen wollte, ging ein Aufschrei durch die Nation. Gold gilt eben bei weiten Teilen der Bevölkerung noch als „sicher". Gerade älteren Mitmenschen, die Inflation und Geldentwertung erlebt haben, bedeutet Gold immer noch sehr viel. Für die Geldpolitik und die Stabilität einer Währung spielt Gold dagegen keine Rolle mehr. Und das ist auch gut so. Der Goldstandard in früheren Zeiten stellte die Notenbanken nämlich vor arge Probleme. Eine flexible Währungspolitik wurde dadurch verhindert, und das warf in manchen Fällen große Probleme auf. So hocken die Notenbanken auf ihrem Gold und wissen eigentlich gar nichts damit anzufangen. Viele verleihen es zu 1–2 % Zinsen an große Kredithäuser, um zumindest ein Quäntchen Profit aus dem Edelmetall zu schlagen. Ein eher schlechtes Geschäft. Die meisten Zentralbanken haben angekündigt, sich von großen Teilen ihrer Goldreserven zu trennen. Das gab dem Goldpreis sozusagen „den Rest". Der Kurs dümpelt schon seit Jahren unterhalb von 300 $ pro Feinunze, von kleinen Ausreißern abgesehen.

Dennoch ist und bleibt Gold ein knappes Metall. Gold ist ein Krisenprofiteur. Sobald Krisen oder Kriege drohen, gewinnt es an Wert. Aber auch von Inflationstendenzen profitiert das Edelmetall. Allerdings ist die Inflation nun schon seit einem Jahrzehnt tot, so dass diese Argumentation für eine Preissteigerung kaum herhalten kann.

Gold ist zwar in den letzten Jahren sehr stark aus der Mode gekommen, dennoch ist in den nächsten Jahren und Jahrzehnten wieder mit einer Verknappung zu rechnen. Allein die wachsende Weltbevölkerung wird eine stetige Nachfrage bewirken. In vielen Teilen der Welt gilt Gold immer noch als sicherer Hafen, der Krisen und Geldentwertung übersteht. Deshalb hat Gold besonders in den Entwicklungsländern eine große Bedeutung. Da in diesen Ländern aber ein Großteil der Weltbevölkerung lebt, ist durchaus vorstellbar, dass eine erhöhte Nachfrage den Goldpreis wieder anspringen lässt.

Außerdem spielt Gold in der Industrie eine wichtige Rolle. Nicht ausgeschlossen, dass schon in einigen Jahren bei neuen Erfindungen im Hightech-Bereich, aber auch in der „normalen" Industrie, der Goldbedarf wieder sprunghaft wächst.

Auch die Tatsache, dass viele Goldminen dichtgemacht haben, verteuert den Preis: Für die meisten Schürfer wird das Geschäft erst profitabel bei einem Goldpreis über 300 $ pro Feinunze. Da wir von dieser Marke in den letzten Jahren weit entfernt waren, nahm die Zahl der Goldproduzenten ab.

Derzeit springt der Preis des Edelmetalls nur an, wenn Inflation droht. Doch da sich diese Erscheinung immer wieder in Nichts auflöst, sinkt der Goldkurs auch immer wieder.

Gold übt seine magische Anziehungskraft besonders bei professionellen Pessimisten aus. Ich kenne Zeitgenossen, die das Metall gleich kiloweise in den Safes der Banken gebunkert haben. Es sind diese Schwarzmaler, die ständig von Weltuntergang und Zusammenbruch des Wirtschaftssystems reden. Doch wenn alles zusammenbricht, was wollen diese Schwarzseher dann mit ihrem Gold anfangen? Ein bisschen Gold als Beimischung in der Vermögensstruktur ist sicher keine schlechte Idee, darauf aber seine gesamte Altervorsorge aufzubauen, ist sinnlos.

Manchmal springt der Goldpreis nur an, weil sich die ganze Welt darin verspekuliert hat. Im Gold gibt es nämlich viele Shortpositionen, also Leerverkäufe. Viele Goldminen haben ihre Förderungen der nächsten Jahre schon heute an den Terminmärkten verkauft – aus Angst, der Goldpreis könne weiterhin fallen. Dies führte zu der kuriosen Situation, dass ein steigender Goldpreis ausgerechnet für viele Goldminenaktien zum Verhängnis würde. Kommt der Goldpreis aus irgendeinem Grund wieder ein bisschen in Schwung, müssen Leerverkäufer entweder eindecken oder stärkere Marginzahlungen (Einschüsse) leisten. Dieser Mechanismus hat 1999 große Goldminen zum Teil an den Rand des Ruins getrieben. Die Aktien brachen ein, obwohl der Goldpreis stieg. Die Banken verlangten Einschusszahlungen in Milliardenhöhe, weil die Goldminen Gold verkauft hatten, das noch unter der Erde lag. Zwar ist die Wahrscheinlichkeit recht hoch, dass dieses Gold irgendwann ans Tageslicht kommt – aber eine letzte Restunsicherheit besteht. Und dafür mussten die Goldminen zahlen.

Viele Produzenten haben Gold auf Jahre hinaus verkauft, was ein Nachteil ist, wenn der Preis steigt: Leerverkäufe, die eingedeckt werden müssen, lösen einen zusätzlich Preisschub aus. Zudem gibt es viele Trittbrettfahrer, die in solchen Zeiten das Edelmetall tonnenweise ordern, in der Hoffnung, es in kurzer Zeit teurer verkaufen zu können. Es kommt in solchen Phasen oft zu einem sprunghaften Anstieg der Kurse. Ein Phänomen, das einige Wochen dauern kann. Doch die Situation beruhigt sich dann meistens wieder, und der Goldpreis landet erneut dort, wo er herkam.

Wer in Gold investieren will, muss also bei Goldminen stark aufpassen. Wichtig ist die Leerverkaufsrate eines Unternehmens. Je geringer der Anteil an nicht verkauftem „Zukunfts"-Gold, desto höher die Chance, dass auch der Kurs der Goldmine bei steigenden Preisen anspringt. Leider gelten die Leerverkaufsraten der Goldproduzenten als eines der größten Geheimnisse. Als Daumenregel kann gelten, dass besonders die großen Schürfunternehmen eine eher hohe Leerverkaufsrate haben. Wer in Gold spekulieren will, kauft am besten das Edelmetall direkt. Gold ist schön anzuschauen. Es ist erstaunlich, wie wenig Platz ein Kilo Gold benötigt. Die Ausmaße entsprechen etwa denen einer Zigarettenschachtel.

Wer aus Sicherheitsgründen kein reales Gold horten möchte, kann auch zu Goldzertifikaten greifen. Dann bleibt das Edelmetall im sicheren Tresor der Bank, und statt eines Goldbarrens hat man ein Stück Papier im Schrank.

Wüstenrot und Wüstennot

Von Kindheit an wird den Deutschen eingebläut, dass die Immobilie eine sichere Bank für die Altersvorsorge sei. Aus Unkenntnis, wie man sein Geld vermehren kann, ziehen große Teile der Bevölkerung das Eigenheim der Börse vor. Was an der Börse als fataler Fehler gilt, soll bei Immobilien angeblich genau das Richtige sein: Schulden machen. Das Bauspardarlehen, diese Mogelpackung, garantiert laut Werbung ein sorgloses Leben auch dann noch, wenn die Haare silbern sind, der Körper klapprig ist und der Lebensabend naht. Doch Letzterer kommt meistens schneller als erwartet – wegen dem Baustress. Nicht nur, weil er oft Endstation eines unbefriedigten Lebens ist. Sondern weil die Steine, auf die gebaut wurde, auf Pump zusammengemörtelt wurden.

Die nüchterne Analyse lässt den „Traum von den eigenen vier Wänden" in einem anderen Licht erscheinen. „Die bis zur Organspende verschuldeten Kleinfamilien kämpfen verzweifelt mit Schubkarre und Zementfass gegen die Kostensteigerung im Baugewerbe" (Dietmar

Wischmeyer) und versinken in einem Strudel von Problemen. Mit Ach und Krach wird gerade noch eine Mittelklasse-Limousine geleast. Damit erreicht der Wohlstand seinen Zenit. Die Straßenfeste in der Vorstadt sind natürlich nicht ohne Reiz, Tatsache aber bleibt, dass viele zu Sklaven ihrer Immobilie werden. Zur Abwechslung dann Ehekrach oder Scheidung – die Trennung natürlich erst, wenn das traute Heim fertig und der Schuldenberg am höchsten ist. Gepflegte Vorgärten mit Gartenzwergen und tadellose Gardinen übertünchen das Grauen.

Bauen auf Pump ist genauso schlimm wie jede andere Spekulation auf Pump. Sie macht abhängig, unfrei, schafft Zwänge, macht immobil. Nicht umsonst heißen Immobilien so. Der Schuldenberg verhindert jede Form der Flexibilität und anders, als die Prospekte dem Leser vorgaukeln, herrscht innerhalb der eigenen vier Wände nicht eitel Sonnenschein, sondern pure Frustration.

Zunächst einmal: Die meisten Amateurbauherren lassen sich von den Banken über den Tisch ziehen. Da wird jahrelang zu Minizinsen gespart, um anschließend weniger fürs Darlehen zu berappen. Wer jedoch genau nachrechnet, stellt schnell fest, dass es sich um eine Milchmädchenrechnung handelt. Gerade im letzten Jahrzehnt war es tendenziell besser, ganz normal zu sparen und dann den Kredit zu nehmen, weil die Zinsen früher höher und zu Anfang des neuen Jahrtausends eher geringer waren. Doch damit nicht genug. Anschließend haben sich die Häuslebauer überflüssigerweise auch noch eine langlaufende, überteuerte Hypothek aufschwatzen lassen, obwohl gerade kürzere Fristen weniger Zinsen erforderten.

Wenn dann der Zaster mit Hängen und Würgen endlich zusammengekratzt ist, wartet schon die nächste Überraschung auf der Baustelle: Was dort hochgezogen wird, dient in der Regel nicht gerade der Lebenserwartung des Bauherrn. Manch einer hat schon aus Ärger über das, was da vor seinen Augen entstand, dieselben für immer geschlossen. Aber so musste der Verblichene wenigstens das Richtfest nicht mehr erleben.

In den letzten zwanzig Jahren hat sich das eigene Heim kostenmäßig überhaupt nicht gelohnt. Die Immobilienpreise sind tendenziell labil und fallen. Also nichts mit Wertsteigerung. Gleichgeblieben sind nur die Zinszahlungen für langlaufende Schuldverträge.

So wandert jede hart erschuftete Mark in die eigene Hütte, und für den eigentlichen Vermögensaufbau bleibt nichts mehr übrig. Wer vor 20 Jahren an der Börse investierte, hat sein Geld in der Regel mindestens verfünffacht. Wer vor 20 Jahren hochverschuldet Eigentum im Siedlungsbrei einer Großstadt erwarb, kann froh sein, wenn er heute sein Kapital nominal wiedersieht.

Glückliche jene, die von Anfang an zur Miete wohnten. Die Gesetzgebung in Deutschland hat einen idealen Mietermarkt geschaffen. Mieten ist günstiger als kaufen oder bauen. Man hat weniger Probleme und mehr Geld zum Investieren – an der Börse. Auch wenn es dort manchmal hektisch rauf- und runtergeht – wichtig ist die Verfügbarkeit des eingesetzten Kapitals. Und wenn es an der Börse einmal richtig kracht, dann ist das längst nicht so schlimm wie die Endstation aus Beton, die manchen Baudarlehensnehmer nicht nur Nerven, sondern auch Lebenszeit kostet.

Mit großer Sorge beobachte ich auch, wie unerfahrenen Zeitgenossen Wohnungen in irgendwelchen Hochhaussilos angedreht werden. Sie werden mit hohen Wertsteigerungsperspektiven gelockt, doch bei genauerem Hinsehen muss man sich ernsthaft fragen, wer in zehn Jahren für diese Wohnlöcher mehr zahlen soll als heute? Die Wohnblöcke werden zur Präsentation noch einmal frisch aufpoliert und angepinselt, um sie für Käufer attraktiver zu machen. Was die Kaufwilligen jedoch nicht beachten: Sie haften gesamtschuldnerisch für das Objekt. Jeder kommt für jeden auf. Gerade in großen Eigentümergemeinschaften, bei denen befürchtet werden muss, dass einzelne Mitglieder nicht gerade über üppige Finanzpolster verfügen, kann es schnell zur Haftung für andere kommen.

Eine Immobilie erzeugt außerdem immer auch Kosten, zum Beispiel für Instandhaltung. Und wenn einzelne Besitzer wegen Zahlungsunfähigkeit ausfallen, bleibt es an den Solventen hängen. Darüber hinaus steigt die Zahl der Streitigkeiten innerhalb einer Eigentümergemeinschaft proportional mit ihrer Größe. Über diese Konsequenzen sind sich die meisten Käufer nicht im Klaren.

Generell kann eine Wertsteigerung bei normalen Mietshäusern vernachlässigt werden. Es besteht sogar die Gefahr, dass durch Veränderungen in der sozialen Struktur eines Stadtteils die Preise fallen. Selbst in Zeiten von Inflation, die wir zum Glück lange hinter uns gelassen haben, sind also solche Immobilien reine Geldvernichter. Hinzu kommt, dass die potenziellen Käufer weder Finanz- noch Immobilienexperten sind. Sie werden also, wie schon oben beschrieben, oft zweimal ausgenommen. Dann ist es doch besser, die Finger davon zu lassen.

Sie merken schon, ich halte von Immobilien nicht allzu viel, obwohl man doch in vielen schlauen Büchern lesen kann, dass die Immobilie eine der Säulen darstellt, auf der sich ein Vermögen aufbauen lässt. Ich denke, das kann man generell so nicht stehen lassen. Meine Meinung: Wer sich für Immobilien wirklich interessiert, soll ruhig eine kaufen. Allerdings als Wertanlage und nicht für den Altersruhesitz. Der Erwerb muss sorgfältig analysiert werden. Erst kaufen, wenn man auf dem Gebiet einige Erfahrungen gesammelt hat.

Ansonsten lauern überall Fallstricke, und die Gefahr eines großen Verlustes oder gar des Ruins ist bei den angeblich so sicheren Immobilien oft größer als an der Börse. Höchste Wachsamkeit ist besonders bei überwiegender Kreditfinanzierung erforderlich. Oft hat dann am Ende die Bank das Haus – und Sie können im Alter unter der Brücke übernachten. In Zeiten zurückgehender Immobilienpreise – und solche Zeiten wird es immer geben – sitzt der schuldenfinanzierte Käufer auf einem Pulverfass. Eines Tages kommt die Bank und will einen Teil ihres Kredites zurück oder höhere Sicherheiten in Form von Geld. Wenn dies aber nicht möglich ist, wird das Heim zwangsversteigert.

Warum also unbedingt Immobilien? Ich sehe derzeit keinen Anlass dazu. Einzige Ausnahme: ein niedriger Preis, der sich in weniger als zehn Jahren abzahlen lässt. Dies ist aber derzeit bei kaum einer Wohnung oder einem Mietshaus möglich. Also kaufe ich auch nicht. Es zwingt einen ja schließlich niemand dazu.

Mancher Experte wird jetzt lachen, aber ich prophezeie, es wird eine Zeit geben, da werden wir eine regelrechte Zwangsversteigerungswelle bei Immobilien erleben. Der Schuldenberg, auf dem sie errichtet wurden, ist immer noch immens hoch. Nur ist dann niemand da, der kaufen will. Es ist eben genauso wie an der Börse. Wenn keine Käufer da sind, sinkt der Preis. Und wenn wir dann absolute Schnäppchenpreise haben, werde wohl auch ich eine Immobilie erstehen.

Hoffentlich nicht versichert

Die Deutschen zeichnen sich durch extremes Sicherheitsbedürfnis aus. Deshalb haben Versicherungen immer noch Hochkonjunktur. Kaum ein Lebensbereich, der vor den Häschern der großen Versicherungskonzerne sicher ist. Vom Leben bis zum Reisegepäck, heute kann alles versichert werden. Ein großer Teil der Deutschen gilt inzwischen als überversichert. Manche sind dadurch arm geworden. Das einzige, was fehlt, ist die Versicherung gegen die Versicherung, denn auf diesem Gebiet kann der Unerfahrene viel falsch machen.

Der erfahrene Börsianer weiß: Es war immer schon besser, eine Allianz-Aktie zu kaufen, als bei dem Unternehmen eine Lebensversicherung abzuschließen. Letztere verdoppelt sich, mit viel Glück und keineswegs sicher, in zwanzig Jahren. Die Allianz-Aktie dagegen belohnte in dieser Zeit den Käufer mit einer Verzehnfachung – steuerfrei.

Es ist mir unbegreiflich, wie die „Lebensversicherung" beim Deutschen zum Inbegriff der Kapitalanlage wurde. Wirklich ein gelungener Marketing-Gag der Branche. Viele Deutsche sind immer noch mehr als beeindruckt von der Tatsache, dass sich Geld in zwanzig Jahren verdoppeln kann. Wenn sie einen Funken Finanzverstand hätten, wüssten sie, dass sich Geld in diesem Zeitraum nicht bloß verdoppeln, sondern vervielfachen kann. Und das nicht durch geheime Zauberei eines Versicherungskonzerns, sondern als simples Resultat der Zinseszinsrechnung.

Selbst wer in Mathematik Schwächen hat – schon der bloße Blick auf die Skyline einer Großstadt führt dem klugen Investor in aller Deutlichkeit vor Augen: Die größten Türme sind die der Versicherungskonzerne – von welchem Geld sind die wohl gebaut worden?

Den Versicherungswahn der Deutschen kann der Börsianer gut nutzen: Versicherungsaktien gehören zu den besten Performern an der Börse. Insbesondere die Allianz-Aktie. Wirklich – „eine Allianz fürs Leben“! Das heißt jedoch nicht, dass sie nicht ins Kreuzfeuer der Analysten-Kritik geraten wäre. Wie oft habe ich schon Verkaufsempfehlungen gehört. Da wird pseudowissenschaftlich hin und her gerechnet und ein Urteil gefällt: Verkaufen! – Totaler Unsinn: Machen Sie das Gegenteil! Über Analysten habe ich mich in diesem Buch ausführlich genug ausgelassen. Aber eine Allianz-Aktie zum Verkauf zu empfehlen, das war in den letzten Jahren immer eine der fatalsten Fehleinschätzungen, die mir zu Ohren kam. Eine Allianz mag mal 20 Euro fallen, danach hat sie sich aber in der Regel aufgemacht zu neuen Kursgipfeln. Die Wahrheit ist: Eigentlich hätte man in der Vergangenheit nichts anderes kaufen müssen als Allianz. Und man wäre in Ruhe und ohne Stress reich geworden.

Die Versicherungsbranche boomt weiter, und das wird noch eine Weile dauern. Mit statistisch höchst unwahrscheinlichen *Worst-Case-Szenarien* werden immer neue Kunden geworben. Ihr Sicherheitsbedürfnis müssen die Deutschen teuer bezahlen. Viele Überversicherte wären gut beraten, wenn sie sich vom größten Teil ihrer Versicherungen trennten und das auf diese Weise ersparte Geld in einem Fonds anlegten – oder in der Allianz-Aktie. Doch davon sind wir noch weit entfernt.

Das einzige, was man versichern sollte: Krankheit, Haftpflicht (und Leben, wenn man Familie hat). Eine echte „Lebens“-Versicherung, die im Todesfall zahlt, kriegt man schon für ein paar Mark. Das ist wohlgemerkt keine „kapitalbildende“. Krankenversicherungen sind mittlerweile so teuer, dass man in jungen Jahren, falls man nicht zwangsversichert wird, womöglich einen Verzicht erwägen sollte. Binnen kurzem hat man so viel angespart, dass man die teuerste Operation selbst finanzieren kann. Von solcherlei Erwägungen sind wir aber noch weit entfernt.

Die Deutschen versichern lieber für viel Geld den Knöterich im Garten, als kluge Altersvorsorge zu betreiben. Davon kann man als Aktionär wunderbar profitieren.

Die Fusion der Dresdner Bank mit dem Versicherungsriesen Allianz birgt noch viel Potenzial. Auch im Fondsgeschäft ist der Konzern erfolgreich. Das wird eine der Säulen sein, die auch in Zukunft üppige Gewinne abwirft. Allianz ist mittlerweile weltweit tätig und entwickelt sich zum einflussreichen Global Player. Ein Investment sollte sich auch heute noch lohnen.

Das Rentenverbrechen

Ist das Steuersystem in Deutschland praktisch schon eine Art Dauerenteignung der Leistungsträger auf Raten, so stellt das Rentensystem die Krönung eines ausgeklügelten staatlichen Betrugssystems dar. Monat für Monat wird dem Arbeitstüchtigen und somit Steuerpflichtigen nicht nur die staatliche Pflichtabgabe aus der Tasche gezogen. Den Gipfel der Betrugspyramide stellt die monatliche Abgabe für die so genannte Altersvorsorge dar, das Rentensystem der Lohnsklaven. Nur dem Mangel an arithmetischer Begabung hinsichtlich der Zinseszinsrechnung hat der Staat zu verdanken, dass diejenigen, die hierzulande mit riesigen Beträgen Monat für Monat zur Ader gelassen werden, nicht aufbegehren.

Bis zu 400 Euro zieht die Rentenkasse Monat für Monat dem Arbeitnehmer aus der Tasche. Den gleichen Betrag muss der Arbeitgeber noch einmal aufbringen. Macht insgesamt 800 Euro. Ausgezahlt wird im Rentenalter aber nur ein lächerliches Almosen. Und selbst das ist nicht einmal sicher. Die Rentenkassen sind am Ende, die demographische Struktur lässt klar erkennen, dass es in wenigen Jahren schon zu viele Rentenempfänger geben wird, die nicht mehr per Generationenvertrag durchgefüttert werden können. Schon ist die Einheitsrente im Gespräch.

Werden es 500 oder 1000 Euro sein? Wahrscheinlich irgendein Betrag dazwischen. Ein Skandal, der seinesgleichen sucht, bahnt sich an. Und kaum einer erkennt den Betrug. Jemand, der Monat für Monat 800 Euro einzahlt, dem stünde am Ende ein Vermögen zu. Herauskriegen wird meine Generation aber praktisch nichts. Wie kommt es dann, dass diese Generation der Zahler immer noch brav jeden Monat ihren Rentenbeitrag entrichtet, ohne einmal nachzufragen, was am Ende überhaupt dabei herauskommt? Deutsche Untertanenmentalität?

Wer jetzt in einen Fonds einzahlt, will doch auch in etwa wissen, was ihn nach 30 oder 40 Jahren erwartet. Die Schafe, die in die Rentenkasse einzahlen, interessiert es offenbar nicht. Sie zahlen, ohne zu murren, als ob es gottgegebenes Schicksal sei. Um es gleich vorwegzunehmen: Am besten, Sie werfen das Geld, das Sie monatlich an die Rentenanstalt überweisen, gleich in den Gully. Dann hören Sie es wenigstens noch glucksen. Es handelt sich nicht um einen Generationen-Vertrag, sondern um einen Generationen-Skandal.

Wenn Sie monatlich rund 800 Euro (das ist der Höchstbetrag, Eigenzahlung plus Arbeitgeberanteil) in einen Aktienfonds einzahlen würden, stünden Ihnen nach 30 Jahren rund zwei Millionen Euro zu, wenn die Börsen gut laufen. Selbst wenn die Aktienmärkte schlecht liefen und Sie zu einem ungünstigen Zeitpunkt verkaufen müssten, wären es immer noch rund 1,5 Millionen Euro. Aber es zwingt Sie ja niemand, exakt mit 65 Jahren alles auf einmal zu verkaufen. Wenn Sie mit einer Lebenszeit von 85 Jahren rechnen, was leider nicht dem Durchschnittsalters eines erwerbstätigen Mannes entspricht, weil er sich in seinem Arbeitsleben so sehr verschleißen lässt, dass ein früherer Tod wahrscheinlich ist – also, wenn Sie trotzdem damit rechnen, 85 Jahre alt zu werden, sollten Sie einen Entnahmeplan für Ihr angespartes Kapital aufstellen. Das ist ganz einfach, den macht im Zweifelsfall jeder Banker für Sie.

Angenommen, Sie haben nach 30 Jahren zwei Millionen auf der hohen Kante, dann können Sie 20 Jahre lang jeden Monat 16 000 Euro abheben, bis Ihr Geld vollkommen aufgebraucht ist. 16 000 Euro monatlich! Bei einer monatlichen Einzahlung von 800 Euro. Das müssen

Sie erst mal in Ihrem Kopf verarbeiten, ehe Sie gegenrechnen, was die staatliche Rentenkasse Ihnen bietet. Jetzt ahnen Sie vielleicht, warum dieses Kapitel die Überschrift „ Das Rentenverbrechen“ trägt. In diesem Zusammenhang nur von „Betrug“ zu sprechen, scheint mir untertrieben.

Sicherlich beinhaltet das oben genannte Rechenbeispiel Durchschnittswerte. Aber selbst wenn sie stark schwanken, haben Sie immer noch bedeutend mehr im Alter in der Tasche als bei der praktizierten Rentenversicherung. Allein schon der Begriff „Versicherung“ ist Betrug. Es ist keine Versicherung, denn nichts ist sicher. Es ist und bleibt Rentenbetrug! Wenn Politiker irgendwas versprechen, können Sie meist getrost das Gegenteil von dem annehmen, was aus ihrem Munde kommt. Den Politikern ist es egal, was in 10, 20 oder 30 Jahren mit der Rente passiert. Und das, was sie heute versprechen, interessiert schon in einigen Jahren niemanden mehr.

Ich rate Ihnen: Bringen Sie Ihr Geld in Sicherheit! Weder ein Generationenvertrag noch irgendwelche anderen Versprechungen werden Ihre verdiente zukünftige Rente garantieren können. Der einzige Weg, der Ihnen bleibt, ist ein Boykott des Systems. Angestellten Arbeitnehmern allerdings ist diese Chance verwehrt. Das ist das Gemeine. Am besten, Sie machen sich selbständig oder werden Vorstand einer AG, dann sind Sie von der Zwangsrentenversicherung befreit und können Ihre eigene Altersvorsorge betreiben. Nur so retten Sie Ihr Geld für den Lebensabend. Ansonsten ist es mit an Sicherheit grenzender Wahrscheinlichkeit verloren.

Um das oben genannte Beispiel zu verdeutlichen, möchte ich es noch einmal mit einem geringeren Betrag vorrechnen. Es dürfte für den größten Teil aller Angestellten gültig sein. Sie zahlen 200 Euro, und ihr Arbeitgeber zahlt noch einmal 200 Euro – wie es gesetzlich vorgeschrieben ist. Macht zusammen 400 Euro. Wer monatlich 400 Euro in einen normalen Aktienfonds einzahlt, hat in der Regel nach 30 Jahren die fantastische Summe von 800 000 Euro angespart – auf Basis der Zinseszinsrechnung. Ich gehe hierbei von durchschnittlichen Steigerungsraten von 10 % an den Aktienmärkten über die Jahrzehnte aus. Sollten es 12 % sein, was in guten Phasen durchaus vorkommen kann, werden aus 400 Euro monatlich sogar 1,2 Millionen Euro. Sollte es sehr schlecht laufen, kämen wir bei einer jährlichen durchschnittlichen Steigerungsrate von 8 % immerhin noch auf knapp 600 000 Euro. Lassen Sie uns aber der Einfachheit halber bei durchschnittlichen jährlichen Steigerungsraten von 10 % bleiben, denn so haben sich die Weltbörsen in den letzten 20 Jahren entwickelt. Unter dieser Voraussetzung und unter der Annahme, dass monatlich 400 Euro gezahlt werden, kämen also nach 30 Jahren rund 800 000 Euro heraus. Wenn Sie daraus einen 20-jährigen Entnahmeplan entwickeln, weil Sie der Meinung sind, dass Sie nach Eintritt in das Rentenalter noch 20 Jahre Lebenserwartung haben, stehen Ihnen Monat für Monat rund 7200 Euro zu, die Sie sich auszahlen lassen können, bis Ihr Kapital verbraucht ist. Wenn Sie aber der Meinung sind, Sie lebten unendlich lange oder werden mindestens 100 Jahre alt, müssen Sie einen Entnahmeplan entwickeln, der nicht auf Kapitalverzehr ausgerichtet ist. Dies zu berechnen ist aber auch keine Kunst. Jeder Banker wird Ihnen dabei behilflich sein. Nur kurz vorweg: Wenn Sie im Erwerbsleben 30 Jahre lang 400 Euro einzahlen, können Sie nach 30 Jahren monatlich rund 6000 Euro entnehmen, ohne dass das Kapital aufgefressen wird. Diese Berechnung stützt sich auf jährliche Steigerungsraten von 10 % an den Aktienmärkten. Da man eine solche Steigerung nicht immer erwarten kann, wäre es sinnvoll, nicht den vollen Betrag zu nutzen, sondern beispielsweise nur 5000 Euro. Monat für Monat 5000 Euro, solange Sie leben, wenn Sie 30 Jahre lang 400 Euro einzahlen! Fragen Sie mal bei Ihrer Rentenkasse nach, ob sie das garantieren kann. Die Antwort wird lauten: „Leider nein. Wir können noch nicht einmal 1000 Euro garantieren." Von dem Renten-Verbrechen werden alle so genannten „Baby-Boomer" betroffen sein. Also alle, die zwischen 1950 und 1970 geboren wurden. Ein Skandal, über den die Nachwelt den Kopf schütteln wird. Darüber, wie Millionen so blöde sein konnten, dies ohne Widerspruch hinzunehmen.

Einige ganz schlaue Kritiker werden jetzt wahrscheinlich folgendes einwenden: Wenn nun alle per Fonds an der Börse investieren und nach 30 Jahren ihr Geld zurück haben wollen, muss es doch zu einem Crash kommen. Diese Argumentation ist allerdings nur scheinbar logisch. Erstens werden nicht alle Rentner in 30 Jahren auf einen Schlag ihr Geld abziehen. Dies wird ein Vorgang sein, der sich eher Schritt für Schritt vollziehen wird. Zweitens sollte nur in Fonds eingezahlt werden, die weltweit anlegen. In anderen Gegenden dieses Planeten herrscht keineswegs eine derart fatale demographische Situation wie in Europa. In Asien, einem Kontinent, der in den nächsten Jahrzehnten immer wichtiger werden wird, ist die Demographie noch in Ordnung. Dort gibt es derzeit nur wenige „Alte" und überproportional viele junge Menschen. Das Problem, dass die Börsen kollabieren, weil in Europa eine ganze Rentnergeneration plötzlich ihr Geld von den Kapitalmärkten abzieht, wird es deshalb nicht geben. Und drittens: Altervorsorge per Aktienfonds oder per Aktie wird in Europa derzeit kaum betrieben. Die meisten Bürger zahlen immer noch brav in die Rentenkasse ein und vernichten damit ihr sauer erarbeitetes Kapital. Ein einfacher Arbeiter, der sowieso schon unter den Abgaben stöhnt, kann nicht noch zusätzlich ein paar hundert Euro in eine private Altersvorsorge stecken. Also dürfte sich damit das Problem des prognostizierten plötzlichen Kapitalabzugs in 30 Jahren praktisch erledigt haben.

Im Vorteil werden aber jene sein, welche die Möglichkeit hatten, eine private Altersvorsorge zu treffen. Nur muss man sich heute schon fragen, wie die Situation der Rentner in 20 oder 30 Jahren aussehen wird. Haben wir es dann mit einer Massenverarmung zu tun? Wie wollen diese Menschen noch ihren Lebensstil aufrecht erhalten, wenn die Rentenkasse ihren Offenbarungseid geleistet hat? Eine Rentenkasse, die jetzt schon nicht mehr funktioniert, deren Gelder die Politiker jetzt schon geplündert haben. Ich wage mir diese Situation gar nicht auszumalen.

Ein anderes Problem: Wir stehen vor grundlegenden medizinischen, biotechnischen und gentechnischen Umwälzungen. Wenn es dadurch gelingt, das Lebensalter um durchschnittlich fünf Jahre zu verlängern, steht die Rentenkasse sofort vor dem Exitus. Ich gehe allerdings davon aus, dass es der Wissenschaft über kurz oder lang sogar gelingen wird, die durchschnittliche Lebenszeit um 10, 20 oder gar 30 Jahre zu verlängern. Solchen Entwicklungen ist noch gar nicht Rechnung getragen worden, weil die Rentenkasse ausgedient hat. Und die Alten können sich am Ende nicht mehr wehren. Fazit: Es ist eine Massenverarmung von älteren Mitbürgern in den nächsten Jahrzehnten zu erwarten. Den Politikern von heute ist dies gleichgültig. Das ist nicht nur ein Skandal, sondern ein Verbrechen und ein Verstoß gegen die Menschenwürde.

Unternehmen Größenwahn

Immer wenn die Börsen sich eine gewisse Zeit lang gemächlich nach oben schaukeln, wir es also mit einem Aufwärtstrend zu tun haben, überraschen sie die Akteure auf den internationalen Finanzmärkten durch Fusionen. Fusionen erzeugen das nötige Adrenalin, das die Fantasie der Anleger noch weiter beflügelt.

Fusionsfieber tritt meist während des letzten Drittels einer Haussephase an den Börsen auf. Die Kurse sind hoch, die Kassen voll, die Konjunktur brummt. Ideales Umfeld für eine Shopping-Tour. BMW kauft Rover, Daimler fusioniert mit Chrysler, Vodafone nimmt Mannesmann. Es wird von *Synergieeffekten* gesprochen, höhere Stückzahlen bedeuten höhere Margen. Analysten und Betriebswirte füttern die Computer mit Fusions-Datenmaterial, und der Rechner spuckt fast immer positive Ergebnisse aus. Das Schlucken der Konkurrenz lässt das Herz der Aktionäre höher schlagen, egal ob ein Unternehmen frisst oder gefressen wird. In beiden Fällen sind oft sprunghaft steigende Kurse die Folge. Jedoch: Nicht jede Megafusion macht Sinn – die Katerstimmung verbreitet sich allerdings erst ein paar Jahre später.

Wie ein Blitz schlug die Nachricht auf dem Börsenparkett ein, dass

Daimler mit Chrysler fusionieren wolle. Die Vorarbeiten für diese Fusion wurden in aller Stille äußerst professionell durchgeführt. Fast nichts ist an die Öffentlichkeit gedrungen. Fast nichts. Ich wusste es vorher, konnte es aber nicht glauben. Ich fragte mich, warum sich Daimler, ein florierendes Unternehmen mit guten Marken, ausgerechnet mit Chrysler verbinden wollte, dessen Autos nicht gerade ihrer Qualität wegen berühmt waren. Im engsten Freundeskreis diskutierten wir damals das „Gerücht" und kamen zu dem Schluss, dass es eigentlich keinen Sinn mache. Doch wir hatten die Rechnung ohne die Vorstände gemacht. Von Zeit zu Zeit scheint in den Chefetagen nämlich so eine Art Größenwahn auszubrechen. Dieser ist nicht immer ohne Eigennutz: Die Gehälter der Vorstände steigen. Die Chefetage des Konkurrenten wird meistens mit einem goldenen Handschlag verabschiedet: Es winken hochdotierte Jobs an anderer Stelle oder üppige Abfindungen in Millionenhöhe.

An kritischen Tönen mangelt es meist in Übernahmephasen. Das Spektakel wird noch angeheizt durch die Erkenntnisse akademischer Experten, die eine Fusion in der Regel für sinnvoll halten. Analysten tun ein Übriges, indem sie flink Einsparungspotenziale, Rationalisierungs- und Synergieeffekte auf den Aktienkurs draufschlagen. Die Fusion zwischen Daimler und Chrysler wurde entsprechend stürmisch als Jahrhundertereignis gefeiert. Kursziele von bis zu 200 Euro wurden öffentlich verkündet. Doch schon bald stellte sich Ernüchterung ein. Und Daimler war kein Einzelfall. Aus den 200 Euro wurde nichts, statt dessen häuften sich die Probleme. Es stellte sich heraus, dass Chrysler viele Probleme hatte und der Autoabsatz schon bald stockte. Schlechtes Management in den USA, Qualitätsmängel bei den Produkten, Kommunikation diesseits und jenseits des Atlantiks, die Stimmung sank schon bald auf den Nullpunkt. Hinzu kamen noch atmosphärische Störungen, die am Ruf von Daimler nagten. Das fusionierte Großunternehmen musste Tausende Arbeitsplätze streichen, weil der Autoabsatz zurückging. Weltweite Rückrufaktionen fraßen sich wie Rost in das Image des Stuttgarter Edelkarossenherstellers. Zum Schluss war der Schuldige, zumindest in den USA, schnell ausgemacht: der hässliche Deutsche. Auch die Positionierung am amerikanischen Aktienmarkt missglückte. Dem neuen Unternehmen gelang die Aufnahme in den wichtigen S&P-Index nicht, weil dort die Satzung nur „echte" US-Companys zulässt. Der Traum vom großen Superunternehmen mit einem Aktienkurs von 200 Euro wurde zum Alptraum. Die Aktie sank auf ca. 40 Euro, und Vorstandsvorsitzender Jürgen E. Schrempp wusste bald nicht mehr, um welchen Krisenherd er sich zuerst kümmern sollte.

Die Fusion DaimlerChrysler, ein Beispiel dafür, dass „big" nicht immer „beautiful" ist. Größe ist zwar wichtig, aber nicht alles. In unserer Zeit sind Schnelligkeit, Flexibilität und Innovationskraft mindestens genauso wichtig, wenn nicht sogar die entscheidenden Faktoren für ein erfolgreiches Unternehmen. Große Konzerne neigen zur Trägheit, sie sind schlecht zu führen, kaum kontrollierbar. Auch in Zeiten der Globalisierung bietet Größe allein deshalb noch keinen Vorteil.

Wer beispielsweise die Entwicklung der Autoaktien Anfang des Jahres 2000 verfolgte, konnte feststellen, dass Unternehmen ohne Fusion die bessere Performance hatten. Und als sich BMW endlich wieder vom Verlustbringer Rover getrennt hatte, atmeten die Aktionäre auf, weil es mit dem bayrischen Autobauer wieder aufwärts ging. Eine sehr gute Entwicklung nahm auch Porsche, dessen Vorstandschef Wendelin Wiedeking jeder Firmenehe eine Absage erteilte. Sein Credo: „Wenn Größe das entscheidende Kriterium wäre, müssten die Dinosaurier heute noch leben." Recht hat er. Im Nachhinein dankte es die Börse mit höheren Kursen.

Erst kommt die Euphorie, dann der Kater. Wenn Übernahmen und Fusionen Aktienkurse nach oben pushen, kann ich nur raten, Gewinne mitzunehmen. Niemals gierig werden wegen ehrgeiziger Kursziele, die meisten Fusionskandidaten fallen sehr schnell auf den Boden der Realität zurück. Anstelle von Vorteilen und Synergieeffekten stehen am Ende unüberwindbare Probleme und Integrationsschwierigkeiten. Nur wenige Großfusionen haben sich wirtschaftlich als sinnvoll erwiesen.

Tatsache ist, dass die Fusionitis Börse und Kurse beflügelt. Eine hervorragende Ausstiegsgelegenheit. Im letzten Drittel einer Börsenhausse findet oft ein wahres Fusionskarussell statt. Wenn eine Megafusion im Pharmabereich verkündet wird, kann schon bald mit der nächsten Ehe in diesem Bereich gerechnet werden. Und auch wenn es dazu nicht kommt, bleibt die Fantasie in den Kursen erhalten, und die Aktien steigen trotzdem.

Zur größten Übernahmeschlacht, welche die Börse in den letzten Jahren erlebte, kam es zu Beginn des 21. Jahrhunderts im Telekommunikationsbereich: Vodafone-Airtouch schluckte Mannesmann. Wochenlang lieferten sich Vodafone-Chef Chris Gent und Mannesmann-Chef Klaus Esser ein erbittertes Duell. In großformatigen Zeitungsanzeigen wurden Vor- und Nachteile einer Fusion dargestellt. Mannesmann flehte seine Aktionäre an, die Aktie keinesfalls aus der Hand zu geben. Auch vor persönlichen Beleidigungen und psychologischer Kriegsführung schreckten die beiden Kampfhähne nicht zurück. Der Krimi zog sich über Wochen hin. Klaus Esser, der Chef des Düsseldorfer Telekommunikationsunternehmens, zeigte sich hart und kampfbereit. Unterdessen stieg die Mannesmann-Aktie über 100 %. Notierte die Aktie vor der Übernahmeschlacht noch bei etwa 140 Euro, schoss sie im Verlauf der folgenden Wochen auf über 300 Euro. Und dann, völlig überraschend, die Einigung.

Der Kampf hatte sich besonders für die Mannesmann-Aktionäre gelohnt. Mehr als 300 Euro waren nicht herauszuholen gewesen, zumindest nicht in so kurzer Zeit. Doch der Preis war es wohl nicht alleine, der zu dieser wundersamen Wende führte. Mannesmann-Chef Klaus Esser bekam ein „Schmerzensgeld“ in Höhe von rund 30 Millionen Euro. Die anderen Vorstandsmitglieder gingen auch nicht leer aus. Das erleichterte sicherlich den Abschied.

Viele Kritiker sprachen im Nachhinein von Bestechung. Doch dafür gibt es kein Indiz. Die „Ablöse“-Summe war zwar hoch, aber dafür hat Klaus Esser auch in einem harten Kampf das Vermögen der Aktionäre in kurzer Zeit verdoppelt. Ich meine, dafür hat er sich ein saftiges Honorar verdient.

Nachdem die Fusionseuphorie verflogen war, ging es mit dem Mannesmann-Kurs bald wieder nach unten. Die Telekommunikationsindustrie hatte mit hohen Schulden zu kämpfen, und schon bald war es vorbei mit der euphorischen Stimmung – wie so oft an der Börse. Nicht nur die Telekommunikationsbranche, sondern der gesamte Aktienmarkt verabschiedete sich nach Süden.

Große Schlachten in der Wirtschaftswelt und Fusionswellen waren bisher oft ein Zeichen, dass es mit einer Rallye an der Börse bald zu Ende geht. Natürlich kann man den exakten Zeitpunkt nicht genau bestimmen, aber der Zusammenhang besteht. Es ist wie ein letztes Aufbäumen, ein letztes Anstacheln der Kursfantasie, bevor der graue Alltag und die Ernüchterung wieder Einzug halten. Den langfristigen Investor mag das weniger stören. Doch der Anleger, der eher mittelfristige Ziele hat, sollte hellhörig werden, wenn der Fusionswahn an der Börse Einzug hält. Dann hat man noch genügend Zeit, in aller Ruhe auszusteigen und den Gang der Dinge abzuwarten.

Wirtschaft, die den Wirt schafft

Solange es komplexe Gesellschaftsformen gibt, zerbrechen sich die Lenker den Kopf darüber, wie die Wirtschaft optimiert werden kann. Eine florierende Wirtschaft ist immer positiv für die Börsen. Stetiges Wirtschaftswachstum bei niedrigen Zinsen – das ist der optimale Zustand. Dieser wäre auch schnell erreicht, wenn es nicht die Politik gäbe. Die Politik mit ihrem „Steuerungswahn" richtet jede Wirtschaft zugrunde. Falsche Steuersysteme, fehlende Leistungsanreize, Bevorzugung von breiten Wählergruppen, Subventionen, absurde Umverteilungsmaßnahmen im Sinne einer zweifelhaften Gerechtigkeit, totale Fehlanlage von Steuergeldern, Staatsschulden. Dies sind nur einige Faktoren, die den Patienten Konjunktur allmählich zugrunde richten. Es erfolgen vergebliche Wiederbelebungsmaßnahmen, die zum Scheitern verurteilt sind. Der beliebteste Trick der Politiker ist dabei das Instrument der Inflation. Und das mag anfangs ja noch wirken, hat aber nur einen vorübergehenden Effekt. Später dann ist der Kollaps unvermeidlich.

Grob gesagt, verläuft der Zyklus immer nach dem gleichen Muster: Die Politiker machen breiten Bevölkerungsgruppen Wahlversprechen in Form von zu erwartenden Geldzuwendungen. Diese werden nicht erwirtschaftet, sondern nur umverteilt. Nach der Devise: oben nehmen und unten geben. Leistungsträger werden auf diese Weise bestraft, Leistungsbereitschaft und damit die tatsächliche Erwirtschaftung von Wohlstand sinken. Sind die Wohlhabenden mit extremen Steuersätzen ausgequetscht, muss der Politiker zum Zwecke des Machterhalts natürlich andere Geldquellen anzapfen. Bleibt das Schulden machen. Unter fragwürdigem Vorwand werden Kredite aufgenommen und unters Wählervolk verteilt. Meist unter dem Vorwand, vorübergehende Härten auszugleichen. Letztlich ist es aber nur das Geld, mit dem sich Politiker Wählerstimmen erkaufen. Wenn der Staat schließlich große Teile der Steuereinnahmen für Zinsen und Tilgung aufbringen muss, wird es kritisch. Das Wählervolk wird unruhig, und die Politiker stehen mit leeren Händen da. Jetzt hilft nur noch die Inflation. Die Schulden werden weginflationiert. Allein eine Inflationsrate von 5 % bedeutet, dass sich die Schulden des Staates innerhalb von zehn Jahren halbieren. Dass damit auch zwangsläufig die Kaufkraft sinkt, interessiert einen Politiker wenig, weil er in zehn Jahren nicht mehr im Amt ist. Ebenso wenig interessiert ihn, dass er mit der Inflation sein Wählervolk betrügt, denn die Guthaben auf dem Sparbuch entwerten sich entsprechend. Da es sich aber um einen schleichenden Prozess handelt und leichte Inflation modisch sogar als „hilfreich" etabliert ist, wird so etwas ohne Murren hingenommen und sogar von den Gewerkschaften akzeptiert.

Wen wundert es da, dass unter solchen Umständen die Wirtschaft ins Stocken gerät. Eigentlich ist es doch ganz einfach: Geld, das man ausgibt, muss irgendwo anders erwirtschaftet werden. Wer über seine Verhältnisse lebt, bekommt irgendwann Probleme. Leider aber leben wir in einem gesellschaftlichen Umfeld, das in Sachen Wirtschaft total uninformiert ist. Große Teile der Bevölkerung glauben, Geld müsse man nur drucken oder umverteilen. Die Dummheit kennt keine Grenzen. Sie wird besonders von Politikern, die gerne das Fähnchen der Gerechtigkeit schwingen, noch gefördert. Statt Vernunft diktiert die gelbe Galle des Sozialneids das politische Handeln. In Sachen Ökonomie haben wir in Europa den Bildungsstand einer Bananenrepublik. Die Ursachen dafür liegen auch in der Schulbildung. Wirtschaft gilt als Nebenfach, für das sich im Zweifelsfall niemand interessiert. Kein Wunder, dass unter diesen Umständen die Anhängerschaft sozialistischen Gedankengutes immer noch bedenklich hoch ist.

Sicherlich ist es keine einfache Angelegenheit, einen so genannten Interessenausgleich zu schaffen. Die Kluft zwischen Arm und Reich darf nicht zu groß werden. Diesen Zustand erreicht man aber nicht, indem man die Reichen schröpft. Schon Abraham Lincoln erkannte: „Man kann Arme nicht reich machen, indem man die Reichen arm macht!" Ein Millionär schafft mit seinem Geld im Zweifel mehr Arbeitsplätze, als ein Politiker es jemals könnte. Ist das Geld erst einmal vom Finanzamt abgesaugt, so verliert es schnell seine Wirtschaftskraft. Das Schlimmste aber ist, dass es aus dem Investitionskreislauf genommen wird. Geld, das der Staat hat, wird sehr oft für unnötige Dinge zweckentfremdet, und sei es nur, damit der Beamtenapparat überbordet und bedrohliche Ausmaße annimmt. Allein das ist schon ein Hemmschuh für die gesunde Entwicklung der Konjunktur. Wer in diesem Land jemals versucht hat, ein Geschäft zu eröffnen oder ein Unternehmen zu gründen, weiß, wovon ich rede. Die Beamtenbürokratie macht jedem energiegeladenen Investor das Leben zur Hölle.

Auch wenn man nicht allen Politikern Schlechtes unterstellen kann – die Vergangenheit beweist es immer wieder: Wo Politiker die Wirtschaft dirigieren wollen, kommt es zwangsläufig zur Katastrophe. Die Politik sollte sich so wenig wie möglich in die Wirtschaft einmischen. Nur dann kann sie gedeihen und wachsen. Leider aber ist es genau umgekehrt. Die Politik diktiert derzeit fast alles. In Deutschland und in Europa kann man keine Büroklammer herstellen, ohne sich im Netz der Bürokraten,

Gewerkschaften, Normen und Gesetze zu verfangen. Da vergeht einem schnell der Mut.

Die Wirtschaft funktioniert aber im Prinzip nach den Gesetzen Darwins, der in seinem Werk „Natürliche Auslese durch Zuchtwahl“ den Evolutionsprozess allen Lebens beschreibt. In der Natur überlebt derjenige, der seiner Umgebung am besten angepasst ist. Es findet ein gnadenloser Konkurrenzkampf aller lebenden Organismen um Ressourcen statt. Das führt dazu, dass der Stärkere überlebt und der Schwächere das Nachsehen hat. Es ist ein notwendiger Prozess, der leider auch ungerecht ist. Dem kann sich aber niemand entziehen. In der Natur gibt es keine Gerechtigkeit. Ich wage daher die These, dass es überhaupt keine Gerechtigkeit gibt oder geben kann. Denn nur im Spannungsprozeß der Ungleichheit können sich Dinge entwickeln. Der Leopard, zum Beispiel, entstand in winzigen Evolutionsschritten bei „Räuber-Beute“-Paaren, wobei der Räuber immer ein bisschen schneller sein muss als die Beute, während die Beute sich immer etwas Neues einfallen lassen muss, um dem Räuber zu entkommen. Beide „Konkurrenten“ müssen Stärken entwickeln, damit sie überleben können. Würde die Natur bei einem der beiden das „Schwache“ bevorzugen, wäre die Beute bald aufgefressen, oder der Leopard würde verhungern, weil er nicht mehr schnell genug ist. Dieser Gnadenlosigkeit haben wir letztlich die Vielfalt auf unserem Planeten zu verdanken (und natürlich noch einiges mehr).

Auch im Wirtschaftsleben gilt dieses Naturgesetz der Evolution. Jeder, der das Gegenteil behauptet, lügt. Den Schwachen zu fördern, bedeutet Untergang für alle. Den Starken zu fördern, bedeutet Profit auch für den Schwachen. Nur starke Unternehmen können auf lange Sicht überleben. Wer aber das Schwache bevorzugt, bringt das ganze System zum Zusammenbruch. Im Wirtschaftsleben hat die Ressource einen Namen: Geld. Es ist der Kampf ums Geld. Da Geld knapp ist, versucht jedes einzelne Mitglied des Wirtschaftskreislaufs, es dem anderen wegzunehmen. Das kann man nun in Einklang mit den Gesetzen machen oder ohne sie. Macht man es ohne sie, bricht das System zusammen.

Wenn alle Leute Banken ausrauben würden, würde das System kollabieren. Wenn schwache, nicht konkurrenzfähige Unternehmen künstlich am Leben gehalten werden, ist das System ebenfalls bedroht. Unternehmen brauchen die Freiheit zu erstarken und sich am Markt zu etablieren. Macht ein Unternehmen Fehler, wird es mit dem Tod, sprich mit der Pleite, bestraft. Schreiten Politiker ein und verhindern die Pleite, dann existiert ein Unternehmen, das eigentlich nicht fit ist. Nimmt die Zahl der labilen Firmen zu, die künstlich am Leben gehalten werden, sinkt die Überlebensfähigkeit des Gesamtsystems. Die Wirtschaft krankt.

Kein Politiker dieser Welt kann sich aus diesem „darwinistischen" Wirtschaftsgesetz ausklinken. Jede Missachtung dieser Regel wird über kurz oder lang mit der Pleite bestraft. Das kann man gut finden oder nicht. Es ist eben so.

Wichtig ist, dass die Wirtschaft den nötigen Entfaltungsspielraum hat. Das bedeutet natürlich auch, dass manche Unternehmen womöglich übermächtig werden. Das Problem reguliert sich aber von selbst. Auch ohne politische Eingriffe und Kartellbehörden. Große Unternehmen neigen nämlich zur Unbeweglichkeit, sie sind nicht mehr flexibel. Es sind große Dinosaurier, die immer träger werden. Und damit bedroht sie das, was man in der Natur ebenfalls bei den Tierarten beobachtet. Sie sterben aus, aufgrund mangelnden Anpassungsvermögens an ihre Umwelt. Genau dieses Schicksal ereilte vor Millionen Jahren die Dinosaurier.

Aufgabe der Politik kann es nur sein, den ökonomischen Boden so zu bestellen, dass sich immer wieder neue Unternehmen bilden, die den alten das Leben schwer machen oder neue Nischen für sich entdecken, in denen sie groß werden können. Flexible Strukturen erleichtern das Werden und Vergehen in der Evolution der Wirtschaft. Wer dagegen an alten Strukturen festhält (zum Beispiel der Arbeitsplätze wegen), schaufelt sich sein eigenes Grab. Große Unternehmen (und natürlich auch kleine) müssen pleite gehen, wenn sie Fehler machen oder inkompetent sind. Jeder Versuch, sie zu erhalten, ist ein Weg in Richtung Teufelskreis. Was Politiker vordergründig unter Erhalt von Arbeitsplätzen verstehen, indem sie marode Branchen subventionieren, ist nichts anderes als der sichere Weg in die Katastrophe. In einer funktionierenden Wirtschaft mit ihren mannigfachen Anpassungsprozessen sind die Arbeitsplätze nicht weg – sie sind nur woanders. Es ist Aufgabe der Politiker, dies ihren Wählern begreiflich zu machen. Wirtschaft und Unternehmen unterliegen ständigen Anpassungsprozessen – und natürlich auch die Arbeitnehmer. Da Anpassungsprozesse aber leider oft unbequem sind, weil man umdenken oder umschulen muss, versuchen die Politiker ihr Wählervolk mit dem Versprechen zu ködern: „Ihr braucht euch nicht zu verändern, wir zahlen das schon ..." Nur mit solchen politischen Irreführungen ist es möglich, dass in Teilen Deutschlands immer noch Hundertausende Kumpel Kohle aus Bergwerken holen, die niemand braucht und niemand will. Statt dessen hätte auch ein neues Silicon Valley entstehen können. Die Chance, wie viele andere, wurde vertan – der Politik sei Dank.

Es gibt Tausende Beispiele, wie die Politik echte Chancen verspielt, und die Probleme, die dann entstehen, mit Schecks kompensiert. Dass dies auf Dauer nicht gut gehen kann, müsste jeder nachvollziehen können.

Wir leben alle in Konkurrenz. Und nur wer sich in der Konkurrenz bewährt, hat die besten Überlebenschancen. Das ist nun mal das Gesetz der Natur, und dieses gilt ohne Abstriche auch für das Wirtschaftsleben. Das bedeutet natürlich nicht zwangsläufig, dass jeder gegen jeden kämpft. Ganz im Gegenteil. Im Sinne besserer Optimierung hat sich das Konzept der Kooperation bewährt, die Zusammenarbeit. Kooperation ist nichts anderes als ein stillschweigender Vertrag, der es erlaubt, trotz unterschiedlicher Interessen an einem Strang zu ziehen. Nur so sind komplexe Gesellschaften am Leben zu halten. Und letztlich ist es ein Vertrag, der lautet: Leistung gegen Leistung. Und nicht: Leistung gegen Nichtstun.

In der Natur wie im Wirtschaftsleben gibt es aber immer wieder Ansätze, Leistung gegen Nichtstun zu erhalten. Dieses Verhalten hat einen Namen: Schmarotzertum. Aber auch dieses Phänomen hat die

Natur uns schon vorgespielt, es hat eine ganz einfache Konsequenz: Jede Art, bei der Schmarotzer überhand nehmen, stirbt aus.

Bei einer bestimmten Pinguinart ist es beispielsweise notwendig, dass sich Artgenossen gegenseitig eine bestimmte Flohart aus dem Gefieder picken. Geschieht dies nicht, stirbt das Tier. Derjenige, der es nicht tut, der also nur die Hilfe anderer in Anspruch nimmt, hätte in diesem realistischen Beispiel einen Vorteil. Er könnte zum Beispiel die Zeit damit verbringen, nach Fressen zu suchen oder seine Brut besser aufzuziehen. Doch was passiert, wenn immer mehr Artgenossen nur die Hilfe anderer in Anspruch nehmen, ohne selbst etwas zu tun? Die „Faulen“ verbreiten sich immer mehr, weil sie mehr Zeit haben, auf Futtersuche zu gehen. Die „Fleißigen“ dagegen werden immer weniger, weil sie im Nachteil sind und ein kürzeres Leben haben, da sie tendenziell weniger Kalorien aufnehmen. Das „Faulheits-Gen“ in der betreffenden Art setzt sich immer mehr durch. Am Ende sind die „Faulen“ in der Mehrheit. Sie brauchen aber die „Fleißigen“, weil sie sich die Flöhe nicht selbst aus dem Gefieder picken können. Da aber eine genügende Anzahl „fleißiger“ Artgenossen nicht mehr vorhanden ist, stirbt die ganze Art. So ist es schon milliardenfach geschehen in der Natur. Übrig bleiben nur die Arten, bei denen eine faire Kooperation stattfindet. Der Evolutionsbiologe spricht auch von einer „evolutionär stabilen Strategie“. Eine solche Strategie ist auch für eine gesunde Wirtschaft Voraussetzung. Nur wenn der stillschweigende „Kooperationsvertrag“ funktioniert, läuft die Wirtschaft. Gibt es dagegen zu viele, die nur nehmen und nicht geben, zerstört das die „stabile Strategie“– das System muss in solchen Fällen untergehen.

Eine erfolgreiche Wirtschaftspolitik wird niemals die „Nehmer“ zum Maßstab ihres Handelns machen. Erfolgreiche Wirtschaftspolitik bedeutet, dass jeder „Nehmer“ auch irgendetwas „geben“ muss. Erfolgreiche Wirtschaftspolitik fördert den „Geber“.

Leider sind wir von dieser Erkenntnis noch meilenweit entfernt. Aber es gibt keine Alternative zu diesen Grundsätzen. Sie gelten bei Bakterien, Säugetieren oder Wirtschaftssystemen, bei winzigen und bei großen

Gesellschaftsgruppen. In letzter Konsequenz gilt dieses Naturgesetz für alles Lebendige auf diesem Planeten – nach der Maßgabe: Zwar leben wir alle in Konkurrenz miteinander, sind aber auch aufeinander angewiesen. Der unausgesprochene „Kooperationsvertrag" mit unserem Planeten ist allerdings auch ins Hintertreffen geraten. Jeden Tag sterben etwa 100 Arten aus, bedingt durch den Menschen und seine Umweltzerstörung. Wir scheinen nicht wahrzunehmen, dass wir den Ast absägen, auf dem wir sitzen. Nur dem Zusammenspiel aller Arten verdankt der Mensch seine Existenz. Wird dieses Zusammenspiel gestört, spielen wir mit unserem eigenen Schicksal.

Eine Umweltsünde, die heute begangen wird, tut heute nicht weh. Die bitteren Folgen bekommen erst die nächsten Generationen zu spüren. Ein Arbeitsloser, der keine Lust auf Arbeit hat, bekommt die Folgen seiner „Unlust" nicht unmittelbar zu spüren. Ein Politiker, der übermäßige Schulden macht, wird mit den Konsequenzen seines Tuns nicht sofort konfrontiert. Marode Unternehmen und Branchen, die subventioniert werden, verschleiern lange Zeit die Anpassungsnotwendigkeit, die sich dann in einigen Jahren mit aller Gewalt Bahn bricht.

Es ist eine Frage der Intelligenz und der Ehrlichkeit, Folgen einer Handlung einschätzen zu können und sie auch kundzutun. In der Wirtschaftspolitik läuft es oft umgekehrt: Nach einem Fehler wird gelogen, dass sich die Balken biegen, um die Konsequenz einer Handlung zu verschleiern.

Es scheint niemand willens zu sein, geschweige denn in der Lage, diesen Teufelkreis zu durchbrechen. Insofern müssen wir immer wieder in der Ökonomie mit chaotischen Auf-und-Ab-Bewegungen rechnen. Börsianer versuchen solche Tendenzen zu antizipieren, vorwegzunehmen. Das ist allerdings nicht immer einfach.

Bei genauer Analyse der Politik komme ich mehr und mehr zu dem Schluss, dass man manche Ämter einfach auflösen muss. Der Staat muss sich wieder zurückziehen – nur so floriert die Wirtschaft. Weniger Ämter, mehr Privatinitiative, das ist die Lösung. Immer dort, wo Ämter vorgeschaltet sind, wird der Ohnmacht und Unfähigkeit Vorschub geleistet. Ich bezweifele, dass Arbeitsämter das Problem der Arbeitslosigkeit in den Griff bekommen. Ich bin sogar vom Gegenteil überzeugt: Arbeitsämter verschlimmern dieses Problem. Es ist doch überall zu beobachten: Wo ein Amt dazwischen geschaltet ist, funktioniert in kurzer Zeit gar nichts mehr. Die Behörden versagen schon bei einfachsten Aufgaben. So schaffen es die Badeämter nicht, an schönen Sommertagen raschen Zugang zu den öffentlichen Schwimmbädern zu ermöglichen. Sobald draußen die Sonne scheint, steht eine lange Menschenschlange vor dem Bad. Folge: stundenlanges Warten. Das hat in Berlin dazu geführt, dass empörte Badewillige kurzerhand das Schwimmbad stürmten. Wenn ein Amt schon nicht den Zugang zu Schwimmbädern regeln kann, wie soll es dann mit einem Heer von Arbeitslosen zurechtkommen? Meine Meinung: Schließt die Arbeitsämter. Private Vermittlungsorganisationen werden das Problem effizienter und zufriedenstellender lösen für jene, die arbeiten wollen. Der Rest, ich schätze, es sind 50 % aller Arbeitslosen, interessiert sich sowieso nicht für das Bruttosozialprodukt. Damit müssen wir leben.

Eigentlich sollten Behörden die Wirtschaft unterstützen. Doch sie tun genau das Gegenteil. Ich kenne niemanden, der jemals berichtet hätte, dass er durch eine Behörde gefördert wurde oder sonstige Vorteile im Sinne rascher Genehmigungen oder unterstützender Maßnahmen erhalten hätte. Im Gegenteil. Vor das Business hat der Gesetzgeber erst einmal die deutsche Amtsstube gesetzt. Eine Zweiklassengesellschaft: die vor dem Schalter und die dahinter. Und die schafft es garantiert, manche unternehmerische Idee schon im Keim zu ersticken.

Der Leistungswillige kann froh sein, den richtigen Ansprechpartner anzutreffen. Meist ist er in Urlaub, „gerade nicht da", bei der Gewerkschaft, oder er hat unter irgendeinem Bandscheibenvorwand für ein paar Wochen das Berufsleben an den Nagel gehängt. Ob Bauherr oder Unternehmer, die deutsche Amtsstube lässt auch noch das letzte Fünkchen Euphorie sterben. Die Behörde erweist sich in sehr vielen Fällen als Hemmschuh, als Bremser, der dem Gedeihen der Wirtschaft entgegensteht. Deutsche Amtsstuben dürften auf diese Weise die Entstehung von

Millionen Arbeitsplätzen verhindert haben. Die einzigen Arbeitsplätze, die sie schaffen, sind die für neue Beamte und Angestellte im öffentlichen Dienst, die den Spießrutenlauf der Leistungsträger im Behördendschungel weiter erschweren.

Der Staat muss endlich entschlackt werden. Das, was bei Privatunternehmen schon seit Jahrzehnten der Fall ist, gilt auch für die Ämter.

Wir brauchen nicht mehr, sondern weniger staatliche Steuerung. Wir brauchen nicht mehr, sondern weniger Beamte. Der Staat darf sich nicht um alles kümmern, sondern muss seine Kontrolle auf das Wesentliche beschränken. Beamte sind keine Duodezfürsten oder sonstige Würdenträger, die über Tod oder Leben entscheiden, sondern sie müssen sich als Servicekräfte empfinden, als „Diener der Gesellschaft". Sollte eines Tages ein solcher Sinneswandel vollzogen werden, dann floriert die Wirtschaft von ganz allein. Ich hoffe, wir dürfen dies noch in den nächsten Jahren erleben.

Drangsaliert, schikaniert, abkassiert – (S)teuer

Die Politik muss den Boden so bestellen, dass sich die Saat gut entfalten kann. Dazu zählen transparentere, einfache Steuersysteme und niedrigere Abgaben. Davon sind wir aber noch weit entfernt. Derzeit sieht die Sache so aus: Wer nicht in Monaco wohnen kann, wird kräftig zur Kasse gebeten.

Ich wundere mich jeden Tag darüber, wie Millionen Menschen ohne zu murren arbeiten gehen und sich mehr als die Hälfte von dem, was sie erwirtschaften, vom Staat wieder abnehmen lassen. Eigentlich müsste die Arbeitsmoral unter diesen Umständen schon längst auf null gesunken sein. Ein kluger Zeitgenosse fasste es folgendermaßen zusammen: „Einkommen ist die Provision des Staates zur Erarbeitung der Steuern" – treffender kann man es nicht formulieren. Der Leistungsträger, vom Fiskus zum Fahrtenbuchdeppen degradiert.

Ich schlage vor: Alle, die über 50 % Steuern zahlen müssen, verlegen ihren Sitz ins Ausland, am besten in eine Steueroase. Dann arbeiten sie nur noch ein halbes Jahr und verfügen trotzdem über den gleichen Geldbetrag. Diese Idee müsste eigentlich zu einer Art Völkerwanderung der Leistungsträger führen. Da die meisten Menschen aber zu sehr an ihrer Scholle kleben, sind sie bereit, einen hohen Obolus dafür zu entrichten.

1999 wurde die Spekulationsfrist bei Wertpapieren von einem halben Jahr auf ein Jahr verlängert. Völlig ohne Not. Die Börsianer haben sich das widerspruchslos bieten lassen. Niemand hat aufgemuckt. Typisch für Deutschland – derjenige, der Risiko übernimmt, wird auch noch zusätzlich bestraft. Ich versuchte damals, im Fernsehen zu einer Interessengemeinschaft gegen die Verlängerung der Spekulationsfrist aufzurufen. Erfolglos. Börsianer kennen keine Solidarität, sie begehren nicht auf, auch wenn sie vom Fiskus über den Tisch gezogen werden. Und die Verlängerung der Spekulationsfrist sollte für viele Börsianer zu einem Milliardengrab werden. Viele hielten ihre Aktien während des „Salami-Crashs" in den Jahren 2000/2001 nur deshalb, weil sie das Ende der Spekulationsfrist abwarten wollten. Resultat: herbe Verluste. Ein Freund von mir lag im April noch mit einem Millionengewinn vorn. Er wollte wegen der Steuern nicht verkaufen. Als die Spekulationsfrist im Oktober abgelaufen war, waren die Aktien praktisch wertlos. Ob es nun Millionen waren, die „flöten" gingen oder nur ein paar Tausend Mark bei zahllosen Kleinanlegern – auf jeden Fall mehr als ärgerlich. Dem Finanzamt sei Dank. Auf diese Weise hat wenigstens niemand etwas verdient, weder der Spekulant noch der Staat. Aber kann dies im Interesse der Allgemeinheit liegen? Bis zum heutigen Tage verstehe ich nicht, dass es von seiten der Börsianer keine Proteste gab. Wenn den Kumpels in Nordrhein-Westfalen einer am Zeug flicken will, dann genügt ein ins Kanzleramt fliegendes Brikett, und die Politiker revidieren ihre Entscheidung.

Nicht nachvollziehbar auch die Verlängerung der „Spekulationsfrist" bei Immobilienbesitz. Wer seine Hütte innerhalb von zehn Jahren verkauft, gilt fiskaltechnisch als Spekulant. Gewinne müssen entsprechend versteuert werden. Damit wird der Immobilienbesitzer, der hierzulande sowieso schon ziemlich entrechtet ist, zusätzlich bestraft. Ein Zeitraum von mehr als zehn Jahren ist nicht mehr überblickbar. Und Konjunkturzyklen können damit kaum noch zum günstigen Verkauf genutzt werden. Ich wundere mich darüber, dass die Immobilie bei uns immer noch so hohes Ansehen genießt. Derzeit ist es praktisch unmöglich, ein Haus zu bauen und damit Einnahmen zu generieren, die der Instandhaltung dienen – von Gewinnen ganz zu schweigen.

Jeder, der durch seine Arbeit letztlich auch der Gesellschaft einen Dienst erweist, indem er beispielsweise Wohnungen oder Arbeitsplätze schafft, wird bestraft. Die 36 Steuerarten mit Tausenden Ausnahmeregelungen schaffen das Gegenteil von Steuergerechtigkeit. Aktiengewinne innerhalb eine Jahres werden besteuert, Lottogewinne und Einkommen aus Pferdewetten dagegen nicht. Auch Spielcasino-Gewinne erhält der Spieler brutto für netto. Auf deutschen Sekt erhebt der Fiskus die Schaumweinsteuer, auf Prosecco jedoch nicht. Ein neuerliches Beispiel aus dem steuerlichen Absurdistan: die Ökosteuer, welche die Spritpreise verteuert zum Zwecke der Entlastung der Rentenversicherung und der Lohnnebenkosten. Motto: Gas geben für die Rente? Was daran ökologisch sein soll, ist noch nicht mal mit Politikerlogik nachzuvollziehen.

Wir ersticken an unserem eigenen Steuersystem. Kaum jemand blickt ernsthaft durch den deutschen Steuerdschungel. Jedes Jahr neue Abgaben, neue Ausnahmeregelungen. Als ich vor einigen Jahren eine Steuererklärung (natürlich mit Hilfe meines Steuerberaters) abgegeben hatte, verstand sogar der zuständige Finanzbeamte sein eigenes System nicht, so dass wir ihm auf die Sprünge helfen mussten. Nicht auszudenken, wie viel Steuern zu viel bezahlt werden in diesem Lande, nur weil Finanzbeamte eigene Gesetze, Regelungen, Verordnungen und Ausnahmebestimmungen nicht kennen. Ich kann Ihnen, lieber Leser, nur empfehlen, Ihre Steuererklärung genau zu prüfen, am besten überlassen Sie dies einem Fachmann.

Die Konsequenz aus diesem ganzen Fiskalwahnsinn kann nur lauten: Solange eine Steuererklärung nicht auf eine Postkarte passt, ist sie zu kompliziert. Ich bin für Abschaffung aller Subventionen und Abschreibungen. Ich plädiere für einen einheitlichen Steuersatz von 25 %.

Wo steht denn eigentlich geschrieben, dass man Menschen, die viel verdienen, mit relativ höheren Steuern bestrafen muss? Sollte nicht eher das Gegenteil der Fall sein? Wo bleibt denn da die Gerechtigkeit? Jemand, der viel Geld macht, schafft in der Regel auch Arbeitsplätze, er arbeitet Tag und Nacht und fragt nicht nach einer 35-Stunden-Woche. Ehekrisen und Herzinfarkt sind oft die Folge. Zum Dank für seine aufopfernde Tätigkeit bestraft ihn der Staat mit hohen Steuersätzen. Ich wundere mich, dass in Deutschland, aber auch im restlichen Europa überhaupt noch Unternehmer bereit sind, sich unter diesen Umständen lebenslang abzurackern.

Namhafte Wirtschaftswissenschaftler haben schon lange bewiesen, dass der optimale Steuersatz bei 22 % liegt. Darüber beginnt bei den Steuerpflichtigen die Steuerhinterziehung. So einfach ist das. Und nicht nur, dass gemogelt und gelogen wird. Auch die Leistungsbereitschaft des Einzelnen nimmt mit steigenden Sätzen rapide ab. Es wird also weniger erwirtschaftet und weniger verdient, und damit gibt es weniger für den Staat. „Die Einkommenssteuer hat mehr Menschen zu Lügnern gemacht als der Teufel“, befand der US-amerikanische Humorist William Rogers. Und recht hat der Mann.

Nur mit niedrigeren Steuern steigt die wirtschaftliche Gesamtleistung. Eigentlich logisch. Aber die politischen Dirigisten alter Schule sehen ihren „Steuerungsbedarf in der realen Wirtschaft“ gefährdet. Was für ein Irrglaube. Ich kenne nichts, was von Politikern entschieden wurde und gleichzeitig die Leistungsbereitschaft des Einzelnen förderte. Im Gegenteil. Politiker tendieren dazu, größere Teile der Gesellschaft zu alimentieren oder sonstige Geschenke zu machen, um wiedergewählt zu werden. Der Mechanismus ist simpel. Die Mehrheit der Bevölkerung zählt nun mal nicht zu den Leistungsträgern, sondern lebt von ihnen. Als Politiker braucht man die Mehrheit, also tut man das, was die Mehrheit will. Und da sind groß angelegte Verteilungsaktionen immer wieder ein Erfolgsgarant. Eines wird natürlich verschwiegen: Jeder Euro, der ausgegeben wird, muss auch irgendwo eingenommen werden. Aber danach fragt niemand, das scheint keinen zu interessieren. Und die Minderheit der Leistungsträger ist sowieso nicht entscheidend bei einer Wahl.

Das derzeitige Steuersystem jedenfalls führt zur Kapitalflucht, zu dubiosen Steuermodellen, Arbeitsverweigerung, Schwarzarbeit und Unehrlichkeit. Jeder, der das Gegenteil behauptet, lügt. Mehr Geld durch weniger Steuern, das ist die Devise. Stellen Sie sich vor, was in Europa passieren würde, wenn die Steuersätze maximal bei 25 % lägen. Welcher Gründungsboom fegte durchs Land! Leistung würde sich wieder lohnen. Die Leute hätten Spaß an der Arbeit. Jeder würde die 25 % ohne Murren zahlen. Viele würden mehr arbeiten als vorher, weil für sie selbst mehr übrig bliebe. Paradiesische Zustände für ein Wirtschaftssystem. Und die Politiker hätten weniger zu „steuern" – das wäre hervorragend. Dann gäbe es kein Geld mehr für sinnlose Subventionen. Dann würden in Hessen Imker zum Beispiel keine Bestäubungsprämie für Bienenvölker (2,5 Euro pro Volk) mehr bekommen, nur weil Politiker aus irgendeinem Grund meinen, Imker auf diese Weise unterstützen zu müssen. Übrigens verursacht die Verteilung und die Administration der Bestäubungsprämie selbstverständlich mehr Kosten als die gesamte Subvention selbst (etwa 200 000 Euro bei 80 000 Bienenvölkern). Dann würden Tabakbauern in Baden-Württemberg keine Gelder mehr bekommen, weil dort der Tabak aufgrund klimatischer Bedingungen so schlecht wächst. Dann würden Kumpels aus Schächten keine Kohle mehr holen, die niemand braucht. Das verursacht übrigens mehr Kosten als ein eventuelles Arbeitslosengeld (ca. 60 000 Euro pro Jahr und Kumpel). Ich möchte auch endlich wissen, warum in Deutschland Theater jährlich mit 1,8 Milliarden Euro Steuergeldern unterstützt werden. Theater, die kaum jemand braucht und kaum jemand besucht. Weil sie nicht besucht werden, werden sie subventioniert. Absurde Logik. Das alles im Namen eines zweifelhaften Kulturbegriffs. Wenn eine Theaterkarte eigentlich 200 Mark kosten müsste, dann sollten diejenigen, die sich für

Theater interessieren, auch das Geld dafür aufbringen. Der Steuerzahler darf zwei Opernhäuser in Berlin finanzieren, obwohl schon eines sich nicht rechnet. Und er darf die üppigen Gagen der Intendanten bezahlen, ab 100 000 Euro jährlich aufwärts.

Die Liste könnte endlos lang fortgesetzt werden.

Der Teufelskreis hoher Steuern liegt darin begründet, dass Politiker plötzlich Geld in die Hand bekommen, um regulierend in die Wirtschaft einzugreifen – meist unter dem Vorwand der Gerechtigkeit oder zum Ausgleich sozialer Härten. Das führt aber fast immer in die Sackgasse, weil den Menschen vorgegaukelt wird, sie müssten sich nicht verändern. Leben ist aber Veränderung. Resultat: Alte, unflexible Strukturen verhärten sich, Anpassungsdruck staut sich auf, und irgendwann platzt die Bombe. Entweder weil die Staatskassen leer sind oder aus sonstigen Gründen. Die Gefahr dabei: Es kann in einer solchen Situation durchaus zu gesellschaftlichen Instabilitäten kommen. Linksruck, Rechtsruck oder was auch immer. Wenn der Staat irgendwann mit seinem Latein am Ende ist, weil er das Geld verplempert und sinnlos vergeudet hat, dann treten undemokratische Heilsbringer auf den Plan.

Der Schlüssel für eine vernünftige Wirtschaftspolitik liegt im Steuersystem. Bloße Umverteilungsaktionen „von oben nach unten" führen in den Ruin. Es ist eine Sache der Logik: Wenn der Arbeitslose mehr in der Tasche hat als jener, der arbeitet, wenn ein Leistungsträger mehr Steuern zu tragen hat, als jener, der eher zum Nichtstun neigt, wenn ein Mieter mehr Rechte hat als der Vermieter – dann stimmt etwas nicht mit der Balance. In solchen Fällen verwundert es nicht, wenn es zu Friktionen und Spannungen kommt. Die Börse reagiert sehr empfindlich auf solche Verschiebungen. Eine gesunde Wirtschaftspolitik wird von den Aktienmärkten immer belohnt. Schon die Aussicht auf Besserung führt zu starken Kursbewegungen nach oben. Oft wird eine wirtschaftsfreundliche Politik eher konservativen Parteien zugeordnet. Das stimmt in vielen Fällen, es gibt aber auch Ausnahmen. So gilt die CDU zwar als „unternehmerfreundlich", hat aber während ihrer 16-jährigen Regierungszeit in Deutschland auch nicht all zuviel bewirkt. Im Gegenteil.

Auch unter der konservativen Politik nahm das Unwesen „Subvention" zu, wurden unnötige Geschenke verteilt und nötige Reformen nicht durchgeführt. Leistungs- und Risikoträger hatten das Nachsehen. Ich kann zum Beispiel nicht verstehen, wie ausgerechnet unter einer CDU-Regierung die Verdopplung der Spekulationsfrist für Wertpapiere auf ein Jahr angeschoben werden konnte. Klarer Trend: Derjenige, der Mut zum Risiko hat, wird dafür auch noch bestraft.

Solidarität und Protest gegen eine solche Politik sind den Börsianern fremd. Anders sieht es bei jenen aus, die Geschenke vom Staat erhalten. Einmal gewährte Subventionen sind so schnell nicht wieder rückgängig zu machen, wenn bereits große Teile der Bevölkerung davon profitieren. Ein Teufelskreis, den auch konservative Politik nicht zu durchbrechen vermochte. Warum aber ohne Not ausgerechnet von der CDU die Verlängerung der Spekulationsfrist ins Rollen gebracht wurde, begreife ich nicht. Es ist dagegen zwar eine Klage vor dem Bundesverfassungsgericht anhängig, die Aussichten auf Erfolg sind allerdings gering.

Genauso wenig wie die Börse von konservativen Parteien nur Vorteile erwarten kann, ist die Furcht vor einer „roten" Regierung berechtigt. So genannte sozialdemokratische Parteien verstehen es oft besser, das Volk auf ihre Seite zu bringen, weil sie von weiten Teilen der Gesellschaft als „gerechter" empfunden werden. Der gesellschaftliche Konsens ist also mit roten Regierungen eher herzustellen als mit schwarzen. Die Gewerkschaften neigen nicht so sehr zur Streikbereitschaft wie unter konservativen Regierungen. Mit geschickter Politik können dann durch die Hintertür doch Anreize für Leistungsträger geschaffen werden. Das hat die SPD nach der Ära Kohl durchaus gezeigt. Und noch viel besser ist es Tony Blair in Großbritannien gelungen. „Sozialdemokraten sind gar nicht rot. Sie werden es nur, wenn man sie dafür hält", witzelte der Berliner Kabarettist Dieter Hildebrandt. Und so Unrecht hat er gar nicht.

Im neuen Jahrtausend stellt sich die Frage, ob das alte Parteiensystem den Erfordernissen der modernen Zeit überhaupt noch gerecht werden kann. Ich meine: nein. Das Denken in „Links"- oder „Rechts"-

Kategorien ist völlig obsolet. Parteien und Politiker sind oft verlogen und vollkommen unfähig, Probleme vernünftig zu lösen. Ich stelle mir vor, dass dies irgendwann in der Zukunft Experten erledigen. In zyklischen Abständen werden die Probleme der Gesellschaft oder eines Staates analysiert. Und für diese Probleme werden dann Experten gesucht oder gewählt, die sie am besten lösen können.

Armes Deutschland

Deutschland ist so arm, dass sich die Regierung genötigt sieht, einen jährlichen „Armutsbericht" herauszugeben. Dort wird dann mit allerlei statistischen Tricks dem staunenden Leser klargemacht, dass wir knapp vor Tansania stehen. Es sieht wirklich schrecklich aus: Das Privatvermögen der Deutschen stieg im Jahr 2001 auf fünf Billionen Euro. Das sind nur 5 000 000 000 000 Euro. Die Not ist so groß, dass ein Heer von studierten und hochbezahlten Beamten nichts anderes zu tun hat, als Armut zu definieren. Gut, dass die Europäische Union schon vor mehr als einem Jahrzehnt in aufwändiger Analyse endlich Klarheit darüber lieferte, wer in Europa zu den Armen zählt. Danach gelten Personen und Familien als arm, die über so geringe Mittel verfügen, dass sie von der Lebensweise ausgeschlossen sind, die in dem Mitgliedsland, in dem sie leben, als Minimum angesehen wird. Eine andere, einfachere Definition lautet: Wer weniger als die Hälfte des Durchschnitts hat, ist arm. Jetzt wissen wir es also.

Das Praktische an diesen „Armutsgesetzen": Es wird immer Arme geben. Denn wenn der Lebensstandard steigt, steigt auch das Minimum. Wenn alle reicher werden, steigt automatisch auch der „Durchschnitt". Wenn es also einige Tüchtige gibt, die mehr verdienen, gibt es nach dieser Definition dementsprechend mehr Arme. Der englische Premierminister Winston Churchill hatte schon Recht, wenn er meinte, er glaube nur jenen Statistiken, die er selbst gefälscht habe. Die

Ursache für die Armut ist schnell gefunden: die Reichen. Ist ja auch logisch. Wenn es keine Reiche gäbe, gäbe es auch keine Armen. Und die Statistiken geben den Gerechtigkeitssuchenden mit einem IQ unter 100 Recht. Das meiste Geld haben demnach wenige Reiche, und der Rest teilt sich, was übrigbleibt. Zu Beginn des neuen Jahrtausends gab es in Deutschland 25 000 Einkommensmillionäre und 1,5 Millionen Vermögensmillionäre. Böse Welt. Und wie sieht es bei „denen da unten" aus? 45 % verfügen über eine Immobilie – zum großen Teil ererbt. Das durchschnittliche Haushaltseinkommen liegt bei etwa 25 000 Euro. Armes Deutschland.

Zu Beginn des neuen Jahrtausends gab es in Deutschland etwa 2,8 Millionen Sozialhilfeempfänger. Damit hat sich die Zahl in den letzten 20 Jahren mehr als verdoppelt. Ist das ein Beweis, dass Deutschland ärmer geworden ist? Oder ist es vielleicht ein Beweis, dass „Stütze" kassieren derzeit so bequem ist, dass es sich gar nicht lohnt, zu arbeiten und sich anzustrengen?

Fast drei Millionen Sozialhilfeempfänger, ein Beweis dafür, dass Deutschland reich ist, so interpretiere ich die Situation. Denn diese drei Millionen müssen ja finanziert werden. Das kann sich aber nur ein reicher Staat leisten. Dieses Geld müssen andere erst einmal erarbeiten, und es wird ihnen dann per Steuer weggenommen, um es unter denen zu verteilen, die entweder nicht können oder nicht wollen.

Wir hatten von 1960 bis etwa 1980 eine relativ stabile Zahl von Sozialhilfeempfängern. Diese Zahl lag etwa bei 800 000 Personen, die vom Staat unterstützt wurden. Von 1980 bis 1990 verdoppelte sich die Zahl der Sozialhilfeempfänger, und zum Ende des Jahrtausend stieg die Zahl in Richtung drei Millionen.

Natürlich gibt es Menschen, die ohne eigenes Verschulden in Not geraten sind. Diese Personen verdienen volle Unterstützung. Für sie ist das „soziale Netz" da. Doch jeder aufmerksame Beobachter muss feststellen, dass dieses Netz zunehmend missbraucht wird. Wer in Deutschland nicht arbeiten will, muss es nicht tun. Das hat nichts mit Armut zu tun, sondern das ist Luxus pur. Er kann die Arbeit verweigern und bekommt seinen Kühlschrank trotzdem gefüllt. Er hat sogar Anspruch auf einen Urlaub. Und wenn er einen Hund besitzt, erhält er noch mal eine Extrazuwendung. Das Tier darf ja schließlich auch nicht leiden. Armes Deutschland. In der Cafeteria eines Schwimmbades begegnete ich um die Mittagszeit einmal zwei Damen, die eine erhitzte Unterhaltung führten. Das Sozialamt hatte offensichtlich Einsparungsmaßnahmen getroffen – beim Urlaub. Die Damen erregten sich heftig darüber, dass Ferien in den „Südschienenländern" gestrichen wurden. Kein Mallorca mehr für Arme. Ich finde, das sollte im Armutsbericht unbedingt auch erwähnt werden.

Rund vier Millionen Arbeitslose soll es nach Aussagen der Statistik zu Beginn des neuen Jahrtausends gegeben haben. Die Zahl ist schon über mehrere Jahre praktisch konstant, mit kleinen saisonalen Schwankungen. In meiner direkten Nachbarschaft gibt es einen Bäcker. An seiner Eingangstür hängt ein großes Plakat „Vollzeitkraft dringend gesucht". Bis jetzt hat sich niemand gemeldet. Vier Millionen Arbeitslose? Entweder lügt der Bäcker oder die Statistik. Arbeitslos – ja, aber offensichtlich auch nicht arbeitswillig. Das ist der feine Unterschied. Gäbe es vier Millionen Arbeitswillige, wäre der Job innerhalb von Minuten weg.

In meinem Stammrestaurant fehlen Tellerwäscher. Zugegeben, nicht gerade die attraktivste Beschäftigung, aber man kann aus allem etwas machen. Die Arbeitsämter in Berlin, die Hunderttausende Arbeitslose verwalten, haben es nicht geschafft, einen einzigen Tellerwäscher zu besorgen. Spargelzeit. Die Bauern suchen händeringend nach Erntekräften. Mittlerweile ist ja auch dem unkritischen Zeitgenossen klar, dass Arbeitslose wählerisch sind. Also haben sich die Ämter etwas Besonderes ausgedacht. Sie wollten dem Arbeitswilligen sogar das Taxi spendieren, damit er bequem aufs Spargelfeld käme. Doch auch mit dieser Anschubhilfe fand sich niemand. Die Arbeit war zu dreckig, und früh aufstehen wollte auch niemand. Das sind nur einige Beispiele, die Liste könnte beliebig fortgesetzt werden.

All diese Personen gehen natürlich in den Armutsbericht ein. Sie verdienen ja offiziell unterdurchschnittlich, können sich womöglich keine

Konsumgüter leisten, die hierzulande als Minimum angesehen werden. Dass sie unterm Strich womöglich mehr im Portemonnaie haben, als jene, die sich abrackern, das berücksichtigt die Statistik nicht. Irgendeine Unterstützung vom Staat plus ein paar Stunden Schwarzarbeit – das ist für Millionen Zeitgenossen derzeit ein beliebter Einkommensmix. Damit stehen sie besser da als jene, die sich in einer 40-Stunden-Woche plus Überstunden abstrampeln und sich am Ende ärgern, wie wenig davon übrigbleibt. *Das* sind die wahrhaft Armen in unserem Lande!

Arme Börsianer

Armut ist kein Makel. Armut ist nichts Schlimmes. Was ist eigentlich Armut? Wo fängt Armsein an? Bei näherer Analyse wird die Definition schwierig. Ein buddhistischer Mönch in einem Kloster im Himalaja, der außer einem orangefarbenen Fetzen Stoff an seinem Leib nichts besitzt, würde sich niemals als arm bezeichnen.

Meine Definition von „arm“: Arm sind nur jene, die mehr brauchen, als sie haben. Damit ist auch schon alles gesagt. Nach dieser Definition können auch Millionäre arm sein. Sind sie ja auch – im Vergleich zu Milliardären.

Arm sind die Sklaven einer Konsumgesellschaft, die den bunten Verlockungen immer wieder neu erliegen. Jene, die Statussymbole brauchen, um eigene geistige Defizite zu verschleiern. Ein „armer“ Mensch kann extrem reich sein. Nämlich reich an Weisheit, an Erfahrung, an persönlichem Lebensglück. Alles Dinge, die man nicht kaufen kann.

Armut ist kein Drama. Armut ist kein Makel. Wer sich über Geld definieren will, für den ist Armut sogar eine ungeheure Herausforderung. Mancher Börsianer nimmt diese Herausforderung ungewollt an. Nämlich dann, wenn er pleite ist.

Es gibt viele Arme, die bei null angefangen haben und mit der Zeit sagenhaften Reichtum erwarben. Einfach ist es gleichwohl nicht. Aber alles ist am Anfang schwierig und am Ende erst leicht. Ein erfolgreicher, optimistischer, energiegeladener Mensch hat immer die Fähigkeit, bei null wieder anzufangen. Das unterscheidet ihn vom Verlierer. An der Börse wird man manchmal schneller arm, als einem lieb ist. Das tut ungeheuer weh, weil manch ein Spekulant schon die erfrischende Höhenluft der Millionärsexistenz geatmet hat – und plötzlich sind die Millionen wieder weg. Schacher Trost: Dann bleibt man wenigstens im Training.

Ich kannte viele Börsianer, die es zur Jahrtausendwende auf eine stattliche Summe gebracht hatten. Viele freuten sich schon auf ein Leben ohne Arbeit. Doch der nimmermüde Volksmund hat ausnahmsweise recht: Hochmut kommt vor dem Fall. Anfang des Jahres 2001 war es vorbei mit dem schnellen Reichtum. Ich erlebte, wie neureiche Anleger aus ihren Luxuswohnungen auszogen. Ich sah, wie teure BMWs und Mercedes-Cabrios wieder versilbert wurden. Selbst auf Ibiza, Treffpunkt der Bizarren und Reichen, wurden in Auftrag gegebene Yachten plötzlich massenhaft wieder abbestellt. Es gibt im Leben wirklich kaum etwas Härteres, als eine Million zu besitzen und sie innerhalb von kurzer Zeit wieder dahinschmelzen zu sehen. Schicksal vieler Börsianer. Doch das gehört dazu. Echte Spekulanten gehen auch pleite. Irgendwann erwischt es jeden.

Gott sei Dank liegt es dem echten Börsianer fern, in einer solchen Notsituation zum Sozialamt zu marschieren. Obwohl er ja eigentlich ein Recht dazu hätte, nachdem ihm der Staat in guten Zeiten die Hälfte seiner Gewinne weggenommen hat. Aber Geld, das weg ist, dem sollte man nicht noch nachtrauern. Damit wird nur wertvolle Energie verschwendet.

Seitdem es Börsen gibt, macht sie Menschen reich und arm. Natürlich trifft die neue „Börsenarmut“ am ehesten diejenigen, die ein hohes Risiko eingingen. Was in guten Börsenzeiten noch mit „No risk, no fun“ (kein Risiko, keine Freude) belächelt wird, führt in schlechten Zeiten schnell in den Ruin. Das ist aber kein Drama. Besonders bei jungen

Menschen. Es ist nie zu spät, neu anzufangen. Jemand, der an der Börse erst Millionen verdient und dann Millionen verloren hat, sollte sich keine große Sorgen machen. Die Mehrzahl dieser dynamischen Pleitiers findet in der Zukunft neue Wege, ein Vermögen aufzubauen. Die Chance, dass der neue Reichtum dann beständiger sein wird, ist groß, sofern man aus seinen Fehlern gelernt hat. Fehler machen wir alle, aber der Kluge lernt daraus.

Auch ich habe natürlich schon einmal mein Geld an der Börse verspielt. Mit 30 Jahren hatte ich ein schönes Vermögen an der Börse gemacht, war finanziell unabhängig. Und mit 31 war das Geld dann wieder weg. Damals hatte ich viel Geld an steigender Börse verdient. Der Fall der Mauer 1989 versetzte die deutsche Börse in einen Höhenflug, an dem ich gut verdiente. Aktien waren für mich bald langweilig geworden, also kaufte ich Optionsscheine – den DAX rauf und runter. Derartig hoch gehebelt, ging es mit meinem Vermögen noch ein paar Monate kräftig nach oben. Dann kam der Golfkrieg. Saddam Hussein besetzte Kuwait. Die Welt befürchtete eine Ausdehnung zu einem globalen Krieg. Säbelrasseln zwischen den Großmächten. Polarisierung bei den Religionen. Der Islam gegen den Rest der Welt? Die Ölpreise stiegen in den Himmel, und die Börsen fielen in den Keller. Dieses Krisenszenario zog sich über Monate, gar über Jahre hin. Hinzukam, dass die Deutsche Bundesbank der deutschen Wiedervereinigungseuphorie mit extrem hohen Zinsen begegnete. Das alles war Gift für die Börse. Die Kurse fielen, der DAX ging Tag für Tag, Woche für Woche in den Keller, in Begleitung der entsprechenden Bluechips. Krieg, hohe Ölpreise und steigende Zinsen – dagegen kann sich keine Börse wehren. Der gute alte Spruch „Kaufen, wenn die Kanonen donnern!“ hat so manchen Optimisten damals ein Vermögen gekostet. Doch Geld verlor natürlich nur derjenige, welcher auf Kredit spekulierte oder mit Optionsscheinen hantierte. Bei fallender Börse sinkt das Durchhaltevermögen auf null. Und irgendwann werden dann Optionsscheine zu Nonvaleurs, wertlosem Papier. Tragische Erfahrung nicht nur für mich, sondern für viele meiner Freunde damals. Andererseits: optimaler Einstiegszeitpunkt für den Mutigen. Natürlich nicht in hochspekulative Papiere oder gar Optionsscheine. Niemand wusste, wie lange die Krise noch andauern würde. Aber wer damals ganz normale Bluechips kaufte, konnte in den Folgejahren mehr als verdoppeln und bis zum Ende des Jahrtausends in einigen Fällen sogar verzehnfachen. Den Mutigen gehört eben die Welt. Dann, wenn alles am Boden ist, kaufen! Allerdings ist dies auch am schwierigsten, weil die Presse weiter schwarz malt und die eigenen Freunde einen für verrückt erklären.

Mit 31 musste ich also als verarmter Börsianer wieder von vorne anfangen. Schwierig war die Situation besonders deshalb, weil ich mit niemandem reden konnte. Der Börsianer ist ein einsamer Jäger. Wer an der Börse verliert, erntet in der Regel Spott und ein mitleidiges Lächeln. Und viele Versager freuen sich heimlich darüber, wenn es dem Spekulanten schlecht geht. Es sind jene, die ihre Mittelmäßigkeit schon auf der Mittelschule gelernt haben, nach der Mittleren Reife eine Mittelklasseauto fahren und auf einer mittleren Laufbahn im mittleren Dienst ihrem Lebensabend entgegenöden. Jene, die es „schon immer gewusst" haben und denen von Anfang an eingebläut wurde, ja nicht aus der Rolle zu fallen und ein ungewöhnliches Leben zu probieren. Am besten, man gerät gar nicht erst in die Nähe solcher Menschen.

An der Börse alles zu verlieren, ist hart. Und dennoch ist es eine gute Übung. Ich kann nur jedem raten: Kopf hoch und optimistisch in die Zukunft blicken! Ein paar Pleiten im Leben sind besser, als im Morast der Masse zu versinken und sein Leben als Lohnsklave im Acht-Stunden-Takt zu fristen.

Dazu gehört natürlich die Fähigkeit, auch mit wenig Geld auszukommen. Das sollte man schon in guten Zeiten lernen und nicht erst dann, wenn es zu spät ist. Also, selbst wenn sich die Millionen auf der hohen Kante türmen – immer bescheiden bleiben. Echten Börsianern sieht man ihren Reichtum nicht an.

Vor einigen Jahren besuchte ich André Kostolany in Paris. Er hatte dort in einer Seitenstraße der Champs-Élysées eine Wohnung. Immer, wenn er Zeit hatte, traf er sich mit seinen Börsenfreunden im Café.

Eines Vormittags lud er mich ein, ihn zu seinem Frühschoppen zu begleiten. Wie selbstverständlich ging ich davon aus, dass sich reiche Börsianer im teuersten Café auf den Champs-Élysées träfen. Um so enttäuschter war ich, als ich die Kaschemme sah, in der sich der Club der Millionäre traf. So hatte ich mir das schöne Börsenleben wahrlich nicht vorgestellt. Die Herren trafen sich in dem Etablissement, wo es den billigsten Kaffee gab. Von weitem sahen sie aus, als würden sie nachts unter den Brücken der Seine schlafen. Statt teurer Loden billige Mäntel. Die Schuhe abgetragen, die Anzüge leicht verschlissen. Als es zum Schluss ans Zahlen ging, durfte ich als Tischärmster die Rechnung begleichen. So sind eben echte Börsianer. Es gilt nicht als schick, Reichtum zu zeigen. Die vermögenden Herren, die schon Weltkriege und Krisenzeiten durchgemacht hatten, werden ihre Gründe gehabt haben. Jeder von ihnen war schon mehr als einmal pleite. Auch wenn es ihnen jetzt wieder gut ging, war das für sie kein Grund, ihren neuen Reichtum zu zeigen.

Diese Lektion müssen viele neue und vor allem junge Börsianer erst noch lernen. Der Niedergang der Wachstumsbörsen und die Pleitewelle bei vielen Neubörsianern dürften ihre Sinne jedoch geschärft haben.

Im Namen der Gerechtigkeit

Großes Ungemach droht immer dann, wenn Dumme nach Gerechtigkeit schreien. Gerechtigkeit, ist ein sehr komplexer schwierig zu definierender Begriff. Eines steht jedoch zweifelsfrei fest: Gerechtigkeit kommt am ehesten dann unter die Räder, wenn Minderbegabte sie schaffen wollen. Meistens greifen jene in Ermangelung filigraner Instrumente zu Megaphon und Holzhammer. Als erstes wird natürlich auf jene geprügelt, die mehr haben als andere. Für den Dummen bedeutet Gerechtigkeit immer: Oben nehmen und unten umverteilen. Da der Horizont großer Teile der Bevölkerung sehr begrenzt ist, stimmen sie solchen

Umverteilungsaktionen begeistert zu. Besonders die Gewerkschaften unterstützen dies gern lautstark.

Groß der Aufruhr unter den Gerechtigkeitssuchern immer dann, wenn die Finanzmärkte boomen. So auch Anfang des Jahres 2000, als die Börse mit immer neuen Rekorden glänzte. Dass da einer ganz von allein und ohne Arbeit reich wird, erfüllt beim geistig Minderbemittelten schon den Tatbestand der Ungerechtigkeit. Doch das, was oft als Ungerechtigkeit gegeißelt wird, ist nichts anderes als blanker Neid. Unvermögen, gönnen zu können – leider weitverbreitet in unseren Gefilden. Steigende Börsen rufen immer Gerechtigkeitsapostel auf den Plan. Kirchliche Würdenträger unisono mit linken Besserwissern. Dass Börsen schwanken können, begreifen die wenigsten unter ihnen. Dass der Gewinn an der Börse das Eingehens gewisser Risiken bedeutet, davon wollen sie nichts wissen. Dass mit dem Risikokapital, das an der Börse von Mutigen bereitgestellt wird, Millionen Arbeitsplätze geschaffen werden, begreifen sie nicht. Dass große Erfindungen, bahnbrechende Medikamente zum Beispiel, nur deshalb möglich wurden, weil mutige Investoren auch das Risiko eines Totalverlustes nicht scheuten, das wollen sie nicht wahrhaben. Der Neider sieht nur den Gewinn, nicht das Risiko. Das Eingehen von Risiken muss belohnt werden, sonst gäbe es nicht einen einzigen Investor. Doch solcherlei Gedanken liegen der immer schadenfrohen und neiderfüllten Gerechtigkeitsliga fern. Scheuen doch diejenigen, welche am lautesten schreien, Risiko und ehrliche Arbeit mehr als den Tod.

Die Zielscheibe in Zeiten einer Börsenhausse sind die Spekulanten: Der Spekulant gilt als der Inbegriff des Bösen und ist grundsätzlich immer im Unrecht. Spekulanten sind auch für die Religionen die Sendboten des Teufels. Das hindert die Kirchen jedoch nicht daran, mit den Milliarden der Gläubigen heftig herumzuzocken. Selbst der Gewerkschaftsführer, der mit Hilfe des Sozialneides und sinnentleerter Parolen mal wieder zur Spekulantenhatz aufruft, weiß sehr genau, dass die Milliarden der Gewerkschaft gerade gewinnbringend an den Finanzmärkten arbeiten, die er vor seiner blinden Gefolgschaft verteufelt.

Es kann mit Sicherheit davon ausgegangen werden, dass selbst Gewerkschaftsmilliarden nicht in Unternehmen investiert werden, die im Begriff sind pleite zugehen. Genauso sicher ist jedoch auch dass beim Konkurs eines maroden Unternehmens die Schuld bei den bösen Börsianern und den Banken gesucht und gefunden wird. Verkehrte Welt. Doch die einfache und dumme Parole findet immer einen dankbaren Empfänger. Und die Wortführer nutzen dies entsprechend aus. Das hat ja auch Tradition. Die Menschen mit der oft komplexeren, facettenreichen Wahrheit zu konfrontieren, liegt nicht in ihrem Sinne. Das Volk liebt das einfache Wort, die klare Front, Gut und Böse, Schwarz und Weiß. Der Spekulant ist immer schuld. An Pleiten, Untergang, Arbeitslosigkeit und Ungerechtigkeit. Einfache Welt. Wenn ein Spekulant Geld verdient, dann natürlich, ohne dass es ihm wirklich zusteht, so die Meinung „des Volkes“. Der Spekulant, ein Schmarotzer?

Wenn Währungen fallen, dann sind es nicht die Politiker, die versagt haben, sondern angeblich die Spekulation, die eine Wirtschaft in die Knie zwingt. Auch wenn solcherlei Gedanken jeder Logik entbehren – wer schon nicht eins und eins zusammenzählen kann, begreift natürlich auch keine komplexen wirtschaftlichen Zusammenhänge.

Währungen werden deshalb schwach, weil Politiker jahrelang Misswirtschaft betrieben haben. Unternehmen müssen deshalb Mitarbeiter entlassen, weil entweder das wirtschaftliche Umfeld, politisch bedingt, den Gedeih der Firma nicht zulässt oder aber weil das Management versagte. Am Ende dem Spekulanten die Schuld in die Schuhe zu schieben, mag zwar in das politische Weltbild fantasieloser Zeitgenossen passen, mit der Realität hat es gleichwohl nichts zu tun. Der Spekulant versucht lediglich, Dinge vorwegzunehmen. Er beeinflusst sie nicht, er profitiert davon. Es ist die Politik, die eine Währung zugrunde richtet. Kein Spekulant der Welt hätte die Kraft, gegen eine vernünftige Wirtschaftspolitik auf sinkende Währung zu spekulieren. Kein Spekulant der Welt würde bei einem gesunden Unternehmen auf sinkende Aktienkurse spekulieren.

Mit der Börse zum Vermögen

Den größten Fehler, den die meisten Menschen begehen: schnell reich werden wollen. Man kann von der Börse keine Wunder erwarten. Was die meisten Menschen dagegen unterschätzen: Wie viel man über Jahre verdienen kann, wenn man sich mit kleineren Steigerungsraten zufrieden gibt. Wer alles auf eine Karte setzt, dem bricht das Kartenhaus schnell zusammen. Ich möchte Sie an dieser Stelle nicht mit irgendwelchen Börsenweisheiten langweilen, die in anderen Büchern schon zuhauf breitgetreten wurden. Nur um eines möchte ich Sie bitten: Bleiben Sie bescheiden. Bescheidenheit wird an der Börse belohnt.

Wenn ich jüngere Freunde treffe und mit ihnen diskutiere, höre ich immer, dass sie ihre erste Million am liebsten schon morgen auf dem Konto hätten. Diese Vorstellung ist weit verbreitet. Doch sie verleitet auch zu höheren Risiken, und sie blockiert das Gehirn. Aber gerade dieses braucht man, wenn man ein Vermögen aufbauen möchte. Wer an der Börse reich werden will, muss vernünftig investieren und Zeit mitbringen. Fallen Sie nicht auf Verlockungen herein, die 100 % Gewinn schon am nächsten Tag oder in der nächsten Woche verheißen. In solchen Fällen ist Ihr Geld nämlich bald schon zu 100 % weg – und zwar schneller, als Sie denken. Viele Gauner und Betrüger tummeln sich in der Finanzwelt. Sie suchen gezielt ihre Opfer und plündern sie aus. Deshalb: Nie blind irgendwelchen Versprechungen folgen! Doch die Schar der Unbelehrbaren scheint nicht abzunehmen – obwohl die Börsengeschichte mit unzähligen Beispielen deutlich zeigt, dass blinde Gier immer bestraft wird. Warum begreifen das so wenige Menschen? Liegt es daran, dass den schwerfälligen Hirnen vieler Anleger jedes Erinnerungsvermögen fehlt? Werden die negativen Erfahrungen aus dem Gedächtnis gestrichen?

Es ist mir immer noch unbegreiflich, wie Anleger wildfremden Menschen, die sie nie gesehen haben, ihr Geld anvertrauen – nur weil sie am Telefon mit einem verlockenden Geldvermehrungsangebot geködert werden. Bei einer Recherche gestand mir einmal der Chef einer solchen

Betrügerfirma, dass von hundert Anrufen bei fremden Leuten einer zum Erfolg führe. Das heißt, von 100 Menschen, die einfach mal so eben angerufen werden und denen das Blaue vom Himmel heruntergelogen wird, von diesen 100 Menschen ist immerhin einer bereit, sein Geld zu überweisen. Mit immer neuen Ideen plündern diese Anlagebetrüger die Konten ihrer Opfer. Ich habe viele Betrogene getroffen, die auf diese Weise Haus und Hof verloren haben. Es waren keineswegs unintelligente Zeitgenossen. Selbst Akademiker – Ärzte, Zahnärzte, Rechtsanwälte – fallen auf zweifelhafte Geldvermehrungsmodelle herein. Bleibt nur das Fazit: Intelligenz schützt vor Dummheit nicht. Der Drang zum schnellen Geld scheint das Hirn auszuschalten.

Ich bin der Meinung, dass es der „Spieltrieb" ist, der einen Menschen zur unvernünftigen Geldanlage treibt. Wer von diesem Spieltrieb befallen ist, sollte zumindest so schlau sein, dem nur mit einem geringen Anteil seines Vermögens nachzugeben. Aber auch mit diesem Geld sollte man nicht tumb und ahnungslos in irgendwelche dubiosen Geldfallen tappen.

Es ist ja nichts dagegen einzuwenden, mit einem kleinen Teil seines Geldes an der Börse zu zocken. Jeder muss seine Erfahrungen machen. Auch wenn ich es tausendmal wiederholen muss: Es ist sinnlos. 99 % aller, die auf das schnelle Geld aus sind, verlieren es. Wenn Sie es dennoch probieren wollen, wagen Sie das Experiment nur mit einer kleinen Summe. Gerade an die jüngeren Leser der Rat: mindestens 50 % des verfügbaren Kapitals langfristig anlegen. Wie in einer Immobilie. Anlegen und liegen lassen. Wenn man nach einigen Jahren sein Geld verzockt hat, verfügt man wenigstens noch über eine Reserve. Je früher man anfängt, langfristig zu denken, desto weniger Geld braucht man. Aus 10 000 Euro werden in 30 Jahren rund 170 000 Euro. Man kann also nicht rechtzeitig genug anfangen, ein Vermögen aufzubauen. Wie dies zweckmäßigerweise funktioniert, möchte ich in den folgenden Kapiteln erläutern.

Wichtig ist, dass sich das Vermögen von ganz allein vermehrt. Man muss nicht dauernd an den Kursen kleben oder Wirtschaftsteile von

Zeitungen lesen. Das ist ja gerade das Schöne. Man braucht sich auch nicht mit Analyse oder zweifelhaften Prognosemethoden zu beschäftigen. Keine noch so gute Analyse kann eine Vision ersetzen. Und diese Vision brauchen Sie, um an der Börse reich zu werden. Vertrauen Sie darauf, dass es auf diesem Planeten zwar Probleme gibt, diese aber bisher immer gelöst wurden. Ein gewisser Optimismus ist also vonnöten für die langfristige Anlage. Sicherlich auch eine Portion naiver Optimismus. Naiv insofern, als niemand mit Gewissheit sagen kann, wie sich die Welt in den nächsten Jahren entwickeln wird. Es ist also ein Optimismus, der zunächst nicht fundamental begründet werden kann. Aber letztlich sind wir alle darauf angewiesen, dass es auf dieser Welt irgendwie positiv weitergeht und nicht, dass alles zusammenbricht. Lassen Sie sich also nie von Pessimismus und Weltuntergangsprophetien infizieren. Bisher ist es immer aufwärtsgegangen – nicht nur an der Börse, sondern auch in der Geschichte der Menschheit. Im Vertrauen darauf, dass dies auch in Zukunft so bleibt, sollten Sie ihre langfristigen Investments tätigen.

Wer im Vertrauen auf die Zukunft 1950 ein paar Tausend Mark angelegt hat, braucht sich heute keine Sorgen mehr zu machen. Vor 50 Jahren prägten Verzweiflung und Ungewissheit das Bild Nachkriegs-Deutschlands. Damals Mut für die Zukunft aufzubringen, war wohl sehr viel schwerer als heute. Aber gerade dieses Beispiel des Nachkriegs-Deutschlands und des Nachkriegs-Europas zeigt doch, dass man selbst in einer Zeit der allergrößten Hoffnungslosigkeit Anlass zum Optimismus haben kann und muss. Nur wer Hoffnung hat, kann leben. Die Hoffnung auf eine Wende zum Besseren ist oft genug berechtigt. Das ist das Einzige, was man aus Geschichte lernen kann: Der Optimismus siegt immer – wenn auch manchmal mit gewissen Verzögerungen.

Meine Generation hat eigentlich viel Glück gehabt. Wir haben bisher keine ernsthafte, bedrohliche Krise erlebt, geschweige denn einen Krieg. Wird das immer so bleiben? Wir werden in Zukunft sicherlich auch noch die eine oder andere kritische Weltsituation erleben. Nicht ausgeschlossen ist, dass auch uns, wie fast jede Generation vor uns, irgendwann einmal großes Unheil heimsuchen wird. Dennoch: Lernen wir aus der Vergangenheit, dass trotzdem immer Anlass zu Hoffnung gegeben ist und die Selbstheilungskräfte der Welt nicht verloren gehen. Nur mit Optimismus kann man an der Börse reich werden. Und nicht nur das. Optimismus ist auch die Voraussetzung für ein glückliches und erfülltes Leben. Probleme wird es immer geben. Der Wille und die Hoffnung, sie zu lösen und zu einem guten Ende zu bringen, das ist es, was uns am Leben hält. Es ist auch der Boden, auf dem Börse letztlich gedeiht und auf dem die Finanzmärkte sich in kleinen Schritten nach oben bewegen. Seien Sie dankbar für kleine Schritte – wenn sie in die richtige Richtung gehen.

In diesem Sinne sollten Sie auch den Vermögensaufbau betreiben. Kleine Schritte, die am Ende Großes bewirken.

Vermögensaufbau mit Fonds

Wenn Sie in Aktien investieren wollen, sollten Sie dies nur an den Märkten tun, in denen Sie sich auskennen. Europa und die USA sollten dabei an erster Stelle stehen. In einem der nächsten Kapitel habe ich zwar die vielversprechendsten Papiere herausgesucht, aber es ist selbstverständlich nicht jedermanns Sache, direkt in Aktien zu investieren. Es ist aber auch nicht unbedingt notwendig. Ich persönlich finde Aktien zwar sehr interessant, habe aber auch große Teile meines Vermögens in einen Fonds gepackt. Eine weltweite Anlagestrategie lässt sich bequem mit Hilfe eines großen Fonds umsetzen.

Doch die Unterschiede bei den „Geldprodukten" sind groß. Es lohnt sich, näher hinzusehen und sorgfältig auszuwählen. Dann sind die Erträge nach einigen Jahrzehnten doppelt so hoch wie üblicherweise. Fast alle großen Geldhäuser rund um den Globus bieten Fonds an. Doch nicht alle sind gut. Viele Anleger sind bei der Auswahl überfordert. Doch die intensive Analyse zahlt sich aus. Wenn Sie ein Haus kaufen, gehen Sie auch nicht zu Ihrer Bank und lassen sich das erstbeste aufschwatzen. Nehmen Sie sich auch bei der Fondsauswahl Zeit, und vergleichen Sie die verschiedenen Produkte. Es besteht überhaupt kein Grund zur Eile. Versuchen Sie auch nicht, gerade bei steigenden Börsen dem Trend hinterherzulaufen. Bei langfristigem Anlagehorizont spielt der Zeitpunkt des Einstiegs keine Rolle.

Die Fondslandschaft wächst und gedeiht. Alle größeren Kreditinstitute verfügen derzeit über eine breite Palette von Anlagemöglichkeiten. Doch bei der Auswahl ist Vorsicht geboten. Wie also vorgehen im Fondsdschungel? Viele Anfänger machen den Fehler, auf kurzfristige Entwicklungen des Fonds zu schauen. Wie stark war der Anstieg im letzten Jahr? Plus 50 %? Also rein mit dem Geld. So haben sich leider viele Anleger die Finger verbrannt. Eine langfristige Vermögensplanung orientiert sich nie an kurzfristigen Erfolgen. Im Gegenteil. Hier droht jederzeit die Gefahr eines plötzlich Absturzes.

Ein Fonds, der innerhalb einer langen Betrachtungsperiode immer in der Spitzengruppe vertreten war, im oberen Viertel rangierte, ist auf jeden Fall schon einmal attraktiv. Wichtig in diesem Zusammenhang ist auch die Prüfung, wie der Fonds bei Börsenkrisen und Crashs reagierte. Hatte er eher abfedernden Charakter? Schnitt er womöglich noch schlechter als die Börsen ab? Wie stark profitierte er von Erholungsphasen?

Ein weitverbreiteter Irrglaube: Mit Fonds könne man angeblich nicht viel falsch machen. Das Gegenteil ist richtig. Die Unkenntnis wird nämlich vielerorts mächtig ausgenutzt. Da kommt ein Kunde zu seiner Bank und hat nur eine vage Vorstellung über Börse und Aktien – eine sehr schlechte Voraussetzung. Die allermeisten Fonds schaffen es nämlich leider nicht, die Benchmark (Zielvorgabe) zu schlagen. Die meisten DAX-Fonds sind nicht besser als der DAX. Welcher Kunde aber weiß schon, wo das Produkt rangiert, das ihm vom Vermögensverwalter oder Banker angepriesen wird? Die traurige Wahrheit ist, dass es nur einer kleinen Elite von Fondsmanagern vorbehalten bleibt, zu den Stars zu gehören.

Eigentlich sollte man ja von den Experten erwarten, dass sie hervorragende Ergebnisse präsentieren – dafür werden sie ja schließlich bezahlt. Die Realität sieht aber eher bitter aus. Fast 90 % aller Fondsmanager würden eine Fünf erhalten, müsste man sie nach Schulnoten bewerten.

Derzeit findet bei den meisten Kreditinstituten kaum eine objektive Beratung bei der Fondsauswahl statt. Die Wertpapierexperten versuchen in der Regel, hauseigene Produkte zu verkaufen. Diese sind aber nicht immer die besten. Aus Sicht der Wertentwicklung stehen sie häufig nicht gut da. Es ist also sehr zu empfehlen, dass Sie sich selbst erst einmal schlau machen, bevor Sie den Gang in die Bank antreten. Sie müssen in etwa wissen, was Sie wollen, und Sie müssen sich auskennen in der Fondslandschaft.

Zweiter Untersuchungspunkt: Art des Fonds. Nicht jeder DAX-Fonds ist ein waschechter Bluechip-Fonds. Manche stellen sich durchaus als Mogelpackung heraus. So kommt es vor, dass manche Manager in einen Bluechip-Fonds ein paar windige Titel vom Neuen Markt hineinnehmen, um die Performance aufzupolieren. Die Versuchung, dies zu tun, ist groß. Damit kann in guten Zeiten die Wertentwicklung gesteigert werden. Wenn der Neue Markt zusammenbricht, hat der betreffende Fonds allerdings das Nachsehen. Die Entwicklung ist dann zwangläufig schlechter als die durchschnittliche DAX-Entwicklung. Ein Fonds sollte also immer „stilecht" sein. Wo Bluechip draufsteht, sollten auch Bluechips drin sein. Detaillierte Auskunft über das, was ein Fondsmanager darf und was nicht, erteilt der Fonds-Prospekt. Dieser ist allerdings oft sehr umfangreich und kleingedruckt, was nicht gerade zur Lektüre reizt. Dennoch sollten sich Anleger alles genau durchlesen, bevor sie investieren. Dann gibt es hinterher keine bösen Überraschungen. Leider kommen dieser Pflicht nur die wenigsten Anleger nach.

Ein weiterer wichtiger Punkt ist die Managerqualität. Ist es ein Fonds, der von der Entscheidung eines Einzelnen lebt, oder werden die Entscheidungen im Team gefällt? Ebenfalls eine Frage, die nur wenige Investoren stellen. Eine One-Man-Show kann gut gehen – allerdings nur solange der Star auch an Bord ist. Oft aber wechseln Fondsmanager, gehen zu anderen Investmentfirmen, bei denen sie vielleicht mehr Geld verdienen. Der Anleger merkt davon meist nichts, er kriegt es erst mit, wenn sein Fonds aus uneinsichtigen Gründen nicht mehr so gut läuft. Wenn Sie also herausfinden, dass Ihr Fonds hauptsächlich von den Entscheidungen *eines* Mannes lebt, achten Sie darauf, ob es Anzeichen gibt, dass er womöglich die Brücke verlässt.

Auf der sicheren Seite sind Sie immer dann, wenn die Anlageentscheidungen im Team getroffen werden, von einem so genannten „Anlageausschuss". Dies ist bei den meisten Fonds der Fall. Allerdings wird in vielen Prospekten zwar ein Anlageausschuss genannt, dennoch hören alle auf die „erste Geige". Wie Entscheidungen im einzelnen getroffen werden, kann der Privatanleger kaum feststellen. Besser ist es allemal, wenn mehrere Personen die Geschicke eines Fonds mitbestimmen. Teamentscheidungen sind gegen das Ausscheiden einzelner Manager immun. Die Wertentwicklung sollte in dieser Konstellation konstant bleiben und auch bei wechselnder Führung die Erwartungen erfüllen.

Generell sollte sich der Anleger bei der Fondsanlage auf eine weltweite Ausrichtung konzentrieren. Eine solche Strategie eignet sich am besten für den langfristigen Vermögensaufbau. Ich plädiere für einen Drittelmix in die Regionen Europa, Amerika und Asien. Schwankungen an einzelnen Märkten und Börsen gleichen sich auf diese Weise aus. Statistische Berechnungen ergaben, dass eine solche Vorgehensweise mit den Jahren die optimale Rendite erbringt.

Seien Sie kritisch beim Thema Gebühren. Ausgabeaufschläge werden oft wie Naturgesetze hingenommen. Ein großer Fehler. Über Ausgabeaufschläge können Sie mit Ihrer Bank immer verhandeln. Es lohnt sich. Besonders bei größerem Anlagevolumen ist es schon ein Unterschied, ob ich 1 % oder 5 % Ausgabeaufschlag bezahle. Dieses Geld muss der Fonds erst einmal verdienen. Immer mehr Kreditinstitute lassen mit sich handeln. Mit etwas Geschick drücken Sie ihn sogar auf null. Der Ausgabeaufschlag wird nicht vom Fonds diktiert (es gibt seltene Ausnahmen), sondern nur empfohlen, damit die Bank zusätzlich verdient. Es soll den Anlageberater motivieren, bestimmte Produkte zu verkaufen – hohe Ausgabeaufschläge verbessern natürlich den Gewinn der Bank und damit die Tantiemen des Beraters. Also handeln Sie wie auf einem orientalischen Bazar. Das Kreditinstitut geht nicht leer aus – es verdient ja immer noch per Kaufspesen, wie sie auch bei Aktien entrichtet werden müssen.

Unter den Punkt „Gebühren" fallen auch die internen Verwaltungskosten eines Fonds. Sie können bis zu 2 % und mehr pro Jahr betragen. Diese Verwaltungsgebühr wird immer fällig, egal, ob der Fonds Verluste oder Gewinne erzeugt. Ich bin der Meinung: Natürlich müssen ein Fondsmanager und die Organisation eines Fondsproduktes auch bezahlt werden. Allerdings sollten 1,5 % maximal ausreichen. Viele Manager machen es mittlerweile auch für weniger. Wie hoch die internen Gebühren eines Fonds sind, geht ebenfalls aus dem Verkaufsprospekt hervor. Fallen Sie in diesem Zusammenhang nicht auf Fonds herein, die sich damit brüsten, keinen Ausgabeaufschlag zu nehmen. Schauen Sie sich die internen Gebühren näher an. Dort werden Sie feststellen, dass sie oft weit über 2 % liegen. Das ist eigentlich untragbar, weil so hohe Gebühren deutlich an der langfristigen Wertentwicklung eines Fonds nagen. Ich würde deshalb von solchen Produkten abraten.

Bevor sich der Normalanleger mit der zeitraubenden Analyse von Tausenden Aktienfonds die Nächte um die Ohren schlägt, kann er gleich zum Dachfonds greifen. Ein Dachfonds vereinigt eine Anzahl von Fonds, die in der Regel objektiv und unabhängig ermittelt werden. Leider ist dies aber nicht immer der Fall. Diese Objektivität, nur auf die besten zu setzen, ist aber unabdingbar für einen erfolgreichen Dachfonds. Viele Banken geben zwar an, ebenfalls nur die „besten" ausgesucht zu haben, bei genauerem Hinsehen zeigt sich aber, dass ein Großteil der so genannten „Zielfonds" aus dem eigenen Haus stammt. Eine solche Strategie wird sich in der Regel negativ auf die Wertentwicklung auswirken.

Dachfonds haben Konjunktur. War dieses Investmentprodukt zur Jahrtausendwende noch eher unter der Rubrik „Exotisches" zu finden, so sind diese *Umbrella-Fonds* nun salonfähig geworden. Das „Einer-füralle"-Prinzip wird sich meines Erachtens durchsetzen, weil es dem Laien erspart, ständig nach Einzelfonds Ausschau zu halten. Außerdem können Dachfonds sogar besser sein als „normale" Aktienfonds. Dies ist besonders dann der Fall, wenn keine Abstriche bei der Auswahl der Zielfonds gemacht werden. Aber genau hier liegt das Problem. Ein Dachfonds sollte unabhängig sein in der Auswahl der Zielfonds, in die investiert wird. Meist jedoch werden Dachfonds nicht nach objektiven Kriterien zusammengestellt, sondern dienen lediglich als „Sammelbekken" für Produkte eines Hauses. Viele Banken werben zwar mit einer angeblich unabhängigen Fondsauswahl. Doch so ganz befreien können sich viele Kreditinstitute von hauseigenen Fonds nicht. Zu groß ist die Versuchung, Volumen zu generieren, indem hauseigene Fonds aufgenommen werden. Ein solches Vorgehen hat aber keine Zukunft. Die Tendenz geht auf jeden Fall in Richtung vollkommen objektiver Auswahl, weil nur so die beste Wertentwicklung zu erzielen ist.

Wenn ein Dachfonds tatsächlich unabhängig und objektiv die interessantesten Fonds der Welt rekrutiert, dann ist die Wertentwicklung optimal. Ein guter Dachfonds ist auf der ganzen Welt vertreten, kontrolliert die Zielfonds auf Managerqualität, Stil und Performance. Insofern ist ein Dachfonds so etwas Ähnliches wie eine kleine Vermögensverwaltung, die sich gerade für mittlere Einkommen eignet. Sozusagen einer für alle – man muss sich nicht mehr mit zahlreichen anderen Geldprodukten herumschlagen, sondern kauft nur noch einen Dachfonds und deckt seinen Investitionsbedarf bei Aktien auf diese Weise ab.

Im Idealfall kauft der Dachfonds im Prinzip die besten Manager weltweit ein, indem er in die entsprechenden Fonds investiert. Das ist eigentlich eine gute Voraussetzung für ein Gelingen des Anlageziels und sprudelnde Erträge in der Zukunft. Große Dachfonds, welche die Weltmärkte im Griff haben, sind wie riesige Tanker, die sich auch bei heftigen Börsenstürmen gemächlich durch das Meer der Finanzanlagen bewegen. Ein fähiger Fondsmanager wird über die Jahre hinweg die Zielfonds sorgfältig beobachten, so dass Sie als Anleger nichts mehr tun müssen – außer warten. Geduld ist die wesentliche Vorraussetzung für den Vermögenserfolg.

Ein weitverbreitetes Vorurteil in Sachen Gebühren betrifft besonders die Dachfonds: Sie seien angeblich ein Gebühren- und Provisionsgrab. Das mag in Einzelfällen vorkommen. Aber in der Regel kauft ein Dachfonds seine Zielfonds ohne Ausgabeaufschlag und auch zu verminderten internen Verwaltungsgebühren. Das ist ja gerade der Vorteil. Jeder Normalkunde müsste für die gleichen Fondsanlagen im Grunde viel höhere Gebühren zahlen. Und wenn er die Fonds wechselt, kommen noch einmal entsprechende Provisionen und Ausgabeaufschläge hinzu. Dies ist bei einem seriösen Dachfonds nicht der Fall. Ein Fondswechsel innerhalb eines Dachfonds zum Beispiel geschieht in der Regel immer ohne Ausgabeaufschlag. Insofern laufen seriöse Dachfonds keineswegs Gefahr, dass die Wertentwicklung durch diverse Provisionsspiralen aufgefressen wird. Unterm Strich muss sich auch ein Dachfonds immer einer Benchmark messen lassen. Bei einem weltweit angelegten Produkt ist es im Zweifelsfalle der MSCI World Index, für Europa gilt der Eurostoxx als Meßlatte. Nur wenn ein Fonds einen Index schlägt, ist er wirklich gut. Dies sollte kein Zufallstreffer sein, sondern sich auch schon in den zurückliegenden Jahren gezeigt haben.

Wichtig also: Der Dachfonds sollte eine internationale Anlagepolitik betreiben. Er sollte ein Sammelbecken für weltweite Bluechips darstellen und keine „Experimente“ machen. Kleinere Beimischungen von Sonderthemen (Hightechs, Biotechs usw.) sind zwar erlaubt, sollten aber auf keinen Fall überhand nehmen. Nicht alle Dachfonds haben sich dies auf ihre Fahnen geschrieben. Von einem „deutschen“ Dachfonds, der praktisch alle möglichen germanischen Unterfonds aus verschiedenen Branchen in einer Art Bauchladen in sich vereint, halte ich gar nichts. Dachfonds machen nur Sinn, wenn sie weltweit auf allen Kontinenten angesiedelt sind. Beim Kauf eines Dachfonds sollte man also noch genauer den Verkaufsprospekt durchlesen, zumal eine „Ehe“ mit einem solchen Investmentprodukt meist länger dauert.

Darüber hinaus gibt es natürlich auch schon Dach-Rentenfonds. Das ist meines Erachtens der größte Quatsch. Rentenfonds an sich sind schon überflüssig, und entsprechend absolut sinnlos sind dann Dach-Rentenfonds. Meine Meinung: Rentenfonds eignen sich nur im Bereich des Geldmarktes, also als Anlage mit kurzen Laufzeiten. Der Vorteil: Man kann jederzeit rein und raus, ohne Gebühren zu zahlen. Ein Geldmarktfonds eignet sich also hervorragend zum Geldparken. Wer es dagegen auf langfristige Renten abgesehen hat, kauft sich am besten gleich eine Anleihe mit individuellem Laufzeitwunsch. Eine ganz normale Bundesanleihe ist das beste Rentenpapier. Bei ihm lassen sich der Ausgabeaufschlag und die Verwaltungsgebühr sparen, die bei jedem Fonds fällig werden. Die Verwaltungsgebühr zehrt natürlich auch an der Wertentwicklung. Dies macht sich besonders bei Rentenfonds bemerkbar, da sie schon naturgemäß weniger Rendite abwerfen.

Welche Steigerungsraten kann man bei Fonds erwarten? Die letzten Jahrzehnte haben gezeigt, dass eine Wertentwicklung von durchschnittlich 10 % realistisch war. Das bedeutet: Aus 100 000 Euro werden in 20 Jahren 670 000 Euro, in 30 Jahren entstehen daraus 1,7 Millionen Euro. Diese Wertsteigerungen werden dem Laien „zu schön, um wahr zu sein" vorkommen, entsprechen aber einer durchschnittlichen Rendite von 10 %, was nicht viel ist. Es ist sogar möglich, dass es Perioden gibt, in denen mehr als durchschnittlich 10 % erwirtschaftet werden. Solche Phasen zögen am Ende eine wahrlich bombastische Wertsteigerung mit sich. Diese möchte ich Ihnen an dieser Stelle aber nicht berechnen, weil ich die Meßlatte der Erwartungen nicht zu hoch ansetzen will. Wichtig: Das Vermögen in einem Fonds steigt in den ersten Jahren immer langsam und erst im letzten Viertel steil an. Versuchen Sie also solange wie möglich, dabei zu bleiben. Von Bedeutung ist auch, dass die prozentualen Schwankungen anfangs stärker ausfallen können. Sogar ein vorübergehendes Minus ist nie ausgeschlossen. Lassen Sie sich davon nicht irritieren. Halten Sie an einer strategisch langfristigen Anlage fest. Mein Tipp: Schauen Sie in den ersten Jahren nicht auf die Kursentwicklung.

Bei der Auswahl der Fonds konzentrieren Sie sich grundsätzlich nur auf große, renommierte Bankhäuser. Fallen Sie nie auf sonderbare Versprechungen irgendwelcher Nischenanbieter herein. Vorteilhaft auf jeden Fall, wenn der Fonds schon ein paar Jahre existiert. Dann können Sie in Ruhe die Wertentwicklung der letzten Jahre überprüfen. Ein Fonds sollte bewiesen haben, dass er in den zurückliegenden Perioden seine Position in der Spitzengruppe verteidigt hat. Er muss nicht zu den absoluten Siegern zählen. Bei der Auswahl helfen Ihnen am besten unabhängige Fondsberater. Wenn Ihr Banker gut ist, wird auch er einen guten Job machen. Das heißt: Er wird Ihnen nicht nur hauseigene Fonds anbieten, sondern auch Konkurrenzprodukte vorstellen.

Wenn Sie einen Fonds „herausgefiltert" haben, holen Sie noch den Rat von zwei anderen unabhängigen Experten ein. Sprechen Sie mit ihnen über die Vor- und Nachteile, über die Investmentphilosophie. Sie können das Geld auch auf zwei oder drei große Fonds verteilen. Damit sind die Risiken noch weiter minimiert. Mein Vorschlag: Sie packen Ihr Geld in *zwei* große Dachfonds zweier unterschiedlicher Anbieter. So sind die Voraussetzungen geschaffen, dass Ihr Geld in den nächsten Jahren optimal arbeiten kann. Der Anlagehorizont sollte mindestens zehn Jahre betragen.

Natürlich kann es auch sein, dass in den nächsten Jahrzehnten die Wertsteigerung nicht der entspricht, die wir in den letzten Jahrzehnten gesehen haben. Aber auch wenn sie geringer ausfällt, werden Sie mit dem Ergebnis noch zufrieden sein können. Es gibt jedenfalls keine bessere Anlageform als die der Aktie. Sie hat im letzten Jahrhundert alle anderen Anlagemöglichkeiten in der Wertentwicklung geschlagen.

Zertifikate – besser als Fonds?

In den letzten Jahren sind so genannte Indexzertifikate in Mode gekommen. Damit kann man haargenau einen Index, zum Beispiel den DAX oder den Neuen Markt abbilden. Ich halte jedoch nichts von Zertifikaten. Sie haben meist nur eine begrenzte Lebenszeit. Man muss sie also alle paar Jahre neu kaufen. Außerdem müssen Fonds nicht schlechter laufen als Indexzertifikate. Gute Fondsmanager haben mit ihrer Benchmark (Zielvorgabe) kein Problem – sie sind besser als der DAX oder besser als der US-amerikanische S&P 500. Freilich gelingt es nur wenigen Fonds, diese Zielgrößen zu schlagen – aber es gibt sie. Solche Fonds sind auf jeden Fall besser als irgendwelche Zertifikate. Ein guter Fondsmanager kann zum Beispiel in schlechten Zeiten sein Aktieninvestment herunterfahren und zwischendurch ins Festgeld gehen. Damit steigert er die Wertentwicklung seines Fonds erheblich. Solche Aktionen sind mit Zertifikaten nur sehr umständlich zu betreiben. Sie müssten Ihr Zertifikat verkaufen und wieder zurückkaufen. Nur wann? Außerdem ist es mit viel Arbeit und Börsenbeobachtung verbunden. Diese Arbeit sollten Sie lieber dem Fachmann überlassen.

Ein weiterer Nachteil der Zertifikate: Sie sind meist nur auf einen Index oder eine Branche begrenzt. Ein erfolgreicher Vermögensaufbau orientiert sich aber immer an weltweiten, internationalen Investments. Auch das ist ein Pluspunkt für den Fonds.

Viele Zertifikate sind mit einem Deckel versehen. Sie können also nicht „unbegrenzt“ steigen. Schon allein deshalb eignen sie sich nicht für ein Investment mit Langzeithorizont.

Das Angebot an Zertifikaten wächst jeden Tag. Kaum ein Bankhaus, das nicht eine bunte und verwirrende Palette im Angebot hat. Solche Produkte eignen sich eher für kurzfristige, spekulative Engagements. Der Unerfahrene sollte besser die Finger davon lassen.

Bevor Sie also Experimente mit Zertifikaten anfangen, kaufen Sie lieber einen Fonds. Wenn Sie die Geschicke Ihres Vermögensaufbaus lieber in die eigenen Hände nehmen wollen, greifen Sie direkt zu internationalen Aktien. Das sollte sich für die langfristige Wertentwicklung besser auszahlen, als zwischen Zertifikaten hin und her zu jonglieren.

Beliebt sind auch die so genannten *„Baskets“* (Körbe). Dabei handelt es sich um eine Zusammenstellung von ausgesuchten Aktien, die meist aus einem Bereich stammen. Doch für diese Baskets gelten die gleichen Nachteile wie für die Indexzertifikate. Sie haben nur eine begrenzte Laufzeit. Und die Bank verdient immer – sonst würde sie weder Zertifikate noch Baskets ihren Kunden anbieten. Ein Basket hat noch einen anderen gravierenden Nachteil: Er ist in seiner Zusammensetzung unveränderlich. Anders als bei einem Fonds, wo ein guter Manager sorgfältig Unternehmen beobachtet und gegebenenfalls Maßnahmen ergreift, ist der Basket eine statische, unveränderliche Angelegenheit. Deshalb eignet sich dieses Produkt nicht so sehr zum Vermögensaufbau. Wenn der Anleger in bestimmte Branchen oder Segmente investieren will, dann kauft er am besten direkt die entsprechenden Aktien, oder er greift zum Fonds. Dort hat er zumindest den Vorteil eines aktiv gemanagten Portfolios. Denn von Zeit zu Zeit können immer mal wieder einige kleine Änderungen und Anpassungen notwendig sein.

In Zukunft werden die Anleger sicherlich noch mehr überschwemmt werden von mannigfaltigen Angeboten der Bankhäuser. Es ist wichtig, diesen Dingen distanziert gegenüberzustehen. Nicht alles ist Gold, was glänzt, und manch ein Produkt hat versteckte Schwächen, die in den glänzenden Werbebroschüren selbstverständlich nicht dargestellt werden. Noch einmal deshalb der Rat: Investieren Sie entweder direkt in Aktien und suchen Sie sich einen guten Fonds. Das ist die beste Voraussetzung, sein Geld zu mehren.

Ohne Netz und doppelten Boden?

Das Eingehen geringer Risiken wird an den Börsen mit den Jahren stark belohnt. Trotzdem werben viele Fondsanbieter mit dem Versprechen, am Ende mindestens das eingezahlte Kapital zurückzuzahlen. Sind solche Fonds sinnvoll? Die Frage kann mit einem klaren Nein beantwortet werden. Diese Garantiefonds sind voller Tücken: man kommt nur in den Genuss der Sicherheit, wenn man innerhalb eines festvereinbarten Zeitraumes einzahlt. Fondssparen oder Aufstocken des Fondsanteils sind also ausgeschlossen. Nachteil Nummer zwei: Meistens haben solche

Garantiefonds eine begrenzte Laufzeit. Die Sicherheit des Kapitals wird nur für eine bestimmte Zeit garantiert. Sie liegt in einem überschaubaren Rahmen, meist beläuft sie sich auf fünf Jahre. Gerade aber der Fondssparer sollte einen längerfristigen Zeithorizont haben. Viele Fondssparer denken, dass die eingezahlte Summe zumindest für die gesamte Dauer garantiert ist. Dieser Eindruck ist falsch. Die Garantie bezieht sich, wie gesagt, nur auf einen vorher festgelegten Zeitpunkt. Will man eher an sein Geld, besteht durchaus das Risiko, dass Verluste entstehen, falls die Börse gerade mal eine Negativperiode durchmacht.

Der größte Nachteil bei so genannten Garantiefonds liegt aber in der schlechteren Wertentwicklung. Ein Teil der Gelder, die in einem solchen Fonds verwaltet werden, dienen umfangreichen Absicherungsmaßnahmen. Solche „Versicherungen" verschlingen aber viel Geld. Diese Beträge können nicht mehr an der Börse eingesetzt werden. So ist zu erklären, warum Garantiefonds eine bedeutend schlechtere Wertentwicklung aufweisen, als „normale" Fonds. Je länger die Laufzeit eines Garantiefonds, um so schlechter die Wertentwicklung im Vergleich zu anderen Fonds.

Ich denke, diese Argumente sollten ausreichen, von einem Garantiefonds Abstand zu nehmen. Wer mit Fonds spart, hat seine eigene Versicherung – und die gibt es umsonst: Geduld und viel Zeit. Es müsste schon mit dem Teufel zugehen, wenn sich Ihr Geld mit den Jahren nicht vervielfachte. Das Risiko dagegen, dass sogar das eingezahlte Kapital am Ende nicht mehr verfügbar ist oder gar verloren geht, kann getrost vernachlässigt werden. Es besteht zwar, ist aber eher theoretischer Natur. Je kürzer der Zeithorizont, desto größer das Verlustrisiko. Kürzere Zeitabstände sind aber auch nicht durch Garantiefonds „versichert". Also mein Rat: Man sollte sich für seine Geldanlage viel Zeit gönnen. Je mehr Zeit man hat, desto geringer das Risiko.

Fallen Sie also nicht herein auf die vielen „Versicherungsangebote". Diejenigen, die solche „Versicherungen" anbieten, verdienen damit viel Geld. Geld, das besser auf ihrem Konto aufgehoben ist. Wenn Sie sehr ängstlich sind, dann machen Sie einfach folgendes: Teilen Sie den anzulegenden Betrag auf. Zwei Drittel wandern in einen weltweit anlegenden Aktienfonds, das andere Drittel wird in lang laufenden Anleihen bester Bonität angelegt (Staatsanleihen). Nach etwa 20–25 Jahren haben sich die Gelder in den Anleihen verdreifacht. (Zugrunde gelegt eine jährlich Verzinsung von 5 %, ohne steuerliche Aspekte). Auf diese Weise verfügen Sie über die eingesetzte Gesamtsumme nach zwei Jahrzehnten selbst dann, wenn die Aktien auf null gefallen sind. Das Eintreten eines solchen Falles ist zwar sehr unwahrscheinlich, aber vielleicht beruhigt so eine Konstruktion das risikoscheue Gemüt. Ich kann allerdings zu einer solchen Vorgehensweise nicht raten. Sollten tatsächlich einmal Aktienmärkte nicht mehr funktionieren, dann werden auch Anleihen nichts mehr nutzen. Von einer solchen Perspektive sollten wir also gar nicht erst ausgehen.

Durchaus sinnvoll ist es dagegen, einen gewissen Teil seines Kapitals in Festverzinslichem anzulegen. Dieser Anteil sollte mit den Jahren leicht angehoben werden. Faustregel: 100 - Alter = Aktienquote. Das Vermögen eines 50-Jährigen sollte also nur noch zu 50 % aus Aktien bestehen. Es gibt allerdings Ausnahmen. Als André Kostolany bei seinem 90. Geburtstag einmal gefragt wurde, ob er diese Regel einhalte, verneinte er dies höchst empört. Da er davon ausgehe, dass er 125 Jahre alt werde, gelte für ihn die Regel 125 - Alter. Auch diese Regel sollte also nicht sklavisch nachvollzogen werden. Wer fit und sportlich durchs Leben geht, kann auch noch im Alter eine hohe Aktienquote haben. Nur ein bisschen vorsichtiger sollte er schon sein. Wer mit 20 oder 30 Jahren pleite geht, der kann noch einmal von vorne anfangen. Mit 70 oder 80 Jahren ist das schon schwieriger – wenn auch nicht unmöglich.

Die erste Investitionsphase

Wenn Sie Ihren Fonds gefunden haben, müssen Sie nicht sofort Ihr Geld „verballern“. Auch in der ersten Investionsphase heißt es „Ruhe bewahren!“ – so optimieren Sie Ihren Vermögensaufbau zusätzlich.

Wichtig ist die Analyse, um herauszufinden, in welchem Zustand sich die Börse gerade befindet. Wie Sie den vorangehenden Kapiteln entnommen haben, gibt es zwischendurch immer wieder einmal grobe Übertreibungsphasen. Es kann Ihnen leider kaum jemand sagen, wo wir exakt stehen. Aber wenn die Zeitungen voll euphorischer Kommentare sind oder gar die Bildzeitung titelt: „Deutschland im Geldrausch", dann würde ich Ihnen empfehlen, noch eine Zeitlang abzuwarten. Es brennt ja nichts an. Entscheiden Sie selbst, wo der Markt gerade steht. Wenn Sie das Gefühl haben, dass eine Übertreibungsphase herrscht, dann investieren Sie entweder zuerst gar nicht oder nur mit einer geringen Summe – zum Beispiel 10 % des geplanten Kapitals. Dann warten Sie ein Vierteljahr ab, und setzen weitere 25 % ein. Verteilen Sie Ihre Investitionssumme auf jeden Fall über ein Jahr. Nie alles auf einmal einsetzen. Investieren Sie in kleinen Schritten. Mit etwas Glück erwischen Sie dann auch eine schwache Phase am Aktienmarkt. Dann können Sie fürs gleiche Geld mehr Fondsanteile kaufen. Das bringt in den nächsten Jahren zusätzlichen Schwung in den Vermögensaufbau.

Bei der Frage, wo ein Aktienmarkt steht, hören Sie bitte nicht auf Experten. Mit diesem Buch haben Sie genügend Informationen mit auf den Weg bekommen, diese Frage selbst zu entscheiden. Experten sind oft zu nah am Markt und haben deshalb oft Schwierigkeiten mit der Analyse. Letztlich ist es das berühmte „Gefühl im Bauch", das der bessere Wegweiser ist. Ein befragter Experte wird Ihnen im Zweifelsfalle bei steigenden Börsen raten, sofort alles zu investieren, weil sonst der Markt angeblich „davonliefe". Sind wir dagegen in einer Bärenphase, wird er Ihnen vom Einstieg abraten. Aber genau das Gegenteil sollen Sie ja tun.

Wie sieht Ihr Investitionsplan nun aus, wenn an der Börse Weltuntergangsstimmung herrscht? Das ist ein hervorragendes Einstiegsszenario. Auf lange Sicht gesehen, bekommt Ihr Geld damit noch größere Flügel. Wenn die Börse am Boden ist und die Zeitungen voll von Schwarzmalerei sind, dann investieren Sie sofort und zwar 25 % des einzusetzenden Kapitals. In der folgenden Zeit investieren Sie dann alle zwei Monate in 10 %-Schritten den Rest der geplanten Investitionssumme. Wenn Sie das Glück haben, in einer schlechten Börsenphase zu investieren, können Sie sich freuen. Die Chance, dass sich Ihr eingezahltes Kapital in sehr kurzer Zeit verdoppelt, ist dann sehr hoch. Lassen Sie sich nur nicht beirren! Es ist meistens sehr schwer, in solchen Zeiten zu investieren. Aber Krisenzeiten mit niedrigen Kursen sind eine einzigartige Chance für ihren Vermögensaufbau.

Nochmals der Rat: Schauen Sie in den ersten Jahren nicht zu oft auf die Kursentwicklungen in Ihrem Depot. Gerade am Anfang kann es durchaus zu Schwankungen kommen, die dazu führen, dass Ihr Investment vorübergehend ins Minus rutscht. Das müssen Sie ignorieren. Manch einer hat schon die Nerven verloren und ausgerechnet in einem Crash alles zu Tiefstkursen verkauft. Das ist dumm. Crash und Kurseinbrüche wird es immer geben. In solchen Phasen überprüfen Sie, ob Sie nicht eine Zusatzeinzahlung machen. Eine solche Zusatzeinzahlung entwickelt sich dann zu einem Extra-Katalysator. So richtig Freude werden Sie mit Ihrem Investment erst in sieben bis zehn Jahren haben. Und ab zehn Jahren werden Sie Ihren Augen nicht trauen, wenn Sie Ihren Vermögensstand abrufen. Grundsätzlich gilt: Je länger Sie an Ihrem Investment festhalten, desto raketenhafter geht es am Schluss nach oben. Die Veränderungen sind immer am Anfang gering und am Ende stark. Das hängt mit dem Zinseszinseffekt zusammen.

Die erste Million

Es gibt verschiedene Möglichkeiten, in den Club der Millionäre aufgenommen zu werden. Theoretisch könnte eine Kiste mit einer Million vom Himmel fallen. Oder Sie machen eine große Erbschaft. Auch ein Lottogewinn könnte hilfreich sein – allerdings ist ein solcher Volltreffer fast so unwahrscheinlich wie eine Kiste mit einer Million Euro, die vom Himmel fällt. Eher werden Sie, statistisch gesehen, von einem Blitz getroffen, als Lottomillionär zu werden. Die beste Voraussetzung auf dem Weg zum Millionär: Sie haben schon ein wenig Geld. Sollte dies nicht der Fall sein, wird es etwas schwieriger, ist aber nicht unmöglich. Deshalb hier ein paar Tipps, wie Sie zu einer akzeptablen Anfangssumme kommen. Durchforsten Sie alle Ihre Ausgaben und schauen Sie, wo Sie sparen können. Ein bekanntes Bonmot: Die meisten Leute kaufen Dinge, die Sie nicht brauchen, mit Geld, das sie nicht haben, um Leute zu beeindrucken, die sie nicht mögen. Versuchen Sie aus diesem Teufelkreis auszubrechen. Viele Menschen machen den Fehler, dass sie ihr Geld für dämliche Konsumartikel ausgeben, die ihnen in den Medien verführerisch angepriesen werden. Man kommt mit weniger Konsumkrempel aus, als es auf den ersten Blick scheint. Vermeiden Sie es, sich über „Dinge" zu definieren. Wichtig bei Menschen ist nicht das, was sie haben, sondern das was sie sind. Machen Sie sich nicht abhängig davon, was andere über Sie denken. Werden Sie kein Sklave der Gesellschaft, sondern versuchen Sie, Ihr Leben so zu leben, wie Sie es für richtig halten. Sie werden schnell feststellen, dass Sie auf vieles verzichten können.

Wenn Sie verschuldet sind, müssen Sie zunächst Ihre Schulden abbauen. Generell gilt: Leben Sie nie über Ihre Verhältnisse. Verkaufen Sie ein Auto, das Sie auf Pump gekauft haben. Veräußern Sie Ihre Immobilie, wenn auf ihr eine Hypothek lastet. All diese „Schuldenfallen" verhindern, dass Sie wirklich reich werden. Schlimmer noch: Sie führen in die Unfreiheit, zur Versklavung. Schulden machen ist immer der erste Schritt in den finanziellen Ruin. Das gilt für Konsumschulden genau so wie für den Eigenheimkauf auf Pump – auch wenn es in den Medien immer noch anders dargestellt wird. Ein Haus kaufen Sie sich erst, wenn Sie das Geld dazu haben und nicht vorher. Zum Thema „Eigenheim" lesen Sie das Kapitel „Wüstenrot und Wüstennot". Wenn Sie es schaffen, 60 000 Euro beiseitezulegen, dann haben Sie schon mal einen wichtigen Schritt gemacht. Mehr als 50 % aller Deutschen sollten dazu in der Lage sein, falls sie ihr Geld nicht vorher schon irgendwie verplempert haben.

Aus 60 000 Euro werden in 20 Jahren rund 400 000 Euro, damit könnte manch einer schon zufrieden sein. Gerechnet in der guten alten DM wären wir dem Ziel schon ziemlich nahe. In 25 Jahren verfügen Sie schon über rund 600 000 Euro, und in 30 Jahren sind es 1 Million Euro. (Bei einer jährlichen durchschnittlichen Steigerungsrate bei weltweiten Aktien von 10 %.) Es können in Ausnahmefällen sogar mehr sein. Dann hätten Sie ihr Ziel früher erreicht. Es gibt aber auch Phasen, in denen die Steigerungsraten geringer ausfallen – dann haben Sie entsprechend weniger. Auf jeden Fall können Sie sich über eine außergewöhnliche Vermögensvermehrung freuen. Wenn Sie im Laufe der Jahre womöglich noch etwas mehr Geld auf die Seite legen konnten, investieren Sie von Zeit zu Zeit zusätzlich in Fonds. So sind sie schneller am Ziel. Es ist dann so, als ob an Ihrer Vermögensrakete eine zusätzliche Stufe zündet, welche die Beschleunigung abermals erhöht.

Der Vermögensplan

Wenn Sie keine Anfangssumme zur Verfügung haben, machen Sie einen Sparplan. Sie investieren dann beispielsweise jeden Monat eine festgelegte Summe. Übrigens können Sie den Sparplan jederzeit variieren und Ihren jeweiligen Verhältnissen anpassen. In „Dürreperioden" zahlen Sie etwas weniger, wenn mehr Geld zur Verfügung steht, sind die Beträge höher.

Wie viel müssen Sie monatlich per Fonds sparen, um zur ersten Million zu gelangen? Wenn Sie einen Zeitplan von 30 Jahren haben, müssen Sie Monat für Monat 500 Euro einzahlen, um schließlich zur Million zu gelangen. Wenn Sie die Million schon in 20 Jahren haben möchten, müssen Sie monatlich etwa 1400 Euro einzahlen. Das ist natürlich eine Summe, die kaum jemand abzweigen kann. Aber vielleicht sind Sie schon mit weniger als einer Million zufrieden – das reicht ja auch zum Leben. Und 500 000 Euro entsprechen in DM umgerechnet auch schon einer Million. Wenn Sie am Ende nur die Hälfte erzielen wollen, müssen Sie auch nur die Hälfte einzahlen. Wer in 30 Jahren 500 000 Euro besitzen will, braucht nur rund 250 Euro monatlich zu zahlen.

Das alles ist keine Zauberei, sondern normale Zinseszinsrechnung. Die Beispiele wurden auf Grundlage von 10 % durchschnittlicher Wertsteigerung an den Aktienmärkten berechnet. Ob mehr oder weniger, am Ende steht immer eine exorbitante Wertsteigerung, die mit nichts sonst auf der Welt zu erreichen ist.

In diesem Zusammenhang verweise ich auch noch einmal auf das Kapital „Das Rentenverbrechen". Es ist schon ungeheuerlich, wie viel uns die Rentenkasse jeden Monat abknöpft und was am Ende dabei herauskommt. Ein Skandal, der seinesgleichen sucht.

Mittlerweile haben auch die Politiker begriffen, dass es sinnvoll ist, wenn jeder seine eigene Altersvorsorge trifft. Wahrscheinlich wird es schon bald einen Zuschuss oder eine Beihilfe vom Staat geben, wenn Sie monatlich für Ihre Altersvorsorge sparen möchten. Doch auch ohne staatliche Beihilfen – Sparen per Fonds lohnt sich immer. Wer freute sich nicht über den Wertzuwachs, der am Ende dabei herauskommt?

Wenn Sie einen Sparplan machen, können Sie übrigens sofort loslegen. Es lohnt sich nicht, die Phase des Aktienmarktes zu analysieren. Wer jeden Monat konsequent fondsspart, kommt automatisch in den Genuss des so genannten „Cost Average". Das heißt: Wenn die Börsen oben sind, kriegt er für die Summe X weniger Fondsanteile. Sind die Finanzmärkte dagegen im Keller, erhält der Sparer für die gleiche Summe womöglich doppelt so viele Anteile. Das ist das Schöne am Fondssparen. Sie minimieren wie von selbst das Risiko, weil sie nicht alles an einem Zeitpunkt einsetzen.

Übrigens sollten Sie immer versuchen, sobald Sie aus irgendeinem Grund mal zwischendurch über einen höheren Geldbetrag verfügen, diesen zusätzlich in dem Fonds anzulegen. Das ergibt dann schöne Beschleunigungseffekte für Ihr Vermögen. Wenn es sich um eine größere Summe handelt, schießen Sie jedoch nicht alles auf einmal rein.

Teilen Sie den „Kapitalbrocken“ in kleine Häppchen, und investieren Sie zu verschiedenen Zeitpunkten – wie zwei Kapitel vorher in „Die erste Investitionsphase“ beschrieben.

Millionen mit Aktien

Immer wieder gibt es Beispiele in der Börsengeschichte, die Furore machen. Wer Mitte der Achtziger für 3000 Euro Microsoftaktien gekauft hätte, wäre heute Millionär. Damals kosteten die Anteile übrigens rund 25 US-Cent. Doch welcher Investor hätte wohl so lange, über 20 Jahre, an seinem Investment festgehalten? Nur die wenigsten. Etwas kürzer verlief der Weg zur Siebenstelligkeit bei EM.TV und MobilCom. Doch jene schossen zwar wie eine Rakete in den Himmel, fielen dann aber auch wieder wie ein Stein zu Boden.

Die kontinuierlichste Wertsteigerung im letzten Jahrhundert vollzog Warren Buffett. Seine Aktie, die Berkshire Hathaway, stieg in sagenhafte Höhen und blieb dort auch. Wer vor 35 Jahren für 1000 Euro Berkshire-Hathaway-Aktien kaufte, der hat heute mehr als ein Million. Warren Buffett hat aus 10 000 Dollar in 40 Jahren 400 000 000 Millionen gemacht. Ein starker Beweis dafür, was an der Börse möglich ist. Die Berkshire-Hathaway-Aktie stieg übrigens 34 Jahre lang ohne Unterbrechung. Das ist ein kleines Wunder. Jedes Jahr höher als das Jahr zuvor. Das hat bisher noch kein Aktienmarkt geschafft. Kein Wunder, dass immer mehr Leute Warren Buffett ihr Geld anvertrauen. Die Hauptversammlung von Berkshire Hathaway (vgl. das Kapitel „Woodstock für Kapitalisten – Hauptversammlung“) ist das Börsenereignis in den USA. Tausende Aktiensparer hat Buffett zu Millionären gemacht. Allerdings: 1999 ist die Aktie das erste Mal, das allererste Mal in ihrer Geschichte, gefallen – und das nicht zu knapp. Sie fiel um über 30 %. Diesen kleinen Ausreißer holte das Papier im Jahr 2000 aber schnell wieder auf. Im Jahr des Ausverkaufs an den Hightech-Börsen legte Berkshire Hathaway um 70 % zu. Die Welt des Warren Buffett war wieder in Ordnung. Jetzt noch einsteigen?

Vielleicht mit einem geringen Einsatz. Bedenken Sie, dass Berkshire Hathaway auch eine ganz normale Aktie ist, die von Angebot und Nachfrage lebt. Diejenigen, die sie kaufen, geben sie zwar in der Regel nicht so schnell aus der Hand, aber sicher ist das nicht. Außerdem gilt zu beachten, dass dieses Investment bisher von einem einzigen Mann lebte: von Warren Buffett. Er ist nicht mehr der jüngste. Die Managemententscheidungen werden jetzt schon im Team getroffen, geeignete Nachfolger behutsam eingearbeitet – die letzte Regie führt aber immer noch der Meister selbst. Sein Erfolgsrezept ist übrigens ganz einfach. Er investiert nur in Unternehmen, die er auch kennt. In Produkte, die er nachvollziehen kann. So weist sein Depot große Anteile an Coca-Cola auf. Auch McDonald's und Philip Morris sind vertreten.

Mein Vorschlag: Wenn Sie nicht in Fonds investieren wollen, machen Sie es wie Warren Buffett! Stellen Sie sich ein Depot mit weltweiten Bluechips zusammen. In Deutschland kaufen Sie Deutsche Bank, Allianz, Deutsche Telekom, Bayer und DaimlerChrysler. In Resteuropa könnten auf dem Kaufzettel stehen: Carrefour (Frankreich), Endesa (Spanien), Philips (Niederlande), Nestlé und Novartis (Schweiz). In den USA kaufen Sie American Express, Coca-Cola und IBM. In Japan Sony, Canon und Nippon Steel.

Dies sollen nur Vorschläge sein. Sie können die Liste beliebig nach Ihren Wünschen zusammenstellen. Beachten Sie nur ein Erfolgsgeheimnis: Setzen Sie auf große Werte, am besten auf Marktführer in ihrem Bereich, und kaufen Sie nur jene Werte, mit denen Sie persönlich etwas anfangen können. Den Bankberater oder den Experten brauchen Sie dabei nicht zu konsultieren. Niemand weiß, wie sich diese Werte in einigen Jahren entwickeln werden. Fest steht jedoch, mit einem breitgestreuten Mix von Aktien dieser Qualität fahren Sie auf lange Sicht optimal.

Geld und Glück

Ein kluger Kopf fasste es einmal so zusammen: Nur Geld, das man nicht ausgibt, macht frei. Jeder Euro hingegen, der in irgendeiner Weise in läppischen Konsum wandert, führt zu Unfreiheit. Unfreiheit ist die Vorstufe des Unglücklichseins.

Ich möchte an dieser Stelle ein wenig über die Zusammenhänge zwischen Geld und Glück philosophieren. Gibt es überhaupt einen Zusammenhang, oder hat beides miteinander nichts zu tun? Tatsache ist jedenfalls, dass der Kontostand bei den meisten Menschen einen zu hohen Stellenwert einnimmt. Viele Zeitgenossen reflektieren leider nicht, dass es „die Gesellschaft" ist, die Wohlstand und Glück miteinander verknüpft. Beides hat aber nichts miteinander zu tun – auch wenn es auf den ersten Blick anders aussehen mag.

Ein erfolgreicher Börsianer geht wachen Auges durch die Welt, und dabei ist auch die ungeschminkte Analyse der Zusammenhänge zwischen Denken und Handeln notwendig. Leider handeln die meisten Menschen schnell und denken wenig. Deshalb fallen sie auch immer wieder auf die gleichen Dinge herein, auch wenn diese schon tausendmal schief gegangen sind. Das gilt natürlich auch für die Börse. An der Börse werden schon seit Jahrhunderten immer die gleichen Fehler begangen. Die wichtigsten habe ich in diesem Buch geschildert. Aber auch im sonstigen Leben scheinen die meisten Menschen nur wenig zu lernen – zumindest nicht aus den Fehlern anderer. Einer der größten Fehler: immer nur ans Geld denken. Dem schnöden Mammon hinterherlaufen. Damit verursacht Geld genau das, was es nicht soll: Es versklavt. Ich kenne viele Zeitgenossen, die dieser modernen Sklaverei anheim gefallen sind. Manche von ihnen merken es nicht einmal. Wer ständig ein größeres Haus, ein größeres Auto, eine größere Yacht haben will, der wird zum Sklaven des Geldes.

Nicht wer reich ist, ist glücklich – sondern wer glücklich ist, ist reich! Dies scheinen aber viele Menschen zu ignorieren. Sportlicher Ehrgeiz bei der Erlangung von Wohlstand kann sicher nicht schaden, aber eine persönliche Lebensbilanz ist davon unabhängig. Im Leben haben andere Dinge mehr Gewicht. Ein echter Börsianer ist immer auch eine Art Lebenskünstler. Die Schwankungen der Börse und das Auf und ab im Leben nimmt er gelassen. Wichtig allein ist ein unabhängiges und erfülltes Leben im Bewusstsein um die härteste Währung, in der wir alle bezahlen: Lebenszeit. Der Sekundenzeiger auf der Uhr mahnt: Es ist *deine* Zeit, die abläuft – mach etwas daraus! Jede Sekunde, die vergeht, macht die verbleibenden Sekunden kostbarer. Unsere Zeit wird von Sekunde zu Sekunde knapper und damit wertvoller. Wir sollten sie nicht mit unnützen Dingen vertun. Leben ist vielfältig und besteht nicht nur in der Anhäufung von Geld.

Angenommen, Sie stürzen mit dem Flugzeug ab und haben noch eine Minute zum Nachdenken. Sie lassen Ihr Leben Revue passieren. Was hätten Sie noch machen wollen, was hätten Sie ändern wollen? Ziehen Sie diese Bilanz – und ändern Sie Ihr Leben: *Jetzt*. Machen Sie das, was Sie sich schon immer gewünscht haben!

Im Leben ist nicht entscheidend, ob man Erfolg hat, sondern ob man alles getan hat, ihm ein Stückchen näher zu kommen. Wenn man 50 % von dem erreicht, was man sich vorgenommen hat, dann ist das schon recht viel. Im Vordergrund sollte dabei immer stehen, ein Leben selbstbestimmt so zu führen, wie man es will. Nur am Willen fehlt es leider bei den meisten Menschen. Und an den Träumen. Der Traum ist die Voraussetzung, dass wir etwas ändern im Leben. Und jeder kann damit jederzeit anfangen. Nur die Wenigsten tun es. Die meisten Menschen sind Gefangene äußerer und innerer Zwänge, von denen sie sich kaum befreien können. Doch ein solcher Befreiungsschlag ist wichtig, wenn man sein Leben später nicht bereuen möchte.

Lebe deine Träume. Nur wer Träume hat, entwickelt Fantasie. Und die ist für Börsenerfolg unerlässlich. Nur wer gegen den Strom schwimmen kann, gehört am Ende zu den Gewinnern. Es ist enorm wichtig, die Dinge zu tun, die man wirklich will. Das heißt natürlich nicht, dass ein Traum schon morgen Wirklichkeit wird. Darauf kommt es gar nicht an. Wichtig dagegen ist das Ziel. Dieses sollte man immer vor Augen haben.

Es gibt keinen „richtigen" Weg. Das Leben lebt vom Probieren. Nur wer tausendmal probiert, kommt seinem Ziel näher. Menschen mit Träumen und Willen finden die Kraft, immer wieder aufzustehen, wenn sie hinfallen. Wer keine Träume mehr hat, und wem es am Willen mangelt, der bleibt auf der Strecke. Dies gilt für das Leben und die Börse gleichermaßen.

Leider aber lassen Gesellschaft und Erziehung diesen spielerischen Umgang mit dem Leben nicht zu. Die Erziehung ist auf Entindividualisierung aus. Typisch dafür die Floskel: „Wo kämen wir denn hin, wenn jeder ..." Lassen Sie sich von solchen Versagerfloskeln nicht aufhalten. Große Dinge auf dieser Welt sind immer den Wagemutigen vorbehalten. Jenen, die das Unmögliche anstrebten und sich nicht in der Welt des Möglichen langweilten. Jene, die sich abseits der breitgetrampelten Pfade bewegen, haben im Leben immer mehr erreicht als jene, die mit den Massen ziehen. Ein wenig Einzelkämpfertum ist immer von Vorteil. Genau denen ist erfülltes Leben vorbehalten. An der Börse stand ich schon oft mit meinen Ideen alleine da. Doch waren es im Nachhinein die daraus resultierenden Investitionen, die das meiste Geld brachten.

Grundsätzlich kann jeder alles – er muss es nur wollen. Klingt einfach, ist aber wahr. Nur am Willen mangelt es oft. Viele Menschen entwickeln keinen Willen. Wer keinen Willen hat, der lebt nicht, sondern wird gelebt. Diese Passivität macht unglücklich. Wer nicht probiert, hat schon verloren. Reich ist jener, der jede Sekunde seine Lebens sagen kann: *Ich* habe alles probiert, was ich probieren wollte.

Die Börse lebt letztlich auch vom Probieren. Nicht jeder Schachzug an den Finanzmärkten ist von Erfolg gekrönt. Mut, Phantasie, Zuversicht, eigene Ideen, Optimismus – das sind die Zutaten für ein erfolgreiches Börsenleben. Dazu gehört auch eine gewisse Bescheidenheit. Deshalb sollte niemand mit seinen Börsenerfolgen prahlen.

Reich ist nicht jener, der viel Geld hat, sondern jener, der optimistisch in die Zukunft blickt und Spaß am Leben hat. Wer mit wenig Geld nicht auskommt, der kommt auch mit viel Geld nicht aus. Geld sollte niemals das Ziel Ihres Tuns bestimmen. Geld sollte nie bei der Auswahl eines Freundes eine Rolle spielen.

Lernen Sie Risiko und Unsicherheit zu lieben. Nichts auf der Welt ist sicher. Wer früh damit beginnt, dies zu begreifen und zu leben, der hat es am Ende einfacher. Jede Sicherheit, nach der man im Leben trachtet, hat einen hohen Preis: Unfreiheit. Ein sicherer Job bedeutet oft: die gleiche Tretmühle bis ans Lebensende. Man verlernt dabei die Fähigkeit des Suchens und der Flexibilität – aber gerade diese Dinge sind es, die das Leben interessant und wertvoll machen. An der Börse wie im sonstigen Leben winken die größten Gewinne für den, der bereit ist, ein gewisses Risiko einzugehen.

Natürlich werden von Zeit zu Zeit auch größere Probleme das Leben bestimmen. Aber dafür gibt es einen einfachen Grundsatz: Probleme, die gelöst werden können, müssen *sofort* gelöst werden. Probleme aber, die nicht lösbar sind, können getrost ignoriert werden. Es ist sinnlos, damit Zeit zu vergeuden. Viele Probleme lösen sich sowieso mit der Zeit von selbst. Wer also optimistisch in die Zukunft blickt, hat schon einmal ein paar Schwierigkeiten weniger.

Für die meisten Menschen stellt Geld ein wichtiges Problem dar. Doch dies ist es nur, weil sie abhängig sind von albernsten Konsumzwängen. Die Erfahrung zeigt, auch wenn es die meisten Menschen nicht glauben wollen: Die Probleme steigen mit dem Kontostand. Wer viel Geld hat, benötigt also auch eine gewisse Reife, um damit verantwortlich umzugehen. Das aber gelingt nur wenigen.

Reich – und was dann?

„Ich bin *Ferrari*-Fahrer!“ antwortete mein Gegenüber, als ich ihn fragte, was er denn so mache. Nun, das ist auch eine Antwort. Er hätte auch sagen können: „Ich bin wohlhabend“, oder „Ich bin reich“. Aber wann ist man reich? Ferrari-Fahrer können auch arm geworden sein, wenn sie sich das Vehikel mit letzter Kraft zusammengespart haben. Dennoch, ein Ferrari gilt als Inbegriff des Reichtums. Dies ist allerdings ein Fehlschluss. Ein kluger Zeitgenosse bemerkte einmal zutreffend: „Reich ist man nicht, wenn man einen Ferrari fährt, sondern wenn man ihn verbrennen kann!"

Der Traum, Millionär zu sein, entbehrt nicht einer gewissen Naivität. Eine Million ist viel zu wenig, um ein Leben in Saus und Braus führen zu können. Reichtum fängt bei einer zweistelligen Millionensumme an. Dann kann man bequem von den Zinsen leben und muss sich um nichts mehr kümmern. Die Frage ist nur, ob dann das Leben wirklich schöner wird.

Ich kenne viele Leute, die Millionen oder sogar Milliarden besitzen. Doch nie habe ich festgestellt, dass sie deshalb auch glücklicher sind. Glücklich wird man nicht durch Geld, sondern durch Geist. Glücklich wird man nur durch Dinge, die nicht käuflich sind.

Auf Mallorca besuchte ich einen britischen Milliardär, der dort schon seit einigen Jahren in einer Prachtvilla zusammen mit seiner Frau lebt. Die beiden hatten sich aber leider nichts mehr zu sagen. Endstation mit goldenen Wasserhähnen und einer kleinen Sammlung von Rolls-Royces – bekanntlich das geeignetste Transportmittel auf den Balearen. Etwas Abwechslung in das triste Milliardärsleben brachte nur der Umstand, dass die arme tabletten- und alkoholabhängige Gattin ab und zu mal einen Rolls-Royce zu Schrott fuhr (was schon wirklich schwierig ist bei einer solchen Karosse!) und dann eine neue Edellimousine aus England per Luftfracht eingeflogen werden musste. Ist das der Traum vom Reichtum?

Portals Nous auf Mallorca gilt als nobler Yachthafen. Im Sommer schaukeln dort ein paar Milliarden im Hafenbecken. Es ist wie bei einem Schönheitswettbewerb: Wer hat die größte und teuerste Yacht im ganzen Land? Das Leiden des Multimillionärs, der sich mal gerade eben eine *Sunseeker* leisten kann, die irgendwo unscheinbar zwischen den anderen Kreuzern liegt, ist unermesslich. Dort traf ich einen Mann, der ein paar hundert Millionen gemacht hat als Bauunternehmer.

50 Millionen ankerten dort am Steg, dieses Boot war sein Kindheitstraum. Auf dem Meer herumzuschippern mit seiner Yacht, dazu hatte er keine Lust mehr. Seine Lieblingsbeschäftigung: Verkleidet als „normaler Tourist" vor seinem Boot auf dem Steg auszuharren und die Gespräche von Passanten zu belauschen, die voller Erfurcht sein Schiff bewunderten. Auch eine Art von Erfüllung.

Der kleine Ort Andratx im Südwesten Mallorcas ist voll von schicken Villen und vornehmen Palästen. Es ist „in", dort zu residieren. Schön ist es gleichwohl nicht. Die Berge und Klippen der einst malerischen Bucht sind zugekleistert mit Beton. Andratx ist ein Treffpunkt der Reichen und das Zentrum der Armen im Geiste. Internationale Stars, die hier ihr Sonnendomizil fanden, sorgen zwar für hohe Grundstückspreise, steigern aber keineswegs das Lebensgefühl. Vornehme Langeweile in den Restaurants und Bars. Ein schöner „Preis" für viel Geld.

Jemand, der kein Geld besitzt, hat oft eine falsche Vorstellung davon, wie ein Millionärsdasein aussieht. Die Wahrheit ist: Eigentlich ändert sich kaum etwas, man kann sich nur ein paar Dinge mehr leisten. Das allein verschafft aber keineswegs Befriedigung. Wenn man sich schon an „Dingen" messen lassen will, dann ist es ein Fass ohne Boden. Es gibt immer jemand, der noch mehr hat; immer einen, der das größere Boot im Hafen besitzt. Wer sich also davon abhängig macht, gerät automatisch in einen Teufelskreis, der ihn in permanentes Unglück stürzt.

Die ganze Wahrheit lautet: Wer mit wenig Geld nicht glücklich ist, ist es auch nicht mit viel Geld. Und noch dies: Nur Geld, das man nicht ausgibt, schafft Freiheit. Wenn es erst mal für „Dinge" ausgegeben wurde, ist es ein Mittel zur Unfreiheit. Auf diese Weise erlebten schon viele Wohlhabende den unheilvollen Dominoeffekt von Verpflichtungen und Entbehrungen. Es ist eine hohe Kunst, viel Geld zu haben und trotzdem ein lockeres, unkompliziertes Leben zu führen. Leider erzeugt zuviel Geld oft das Gegenteil von dem, wovon viele träumen. Es macht nicht frei, sondern fesselt. Es führt zu Verpflichtungen, von denen man vorher nicht träumte. Es erzeugt Probleme, die an Nerven und Leben zehren. Zweifelhafte Begehrlichkeiten und Unaufrichtigkeiten der Mitmenschen sind die Schattenseiten des Millionärsdaseins.

Viele Geldmenschen haben darüber hinaus noch ein anderes Problem: Einsamkeit. Sie haben verlernt, locker mit dem „Mann auf der Straße“ umzugehen, wollen nur unter ihresgleichen bleiben. Der Reichtum trennt sie vom Großteil der Gesellschaft. Es ist eben fast unmöglich, eine normale „Straßenbekanntschaft“ in die Marmorvilla auf ein Bier einzuladen und mit ihr ein anregendes Gespräch zu führen. So bleibt dem „Reichen“ oft nur die Möglichkeit, unter seinesgleichen zu sein, was aber auf Dauer auch nicht gerade ergiebig ist. Geldleute sind nämlich nicht unbedingt Geistesheroen, sie sind oft langweilig. Reich sein allein ist noch keine Charaktereigenschaft. Ausstrahlung, Charme, Intelligenz, Anmut, Bildung, Ideenreichtum, Wille, Aura – das und noch viel mehr macht einen Menschen interessant. Nicht jener, der materiell schon alles hat, ist interessant, sondern jener, der einen starken Willen zeigt und verrückte Träume auslebt.

Wer viel Geld hat, sollte so wenig wie möglich davon ausgeben und es möglichst wenig Leuten vorführen. Nicht Dinge kaufen, die unfrei machen und eine Vielzahl von Problemen erzeugen. Nicht eine Villa kaufen, sondern mieten. Nicht die Yacht besitzen, sondern chartern. Nicht mit dem Ferrari durch die Gegend brettern, sondern U-Bahn fahren. Auf diese Weise verliert man nicht so schnell den Kontakt zur realen Welt.

Es gibt jedoch eine Möglichkeit, tatsächlich so etwas wie Glück mit Geld erzeugen zu können. Nämlich dann, wenn man es einsetzt, um anderen zu helfen. Es gibt genügend Menschen auf diesem Planeten, die eine gewisse Unterstützung brauchen können. Damit meine ich nicht, dass man Bares nach dem Gießkannenprinzip austeilt. Wichtig ist vielmehr, dass man es verantwortlich dort einsetzt, wo es Früchte trägt. Eine Patenschaft für ein Waisenkind, um ein Studium oder eine andere Ausbildung zu finanzieren. Eine Familie unterstützen, die unschuldig in Not geriet. Eine Stiftung ins Leben rufen, die Bedürftigen unter die Arme greift. Hier ist Geld richtig eingesetzt. Wenn Sie mit Ihrem Geld jemand glücklich machen, werden Sie selbst glücklich. Probieren Sie es aus. Wenn Sie das Glück haben, zu den Wohlhabenden zu gehören, dann sollten Sie auch die Verpflichtung spüren, dieses Glück zu teilen.

„Glück ist das einzige, was sich vermehrt, wenn man es teilt!" Häufen Sie Geld nicht unnötig an, lassen Sie es nicht zum Selbstzweck werden. Das letzte Hemd hat keine Taschen. Und es wäre doch äußerst unbefriedigend, wenn Sie erst beim letzten Atemzug feststellten, dass Sie mit Ihrem Geld viele Menschen hätten glücklich machen können ...

Bücher, die Sie *lesen* sollten!

Stefan Horn

Aktien-Einsteiger-Buch

1. Auflage, 2000

224 Seiten, Softcover

ISBN 3-930851-52-0

Endlich ein Aktien-Einsteiger-Buch, das wirklich alle Fragen für Börsen-Neulinge detailliert und verständlich beantwortet. So informiert das Werk darüber, warum Sie an Aktien nicht vorbeikommen und langfristig bei Aktien nicht verlieren können. Darüber hinaus erfahren Sie Grundsätzliches über Aktien, die Börse, Aktienkauf und -verkauf, Risiken und Chancen sowie die wichtigsten Marktsegmente und die richtige Anlagestrategie. Zahlreiche Informationsquellen runden das Aktien-Einsteiger-Buch ab und machen es zu einem Standardwerk der Börsenliteratur.

Kay Schelauske

Investieren in Fonds

1. Auflage, 2001

208 Seiten, Softcover

ISBN 3-930851-55-5

Wer das Auf und Ab der Aktienmärkte nicht ständig beobachten möchte, für den sind Fonds genau das Richtige. Sie erfahren in diesem Buch alles Wichtige über die typischen Probleme der Fondsanlage. So informiert der Autor darüber, bei welchem Kursverlauf Sie besser nicht einsteigen sollten, was vermögenswirksame Leistungen und Altersvorsorge mit Fonds zu tun haben und wo wer am besten welche Fonds kauft.

Stefan Horn

Der Neue Markt

1. Auflage, 2001

256 Seiten, Softcover

ISBN 3-930851-54-7

Schritt für Schritt wird der Einsteiger für die Aktienanlage am Neuen Markt fit gemacht. So informiert der Autor darüber, wie Sie am Neuen Markt gewinnträchtige Aktien finden, wann Sie auf Neuemissionen setzen sollten und wie Sie sich am besten vor Verlustfallen schützen. Nach der Lektüre dieses Buches wissen Sie, wie man schnell und gezielt auf die gleichen Informationen wie die Anlageprofis zugreift, was von Aktienanalyse und -analysten zu halten ist und – vielleicht das Wichtigste – wie Sie in diesem hochvolatilen Segment einen kühlen Kopf und Ihre Anlegerdisziplin beibehalten.

Hans-Jürgen Hellberg

Aktiv investieren

1. Auflage, 2001

ca. 236 Seiten, Softcover

ISBN 3-930851-56-3

Hans-Jürgen Hellberg präsentiert in der Reihe „Aktiv investieren" genau diejenigen Werkzeuge, die ein Anleger braucht, um sein Debüt an der Börse erfolgreich zu gestalten. Durch eine einzigartig logische und strukturierte Vorgehensweise ist ihm dabei erstmals gelungen, was andere Einsteigerbücher immer wieder vermissen ließen: Hier lesen Sie nur das, was wirklich wichtig ist. Und zwar so auf den Punkt gebracht, dass danach keine Fragen mehr offen bleiben! „Aktiv investieren" liest sich wie ein Lehrbuch – aber ein spannendes!

Börsenstories, die Sie *kennen* sollten!

Martin S. Fridson
Milliardäre und ihre Erfolgsgeschichten
1. Auflage, 2001
380 Seiten, gebunden
ISBN 3-930851-45-8

Wie werde ich Milliardär? Gates, Rockefeller, Getty, Branson etc. geben Antwort auf die Frage. Systematisch werden Strategien und Methoden der Superreichen vorgestellt, Schritt für Schritt analysiert und hunderte von Tipps aus der Praxis vermittelt.

„Reichtum ist das Produkt der Arbeit und nicht ein Geschenk des Glücks. Diese These belegt Martin S. Fridson, Managing Director bei Merrill Lynch & Company mit der Lebensbeschreibung von 14 Milliardären. Es geht ihm dabei nicht um Heldengeschichten, sondern um Psychogramme von Siegern und um ihre Strategien und Erfolgstaktiken. Von den Kapitänen des Kapitals soll der Leser lernen ‚wie es funktionieren kann, sehr reich zu werden'."

WELT am SONNTAG

Horst und Stefan Weissenfeld
Börsen-Gurus und ihre Strategien
2. Auflage, 2000
312 Seiten, gebunden
ISBN 3-930851-38-5

Welche Strategien führen zum Erfolg an der Börse? Darauf können am besten diejenigen eine Antwort geben, die seit Jahren nachprüfbar große Vermögen an der Börse verdient und sich deshalb zu Recht den Ruf eines echten Börsen-Gurus erworben haben, wie z. B. André Kostolany, Warren Buffett, Peter Lynch, Benjamin Graham oder Sir John Templeton.

„Peter Lynch und Sir John Templeton: Die Namen sind Legende. Aber wie kamen die amerikanischen Fondsmanager zu ihrem Ruhm? Diese Frage beantworten Horst und Stefan Weissenfeld in der Neuerscheinung Börsen-Gurus und ihre Strategien. Die Autoren stellen außerdem die Anlagestrategien anderer Super-Investoren vor. Im Mittelpunkt stehen unter anderem Warren Buffett und George Soros. Nebenbei erhält der Leser viele Informationen rund um das Thema Börse und Aktien."

HANDELSBLATT

BÖRSENVERLAG - und Frankfurter Allgemeine Buch-Edition

David B. Sicilia/
Jeffrey L. Cruikshank
Alan Greenspan
1. Auflage, 2000
352 Seiten, gebunden
ISBN 3-930851-51-2

Wenn Alan Greenspan spricht, verharren die Finanzmärkte in spannungsvoller Erwartung. Wohl kaum ein Mann hat mit seinen Äußerungen und Kommentaren so viel Einfluss auf die Weltwirtschaft wie der Chef der US-amerikanischen Notenbank. Das „Wall Street Journal" urteilt: „Wenn Alan Greenspan redet, horchen die Märkte auf." Greenspan kann die Märkte zum Zittern bringen und sie das Fürchten lehren. Das Buch enthält Aussagen zu speziellen Krisenszenarien, zur globalen Wirtschaft und zu Investments, aber auch Aussagen zur Zukunft des Bankensystems, der Weltwirtschaft, der Börsen und des Handels.

Janet Lowe
Bill Gates
1. Auflage, 2000
272 Seiten, gebunden
ISBN 3-930851-49-0

Originalaussagen und -zitate dokumentieren den Erfolg von Bill Gates als weltweit erfolgreichstem Unternehmer und geben Einblicke in seine Denk- und Handlungsweisen. Chronologisch zeigt die Autorin den Werdegang und die Entwicklung des Studenten Bill Gates, die Anfänge des Computer-Freaks und die Gründung und Entwicklung von Microsoft. Zukunftsvisionen und Aussagen zur „Computer-Culture", die private Seite von Bill Gates sowie ein Kapitel über die Freundschaft der beiden Milliardäre Bill Gates und Warren Buffett runden das Bild ab.

Richard Smitten
Jesse Livermore
1. Auflage, 2000
352 Seiten, gebunden
ISBN 3-930851-50-4

Jesse Livermore ging als einer der größten Spekulanten in die Börsengeschichte ein. Als unbestrittener „König der Wall Street" und genialer Trader hat Livermore Börsenstrategien entwickelt, verfeinert und perfektioniert. Sein Ruf entstand vor allem durch spektakuläre und für jeden Börsianer typische Spekulationsfehler, von denen Livermore im Laufe der Jahrzehnte kaum einen ausgelassen hat. Unterhaltsame Börsenliteratur, die geeignet ist, die Faszination und das Fieber „Börse" auch auf einen Anfänger überspringen zu lassen.

Börsenbriefe, die Sie *testen* sollten!

Investieren Sie in Aktien, die sich vervielfachen können!

NEWTEC-INVESTOR
Der Börsenbrief für IPOs & Technologiewerte

Verdienen Sie an den großen Börsentrends!

CHARTANALYST
Der Börsenbrief für Technische Analyse

Spekulieren Sie mit Optionen und Futures an der Eurex!

OPTIONSBRIEF
Der Börsenbrief für Optionen & Futures

Interessiert? Fordern Sie mit beiliegender Gutscheinkarte Ihr **Gratis**exemplar an oder rufen Sie uns unter (0 80 31) 20 33-0 an!